城乡规划和产业规划
城市管理和辅助决策
规划实践与教学参考

城市生产性服务业
空间格局与规划
——理论、案例与方法

吴一洲　应四爱　王　琳　著

中国建筑工业出版社

图书在版编目（CIP）数据

城市生产性服务业空间格局与规划——理论、案例与方法／吴一洲，应四爱，王琳著．—北京：中国建筑工业出版社，2016.3

ISBN 978-7-112-19076-8

Ⅰ．①城… Ⅱ．①吴… ②应… ③王… Ⅲ．①城市－服务业－产业发展－研究－中国 Ⅳ．①F719

中国版本图书馆CIP数据核字（2016）第028599号

本书聚焦于“产业”和“空间”两大维度，全书从城市产业转型的背景入手，进而对城市产业、产业空间和产业布局的相关研究历程进行了梳理，理清城市产业升级和空间演变的基本理论和规律。本书收集和整理了全球性大城市、新兴大都市和中国大城市的典型案例，对其产业与空间发展演化的现象和过程进行分析对比，总结其中的差异性。在实证研究部分，全书将研究尺度划分为宏观尺度和微观尺度两个层次，宏观尺度在省级层面开展城市产业发展与城市特征、空间特征的关系研究，微观尺度在单个城市市区层面开展企业区位和空间特征的关系研究，以提炼不同层次上产业空间的发展机理。本书还涉猎城市产业布局规划相关的应用工具和策略体系研究，应用工具主要构建了产业需求容量预测和空间分布模拟的方法，策略体系则主要包括发展理念、开发模式、体制机制和政策建议等方面。

本书可供广大城乡规划设计师、城乡规划管理者、高等院校城乡规划专业师生学习参考。

责任编辑：吴宇江
书籍设计：锋尚制版
责任校对：陈晶晶　张　颖

城市生产性服务业空间格局与规划
——理论、案例与方法
吴一洲　应四爱　王　琳　著
*
中国建筑工业出版社出版、发行（北京西郊百万庄）
各地新华书店、建筑书店经销
北京锋尚制版有限公司制版
北京市密东印刷有限公司印刷
*
开本：787×1092毫米　1/16　印张：25¾　字数：510千字
2016年12月第一版　2016年12月第一次印刷
定价：68.00元
ISBN 978－7－112－19076－8
（28305）

国家自然科学基金项目（51578507/51108405）
浙江省自然科学基金项目（LY15E080024）
浙江省哲学社会科学规划课题（16NDJC203YB/12JCGL07YB）
教育部人文社科研究项目（12YJAZH179/13YJC630208）
2014年度浙江省科协“育才工程”项目
浙江工业大学校级科研项目

联　合　资　助

前　言

根据《国家新型城镇化规划（2014—2020年）》，我国已进入全面建成小康社会的决定性阶段，正处于经济转型升级的新常态、加快推进社会主义现代化的重要时期，也处于城镇化深入发展的关键时期，其中，城市产业结构转型升级是转变经济发展方式的战略任务，加快发展服务业是产业结构优化升级的主攻方向。城镇化过程中的人口集聚、生活方式的变革、生活水平的提高，都会扩大生活性服务需求；而生产要素的优化配置、三次产业的联动、社会分工的细化，则会扩大生产性服务需求。作为生产性服务业发展的“容器”，随着城市产业结构的升级转型，城市空间也不断经历着调整与重构，高效健康的经济增长需要产业和空间两者同步、协调和融合发展。

由于我国城镇化的快速发展，城市普遍存在空间结构调整滞后于产业发展的问题，从表象上看，产业用地的低效蔓延、城市功能的割裂断层、城市交通效率低下等问题也由此衍生。一方面，政府希望通过城市综合体、写字楼等大量服务设施和重点项目的建设来提升城市功能；但另一方面，又缺乏对城市空间结构合理性，以及这些项目中所承载的产业本身特征和发展环境需求规律的了解。产城分离、职住分离、服务失配、供需失衡等阶段性问题已经对城市的整体可持续发展形成了严峻的挑战。

本书聚焦于“产业”和“空间”两大维度，首先从城市产业转型的背景入手，进而对城市产业、产业空间和产业布局的相关研究历程进行了梳理，理清城市产业升级和空间演变的基本理论和规律。其次，收集和整理了全球性大城市、新兴大都市和中国大城市的典型案例，对其产业与空间发展演化的现象和过程进行分析对比，总结其中的差异性。在后面的实证研究部分，本书将研究尺度划分为宏观尺度和微观尺度两个层次，宏观尺度在省级层面开展城市产业发展与城市特征、空间特征的关系研究，微观尺度在单个城市市区层面开展企业区位和空间特征的关系研究，以提炼不同层次上产业空间的发展机理。最后部分，则是城市产业布局规划相关的应用工具和策略体系研究，应用工具主要构建了产业需求容量预测和空间分布模拟的方法，策略体系则主要包括发展理念、开发模式、体制机制和政策建议等方面。

本书力求将理论和实证相结合、研究与应用相结合、经验参考和本地化借鉴相结合，在产业经济和城市规划的交叉学科领域进行探索，本书可作为城乡规划教学资料、城乡规划与设计方法参考，并为产业发展战略制定等方面提供有益的借鉴。当然，城市产业和城市空间两者都是“动态的”，发展规律也在不断更新，特别是在目前我国快速城镇化发展时期，新产业类型和新空间类型不断涌现，笔者深知本书只是这方面阶段性的成果，并为笔者和其他学者继续深入研究“抛砖引玉”。

全书由吴一洲拟定提纲和最后统稿，应四爱和王琳承担主要撰写任务在成书的4年时间里，王金金、陈濛、朱嘉伊、方勇、张露茗、李听听、龚圆圆和徐玲玲等浙江工业大学城市规划系的学生们参与了基础数据调研和整理分析工作。但限于作者的学识和精力，书中内容必有疏漏和不当之处，望国内外相关同行学者给予批评指正，并期盼志同道合之士能共同探索，互相交流。

吴一洲

2014年12月4日

目　录

1 绪论：城市产业转型升级与空间重构

1.1 发展背景

加快转变经济发展方式是我国的重大战略任务，我国大部分东部沿海城市在21世纪后已陆续进入加速转型期，经济发展方式是否得到转变，关系着经济可持续发展的水平和质量。欧美工业发达国家的发展历程说明，在工业达到较高发展水平后，先会呈现“工业经济”向“服务经济”转型的趋势，而服务业自身也会进行结构升级。生产性服务业作为城市现代服务经济的核心，是加快转变区域经济发展方式的重要手段，对新型城镇化的健康发展，城市空间的可持续管理与总体发展战略的制定具有十分深远的意义。

东部沿海城市已成为全国现代服务业最为发达的地区，未来更多的中西部城市也将经历这一过程，但就目前东部沿海城市的发展现状看，存在生产性服务业增加值占地区生产总值比重偏低、产业结构不合理、技术水平不高以及市场竞争力较弱等问题，这些都直接导致了城市生产性服务业与制造业互动不充分（吴志鹏、汪全立，2007）。因此，提升城市生产性服务业的发展绩效，是实现城市经济发展方式转变的迫切要求和现实需要。

东部沿海各地区的中心城市由于大力发展现代服务业，提出“退二进三”政策已成了城市发展的普遍诉求（陈建军、陈菁菁，2011）。另一方面，生产性服务业集聚于城市各级中心，其空间发展绩效如何，将直接影响到生产性服务业对于该区域产业转型升级的贡献程度。

现代服务业在城市的集聚发展需要城市产业结构“服务化”和城市空间结构“有序化”的协同发展环境进行支撑。与产业结构转型相伴随的是城市空间形态的变换，传统制造业城市空间结构以工业布局为主线和脉络，城市呈现圈层结构，对于正处于向服务经济转型时期的城市空间结构来说，生产性服务业的集聚作用促使城市空间结构出现了“组团化”、“多中心化”、“专业功能区块化” 等新的拓展形态。在城市转型的关键时刻，需要生产性服务业在空间上形成的合理的集聚与扩散形态，并在空间绩效上发挥最大的辐射带动效应来推动产业结构的整体升级进程。

转型期不同类型的现代服务业在城市内部空间重构，中心地理论等传统城市空间区位理论已经难以完美地解释这些现象并指导实践。同时，区域性中心城市的生产性服务业已经出现了集聚趋势，但城市空间结构的不合理引致的一系列问题，如低效交通网络、专业化分工不突出、职住分离与制造业区位关系不协同等等，造成了生产性服务业发展环境的不理想，同时各地纷纷编制服务业的空间布局规划，但由于对服务业空间需求特征的认识不足，往往难以进行科学合理的引导。

1.2 研究意义

1. 理论研究目标

通过对典型区域和城市生产性服务业的空间区位特征研究，揭示不同类型生产性服务业在城市中的空间分布规律与区位决策的影响因素，并对传统的城市地理学相关理论进行联系与修正。

2. 规律总结目标

对国内外相关研究进行梳理与案例对比分析，评估典型区域和城市生产性服务业的空间绩效及其形成机理，并寻找国内外城市生产性服务业在空间演化与阶段性需求特征等方面的异同。

3. 实践应用目标

基于城市生产性服务业的空间绩效评估与机理特征，建立相应的空间布局引导的分析框架与技术工具，将其应用于空间布局与产业优化的实践中，并构建相关的政策措施体系。

4. 研究意义

理论意义：浙江目前正处于产业结构升级与城市空间功能重组的关键时期，对当前在政府引导与市场配置双轨作用下的城市生产性服务业的空间区位格局、绩效水平和机理进行实证研究，是科学引导城市功能与结构协调发展的基础。

实践意义：结合国外不同发展阶段国家的经验， 评估城市生产性服务业发展的空间绩效，为城市在服务业发展的空间需求、布局结构、发展战略等决策问题提供重要参考，有利于政府部门从宏观上制定合理的产业布局规划，促进城市经济转型升级与空间结构优化的协同发展。

1.3 研究内容

1. 国内外不同发展阶段的城市生产性服务业空间演化规律

对国内外城市生产性服务业相关文献、案例和研究报告的分析， 一方面， 旨在了解掌握国外城市生产性服务业空间区位的一般特征；另一方面在国外区位理论和空间演化规律研究的基础上， 为后续的国际比较研究提供基础。

2. 城市生产性服务业与城市空间结构演化的互动历程

选择杭州、 宁波等典型城市作为研究样本，通过查阅相关历史资料和规划档案，对案例城市的空间结构转型与产业形态转型的发展过程进行分析（图1-1），提炼不同时期这些城市生产性服务业空间演化的宏观规律。

3. 城市生产性服务业空间区位特征及其绩效水平评估

对案例城市进行多种方式的社会调查，并

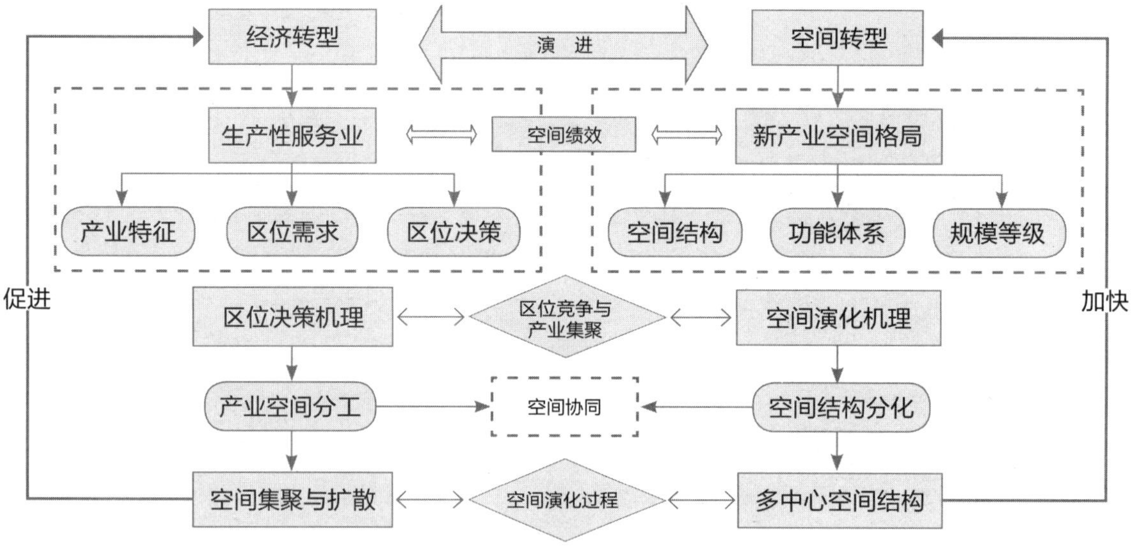

图1-1 生产性服务业发展与城市空间转型的协调分析框架

建立相应的GIS空间数据库，构建空间绩效评价体系，并对评价结果进行分析。一方面，从总体形态、空间结构、职能分工、规模等级、开发强度等角度对典型城市生产性服务业的宏观空间区位特征进行系统研究；另一方面，通过进一步深入调查，对不同类型生产性服务业的微观主体效用进行研究，评估“宏观区位—微观效用”之间的绩效配比关系。

4. 城市生产性服务业空间演化机理与国内外差异分析

将与生产性服务业空间绩效城市的人口分布、住宅建设、交通设施、相关产业、城市规划引导等影响因素进行关联性研究，提炼出国内城市生产性服务业绩效形成的影响因素体系与演化机理。同时，从发展阶段、区位模式、空间结构演化所处阶段、空间结构特征、功能结构特征、职能组合特征、规模等级特征、开发强度特征和支撑体系建设等方面，对国内外城市生产性服务业发展特征进行系统比较，总结差异与经验。

5. 生产性服务业空间绩效优化策略体系研究

首先，通过总结国内外城市生产性服务业用地的阶段性变化规律，为国内城市产业布局提供科学依据与实证参考。其次，在对案例城市生产性服务业用地规模和结构特征分析的基础上，利用多种计量经济模型和空间探索性分析方法，构建城市生产性服务业空间优化的应用技术工具。最后，结合对各级地方政府、产业行政部门及各类企业的访谈和问卷调查，从生产性服务业空间绩效提升的视角，探讨有助于加快城市转型升级的策略与建议。

1.4 分析框架

本书的内容结构按以下逻辑顺序展开（图1-2）：

总结国内外生产性服务业发展与城市空间结构关系的相关经验与案例→评估城市生产性服务业的空间绩效→探索生产性服务业空间区位需求与绩效形成的机理→定量化分析城市发展水平与生产性服务业规模的配比关系→构建生产性服务业空间优化的策略体系。

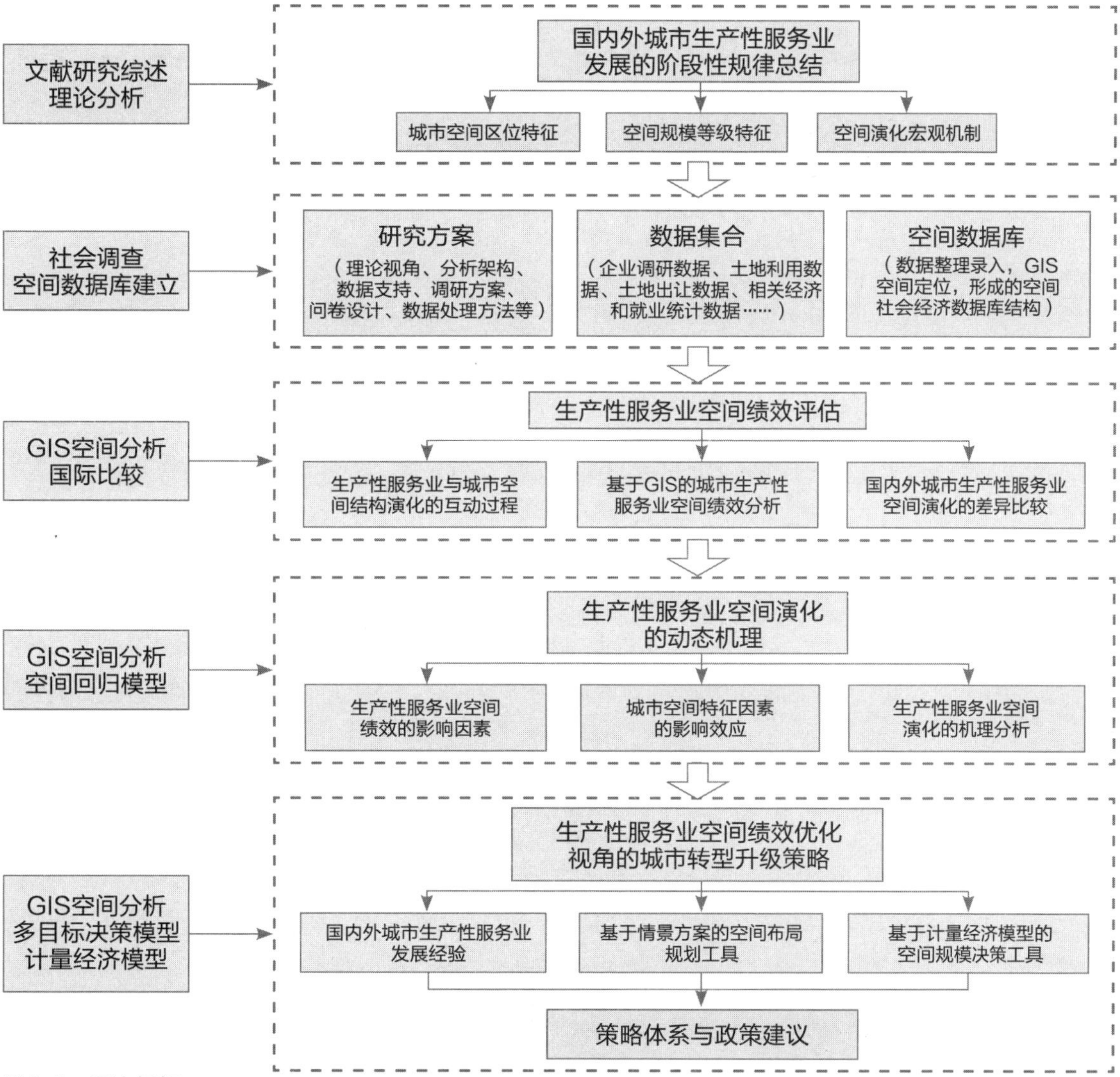

图1-2 研究框架

2 城市产业空间的相关理论

2.1 城市产业相关的理论基础

城市产业是城市中生产同种商品、提供同类服务的企业在一定的区域范围内的集合，城市产业具有较强的集聚力和辐射力。城市产业的概念包括两个方面，①从城市区域经济发展来看，指某种产业在城市某一区域经济总量中占据一定比例；②从产业的供给能力形成来看，某一地区是某种产业供应总量的主要来源，这种特定产业的供给能力相对集中在这一地区。城市产业的划分有两种方法，①按照国民经济的产业划分法划分为第一产业、第二产业和第三产业。②从城市经济自身的特点出发划分为两大类：一种是以满足城市以外地区需要为目的，生产转出商品和劳务的产业，即转出产业；另一种是适应转出产业的生产活动所派生的需要，满足城市居民日常生活、公共福利和社会文化需要的地方产业。城市产业相关的理论主要有：产业生命周期理论、城市产业结构演进规律理论、产业分工理论、产业国际分工理论和创新理论等。

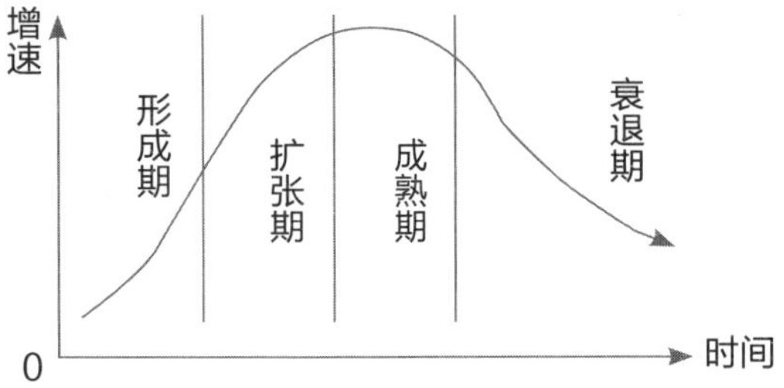

图2-1 产业生命周期的4个阶段
来源：李航星，王彦. 论我国房地产税收调控[J]. 山东经济，2009, 25(2): 90-96

2.1.1 产业生命周期理论

产业生命周期理论（Gort & Klepper，1982）是在产品生命周期理论（Vernon，1966）基础上发展而来的。对于单个产业的产生、成长和进化过程可以用产业发展的生命周期理论来描述，产业成长要经历形成期、扩张期、成熟期及衰退期4个阶段（图2-1）。

一国产业结构乃至全球产业结构都在逐渐地高度化，随着新兴产业的不断形成和发展，原有产业的比重必然会下降，从而造成某些产业特征的企业的衰退甚至消失和具备新产业特征的企业的兴起。从产业发展生命周期的角度来看，新兴产业是指正处于扩张期阶段的产业，其特点是发展速度快，增长率高，并对整个产业结构的变动起到关键作用，亦称作主导产业；支柱产业是处于成熟期阶段的产业，且具有长期和稳定的产出与收入，在整个产业系统中所占的份额较大，维系着整个国民经济的增长（吴克华，2002）；衰退产业是指处在衰退期，市场需求逐渐萎缩，并在整个产业结构中的地位和作用不断下降的产业（张虎春，2005）。

产业发展包含着对环境的适应和选择。它的选择过程不能完全由其自身的机能和调节机制所决定，而必须要有外部提供的物质、能量来推动。自组织理论认为任何自发过程总是朝着使体系越来越混乱、越来越无序的方向变化。若要产业从无序到有序，再到高级有序必须要使其远离平衡态，具有耗散结构。产业发展过程要通过市场和政府调节机制进行，在现代经济条件下，如果市场机制不健全，市场组织能力不强，则产业的发展就会受到影响（张虎春，2005）。

2.1.2 产业结构演进规律

通过对大多数国家三次产业结构演变过程的考证，可以发现产业结构演进具有如下基本规律：①随着经济发展，第一产业产值及劳动力比重不断下降，这种下降的趋势是显著而持续的，这是产业结构演进规律的重要体现。②第二产业产值在国内生产总值中的比重变化是随工业化推进而呈现倒“U”形曲线（王志文，2006）。在完成工业化进程之前，第二产业就业份额一直处于上升状态，但进入后工业化社会后，该份额趋于下降，第二产业就业份额下降是一国工业化走向成熟的标志。③第三产业产值及就业比重随着工业化及经济水平的发展一般均表现为明显的持续上升趋势（李安，2005）。在大多数发达国家，第三产业产值及就业比重目前已取代了第二产业的相应份额，在其国内生产结构中占据主导地位，这表明其工业化阶段已经完成，开始进入以服务业为主的后工业化社会（戎刚，2001）。④先行国与后发国产业结构演进方式具有明显不同。先行国的产业结构演变一般是一个自然生成的过程，是与人的消费需求顺序和市场引导顺序相一致的。因而先行国产业结构变动基本上是按照农业—轻工业—重基础工业—重加工业—现代服务业的顺序发展的。与先行国相比，后发国在发展过程中面临的外部环境较好，在技术进展较快的背景下，后发国可以实现产业结构的跳跃方式，实现产业结构的迅速转换。产业结构的这种演化趋势与人的消费需求顺序和市场导向并非完全对应，需要牺牲眼前的消费或较大的工农产品“剪刀差”，实现资本和工业积累。⑤不同的经济发展阶段对应的支柱产业内容也不相同。城市经济发展一般都是由支柱主导产业带动的。大多数工业化程度较高的城市都大致经历了轻纺工业主导阶段、重化工业主导阶段、高加工化阶段、技术知识密集化阶段4个演进过程（王志文，2006）。

2.1.3 产业分工理论

最早对分工进行系统经济分析的是亚当·斯密（Adam Smith，1776），他认为经济增长的源泉来自分工和专业化，分工理论是其古典经济学理论的核心。

产业发展的初期产品或服务相对简单，一般由规模较小的企业提供技术支持，在不存在垄断性因素的情况下，往往形成竞争性的市场结构。在产业发展的成熟阶段，分工精细化和产品的复杂化使其不可能由单个企业为其提供生产或服务，而是需要一条复杂的产业链来进行支持，产业的最终产品往往由一个有寡头地位的大企业来提供，在这个大企业背后又由大量的中小规模的企业为其提供中间产品或配套服务。

产业内企业之间存在着两种分工，即水平

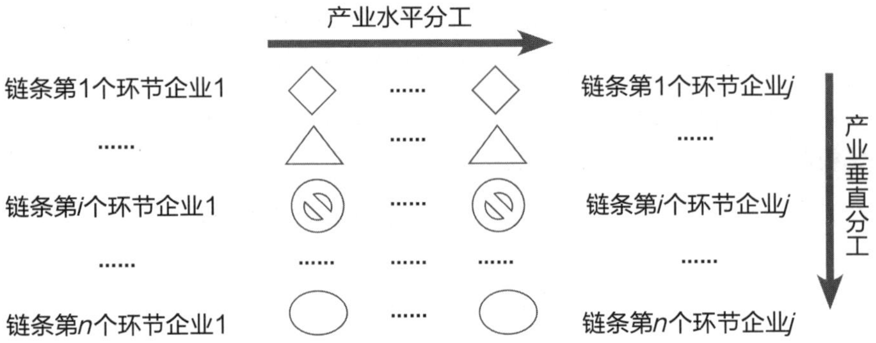

图2-2　产业水平分工与产业垂直分工示意图
来源：于挺. 产业分工对产业创新的促进机制[D]. 上海：上海社会科学院, 2010

分工和垂直分工。产业水平分工是指产业价值链上相同或相近环节的企业生产功能相似的产品，如图2-2所示，产业价值链上某个环节i所组成的企业之间是水平分工的关系，而分处于价值链上的不同环节的企业提供各异的产品或服务，这些企业构成同一种产品的完整生产过程。随着分工的专业化水平不断提高，分工不断细化，纵向的生产链条将不断延长。垂直分工的产业一般都是由极少数的寡头型的大企业向市场提供最终产品，而由相对庞大数量的中间企业群来为其提供中间生产或服务。

然而在实践中产业分工多为垂直分工和水平分工并存，特别是一些复杂产品的生产组织过程。产业分工是一个产业逐步升级和分化的演进过程，产业分工的不断细化以及产业间的融合产生更多的细分产业或新产业，同时也淘汰了那些不适应现代经济发展需要的产业。我国产业分工深化主要体现在工业化，工业化的发展进程与产业专业化分工的发展联系十分紧密。工业化是已有的分工体系中的各个产业随着专业化加深而从中分离出来的过程。工业化不是特指工业的产业化，也是其他各个产业的产业化。产业之间是相互合作、相辅相成的关系，产业分离和融合是新技术发展下的工业化进程中产业分工深化的不同路径。

传统的国际分工理论实质为国际贸易理论，该理论认为国际贸易的基础是相对优势，建立在相对优势基础上的自由贸易将促进生产的国际专门化，即国际劳动分工，传统的国际分工体制是以国家为主体的不同国家之间的商品贸易体制，即把某个国家独立制成品与其他国家产业的独立制成品进行交换（李小建、李庆春，1999）。20世纪60年代以来的国际分工出现一些新的特征，被称为新国际分工。这些新的特征表现为：①国际分工形成以产业组织为基础的由跨国公司生产网主导的全球性网络生产；②出现新的生产现象——产品内贸易分工，即跨国公司产品生产的全球性分工，由此产生了国际直接投资（International Direct Investment）理论和跨国公司理论等一些新理论，从不同方面对全球化产生的生产、投资以及跨国公司的空间扩散机制进行研究。

2.1.4 产业创新理论

“创新”概念最早见于美籍奥地利经济学家约瑟夫·熊彼特（J. Schumpeter）1912年出版的《经济发展理论》一书提出的“创新理论”（丁娟，2002）。熊彼特认为创新就是新建一种生产函数，即生产要素和生产条件的“新的组合”，新组合包括5种类型：①引入一种新产品或提供一种产品的新质量；②引入一种新技术；③开辟新市场；④获得一种原料或半成品新的供应源；⑤实现工业的新组织或采取一种企业组织的新方式（丁娟，2002）。熊彼特的创新理论认为创新是经济系统内部“自发和不连续的变化”，是经济增长和发展的“主发动机”，而创新的周期性决定了经济增长与发展的周期性循环。在熊彼特之后，创新理论基本上朝着两个方向发展，一个是以曼斯菲尔德（Edwin Mansfield）、施瓦茨（Nancyl Schwartz）等为代表的以新增长理论为基础的技术创新学派，另外一个是以道格拉斯·诺斯（Douglass C. North）等为代表的制度创新学派。后来地理学与空间研究成为创新理论研究的重要视野，形成了一些新的关于创新的空间分布理论，典型的有以欧洲创新环境研究小组GREMI为代表的“创新环境”学派和以纳尔逊（Nelson）为代表的“创新系统学派”等（王缉慈，2001）。对于新产业空间而言，其创新理论体现的发展思想具有重要的指导意义，中国的城市新产业空间无论在体制、机制还是产业发展模式上的“创新的空间”，都是中国的改革和开放带来的新的产业集聚载体。

2.2 城市产业体系概述

2.2.1 城市产业体系

城市产业体系是一个由主导产业群、产业支撑系统和产业发展的外部环境三者相互作用、相互制约而构成的有机整体。主导产业群是产业发展的承载主体，是城市或地区的基础产业群和支柱产业群；产业支撑系统是确保产业体系正常运行的辅助产业群；产业发展的外部环境是指产业外部的自然环境和人文环境。

现代产业体系本质上是产业结构优化升级的系统，具有创新性、开放性、融合性、集聚性、可持续性和市场适应性等特征，产业结构软化是现代产业体系的发展趋势，具体表现在产业结构服务化、产业结构高新技术化、产业边界模糊化和产业结构无边界化这四个方面。

现代产业体系是一个有机融合的结构，

核心是由创新性企业构成的产业集群，又以基础产业、优势传统产业和高新技术产业为支柱，先进制造业、现代服务业和现代农业互相融合、协调发展的系统（图2-3）。从产业发展的角度来看，现代产业体系的形成是一个传统产业体系到现代产业体系的创新竞争代替数量竞争的历程，在这个过程中有两个主要的形成机制：一是市场演化机制，以市场自身的发展成熟为主要途径；另一个是政府促进机制（图2-4）。

2.2.2 城市产业结构

城市产业结构常常也指城市的三次产业结构。2013年我国对三次产业划分做出了新的规定。修改后的三次产业划分范围为：第一产业包括农、林、牧、渔业；第二产业包括采矿业，制造业，电力、热力、燃气及水生产和供应业，建筑业；第三产业（服务业）包括第一、二产业的一些辅助产业——农、林、牧、渔服务业，开采辅助活动和除第一、二产业以外的其他产业，具体见表2-1所列。

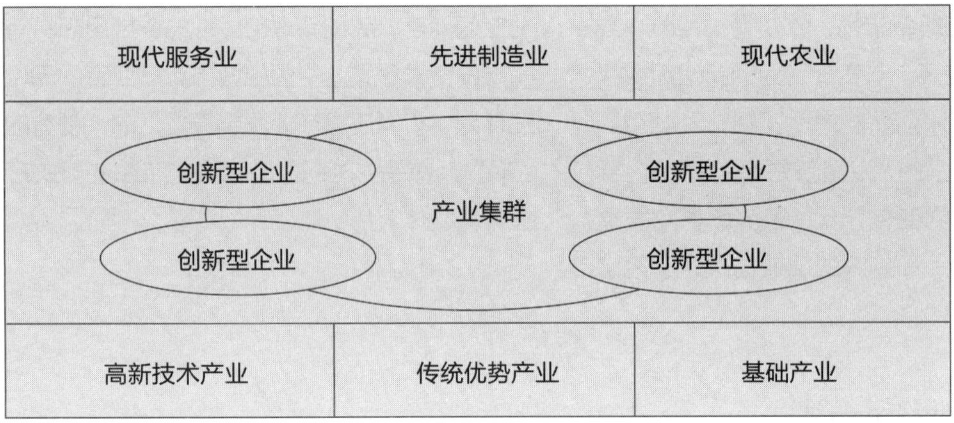

图2-3 现代产业体系结构图
来源：杨敏. 海西现代产业体系的形成机制及构建策略研究[J]. 科技和产业, 2011, 11(1): 33-36

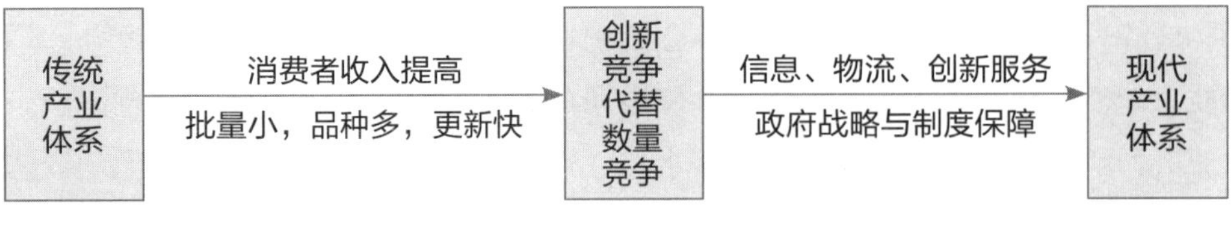

图2-4 现代产业体系形成逻辑图
来源：杨敏. 海西现代产业体系的形成机制及构建策略研究[J]. 科技和产业, 2011, 11(1): 33-36

国民经济行业分类表 表2-1

三次产业分类	《国民经济行业分类》GB/T 4754—2011				
	门类	大类	名称	大类	名称
第一产业	A		农、林、牧、渔业		
		01	农业	03	畜牧业
		02	林业	04	渔业
第二产业	B		采矿业		
		06	煤炭开采和洗选业	09	有色金属矿采选业
		07	石油和天然气开采业	10	非金属矿采选业
		08	黑色金属矿采选业	12	其他采矿业
	C		制造业		
		13	农副食品加工业	28	化学纤维制造业
		14	食品制造业	29	橡胶和塑料制品业
		15	酒、饮料和精制茶制造业	30	非金属矿物制品业
		16	烟草制品业	31	黑色金属冶炼和压延加工业
		17	纺织业	32	有色金属冶炼和压延加工业
		18	纺织服装、服饰业	33	金属制品业
		19	皮革、毛皮、羽毛及其制品和制鞋业	34	通用设备制造业
		20	木材加工和木、竹、藤、棕、草制品业	35	专用设备制造业
		21	家具制造业	36	汽车制造业
		22	造纸和纸制品业	37	铁路、船舶、航空航天和其他运输设备制造业
		23	印刷和记录媒介复制业	38	电气机械和器材制造业
		24	文教、工美、体育和娱乐用品制造业	39	计算机、通信和其他电子设备制造业
		25	石油加工、炼焦和核燃料加工业	40	仪器仪表制造业
		26	化学原料和化学制品制造业	41	其他制造业

续表

三次产业分类	《国民经济行业分类》GB/T 4754—2011				
	门类	大类	名称	大类	名称
第二产业		27	医药制造业	42	废弃资源综合利用业
	D		**电力、热力、燃气及水生产和供应业**		
		44	电力、热力生产和供应业	46	水的生产和供应业
		45	燃气生产和供应业		
	E		**建筑业**		
		47	房屋建筑业	49	建筑安装业
		48	土木工程建筑业	50	建筑装饰和其他建筑业
第三产业（服务业）	A	05	农、林、牧、渔服务业		
	B	11	开采辅助活动		
	C	43	金属制品、机械和设备修理业		
	F		**批发和零售业**		
		51	批发业	52	零售业
	G		**交通运输、仓储和邮政业**		
		53	铁路运输业	57	管道运输业
		54	道路运输业	58	装卸搬运和运输代理业
		55	水上运输业	59	仓储业
		56	航空运输业	60	邮政业
	H		**住宿和餐饮业**		
		61	住宿业	62	餐饮业
	I		**信息传输、软件和信息技术服务业**		
		63	电信、广播电视和卫星传输服务	65	软件和信息技术服务业
		64	互联网和相关服务		
	J		**金融业**		

续表

三次产业分类	《国民经济行业分类》GB/T 4754—2011				
	门类	大类	名称	大类	名称
第三产业（服务业）		66	货币金融服务	68	保险业
		67	资本市场服务	69	其他金融业
	K		**房地产业**		
		70	房地产业		
	L		**租赁和商务服务业**		
		71	租赁业	72	商务服务业
	M		**科学研究和技术服务业**		
		73	研究和试验发展	75	科技推广和应用服务业
		74	专业技术服务业		
	N		**水利、环境和公共设施管理业**		
		76	水利管理业	78	公共设施管理业
		77	生态保护和环境治理业		
	O		**居民服务、修理和其他服务业**		
		79	居民服务业	81	其他服务业
		80	机动车、电子产品和日用产品修理业		
	P		**教育**		
		82	教育		
	Q		**卫生和社会工作**		
		83	卫生	84	社会工作
	R		**文化、体育和娱乐业**		
		85	新闻和出版业	88	体育
		86	广播、电视、电影和影视录音制作业	89	娱乐业
		87	文化艺术业		

续表

三次产业分类	《国民经济行业分类》GB/T 4754—2011				
	门类	大类	名称	大类	名称
第三产业（服务业）	S		公共管理、社会保障和社会组织		
		90	中国共产党机关	93	社会保障
		91	国家机构	94	群众团体、社会团体和其他成员组织
		92	人民政协、民主党派	95	基层群众自治组织
	T		国际组织		
		96	国际组织		

2.3 城市产业空间演化理论

2.3.1 城市产业空间结构

哈维（Harvey，1973）认为城市空间结构具有两层含义：从表征看，它是城市各组成要素的特征和空间结合布局；从内涵看，它是人类的经济、社会、文化活动在历史发展过程中的物化形态，即人类活动和自然因素相互作用的产物（谢守红，2003）。由此，城市产业空间结构是人类经济活动在空间中的反映，是一定历史发展阶段上城市的各个产业要素与结构单元在空间上的组合形式。

城市产业空间结构分为城市内部产业空间结构和城市外部产业空间结构。城市内部产业空间结构一般来说是指城市行政区之内（包括城区和周边的郊区）各种经济活动的分区结构，如城市之中商业企业、工业企业等按照各种生产组织结构和地租等分布于城市内部不同的区位。城市外部产业空间结构是指城市的经济活动已经跨越了城市与外围的界限，在更广阔的区域内或城市体系内形成各种经济联系。

2.3.2 产业空间布局相关理论

传统产业规划的基本流程如图2-5所示。

产业规划是产业发展的战略性决策，是综合利用各种理论分析工具，对规划目的地产业发展的定位、产业体系、产业结构、产业链、空间布局和经济社会环境影响等做出科学的布置计划。国内学者对产业规划进行探讨所依据的理论主要有：发展阶段理论、产业结构理论（邹军等，2002）；全球化、产业集群、产业转移和劳动地域分工理论（汪宇明等，

程序	现状分析	发展条件	总体战略	产业布局
基本内容	分析产业阶段和产业结构，评判产业状态	分析产业梯度转移、产业外迁、区域政策以及基地的SWOT分析	确定产业结构升级等总体战略，选择主导产业或优势产业	基于产业布局现状和集聚、规模效应，提出“点轴圈片”等总体架构
理论基础	产业结构理论、发展阶段理论	全球化、梯度推移、增长极、区位论、中心地	产业关联发展、中心地、劳动地域分工、比较优势、产业集群、主导产业理论	中心地、增长极、点—轴开发理论、古典区位论

图2-5 产业规划的基本程序、内容及基础理论分析

2003）；产业结构理论、梯度转移理论、主导产业理论、比较优势理论（顾朝林等，2003）。此外，还有区位论、点—轴开发理论、增长极理论。

1. 增长极理论

该理论由法国经济学家佩鲁（Francois Perroux）在1950年首次提出，增长极是具有推动性的主导产业和创新行业及其关联产业在地理空间上集聚而形成的经济中心（李小建、李庆春，1999）。进行产业的调整时，首先要把有限的资源放到发展潜力大、经济效益好的主导产业上，不断培育产业发展中的增长极，然后通过增长极的扩散效应发挥对周围地区的支配力和影响力。在产业发展方面，增长极通过与周围地区的经济技术联系而成为区域产业发展的组织核心；在空间上，增长极通过与周围地区的空间关系而成为支配经济活动空间布局与组合的重心（刘静玉，2006）。

因此，在产业结构和空间结构调整时，必须考虑到增长极的作用。增长极具有极化和扩散双重效应，极化效应促成各种生产要素向增长极的回流和聚集，在扶植支柱产业时利用极化效应可以促进产业的加快成长。当增长极发展到一定程度后，极化效应削弱，扩散效应加强，空间内全面发展应重视扩散效应，向周围地区进行要素和经济活动输出，带动周边落后地区经济迅速发展。

2. 区位理论

马歇尔（Alfred Marshall，1890）的古典区位理论建立了经济学界关于空间经济活动现象的探讨，以古典区位理论为代表的各种区位理论从不同侧面解释了经济活动的空间区域变化和空间经济规律。19世纪初至20世纪40年代后，先后诞生了四种具有代表性的区位理论：

农业生产布局区位理论（Thünen，1826）、工业生产布局区位理论（Alfred Weber，1909）、中心地理论（Christaller，1932）、市场区位理论（Losch，1940）。这些理论重点研究经济客体的空间分布以及空间关系，通过对区域发展条件的分析来寻求单个经济客体的最佳区位。

国内对区位理论的研究大概开始于20世纪80年代，在这之前国内关于经济理论和区位理论处于相对滞后的状态，主要受苏联社会主义工业布局思想的影响（图2-6）。

3. 新产业区理论

20世纪70年代末和80年代初，在大部分的发达国家地区陷入经济衰退的背景下，意大利的艾米利亚—罗马涅（Emilia-Romagna）区出现的一些企业集聚区域与美国硅谷等地区的经济却呈现良好的发展势头，这种现象引起经济学界的高度关注。因其和19世纪初马歇尔研究的具有创新环境的小企业集聚区的概念十分相似，为了区分两者概念便称之为新产业区理论。当代国外学者关于新产业区理论的研究形成了一个典型的流派，这些研究从不同侧面对“产业区”现象进行了理论分析和经验解释（表2-2）。

20世纪90年代我国开始出现新产业区现象，对其研究亦处于起始阶段。学术界关于新产业区理论的研究大多是从传统区位论或经济地理的角度来探究的。我国学者王缉慈最先引

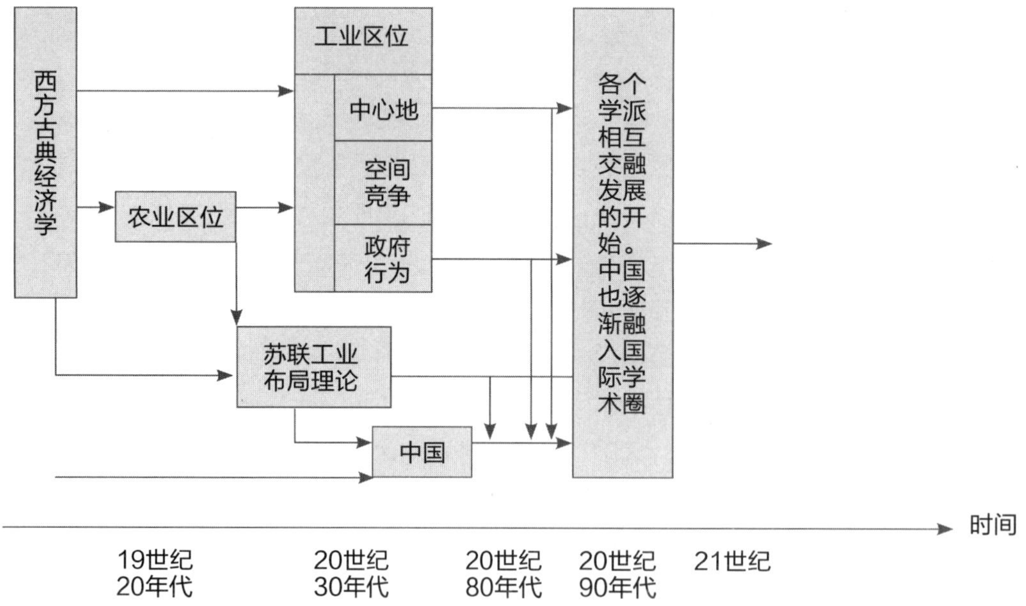

图2-6 国内区位理论发展的演进过程

入新产业区的概念和理论并对国内外新产业区理论进行系统的归纳和评述，并以北京中关村为例进行深入的研究。此外，李小建、盖文启、周维颖和王兴平等也对新产业区进行了系统的研究。

在不同的发展阶段，新产业区具有不同的特征（表2-3）。总而言之，新产业区是一种新的区域发展空间，以生产空间集聚、区域创新系统健全为主要特征，其反映的区域生产系统的发展机制对研究中国新的产业空间发展和制定符合经济发展规律的政策有着较强的指导作用。

4．孵化器理论

联合国发展署（UNDP）将孵化器定义为一种受控制的为培养新生企业而设计的工业环境。美国企业孵化器协会（The National Business Incubator Association，1993）认为孵化器是针对新创立公司的一种企业支持计划，创造条件来训练、支持和促进初创企业的发展，促进技术交流以繁荣地方经济。

孵化器产生的理论基础包括分工与专业化理论和增长极理论。孵化器为多个创业公司提供服务使其能全力发展，在此过程中，孵化器获得规模经济的效益而企业也获得了明显的专业化分工优势，孵化器的诞生和成长成为推进高新区、经济技术开发区发展的发动机。孵化器生存的理论基础包括空间生命周期理论和产业聚集理论。空间生命周期理论是指新技术的

当代新产业区理论研究流派　　表2-2

研究流派	代表学者	主要观点
意大利学派	萨贝尔（Sabel）、皮奥里（Piore）	提出“专业柔性化”的概念；弹性专业化代替标准化生产的判断；创新和技术的学习具有特殊的地方性；目前的劳动分工与生产技术是制度压力下一种比较选择的结果而不是最佳实践
加利福尼亚学派	斯托普（Storper）、斯科特（Scott）、克里斯托弗森（Christopherson）	提出非贸易相互依存（Untraded Interdependence）和新产业空间（NewIndustrialSpaces）的概念；强调产业区是工业化本身的产物；强调制度安排的重要性
集群学派	迈克尔·波特（Porter）	提出“产业集群”（Industrial Clusters）概念和著名的“国家竞争优势”理论
创新环境学派	/	认为环境是发展的基础，能诱发创新并和其他创新机制相协调。强调产业本地化能够提高区域的整体技术和专业化水平
创新系统学派	库克（Cooke）	提出“区域创新系统”（Regional Innovation System）概念

新产业区各个发展阶段的特征　　表2-3

发展阶段		初期形成阶段	成长阶段	成熟阶段
主要特征	柔性化水平	生产方式逐步柔性化并出现CAD/CAM等生产模式	企业内部生产方式与管理模式基本实现柔性化	区域创新系统具有非常强的适应性与灵活性
	专业化程度	出现大量中小企业并产生集聚，专业化程度较高	企业之间分工进一步细化，专业化程度进一步提高	能够在全球范围内组织生产经营、R&D、售后服务
	国际竞争力	产品的出口额度不断增加，但国际竞争力较弱	创新产品的出口额度不断增加，国际竞争力提升	区内产品在国际市场占有较高的比例并拥有很强的国际竞争力
	劳动市场	劳动力供给相对充足但缺乏高素质的技术和管理人才	劳动力丰富且高素质的技术与管理人才选择自由度大	劳动力非常充裕并在区域内高频率地流动和合理“溢出”
	区域创新网络发展程度	企业间以及企业与区域其他行为主体间形成较密切的合作关系	企业之间形成长期稳定的合作关系并强化了外部网络联系	企业与区外的合作频繁并不断吸纳世界上最先进的技术
	网络的根治性	跨国公司开始和本地企业合作但网络的根治性不高	跨国公司与当地的企业及其他行为主体的联系比较密切，进而本地化过程加速	创新网络深深根植于所在环境并形成自我调节与创新功能很强的区域创新系统
	区域环境的创新程度	信任基础不稳固且企业间的合作关系不稳定	区域内社会文化环境逐步改善，进而信任基础逐步增强	区域各行为主体高度合作并形成创新的氛围
	经济发展与生活水平	区内人均GDP高于全国水平且生活水平较高	区内人均GDP大大高于全国水平且生活水平位于国际前列	区内人均GDP位于世界前列且生活质量非常高
	区域创新功能	企业通过外部网络连接进行创新的功能发挥不足	企业通过外部网络连接进行创新的功能持续增强	区域的创新功能尤其是自主创新功能居于世界领先的地位
典型区域		发展中国家的产业区（我国浙江省的专业化企业集聚区）和有一定专业化水平的高新技术开发区	“第三意大利”和英国的M4走廊	美国的硅谷

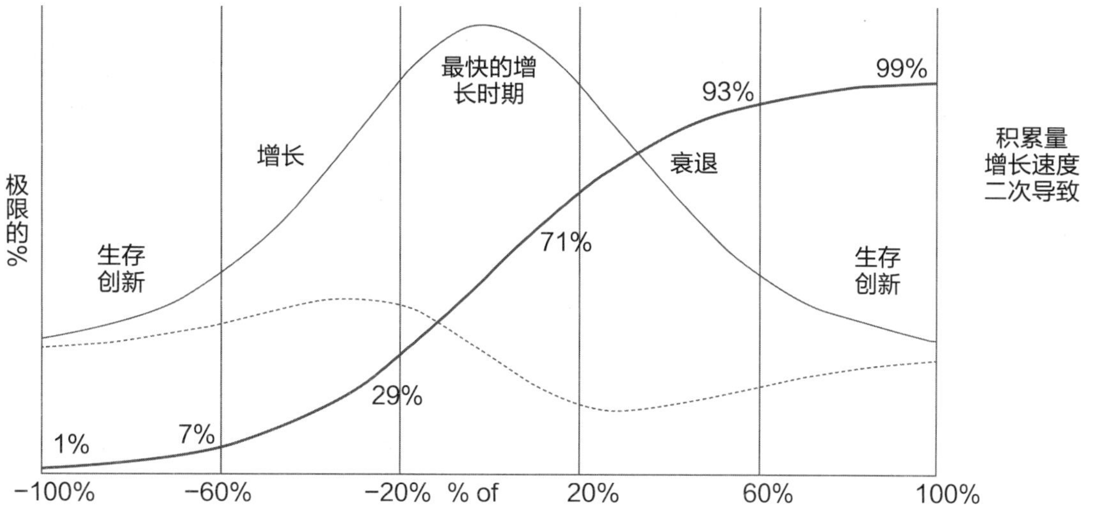

图2-7　空间生命周期的S形曲线
来源：刘洪. 经济系统预测的混沌理论原理与方法[M]. 北京：科学出版社, 2003

成长轨迹是一条S形的增长曲线，有一个低速的增长期，快速的增长期和生产成熟时饱和或衰退期（图2-7）。空间结构随着新技术轨迹创新扩散的过程而产生变化，此间具有三个明显时期：①孵化器时期，这一时期公司向大都市区集聚；②竞争时期，这期间涉及中间和边缘地区新轨迹的采用，有利于新产品市场的开拓；③停滞满足时期，在这些区域低生产价格来自于创新扩散过程（卢锐等，2006）。

基于产业聚集理论，孵化器是新建企业发展高新技术产业的空间载体，是发展科技型中小企业的创新政策集聚实施的平台。创业资源的可得性，企业间的追赶效应以及之间的知识溢出效应是其主要优势。

5. 公司地理论

公司地理（Corporate Geography，Geography of Firms）是20世纪70年代以来国际地理学术界的新兴研究领域。公司地理论以区域经济的基本运行单元——公司（企业）的空间行为为研究对象，主要研究公司空间行为、空间结构及其与环境的关系。将公司的空间行为、空间结构及其与环境的关系作为侧重点来研究公司的管理与发展。对公司空间扩张进行了系统研究，包括公司增长的区位选择、公司空间扩张规律、公司增长的空间模式等。企业的空间扩张是一种经济现象，遵循社会经济现象地理扩散的一般规律，同时又是一个组织行为，受制于组织的决策行为、组织内外部网络和发展战略。

公司地理论揭示了大公司子部门的区位选择与传统区位论的不同，为了公司整体利益，公司子部门可以完全不按最佳区位原理布局。公司空间扩张有接触扩张、等级扩张，以及中国特殊国情下的通道扩张等规律（李京文，2003）。

2.3.3 产业空间布局类型模式

产业布局是指以一定的地域（一个国家或地区）为界限，对产业进行空间分布的规划。一般来讲，产业空间的布局模式分成四种：均质模式、增长极模式、点轴模式、网络模式。在工业化前期阶段，生产力水平发展不高，产业布局以分散为主，社会经济活动分散，表现为地区差异不明显的均质模式；近代工业出现以后，生产力水平获得极大提高，经济发展总是选择寻找一个新的带动整个区域或城市发展的增长极，产业布局以分散为主转变为以集中为主；在增长极形成以后，各增长极点之间的联系和交往不断增强，形成点轴模式；最后，点轴模式不断发展，相互交织在一起，形成网络。产业布局从均质布局、增长极布局、点轴布局，发展至网络布局，是产业布局演变的一般规律（杨万钟，1994），是城市规划和空间开发的理论基础（表2-4）。

城市空间结构与产业结构的对应关系　　表2-4

城市空间结构				产业结构
演化阶段	城市化	经济空间相互作用	经济时代	主导产业
低水平平衡阶段	只形成了若干孤立的规模小，功能单一的小镇	小区域范围内经济活动的内部循环	前工业社会	以农业为主
核心—外围二元	少数优势地区发展为增长极，初步形成了城镇等级体系	以向中心城市集聚为主	工业化前期	以劳动密集型工业为主
			工业化中期	以资本密集型重工业、加工工业为主
核心—边缘区—外围三元结构	出现城乡边缘区，形成较合理的城镇等级体系	以由中心城市向周边地区的扩展为主	工业化后期	以技术密集型加工业为主
经济空间一体化	出现城市群和城市连绵区，形成完善的城市联系网络	实现经济空间结构的均衡，空间相互作用持续、稳定、均匀	后工业化阶段	以高新技术密集型产业为主

2.4 城市新产业空间发展趋势

2.4.1 城市新产业空间现象概述

新产业空间应是新阶段和新时期背景下，新技术和新产业组织模式在城市空间上有机组合形成的新的产业空间类型。在我国，新产业空间特指在新经济时代，都市国际化战略背景下出现的以新的生产方式、新的产业组织模式为特点的，与传统产业空间相区别的空间类型，一般位于大都市的中心城区或新中心内部。

武进博士在研究城市形态的演变机制时指出，社会经济的发展使得城市各功能组成部分发生变化，从而导致城市空间形态和结构的变化。将城市看作一个具有自组织力量的有机体激发因子，政府、企业、大学与科研机构正是通过对城市功能转型的响应，加速了城市新产业空间要素的集聚和发育，促进了城市空间分化效应的形成，最终催生了城市新的产业空间（顾朝林等，1998；王兴平，2005）。

城市空间分化是城市新产业空间产生的直接动力，而产业的空间集聚和产业集聚带来的空间扩张则是新产业空间发展的主要标志和途径。时代背景的变迁导致了城市功能的转型，与新的城市功能相适应，新的产业空间要素便开始孕育和孵化。随之在空间上，新的产业空间节点开始扩散和进行区位优选，形成新的产业集聚点，围绕这些新的集聚点，新的产业空间要素不断集聚和扩张，最终发育成为城市新产业空间（张建华，2009）。这就是城市空间分化效应催生新产业空间的过程（图2-8）。空间分化程度的差异导致分化效果的不同，进而影响新产业空间的发展与类型差异（表2-5）。

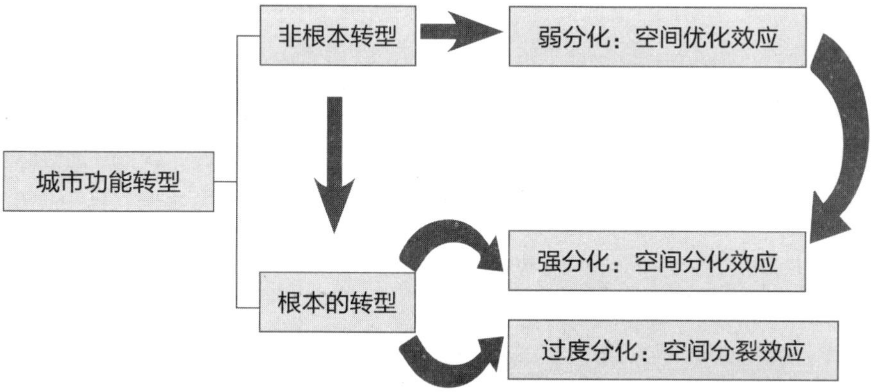

图2-8 分化效应演化示意图

城市新产业空间分化的类型表 表2-5

微观区位类型	街区型	边缘型	近郊型	远郊型
开发模式	纯产业区模式	纯产业区模式	产业社区模式	综合新城模式
与母城区空间分化程度	空间转型	空间分工	空间分工	空间分裂
与母城区空间联系	在母城区内部，空间高度融合	空间相接、高度一体化发展	在市区公交体系之内，基础设施一体化，母城区是其生活服务基地	在设施和空间上与母城区相对独立，母城区是其生产要素的来源地以及大件商品的购物中心

来源：薛金鑫. 边缘型开发区转型发展对城市的重构影响——以山东省东营市开发区为例[C]// 转型与重构——2011 中国城市规划年会论文集, 2011。

2.4.2 城市新产业空间研究进展

新产业空间现象首先出现在发达国家，随后才引入中国并结合国内产业空间的发展进行理论和实证研究。国际上对新产业空间的研究开始于20世纪70年代，而真正引起广泛关注是在1980年之后。1977年意大利社会学家巴艮亚斯科（Bagnasco）对意大利东北部的新产业区进行研究，开创了新产业空间研究的先例；1998年波特将簇群概念引入新产业区研究，用于分析新产业区形成与发展的机制；之后研究重点主要集中在科学园区上，20世纪80年代末西方学者讨论了科学园区的概念（Massey，1991；Hanslofsetenetal，2002）。之后研究方式逐步成熟，由经验观察向规范化研究发展，对科学园区的作用、发展、机制等的研究逐步深入。总体来看，国际上对新产业空间的研究主要集中于社会学、地理学、经济学领域，倾向于对新产业空间的产生、产业集聚的机制和规律的探讨并产生了较系统的成果，但对于其空间结构和形态缺乏研究，在城市规划领域的探索仍处于起步阶段。

国内对于新产业空间的研究起步较晚，1990年之前是中国城市开发区的起步探索阶段，开发区是国内新产业空间最初的研究对象，此时研究主要集中于对国外城市开发区经验的介绍并结合我国实际情况围绕城市开发区的体制政策和发展方向展开（陈钺，1989）。20世纪90年代初期和中期是发展阶段，形成了我国城市开发区的基本格局，此时的研究集中在经济发展的问题上。随着各地开发区发展的日益成熟，研究内容也日益丰富和深入，近年来城市CBD、新商业空间、信息产业园、大学城、软件园、物流园、都市经济园、创意产业园、世博会等新产业空间也成为研究的重点（表2-6）。

近年来国内学者关于新产业空间的研究重点　表2-6

学者	研究重点
阎小培	信息产业及信息空间
邬沧萍	经济开发区外来人口
郑时龄	世博会规划设计
刘敏	软件园规划建设
钟坚	高新技术以及高新区、经济技术开发区
顾朝林、魏心镇等	高新技术园区
李小建	企业地理
孙娟	中国新城市空间的形成机制、特征、存在问题以及城市空间重组模式
费洪平等	开发区产业发展与规划
柴彦威等	我国开发区的转型
王缉慈	新产业区理论
叶强	大型综合购物中心与城市空间结构演变
王兴平	城市新产业空间的发展机制与空间组织

总体来看，国内城市新产业空间的研究已经逐步展开，但普遍都较关注某一种类型的新产业空间的研究，缺乏从整体的角度来研究它们的相互关系以及与城市空间的整合协调。

2.4.3 新产业空间与多中心网络（POLYNET）

巨型城市区的概念于1999年由霍尔（P. Hall）提出，这是一种全新的城市形式——区域城市，在空间和职能上都是多中心的，由10～50个物质形态相互分离但功能上相互联系的个体集聚在一个或多个较大的中心城市周围，彼此通过功能的劳动分工组成一系列功能性城市区域（Functional Urban Region，FUR），这些区域由高速公路、高速铁路和电信电缆等“流动空间”连接成为一个整体（Hall，2006）。多中心巨型城市区域（Polycentric Mega-City Region）是城市化高度发展出现的新现象，已成为全球化、信息化时代新的空间形式。

2005年POLYNET项目组开展了欧洲8大巨型城市区的系统研究，包括英国东南部、荷兰兰斯塔德、比利时中部、莱茵美茵、大都柏林、德国鲁尔、瑞士北部和法国巴黎。研究共分为两期：第一期主要界定研究范围、巨型城市区的现状特征，并提出了巨型城市区的功能性城市地区（FUR）这一重要的概念作为分析单元；第二期对这些巨型城市区内生产性服务业的联系进行定量分析，并通过内部联系形成的网络对各巨型城市区的网络结构进行对比研究。两期的研究内容都特别关注巨型城市区的多中心性（polycentricity）测度（张晓明，2006）。

从内部动因来看，8个巨型城市区普遍呈现出分散化的趋势，除了少数城市的功能性城市区域（FUR）显示衰退趋势，其他功能性城市区域都处在一个增长的状态中。在就业方面，分散化的趋势同样明显。就业结构普遍存在着由制造业等向服务业尤其是生产性服务业转移的趋势，服务业的发展在核心城市所在的功能性城市区域相对稳定，外围地区则呈现增长趋势。

英格兰东南部（South East England）是POLYNET研究中最大的一个巨型城市区域，其代表性研究结论如下：

（1）多中心。巨型城市区的多中心性不仅是城市空间形态上的多中心，更强调功能上的多中心。霍尔通过对英国东南部和荷兰兰斯塔德地区的研究发现，尽管从城镇规模看兰斯塔德是典型的多中心地区，而英国东南部与多中心相去甚远，但英国东南部的“综合功能多中心系数”（General Functional Polycentricity index）却与兰斯塔德地区接近。多中心性还意味着从主要城市向较小城市的扩散，并随着时间推移变得越来越多中心，更多的人口和就业分散在最大的一个或几个中心城市之外，其他较小城镇之间交换着完全绕过中心城市的信息，变得越来越网络状。

（2）功能性。巨型城市区十分强调功能性，POLYNET项目组将巨型城市区的分析单元定义为“功能性城市地区”（FUR），由一个根据就业规模和密度定义的中心和根据与中心的日常联系来定义的“环”组成，而功能性城市地区之间各种密集的实体流和信息流将其连为一个整体，使之共同承担在全球城市网络中的节点功能。

（3）网络性。2004年英格兰东南部的工作岗位中有80%为服务业，城市中心之间密集的通勤流跨越该地区中枢辐射状的交通设施网络（图2-9）。POLYNET研究发现，尽管信息化发展更加成熟，网络交流机会日益增加，但是商务出行和高级服务业之间的通勤的减少却依旧有限，这些现象在巨型城市区十分普遍。要提高商业效率，加快经济增长以及区域间的平衡发展，改善区域间的机动性十分必要（SEERA，2003；GOSE，2004）。在全球化背景下，越来越强调区域内快速交通网络的建立（张晓明，2006）。

2.4.4 新产业空间基本特征和类型

新产业空间是新经济时代背景下大都市中心区产业空间的主导类型。具有以下特征：

（1）新产业空间之“新”意味着新的发展时代和新的发展阶段。全球化和信息化推动

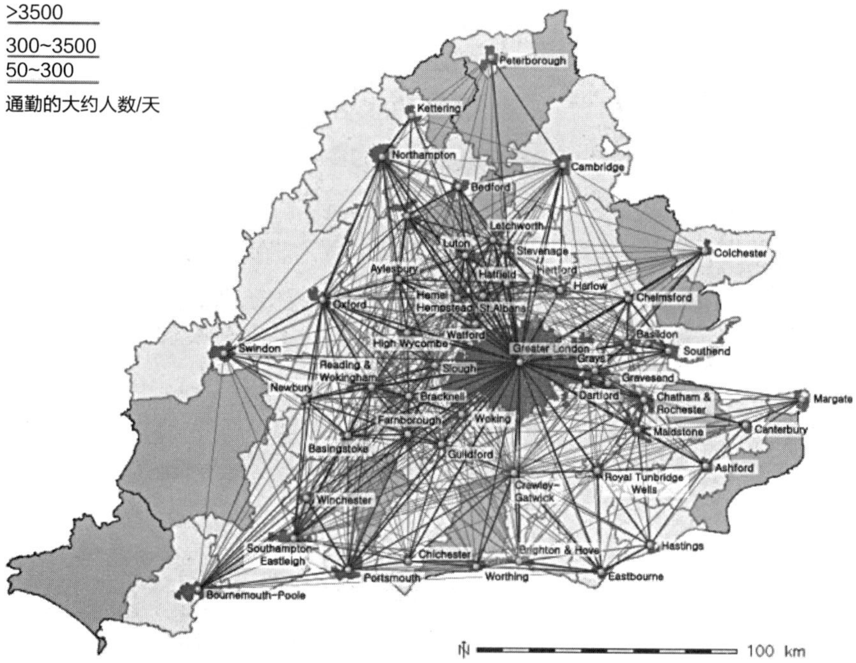

图2-9　英国东南部巨型城市区域通勤状况（2001）
来源：www.polynet.org.uk

大城市进入新经济时代，城市产业结构升级，现代服务业、高新技术产业和休闲产业等发展促进城市空间结构重组，促使新产业空间迅速崛起来承载这些新产业。国际大都市的传统制造业向其他国家和地区转移，内部产业空间实现有机更新，新产业空间以极高的空间价值逐步产生和发展，成为大都市中心区和新中心内的产业空间主导类型。

（2）新产业空间占据产业链的高端环节。产业分工的纵向深化和企业内部生产环节的分离，形成了各个生产环节跨地区甚至跨国界的分布，企业走向规模化、高效化和区域化，新价值链分工体系开始形成，而新价值链的高端环节是具有高技术含量、高附加值和高度全球控制性的产业，这些产业在国际化大都市快速发展，形成了多样的新产业空间。

（3）新产业空间承接信息技术下的柔性化生产方式。20世纪70年代末80年代初，西方发达国家由福特主义向后福特主义转变，后福特主义以高度灵活和不同的柔性化形式为特征，生产技术、劳动关系和组织方式都是柔性的，柔性专业化必然导致新的产业空间组织形式， 信息传递成为新产业空间彼此联系的纽带，实现了空间的集聚，范围经济取代规模经济形成新产业空间。

（4）新产业空间是大都市以知识产业为基础的产业空间。在第三产业内部，产业结构沿着传统型服务业、多元化服务业、现代服务业、信息产业向知识产业的方向演进，知识产业正成为大都市新经济时代的产业升级重点方向，从而衍生出新产业空间类型，如研发区、科技园、高新技术产业区等。

（5）新产业空间是经济多元化发展格局的大都市产业空间。按产业属性新产业空间可以分为三类：第一类是生产性的新产业空间，以轻加工制造为主的都市型工业园区为空间形态；第二类是以生产性服务业为主的新产业空间，其功能是为生产活动提供服务，常见的空间类型有中央商务区和郊区型商务区、科学园区、物流园区、孵化器、创意园区等；第三类为消费性服务业为主的新产业空间，主要功能为体验性消费，如购物中心、旅游休闲区、商业街、风景名胜区等（表2-7）。

大都市新产业空间类型 表2-7

新产业空间类型	主导产业	功能
城市游憩商业区（RBD）	休闲、商业、旅游、娱乐等	经济娱乐休闲功能
大型商务综合体	甲级写字楼、商业/高档公寓/酒店/展览等办公配套产业	现代商务功能
大学城	中、高等教育等行业	教育培训功能
中央商务区（CBD）	商务、商业、金融保险服务	总部经济功能区
科技城	技术推广服务、技术检测、技术研究与试验发展、计算机系统服务工程等行业	技术服务功能
博览会展中心	大型博览区、中小型会议会展中心、娱乐、休闲、体育、会展、特殊主题旅游	会展服务功能
中央活动区（CAZ）	商务、商业、文化产业、酒店和高品质住宅	满足多样化工作、生活、休闲功能
都市型产业园	环保轻型工业	高级加工功能
科学园	科技研发	科技研发功能
物流园区	运输代理服务、仓储业、装卸搬运和水上货物运输	运输配送功能
高新技术产业区	高技术产业和信息产业	信息加工功能
创意产业区	知识产权服务、工程技术与规划管理、广告业、互联网信息服务等行业	文化服务功能

2.4.5 新产业空间发展趋势

根据对大都市新产业空间产生机理和发展过程的研究，新产业空间的发展趋势主要呈现以下特点：

1. 产业群落与新产业空间的发展

产业集聚产生外部规模经济、创新效益和竞争效益，在知识经济、全球经济的新时代背景和新经济动态的大环境下，各种分散的产业开始集聚，形成高级的专业化分工和交易网络，并在城市逐步形成众多的产业集群和产业群落（图2-10）。

产业群落具有3种优势效应：①学习与创新效应。产业群落中企业间彼此接近，受到隐形的竞争压力以及“知识外溢”使得群落成为培育企业学习与创新能力的温床；②产业关联效应。专业化分工协作的产业群落促进各企业间的有效合作，形成具有互补性的产业链；③产业群落具有典型的网络形态特征。企业、当地政府、大学和科研等多个机构形成复合型网络集聚体，而信息网络技术使得网络集聚体加速形成并逐渐演变成为创新网络集聚体。

2. 新产业价值链与新产业空间的发展

产业链和企业竞争中所进行的一系列经济活动从价值的角度来分析研究，称之为产业价值链（Industrial Value Chain）。新产业价值链是指在全球性的生产网络组织条件下所构成的产业价值活动。经济全球化的快速发展，少数大都市占据了新产业价值链的高端环节，大都市按照新产业价值链的要求来进行城市空间的优化和重组，使大都市功能高级化。大企业和跨国公司的高端环节在全球范围广泛分布，出现全球化分工体系。知识产业、高端服务业等具有高附加值的产业在全球化分工体系中较多地显示其对于区位的优越性选择倾向，这在某种程度上也促进了城市产业空间的升级和布局优化。

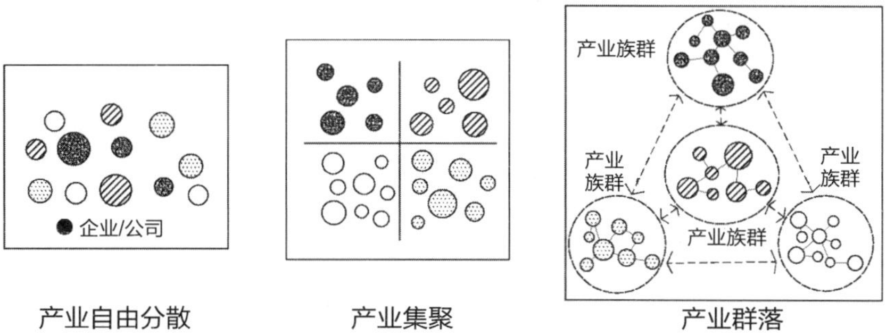

图2-10 产业群落的空间组织演进示意
来源：杨德进. 大都市新产业空间发展及其城市空间结构响应[D]. 天津：天津大学, 2012

3. 产业结构高级化与新产业空间的发展

产业结构高级化是全球城市形成的重要推动力量。产业结构中的主导产业经历了一个由“轻到重再到轻”的高级化过程，城市产业结构呈现出“软化”(服务化)的趋势，由此引起城市产业空间和城市空间的变化。工业经济为主导的传统城市，其产业空间是以传统制造业为主的工业园、工业区和开发区为主要形态，而基于城市产业高度化的城市，其产业空间呈现出现代服务业产业集聚区、都市型楼宇工业区以及高新技术专业化街区等多样化空间类型(杨德进，2012)。随着产业结构高度化，城市主导产业的改变引起城市整体空间的变化，城市中心区功能的集聚化、多样化和高级化促进新产业空间的形成，而新产业空间的形成又引起城市空间形态在功能和布局上的结构性重组，包括改变城市的用地性质，进行城市的更新与改造等。同时，城市经济多元化的空间影响直接促进了城市新产业空间的分化，根据不同的产业部门形成了类型丰富的产业集聚空间(图2-11)。

此外，知识经济的基础部门——教育和培训占据着十分重要的地位，在一些高校或高端的科研机构周围往往集聚着知识性的高技术产业，由此形成了“产—学—研”一体的新型科技园，与以往大企业周围集聚着传统工业的局面完全不同。另一方面，以休闲为主的功能区、体验式主题休闲空间、新型特色休闲社区为重要内容的新产业空间的发展也是城市经济和社会进入更高层次的动力之一。

都市型工业经济形成一种新产业空间：都市型工业园区和楼宇。都市型工业园区一般位于配套设施齐全的城市中心，容积率一般较高，往往由政府统一规划或者通过城市棕地更新形成。都市工业经济的另一种空间载体——都市工业楼宇作为新兴经济形态——楼宇经济的重要组成部分，也在大都市中心区快速成长起来。

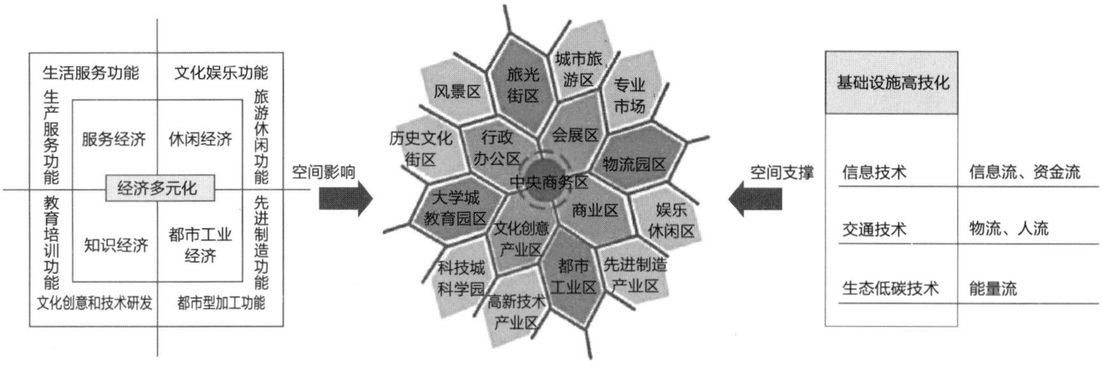

图2-11 城市经济多元化和新技术对产业空间影响
来源：杨德进. 大都市新产业空间发展及其城市空间结构响应[D].天津：天津大学, 2012

4. 科技进步与新产业空间的发展

信息技术的进步和普及使城市空间信息化的程度加大，城市空间范围不断扩大，亦出现了城市图像媒体空间、虚拟空间等全新的空间形态。高密度路网和密切联系的网络化快速通道，进一步加速城市空间结构的变化，也给新产业空间的发展带来新的契机和动力（图2-12）。

大都市新产业空间发展加速了功能分区模式的瓦解，各功能区之间的界限逐渐模糊。信息化的快速发展使得生活工作一体化的模式成为可能。技术的发展使一些城市工业对居住生活环境的影响也大大减少，城市从原有的单一功能分区模式开始走向生产—办公—商业—生活等多功能融合的综合性空间，加速了城市空间内部结构的兼容、融合趋势。城市多种功能实现方式的信息化和虚拟化导致城市空间结构从传统的圈层式走向网络化（图2-13）。

一方面，大都市新产业空间存在的外部牵引力使得新产业空间向城市副中心或独立的新中心迁移，加快了城市多中心化和网络化的进程。另一方面，大都市新产业空间功能紧凑化、土地利用混合化促使城市整体空间结构的立体化。

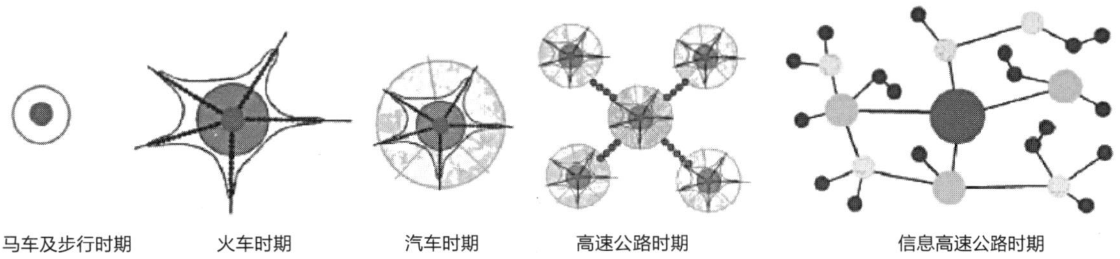

图2-12 交通方式变革与城市空间拓展
来源：杨德进. 大都市新产业空间发展及其城市空间结构响应[D].天津：天津大学, 2012

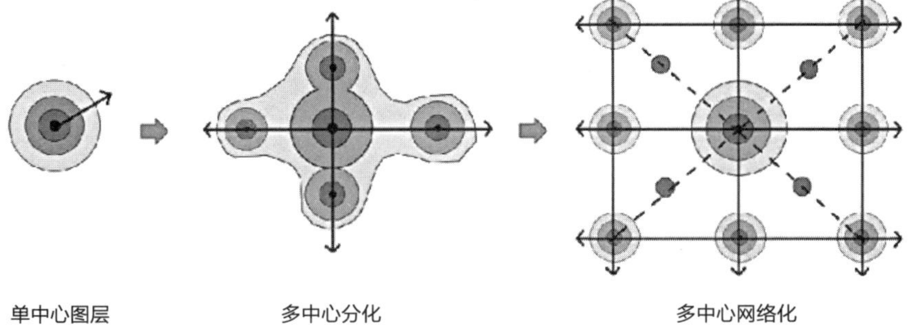

图2-13 大都市空间结构的网络化趋势
来源：杨德进. 大都市新产业空间发展及其城市空间结构响应[D].天津：天津大学, 2012

3 城市生产性服务业空间格局的理论基础

3.1 城市生产性服务业的成长动因

国内外学者对于生产性服务业的成长动因做出了不同的解释（表3-1）。总结来说，生产性服务业的发展究其根本是由于“分工深化”引起的，生产服务职能一直都存在于传统生产部门中，随着生产力的发展，科技的发展和生产过程的柔性化使得企业分工不断细化，生产服务职能逐步从企业内部分离由另外一些专门化的服务企业来承担，从而提高生产效率。这是在企业内、外部因素共同作用下市场选择的结果，取决于这种服务的企业内部成本与外包成本之间的比较。

具体来说，内部因素是企业基于核心竞争理论将某些创造价值相对低的环节外包。外部因素是指生产力的发展和专业化分工的细化，为企业生产服务的外部化提供了可能。基于交易费用理论，劳动分工的细化使得生产者之间对商品的交换频率加大，从而导致交易费用的加大，使得企业的生产成本上升。因此企业制造过程的一部分产品附加值转移，将某些服务交由专业的服务企业承担。生产性服务业的发展正好适应这一需要，使得专业化分工所带来的边际效益不被交易费用的边际增加所抵消，使得社会专业化分工继续深入推进，直至均衡发展（孙莹，2010）。

生产性服务业的成长动因分析 表3-1

时间（年）	学者	观点
1984	Bhagwati	厂商内部服务活动的外部化促进生产性服务业快速成长
1987	John Tschetter	制造业为了提升市场竞争力以及降低成本，将内部的生产服务转由专门的服务企业承担，从而使生产性服务业的从业人口快速增长
1989	Grubel & Walker	商业复杂性的提高，信息通信费用的下降，以及立法环境和工会组织的影响，促使生产性服务业成长
1991	Coffey & Bailly	弹性生产方式的兴起促进了生产性服务业的快速发展
1995	薛立敏	生产性服务业成长的动因是生产技术专业化与分工细化
1997	Macoher son	当提供生产服务的市场成本小于内部成本时，将生产服务外部化有利于促使企业技术的成熟

来源：李金勇. 上海生产性服务业发展研究[D]. 上海：复旦大学2005。

3.2 城市生产性服务业的相关概念

3.2.1 生产性服务业的内涵

国内外学者对于生产性服务业还没有一个明确统一的定义，有的从生产性服务业的服务对象和服务活动的内容上揭示其内涵，有的从内在属性或需求角度来进行定义，具体见表3-2。

国内外学者对生产性服务业定义的研究　　表3-2

时间（年）	学者	生产性服务业定义
1962	Machlup	提出“生产服务”的概念，是生产性服务业范畴的前身
1966	Greenfield	企业、非营利组织和政府主要向生产者，而不是最终消费者提供服务产品和劳动
1975	Browning & Singelman	包括保险、商务、金融、法律等具有知识、信息密集性特点的服务行业
1982	Hubbard & Nutter	消费性服务业以外的专业服务范围领域
1985	Daniels	区别于服务最终消费者的消费性服务业，主要为生产制造业的产业提供服务，并不直接提供产品，但在生产和进一步消费之间起着关键连接作用
1987	Howells & Creen	为其他公司提供服务的行业，包括银行、保险和其他商业服务业，如广告和市场研究，以及职业和科学服务，如会计、法律、R&D等
1989	Coffey & Polese	一种中间投入，用来生产其他的产品或服务，是中间性的投入而非产出
1989	Gruble&Walker	是大部分使用人力资本和知识资本作为主要投入的服务行业，它能够促进生产专业化，扩大资本与知识密集型生产，从而提高劳动等生产要素的生产率
1997	侯学钢	亦称为厂商服务业，随西方“工业制度”的确立而快速发展，是为社会物质生产提供各种非实物形态的服务性产业
2005	钟韵、闫小培	生产、商务活动和政府管理提供而非直接向消费性服务的个体使用者提供的服务，其发展与社会生产力的发展及科技进步密不可分；它不直接参与物质转化，但又是任何工业生产环节中不可缺少的活动

以上学者对于生产性服务业的定义各不相同，一方面是由于研究的侧重点不尽相同，另一方面是由于各学者所处的时代背景和经济发展阶段不同。结合目前的时代阶段和对生产性服务业的理论研究，总结生产性服务业的定义为：生产性服务业是指为其他产品和服务生产提供中间投入服务，满足中间需求的市场化的非最终消费服务。

生产性服务业和现代服务业之间具有内在联系。现代服务业与传统服务业相对应，是指受生产和生活方式进步、社会分工细化的深入影响而加速发展的服务业以及运用现代科学技术、新型服务方式及新型经营形态对传统服务业进行改造而呈现出现代特征的服务业。现代服务业主要包括四个领域：①基础服务；②生产性服务；③个人消费服务；④公共服务。大力发展现代服务业是我国转变经济发展方式的必然选择， 也是我国产业结构升级的必然要求。生产性服务业是现代服务业的核心部分，发展现代服务业应以生产性服务业为重点突破口（林梦，2007）。

生产性服务业中以高新技术、工艺、创意为支撑的高新技术服务业占相当大比重，这些行业是智力密集和技术密集型产业，实现了独立发展，从业人员的创新能力强，对相关产业的发展具有明显的支撑和带动作用，主要包括技术研究与开发、计算机服务、信息传输服务和软件服务、数字内容服务、专业技术服务、工业设计、科技交流和推广服务等行业。

3.2.2 生产性服务业的分类

生产性服务业的分类目前没有统一标准，世界各国和各类经济组织都有各自的统计口径和分类标准（表3-3）。可以看出，对生产性服务业的分类越来越全面，但是也可以看出对于生产性服务业的分类依旧比较混乱，主要原因是没有系统地分成大类和小类，如金融保险属于大类，它包括银行、保险、债券市场、基金等（陈仕权，2006）。

生产性服务业的分类　表3-3

部门或学者	分类
美国商务部（BEA）	商业及专门技术（如电脑、工程、法律、广告及会计服务）、教育、金融、保险、电子传讯
美国统计局（BOC）	金融、保险、不动产、商业服务、法律服务、会员组织、其他专业服务
英国生产标准产业分类（SIC）	批发分配业、废弃物处理业、货运业、金融保险、广告、研究开发、贸易协会
香港贸易发展局	专业服务、信息和中介服务、金融服务、与贸易相关的服务
Browning & Singelman	金融、保险、商务、经纪、法律

续表

部门或学者	分类
Howells Green（1986）	银行、证券、保险、研究与开发、市场研究、法律服务、会计以及广告
Marshall（1987）	分为3类：以信息处理为目的的服务业；以实物为客体的服务业；为提高个人素质而出现的服务业
Martinelli（1991）	分为5大类：以资源分配与流动为目的的服务活动；以工程技术为服务对象的服务活动；为生产活动提供信息、管理服务的活动；保持生产活动正常进行的生产性服务；以产品销售为目的的服务活动
Coffey & Bailly（1991）	工程服务、企业管理咨询、会计、设计、广告
薛立敏（1995）	国际贸易、水上运输、铁路运输、其他运输仓储、通信、金融、保险、经纪、法律工商服务、设备租赁
夏铸九（1996）	国际贸易、通信、运输服务、金融、保险、不动产、设备租赁、法律与会计、咨询服务、土木建筑
边泰明（1997）	国际贸易、运输服务、仓储、通信、金融、保险、不动产、法律及会计、顾问服务、资讯服务、广告、设计业
钟韵、闫小培（2003）	金融保险业、房地产业、信息咨询服务业、计算机应用服务业、科学研究与综合技术服务业

来源：陈仕权. 生产性服务业的分类,特点及作用[J]. 郑州航空工业管理学院学报（ 社会科学版），2006, 25(4): 191-193。

联合国统计司于2004年发布的产业分类中将产业分为21大类，其中涉及生产性服务业的有H、K、L、M、N、P、S、U等产业大类。我国国家统计局将生产性服务业分为交通运输、房地产服务、商务服务、金融服务、信息服务和科研等6个行业。《国民经济和社会发展第十一个五年规划纲要》中将生产性服务业分为交通运输、现代物流、金融服务、信息服务和商务服务等。

上海市经济和信息化委员会将生产性服务业划分为资本服务类、会计服务类、信息服务类、经营组织类、研发技术类、人力资源类、法律服务类等7大类别（孙莹，2010），在此基础上又划分为43个子行业（表3-4）

生产性服务业行业划分标准 表3-4

序号	类别	基本行业
1	资本服务类	银行、信托、保险、典当、评估、投资、融资、拍卖、资信、担保等
2	会计服务类	会计代理、审计事务、资产管理、信用管理、财务公司等
3	信息服务类	会展、电子商务、战略咨询、信息咨询、品牌代理、公共关系、广告等
4	经营组织类	企业托管、物流、配送、产品批发、商品代理、监理、经纪、租赁、环保等
5	研发技术类	产品研发、技术转让、软件开发、知识产权交易服务等
6	人力资源类	人才招募、人才培训、人力资源配置、岗位技能鉴定等
7	法律服务类	律师事务、涉讼代理、公证、调解等

来源：魏静. 基于生产性服务业集聚的高新区区域创新研究[D].武汉：武汉科技大学, 2007。

3.2.3 生产性服务业的特征

生产性服务业除了普通服务产品的一般特点外还具有区别于其他类型服务业的最本质特征：

（1）生产性服务业区别于其他类型服务业的最本质特征是其中间投入特性。生产性服务业是一种中间投入，其消费对象不是最终消费者而是服务于生产和创造更大价值的生产和消费行业（李金勇，2005）。

（2）生产性服务业具有较强的产业关联性，这一特性也和中间投入特性相呼应，产业关联性包括产业的前向和后向的关联关系。生产性服务业中有些服务业原本就属于制造业生产过程中的环节之一，与制造业存在千丝万缕的联系。生产性服务业的发展能够带动其他相关部门的发展，具有较强的正向相关性（李金勇，2005）。

（3）生产性服务业是知识密集型的专业性服务，其生产的每一环节都需要拥有专业化技能的高素质高层次人才来完成，这个特点又决定了不可能通过发展生产性服务业来有效扩大就业，而是应该依靠发展传统服务业来解决就业问题。

此外，按生产性服务业的各行业来看，几类重要的生产性服务行业的特点见表3-5。

生产性服务行业的特点 表3-5

行业类别	主要内容和服务方式	服务对象	区位因素	区位特征
金融服务业	银行、证券等各类金融服务业，面对面网络服务	企事业单位、政府为主，个人为辅	中心性、信息通畅、可达性	中心、次中心集聚
保险服务业	财产、职业、人身、人寿保险等，面对面接触	企事业单位、政府为主，个人为辅	中心性、信息通畅、可达性	中心、次中心集聚
房地产服务业	房地产开发、咨询策划代理、物业管理各类不动产服务，面对面接触	企事业单位、政府机关等	中心性、信息通畅、可达性	中心、次中心集聚
事务所	法律、会计、审计等相关服务，面对面接触	企事业单位、政府为主，个人为辅	集聚、信息通畅、可达性	中心集聚
咨询代理业	广告代理、市场研究、信息咨询业等服务业，面对面接触，通信手段	企事业单位、政府为主，个人为辅	集聚、信息通畅、可达性	中心集聚
计算机服务	硬件与软件服务、网络服务，面对面接触、网络	企事业单位、政府为主，个人为辅	人才集中、信息通畅、创新环境好	中心、次中心集聚
研究与开发	自然、社会科学、工程技术等研究等，面对面接触	企事业单位、政府	人才集中、信息通畅、创新环境、环境优美	中心集聚、创新源集聚（局部）
专业技术服务	各类专业技术咨询服务业，面对面接触、通信	企事业单位、政府为主，个人为辅	人才集中、信息通畅、可达性	中心、局部集聚

来源：刘曙华. 生产性服务业集聚与区域空间重构[M]. 北京：经济科学出版社, 2012。

3.3 城市生产性服务业格局相关研究

生产性服务业在区域内的布局规律与相应的影响包括两方面：①生产性服务业在不同等级的城市分布不均，集中分布在大城市；②生产性服务业呈现非中心化的布局趋势（孙莹，2010）。

生产性服务业具有不同于一般产业区位选择的特点，城市生产性服务业的规划布局除了受传统区位要素的外在影响外，还有其内在的影响机制（图3-1和表3-6）。

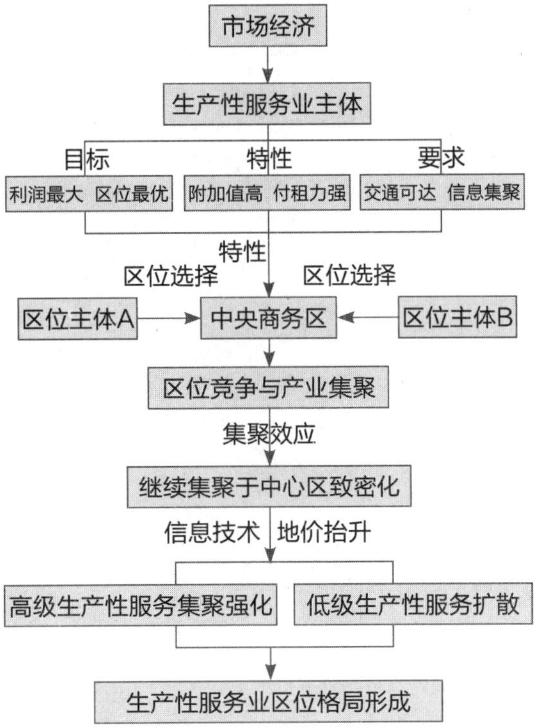

图3-1 生产性服务业区位选择模式
来源：方远平,闫小培.大都市服务业区位理论与实证研究[M].北京：商务印书馆,2008

3.3.1 生产性服务业的区位分布趋向

对生产性服务业区位分布趋向的分析可以从国际和国家（包括国内和地区）2个地域层面进行。

1．国际层面：集聚与扩散并存

国外学者对欧洲生产性服务业进行调查研究，将欧洲先进生产性服务业的区位发展趋势归纳为三点：①由于商业金融和APS活动的国际化日益加强，世界城市（伦敦、巴黎、法兰克福、阿姆斯特丹、苏黎世）成为公司总部及国际服务贸易的中心。这些现象的部分原因可以归结为集聚经济以及这些节点处于高质量基础设施网络中心的区位优势；②公司总部和高阶生产性服务业集中在大城市核心区，区域市场（支部和小公司）则靠近小城市（Bailly and Boulianne，1992）；③APS空间分布的区域不平衡主要源于集中在世界城市的高阶生产性服务业和其他落后的服务业之间的差

生产性服务业区位分布的影响因素　　表3-6

时间（年）	学者	观点
1956	Isard	运输、劳动力、动力
1956	Greenbut	需求、成本、个人
1964	Alonso	支付地租
1971	Smith	地区发展、劳动力资本、当地政府服务、竞争厂商区位、距离市区远近、土地取得成本、环节污染管制、生活品质
1974	Dower	自然条件、道路条件、运输系统、地区发展因素、相关产业、都市规划、产业政策、公共设施、社区因素、土地取得成本
1983	Hayyington	因素系统、劳动力、当地政府素质、税金、接近市场

续表

时间（年）	学者	观点
1984	Tompkins	自然条件、运输系统、社区因素、生活品质、税金
1985	Daniels	集聚经济、专业人才、基础设施
1989	Beyers	接近客户、租金、决策者个人意向、劳动力素质、交通和通信可达性、基础设施
1989	Bowman	产业政策、劳动工资、地区发展因素、税金
1989	Dinteren	交通可达性、区域影响力、用地条件、整体商务环境
1990	Geo	企业之间的联系
1990	Illeris& Akobsen	信息可得性、劳动力素质、成本、整体商务环境
1991	Martinelli	成本、信息可得性、交通可达性、专业化水平等
1991	Monnoyer & Philippe	企业发展战略、接近客户、技术、创新等
1991	Chapman	自然条件、运输系统、地区发展因素、动力供应、相关产业、竞争厂商设厂位置
1992	Kristiansen	劳动力素质、本地市场、接近客户、决策者个人意向
1993	Michalak	信息可得性、互动性行业、接近消费者、企业联系
1995	Peser	交通可达性、劳动力、信息可得性、接近客户、成本、环境和知名度等
1995	Marshall & Wood	接近客户、同行、外部信息；交通、信息和人才可得性；城市文化、社会、居住环境，办公设施

来源：魏静．基于生产性服务业集聚的高新区区域创新研究[D].武汉：武汉科技大学，2007；李金勇．上海生产性服务业发展研究[D]．上海：复旦大学，2005等。

异，这将伴随产生一个更加均匀的空间分布格局（Todtling，1984）。

在英国，20世纪80年代区域或城市之间生产性服务业的空间分布曲线急剧下降（Gillespie、Green，1987；Howells、Green，1987），吉莱斯皮（Gillespie）和格林（Green）提出了生产性服务业的空间分布的逆城市化趋势。1989年莱申（Leyshon）和思里夫特（Thrift）研究发现伦敦外围东南边的一些区域相邻的地区如东安格利亚（East Anglia）和一些西南部地区成了生产性服务业为了躲避伦敦高位地价的首选区位，特别是在

20世纪80年代末，这种趋势尤为明显。这种趋势不是英国特有的，城市已经认识到先进的服务业对于经济结构调整和生产动态的重要作用，为吸引和保留更多的生产性服务业，开发更多合适的业务以及创造更舒适的工作环境，城市之间的竞争日益激烈。

另一方面，从企业的角度来看，在过去的十余年里生产性服务业的巨大发展主要依赖于生产企业实施的战略抉择，在一定程度上是生产企业服务外包的缘故。一般而言，在发展初期，采用外包的方式主要是为了降低生产成本，后来则是由于实行劳动分工可带来经济社会效益的提高，促使了一些新的生产性服务部门的不断出现。值得注意的是，出于面对面接触和交流的要求以及适应企业组织结构改变的需要，大型多区位跨国服务公司在扩张战略的引导下依靠信息和通信技术进步提供的新机会，跟随大型多区位制造企业跨国移动，从而在其他国家设立相对分散的地区总部和分支机构，已成为跨国公司生产性服务业分布的一个普遍现象和趋势。这现象在发达国家之间更为常见，在发展中国家则主要表现为有选择性的移动，选择那些发展环境好、国家和地区政府政策支持力度强的区域。

此外，由大型跨国服务公司带动的直接投资出现大幅度增加并超过服务贸易，特别是大型服务公司出于市场拓展的需要而选择性扩散，已成为一种新的潮流。当然，大型多区位跨国服务公司的扩散主要采取建立地区总部或设立分支结构的方式，把公司的低级服务部门转移到发展中国家，大部分核心业务和高级服务部门还是留在这些国家的核心地区，从整体上体现出中心地理论的中心地体系结构。由此可知，在国际层面上，生产性服务业正处于不断的集聚和扩散当中，这种国际层面上的非均衡状态主要取决于国家之间经济发展的差异以及未来发展的机会，生产性服务业在很大程度上表现为“围绕核心区的集聚”、“有选择的空间分散”和“等级结构的空间分布序列关系”三大特征（图3-2）。

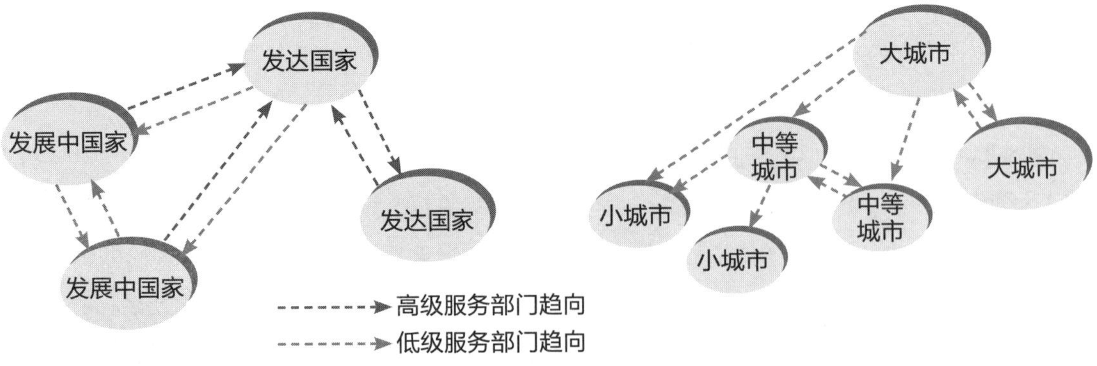

图3-2 国际层面上生产性服务业的分布趋向（左）和不同等级城市生产性服务业的供给趋势（右）

2. 国家层面：向城市不断集聚

1）人力资源的吸引作用

高素质人力资源是生产性服务业区位选择最重要的条件之一，因此，人力资源的可获得性是一个重要的区位因子。这也意味着作为服务生产主要影响因素的知识、技能和创新是必不可少的。事实上，从区位的角度出发，许多研究指出了在本地区保持和创造一个充足的人力资源供给市场的重要性，公司位于人力资源丰富的地方就会拥有许多竞争优势。大城市有许多确保人才供给的教育科研机构和专业化技能的劳动市场等，使城市核心区成为许多高级服务部门的最佳候选地，如纽约、伦敦和东京集聚了世界上最优秀的金融人才和专业服务人才，支撑这种聚集的人力资本的是发达的教育、医疗和文化等现代服务业。其中，纽约生产性服务业在私人部门就业中的比重从1977年的29.8%上升到1987年的37.7%。不少人认为，20世纪70年代后期以来纽约经济的高速发展主要得益于强大的生产性服务业，而生产性服务业发展的一个重要原因是拥有丰富的人力资源。另外，1984～1987年期间伦敦中心区生产性服务部门在总就业中的比重从11%上升到18%，1989年达到20%，而1986～1998年期间金融服务业在GDP中的比重由21.7%提高到27.6%，就业比重由13%上升到18.2%，其他行业则出现了下降的趋势。20世纪80年代以来东京情报信息业、广告业、金融保险业等发展非常快，90年代末东京金融保险业占国内生产总值的比重为12.5%，比20世纪50年代初上升了约6个百分点。在我国，生产性服务业也主要集中在上海、北京和广州等人力资源比较丰富的城市（唐珏岚，2004）。

2）集聚经济的驱动作用

目前对生产性服务业区位的研究大部分强调面对面接触和交流，信息传输速度，接近其他专业化服务商以及利用技能劳动力等，这些因素在分析中心城市地区商务办公等服务活动的集聚时，具有很强的解释力。在中心城市地区，需求与供给、内部与外部、主要与辅助等服务都处于不断的动态整合之中，带来了发展的良性循环。而且，现代化的大中型公司甚至可以把其主要活动置于中心城市内部的产业聚集区和知识密集区，从而获得集聚经济效益，而服务生产和交易过程中的集聚经济又强化了生产性服务业的空间集聚，使非中心城市处于劣势地位。特别是大型跨国企业总部还能为服务供给提供一个巨大的市场，外部服务公司可在相同中心城市集聚并获得发展机会，形成所谓的“公司总部综合体”。由此，出现了基于生产性服务业的新城市等级体系，新城市等级体系形成过程中，服务生产和交易活动与集聚经济在中心城市地区相互作用，使等级化结构不断强化。

一般认为，高速增长的生产性服务活动在地理空间上有趋向于在大都市地区集聚的趋向（刘曙华、沈玉芳，2007），非平衡分布的特征十分明显，如商务服务活动等。尤其是在国际性城市中，由于其显著的枢纽性往往会成为跨国公司总部的聚集地、国际信息枢纽物流中心和国际金融贸易中心等。另一方面，可以标准化的低级服务活动则趋向于均衡。通常生产性服务业向核心地区的集聚会促进生产性服务业的空间极化。在分散和集聚的区位趋向之间进行严格的区分十分困难，这主要取决于所考察地域范围的等级层次以及对生产性服务活动的不同界定。

3.3.2 生产性服务业分布的区位模式

1. 依附模式

生产性服务业本身是从制造业内部的生产性服务部门分离或外包出来而逐渐发展起来的一个新兴产业。在这个过程中存在着以下3种趋势：一是生产性服务业依附于制造业发展并对制造业的未来发展产生直接影响，两者是一种双向互动的关系。二是由于产业分工的细化和内部生产服务的外部化，制造业的竞争力对生产性服务业的依赖性越来越强；三是随着制造业发展的全球化，有一定基础的专业服务企业也逐渐进行全球性的扩张和垄断化经营。一些制造业类跨国公司服务部门的业务出现了向发展中国家转移的趋势，如微软、IBM、惠普等高科技企业均把部分后勤保障部门转移到亚洲。

2. 中心地等级模式

中心地理论认为，一个产品的市场区下边界越大，其中心地等级越高，不同等级边界的产品对应于不同的中心地。服务产品与物质商品一样，也有最小的供给范围，那些很普通的消费性服务业以细小的市场范围、巨大的数量供给和规律性的区位分布为特征，而需要更大市场范围的专业化生产性服务业的区位布局在总体数量上比消费性服务业就少得多。克里斯泰勒（W. Christaller）的中心地理论及其派生的理论模型在一定程度上适应于生产性服务业区位模式研究，可为生产性服务业区位分析提供借鉴意义。

据此，生产性服务业的专业化程度和市场占有率与其所在城市在区域城市等级中所处的地位相关，在全球范围内，会形成国际城市—国家中心城市—地区中心城市—中小城镇—外围地区的城市等级分布体系。其中高级生产性服务业在世界城市网络的评估中处于核心地位。生产性服务业集中与扩散状态主要取决于它们的生产区边界和范围，并受到许多驱动因素和相应机制的影响（详见第五章），从而处于不断的变化之中。由此，从全球范围的视角进行观察，生产性服务业在空间布局格局上会形成一个非均衡状态的中心地等级模式。

3. 中心—外围模式

1）中心集聚和群落

从产业集聚的角度考察，生产性服务业具有在中心城市及核心区域高度集聚的特性，其产业集聚带来的产业链优势和共享效益等外部经济效应促进服务产业集群的发展。集聚经济对服务活动十分重要，集聚不但可以减少面对面接触的成本和交通联系带来的时间损失等，同时可以通过与其他的生产者建立稳定的联系来降低市场的不稳定性。

西方学者从20世纪70年代便开始对生产

性服务业的集聚特性进行深入的理论和实例研究，得出生产性服务业高度集聚在大都市内，且不同的行业集聚程度不尽相同。一些学者从生产性服务业的整体对其集聚特性进行研究，如拜尔斯（Beyers）（1993）等通过对加拿大、美国和英国等国家生产性服务业布局的研究得出生产性服务业高度集中在发达的大都市这一结论；伊尔莱瑞斯和舍胡尔特（Illeris & Sjoholt，1995）通过对北欧国家的实例研究发现这些地区70%以上的生产性服务业分布在首都以及经济发达的大都市，亦有学者则对各类型的生产性服务业的集聚现象进行研究。对于生产性服务业集聚机理，研究者主要从以下几方面展开：集聚动因、集聚模式和演化以及集聚效应等。大部分学者以马歇尔（Marshall，1920）、韦伯（Weber，1929）、胡佛（Hoover，1948）、波特（Porter，1990，1998）等的集聚理论作为理论依据，认为生产性服务业的集聚动因是外部经济性。如丹尼尔斯（Daniels，1985）指出影响生产性服务业区位选择的影响因素包括客户的接近性、外部资源的可得性以及商务环境。森（Senn，1993）认为，引起生产性服务业集聚的原因不仅仅是各企业之间的地理接近可以为彼此提供便利，也是企业为了对抗由于经济环境的不稳定而引起的风险。

此外，还有学者尝试从文化资本的视角来对生产性服务业集聚动因进行解释，如罗尔夫·施泰因（Rolf Stein，2002）认为，企业间地理空间上的接近，往往会形成一种氛围而带来社会文化上的交流从而使得彼此之间形成相近的价值观并且相互理解，这是一种非交易的相互依存，某种程度上为企业带来共同利益。关于生产性服务业的集聚模式大概可分为马歇尔新产业区模式、中心辐射模式、卫星平台模式和政府主导模式，其特征具体见表3-7所列。

此外，在实践中可以发现，大多数国际性大都市都拥有特别集中和完善的服务业群落区，大都市中央商务区成为生产性服务产业群落的重点区。杨亚琴和王丹（2005）以纽约、伦敦和东京为例分析了现代服务业（生产性服务业）群落发展的三种模式：曼哈顿模式、金融城模式和东京新宿模式，并以此论证了生产性服务业产业群落的区位分布。可知，中央商务区（CBD）和中央休闲区可成为生产性服务业产业群的聚集地。相反，非中心城市和非核心区等外围地区在生产性服务业的发展上存在许多劣势，甚至其中有些地区的制造业还得依靠核心区域的生产性服务业，如长三角地区将形成“上海为生产性服务业基地”与“其他城市以现代制造业为支撑”相互促进的产业空间发展模式。

2）向外围的分散

从20世纪80年代起，国内外学者开始关注生产性服务业布局的集聚化与扩散化趋势并存的局面，如吉莱斯皮和格林（Gillespie & Green，1987），塞利亚（Selya，1994）提出的生产性服务业发展逆大都市化的观点。随后，斯科特（Scott，1988，1993）指出，

生产性服务业集聚模式的分类 表3-7

模式	卫星平台模式	中心辐射模式	马歇尔新产业区模式	政府主导模式
企业的数量、规模	大型企业的分支机构	大型核心企业和大量小型企业	大量中小型企业原子式集聚	大型国有组织和一些小型企业
企业间的联系性	主要是企业与集聚区外母公司的联系，内部联系较少	核心企业与小企业之间的联系	内部联系密切	两者之间以分包合同为基础的联系
集聚导向	外部导向	外部导向	内部导向	外部导向
集聚效应	集聚效应低，主要依靠政府对其的税收、租金优惠	集聚效应高	集聚效应高	低集聚效应
劳动力流动性	流动性弱	流动性弱	内部流动性较强，对外流动性较弱	国有组织间流动性弱，劳动力主要从大学和研究机构流入
新企业对集聚区的重要程度	较低	较低，集聚区内的核心企业对新企业具有吸引力	重要程度高，尤其是对于集聚区内专业化的动态发展	大学和科研机构的新附属企业对集聚很重要
制度密度	政府可以投资基础设施等	低	高，提供专业化的教育和培训，贸易协会拥有重要地位	不重要

来源：刘曙华. 生产性服务业集聚与区域空间重构[M]. 经济科学出版社, 2012。

信息技术的快速发展使得生产性服务业的企业逐渐远离大都市的中央商务区，开始从大都市的核心区向边缘地带扩散，呈现分散化的分布趋势。认为企业选择城市边缘的原因主要是边缘地区较低的商务成本，对于那些需要直接面对面接触的具有高度“前台性”的行业则依旧集中在大都市中心区。亦有学者认为在一定程度上一方面是由于发达区域的部分服务需求扩散到这些地区带来了本地供给的增长；另一方面则是由于大型服务公司自身作为供给方，可以通过核心区域发达的市场组织结构和专业化的劳动分工而对外渗透，不断扩大和扩展他们的影响范围和市场范围，以获取新的利益。而且外围区域对服务的需求出现时，在外围区域建立分支机构就显得十分必要。因此，在大型多区位跨国服务公司内部，时常会发生公司总部内部服务流向外围分支机构的现象。

综上所述，从生产性服务业中心集聚和外围扩散两种趋势来看，在国际层面上向外围的扩散更为突出，体现了依附模式的一些特征；

但在国家和区域层面上中心集聚十分明显，体现了中心地等级模式的一些特征；而在整体上，生产性服务业的区位模式呈现出总体集聚态势下的局部分化，中心集聚和外围扩散并存，表现为中心—外围发展的区位模式。

总而言之，生产性服务业的集聚或者扩散都不是绝对的，两种模式是共同存在的。在全球和区域的宏观层面上，那些对信息的可触性要求高，需要密切频繁的交流和联系的生产性服务企业出于交易成本、业务机会以及可达性的考虑，往往倾向于以集聚模式存在。在微观层面上，考虑到技术创新和产业关联效应，某些生产性服务企业为了获得更好的工作环境和居住环境，同时又能接近顾客和相关企业而选择向大都市边缘区扩散。在经济全球化和新技术快速发展的背景下，这种集聚与分散并存的发展状况能够使城市功能地域空间进一步合理化、有序化。

3.3.3 国内生产性服务业研究进展

国内关于生产性服务业的研究起步较晚，研究偏向于对国外此方面研究的借鉴和总结，以理论研究为重点，对其空间分布和集聚的实证研究相对薄弱。在实证研究方面，主要从地理学和经济学两方面展开：地理学方面主要是利用地理信息系统软件对生产性服务业的分布进行可视化研究和展现；经济学角度主要是利用空间统计学及计量学的原理和方法对生产性服务业的分布特征与影响因素进行研究。如胡霞和魏作磊（2006）借助空间经济计量模型研究中国城市服务业空间的分布现状，呈现出中国城市服务业不断集聚的特点。赵成柏（2010）则对江苏省的生产性服务业的区域发展进行研究，指出其空间依赖和集聚特性，其背后的影响因素也表现出空间集聚特性。

吉亚辉、杨应德（2012）根据我国生产性服务业集聚的空间统计分析，认为从单个行业的分布情况来看，生产性服务业的分布呈现较强的中心性，且与各个省份的经济发展水平呈正相关性。另一方面，可以看出，生产性服务业的发展具有明显的不平衡性，并且逐渐形成了三个层次：发展最快、产值最高的是东部沿海省份，即长三角地区、珠三角地区和环渤海地区；其次是中部各省份，产值较高且与高值区毗邻；产值最低的是西部地区各省份。

通过生产性服务业的全局Moran’s I系数分析可以发现，生产性服务业的发展存在近邻效应，相邻的地区生产性服务业发展水平相差不大，某个区域的生产性服务业的发展水平与其相邻区域的生产性服务业发展水平有关，且发展过程可能依赖于其临近区域的发展情况。从生产性服务业的空间分布分位图来看，不管是就业或者企业角度，生产性服务业发展较好的几个省份较为稳定，主要是北京、上海、广州、浙江、江苏等，且这些省份的省会城市都具有规模大、经济发达的特点，由此表明生产性服务业的分布具有较强的中心依赖性。此外，对于不同类型的生产性服务业的分布研究表明，传统的生产性服务业具有明显的空间自相关，集聚特性明显且空间依赖性强，而新型生产性服务业则没有那么强的空间依赖性。

总而言之，我国生产性服务业的分布极不平衡且具有明显的中心—外围的层次性，产值高、发展最快的都集中在长三角、珠三角和环渤海地区，形成高值聚集区，西部地区各省份则形成低值集聚区，中部各省份产值较高且与高值区毗邻，分布较为集中。

3.4 生产性服务业布局的相关理论

对产业区位理论的研究最早源自于韦伯（Alfred Weber，1909）的工业区位理论，工业区位理论提出了影响企业区位选择的3个重要因素，即集聚经济、劳动力成本和运输成本。之后，摩西（Moses，1958）在此基础上引入变动的生产函数以解释生产规模与生产要素的数量组合变动决定最佳的企业选址（陈殷、李金勇，2004）。德国学者廖什（Losch，1954）首先将需求因素引入到该理论中，认为最低成本点不一定与最大收益点重合，而企业追求的是收益最大化。以上是以制造业为研究对象的传统产业区位理论，这些理论必须要经过变动才能够适用于服务业或生产性服务业的研究，生产性服务业的相关区位理论主要有中心地理论、竞租理论、办公室区位均衡理论、空间选择性扩散理论和集聚经济理论。

1. 中心地理论

传统的经济模型将服务业归为“非生产性”行业，经济发展的基础部门主要为农业、采矿业和制造业，而服务业仅仅是本地区经济发展的一个从属部门，传统的基本经济模型如图3-3所示。

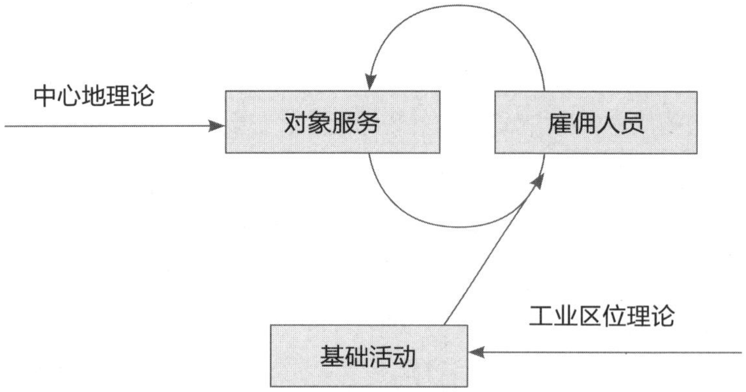

图3-3 传统的基本经济模型

来源：段江岩. 生产性服务业发展的深圳模式比较及借鉴[D]. 天津：天津商业大学, 2011

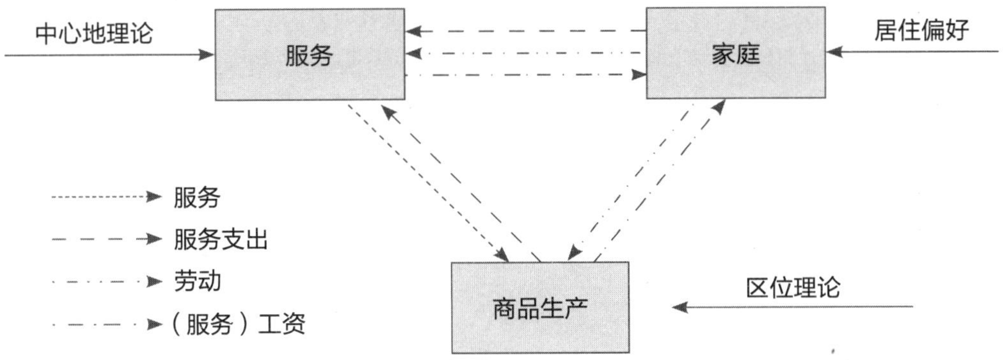

图3-4 相互依赖的基本经济模型

随着服务业的快速发展，传统的古典区位理论已经不能适用于如今的“服务社会”。伊尔莱瑞斯（Illeris，1991）对服务业进行深入研究的基础上对传统的基本经济模型进行了修正，得到一个新的基本经济模型（图3-4）。这个模型虽然强调了服务业在地区经济发展中的重要性，但是对于解释服务业的区位选择的研究仍主要依赖传统的中心地理论，而中心地理论在此类问题的解决上有其内在局限性。之后，不少学者对生产性服务业的区位研究进行了进一步的理论探索，提出了一系列新的区位理论，较为经典的有竞租理论和均衡理论等。

2. 竞租理论

阿隆索（W. Alonso，1964）的竞租理论认为服务业区位选择可以利用竞租理论对易达性的分析来进行解释，之后丹尼尔斯（Daniels，1985）将服务业区位分析中最重要的概念“易达性”再细分为一般易达性、地区易达性及特殊易达性3类。

3. 办公室区位均衡理论

该理论依据厂商活动的接触形态、次数和成本等要素来分析城市内办公室区位。理论前提是假设生产厂商只能经由CBD才能与其他厂商进行直接的接触和交流，因此接触成本曲线随着厂商与CBD的距离增加而上升。根据竞租理论离CBD越远地租成本越低，所以厂商在进行区位选择时会综合考虑地租成本和与其他厂商的接触需求以及接触成本。科菲（Coffey，1987）在此基础上提出根据信息投入成本、工作成本和服务消费成本等因素来全面考虑区位选择的成本，并建立了数学模型。

但是该理论忽视了集聚经济对生产性服务业区位选择带来的重要影响。集聚经济对于降低生产厂商直接交流的成本有着不可低估的作用，如果位于大都市边缘的厂商不断集聚使得厂商之间的接触成本降低，而且边缘区的地租成本也远低于中心区，所以其总成本更低于中央商务区。

4. 空间选择性扩散理论

该理论认为厂商为了降低服务需求与供给之间面对面的联系成本，往往倾向于选择在城市中心区布局， 由此城市中心区成为其集聚地。然而随着城市快速发展出现如人口拥挤、交通堵塞、住房紧张、环境恶化等一系列的城市病以及地租差异，一些非中心区开始成为厂商的优选区位。另一方面，信息技术的快速发展和普及在一定程度上也能取代面对面的交流，使得某些较低等级的日常事务工作向城市周边扩散。 霍伍德（Horwood） 和博伊斯（Boyce） 在1959年提出的CBD内核—外框（core-frame）空间结构模型的理论假设和斯科特和戴维斯（Scott & Davies，1960）建立CBD亚区功能簇群理论都证明了城市中心区的办公功能向边缘地区扩散的可能性。 此外，公司规模的扩张也促使其在非中心地区选择子公司的发展空间。但是这个理论没有考虑到那些对企业地址选择缺乏合理考虑的以及那些受到新产业排挤而被动扩散的企业，因此在研究空间选择性扩散时应严格区分主动扩散和被动扩散。

3.5 城市生产性服务业布局相关研究

3.5.1 东京生产性服务业布局

东京生产性服务业的布局采用了市中心区发展和多个新中心区多点支撑的空间模式，采取多种策略以适应经济结构快速转变的需求。

（1）利用首都优势发展信息技术类为代表的生产性服务业，在首都圈内规划各类结构特区来满足区域内产业发展对知识性技术服务的需求。具体包括：中央区的市中心再生特区，以现代印刷技术服务为主；千代田区的信息技术相关产业及创业特区，以知识性服务业为核心；八王子市的首都圈信息产业区，以信息技术和制造服务为主，其他，墨田区以企业人才派遣服务为核心，三鹰市是产业振兴、创业培植服务特区。此外，政府对于人口大量向东京市集中采取了将一些高新技术服务业留在东京，而将一些效益较低的产业有计划有选择地向城市边缘疏散，现在东京已经初步形成以信息和高新技术为主的现代服务业同现代制造业相分离的产业空间布局。

（2）利用全国教育、科技和文化中心的优势地位，全力打造知识服务中心。政府利用东京现有的教育、科技和文化优势创建一系列的知识性服务特区， 形成在全国中的核心地位，同时也进一步提高了东京的知识服务竞争力，从而带动知识性服务业的发展，两者良性循环相互促进。

（3）利用岛国和港湾的优势， 积极发展物流和交通运输服务。充分利用其港口优势发展水路交通一体化的港湾再生服务特区，不仅满足了首都圈物流、交通运输一体化的发展需求，而且使得东京的物流和交通运输服务辐射到更广的区域甚至全球。

3.5.2 德国鲁尔区生产性服务业布局

鲁尔区政府精心规划和引导政策推动生产性服务业的发展。政府积极投入“软基础设施”计划，十分重视对企业研发创新的支持，也十分重视新兴产业和中小型企业发展，为生产性服务业发展提供大量需求。落实到空间上，北威州政府投资了众多技术中心和孵化机构，积极促成高科技企业、自主创业企业的成长以及它们和大学之间的合作。此外，政府对于其他创新不足产业提供技术支持，如环保技术、节能和远程供热等。20世纪90年代后，产业区位布局成为政府规划的主导思想，鲁尔区内各个城市寻找自己的区位优势，积极发展各自的优势产业。目前鲁尔区内已经形成各具特色、优势互补的产业格局。另一方面，政府非常重视科教和科研成果转化为生产性服务业发展助力。此外，还对老工业区进行改造和环境治理，为生产性服务业发展提供优美环境以吸引企业入驻。

3.5.3 北京市生产性服务业布局

张厚明（2010）提出关于北京生产性服务业未来发展的战略规划，空间布局必须走向集群化、网络化、多中心、多层次的格局，实施“两核、两圈、三极、多区”的空间布局战略。其中“两核”指两个首都核心服务区：一是指东城、西城、宣武、崇文4个老城区（2010年行政区划调整后，西城宣武合并，东城崇文合并），主要发展金融、商务等服务业；二是朝阳区、通州融合服务带，主要是为了疏散城市中心区的人口和产业。此外，依托新城和开发区，重点布局会展、现代物流、商务服务等生产性服务业。“两圈”是指二环至四环、五环至六环之间的两个圆形区域。其中，在二环与四环之间规划金融服务业、商务服务业、会展服务业，在五环与六环之间规划物流服务业和会展服务业。“三极”分别指东北极、西北极和东南极。其中，东北极主要发展会展服务业、空港物流服务业等，西北极主要发展科技服务业和科技金融服务业，东南极主要发展商务服务业、物流服务业和科技服务业。“多区”是指多个特色生产性服务业聚集区，主要包括石景山商务综合服务中心，丰台五里店、房山和大兴等物流服务区、丰台科技园区、奥林匹克中心会展功能区，以及南苑科技服务区等。

3.5.4 上海市生产性服务业布局

上海市主要采取建立生产性服务业集聚区的方式推动生产性服务业的快速崛起，按地域分布状态可分为四大类型（表3-8）。位于不同区位的生产性服务业集聚区通过功能定位、功能提升、功能转换等方式，实现集聚区产业的能级提升，促进区域生产性服务业布局的优化。上海市生产性服务业呈现一种由市中心向周边重点地区分散化的多中心、多极化的空间布局，并逐步形成网络化的空间结构。依托各单元区域的优势，规划各具特色、功能多元化互补的生产性服务业集聚区，为上海提升城市竞争力、参与全球竞争提供了强大动力（刘曙华，2012）。

上海市生产性服务业集聚区分布类型及其发展重点　　表3-8

区位分布类型	发展重点
国家级开发区、部分市级开发区内生产性服务业集聚区	重点发展以科技研发型为主的生产性服务业
中心城区生产性服务业集聚区	重点是加大改造中心城区老的工业用地，置换传统制造业，加速产业的置换和产业升级
近郊生产性服务业集聚区	依托重大的枢纽型基础建设，推进产业转型，重点发展特色、专业化的生产性服务业集聚区
远郊生产性服务业集聚区	重点发展为产业基地配套专业物流、技术研发等生产性服务业

来源：刘曙华. 生产性服务业集聚与区域空间重构[M]. 北京：经济科学出版社, 2012。

3.5.5 江苏省生产性服务业布局

江苏省在生产性服务业发展上采取“集中、集聚、集约”的发展策略，设立省级现代服务业集聚区，政府在土地审批和资金供应方面给予极大的政策优势。省会城市南京的生产性服务业布局采取利用基地优势发展优势产业的方式：现代物流业布置在沿江岸线和禄口空港，信息咨询服务、技术服务布置在近郊，形成主城内高端服务功能区为主体，副城中心服务功能区为支撑，新城新市镇一般服务功能区为补充的“主城—新市区—新城—重点城镇”的生产性服务业梯度发展格局，生产性服务业集聚群发展的态势逐步明晰（刘曙华，2012）。

3.5.6 杭州市生产性服务业布局

杭州市根据生产性服务业发展的重点和方向，布局各种不同类型的生产性服务业集聚区，这些集聚区在空间上形成“二心、二轴、二区、二线”的总体格局（表3-9）。另一方面，生产性服务业功能区空间布局结构分为城市中心综合功能区、物流功能区和园区生产性服务功能区，其中城市中心综合功能区又分为中央商务区重点发展集公司总部、行政办公、会议展示、商务洽谈、金融贸易等功能于一体的中央商务服务功能，县（市）域功能区主要承接城市中心的辐射，中央游憩区主要发展中央商业金融服务这三类。物流功能区包括物流园区服务区、商品批发市场和物流配送中心。园区生产性服务功能区包括江东工业城服务区、江南高新技术服务区、下沙产业技术服务区以及临平生产性服务区四类（刘曙华，2012）。

杭州市生产性服务业总体格局　　表3-9

空间格局	具体布局
二心	“二心”是指以武林广场和钱江新城为中心2个杭州规模最大也是最重要的2个中央商务区，以商业、金融、会展和总部经济等（以商贸和金融为主）
二轴	一轴是指延安路，其周边包括庆春路、解放路等杭州特色商业街区；另一轴是秋涛路—石桥路—石祥路构成的东部高架线，其周边区域是杭州各类专业市场的主要集聚区
二区	即杭州经济技术开发区和高新技术开发区，是高端服务业（如信息与软件产业、科技服务产业、文化创意产业等）的集聚区
二线	指沪杭线和杭甬线杭州段高速公路构成的八字形线沿线区域和上塘高架北线—石祥路高架—石桥路高架—德胜东路高架的沿线区域，为现代物流的集聚区

来源：刘曙华. 生产性服务业集聚与区域空间重构[M]. 北京：经济科学出版社, 2012。

3.5.7 东营市生产性服务业布局

在东营市的“十二五”生产性服务业发展规划中，东营市立足资源条件，产业基础和“中心城、次中心城、卫星城镇和新型农村社区”四级城镇体系，通过优化布局，引导城市生产性服务业向产业服务功能区和产业功能带相对集中，着力增强东营对国内外资本的吸引力以及为周边地区提供多样化、高品质、多层次服务的供给能力，构筑“中心拓展、四点联动、园区集聚”的空间发展格局，推动东营成为黄河三角洲地区生产性服务业中最具核心竞争力的中心城市。

（1）中心拓展。在东营中心城区，重点发展金融、科技研发、职业教育等生产性服务业；向东拓展为开发区，重点发展职业培训、科技研发、物流、低碳节能、软件信息等生产性服务业；向西向北拓展为垦利县，重点发展涉油服务、物流等生产性服务业。通过拓展，成长为辐射黄河三角洲的复合性服务中心。

（2）四点联动。指的是广饶、东营港、利津、河口四个重要的生产性服务业发展节点。广饶重点发展职业教育、现代物流、科技研发、农村服务等，东营港重点发展原油储备、航运、生产资料交易、研究与开发、大物流等相关服务业，利津重点发展涉农生产性服务业、危化品物流、石油化工相关研发、油气开发服务、小型企业融资平台，河口重点发展航空培训、现代物流、地质勘查、石油装备科技研发、节能环保等生产性服务业。

（3）园区集聚。着力打造九个重点生产性服务业集聚区：①东营经济技术开发区高端服务业集聚区；②东营区商务金融业集聚区；③东营西郊汽车物流业集聚区；④广饶县现代物流和科技研发服务业集聚区；⑤东营港现代物流业集聚区；⑥河口节能环保服务业集聚区；⑦利津县涉农生产性服务业集聚区；⑧垦利涉油服务集聚区；⑨利津危化品物流集聚区。

3.6 生产性服务业空间模式分析的模型与方法

3.6.1 基于大数据的分析范式

“大数据” 并非直观意义上的“大量数据”，大数据技术改变了信息的生产、传播、加工和组织方式，打破了传统的信息不对称和物理区域壁垒。根据国际数据公司（IDC）的报告，其区别于传统数据的最大特点主要有4个方面，也被称作“4V” 属性：巨量规模（Volume），大数据的数量要足够大，一般情况下纯数据应以TB和PB的级数进行衡量；多样性（Variety），大数据的多样性表现在数据的种类多样和一定的组织结构上，也可称作“结构化数据”；动态性（Velocity），大数据的产生速度很快，由于大量数据的输入和存储依靠网络完成，因此数据可以实时入库，并在网络的其他位置进行即时调用；丰富的价值（Value），大数据的核心能力并非储存数据，而是通过数据融合，发现数据中的规律和预测未来，为政府和企业的行政管理、战略决策、计划制定提供有力的支撑。

任何一种城乡空间演化现象，都可以从2个视角进行理解：宏观视角体现为城市空间结构维度的形态组织结构变化，而微观视角则体现为微观个体社会选择的离散过程。将生产性服务业空间发展理解成无数个企业微观个体对时间成本和空间成本约束下的空间效用进行权衡，并做出离散型的区位决策，而这些巨量的离散型决策最终又形成了生产性服务业空间结构的宏观现象。大数据中的各类结构化数据为理解和尊重大规模微观主体的需求特征提供了重要的依据。

1. 城乡规划的不确定性和“大数据”作用

城市发展的复杂性和城乡规划的相关性、不可分割性、不可逆性和不完全预见性（Hopkins，2001），以及这四大属性自身的动态变化使得城乡规划在决策和实施过程中存在很多不确定因素，进而影响到决策的合理性和实施的效果。具体来说相关性（Interdependence）体现在从城乡到土地开发，并涉及多个利益主体的格局，并且他们之间的决策会相互影响，最终实施的方案可能超出规划的控制范围（Wei et al.，2009）。不可分割性（Indivisibility）是指规划确定的规模影响着规划将取得的价值，如规模与目标不匹配，则规划就可能出现控制失效的现象。不可逆性（Irreversibility）是指城乡土地一旦开发完成，或者一旦规划失效，要想纠正就必须付出很大的代价。不完全预见性（Imperfect Foresight），指大多数情况下，规划师难以准确预测未来发展，相关的社会经济环境的影响，不能详细地描述未来城乡发展可能形成的情景。因而，规划与现实发展总会存在差距，该差距便体现了城乡规划决策的不确定性程度。动态变化（Dynamic），城乡规划虽然具有一定的历史延续性，但同时也是动态变化的（Hopkins，2001），根据发展环境不断进行着的适应性变化，如经常为了适应快速的城市人口增长而修改城乡规划方案（Yeh and Wu，1999）。

而城乡规划决策的不完全预见性或不确定性具体分为决策对象不确定性和决策主体的不确定性（图3-5）。前者由于各种要素的关系十分复杂，而传统城乡规划数据源结构化程度较低且分散，各种数据之间也缺乏相应的接口，在处理过程中工作量和难度极大。同时，较多的数据来源于政府的宏观数据，微观数据层面涉及很少，导致在决策时信息的严重不对称，在规划实施过程中面临各种微观问题。后者，由于缺乏完整的数据和适用的预测分析工具，决策主体难以全面把握决策对象的情况和发展趋势，许多决策仍属于经验决策。此外，决策主体的价值观也存在差异，基于自上而下的行政命令与基于自下而上的公众意愿的决策结果有可能完全不同。

大数据“多样性”中结构化数据的整合程度决定着大数据的使用价值，从目前国内城乡规划所处的整体环境看，大数据的整合需从横向和纵向2个角度同时开展（图3-6）。其一，是各部门之间的横向共享整合，其中包含了同

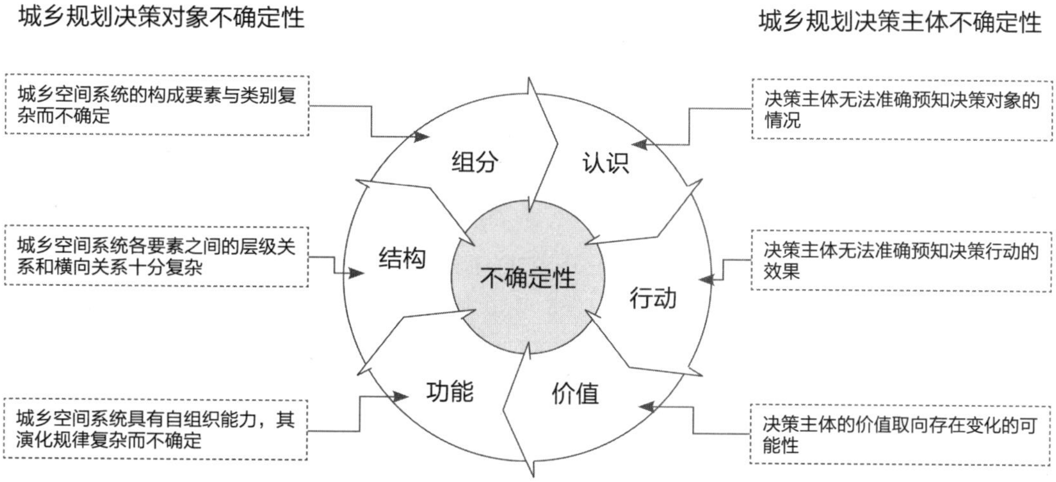

图3-5 城乡规划决策中不确定性的分类模型图
来源：麦贤敏. 城市规划决策中的不确定性的认知与应对[M]. 南京：东南大学出版社，2011，修改绘制

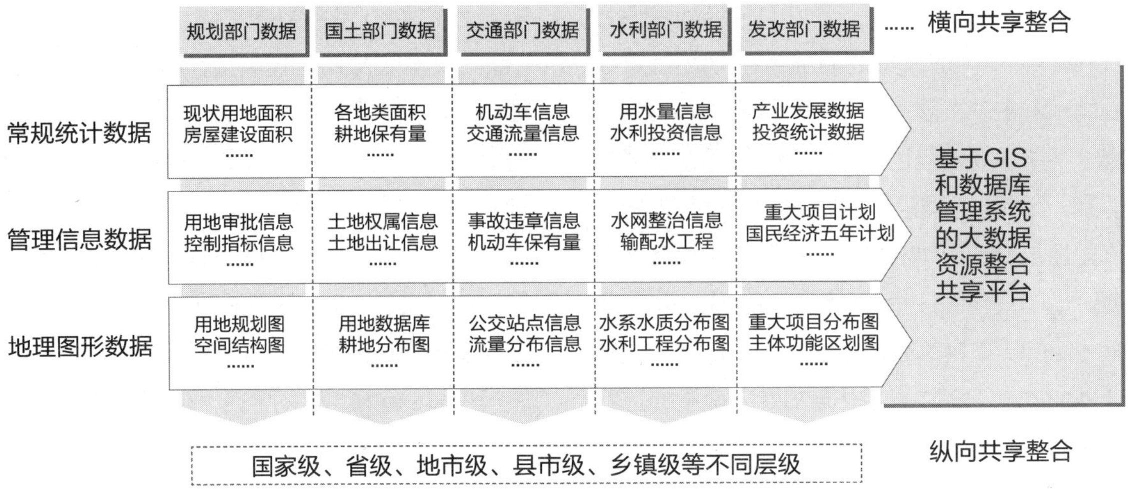

图3-6　城乡规划大数据共享整合概念图

一级政府各主管部门，也同时包括各商业公司和社会组织的常规业务数据，如消费者购买数据、网络通信数据、快递物流数据等，实现规划编制区域内的信息获取最大化；其二，是不同空间尺度和行政层级之间的纵向共享整合，提升区域之间和上下级管理部门之间的信息对称性。在此基础上，利用GIS和数据库管理软件构建统一的、标准结构化的数据存储、查询、调用和分析平台，利用该平台开展城乡规划的编制工作。

2. 大数据挖掘和可视化识别规划决策的内在规律

法国统计学家伯廷（Jacques Bertin）认为“图形是解决逻辑问题的视觉方法”。塔夫特（E. R. Tufte）在1982年出版的《定量信息的视觉展示》（The Visual Display of Quantitative Information）中，聚焦于将每一个数据都做成图示物，将大数据可视化压缩后的知识和视觉传输的高吞吐信息相结合，就能收获可视化的乘数效应——获得更多有价值的数据（Feinleib，2014）。大数据规模的激增，使人们急需展示数据、理解数据、演绎数据的工具，这种需求直接刺激了数据可视化专业市场的形成，从最早的点线图、直方图、饼图等简单图表，发展到仪表盘（dashboard）、记分板（scorecard），到交互式的三维地图、动态模拟、动画技术等更加直觉化、趣味化的表现方法，一幅好的数据图表能有效而华丽地传达数据背后的知识和思想（涂子沛，2012）。

从宏观的城镇体系到微观的街道空间，大数据可视化为规划决策提供了高效的分析途径。在宏观层面，如利用全球夜晚灯光分布数据，根据灯光亮度和密度，可以清晰地判别出

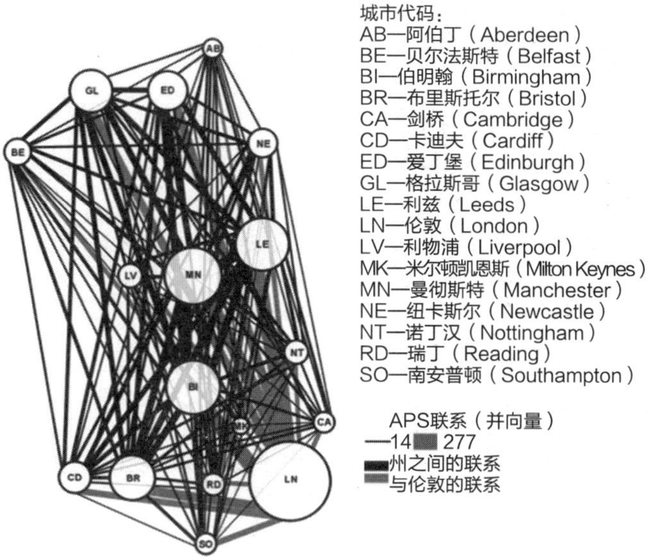

图3-7　基于高级生产性服务业（APS）的英国经济空间格局图

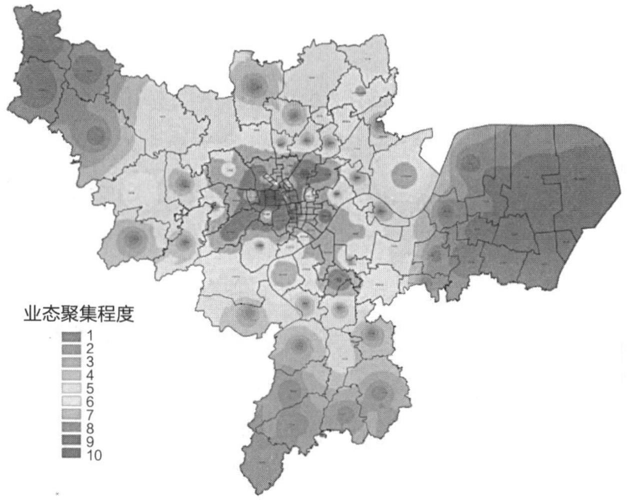

图3-8　杭州市科学研究业空间分布可视化图

来源：Peter J. Taylor, David M. Evans, Michael Hoyler, Ben Derudder and Kathy Pain. The UK space economy as practised by advanced producer service firms: identifying two distinctive polycentric city-regional processes in contemporary Britain [J]. International Journal of Urban and Regional Research, 2009, 33(3): 700-718

城镇体系的热点区域，相比采用遥感影像和社会经济数据的分析，更为简便和直观；　又如在欧洲的Polynet项目中，采用公司分支办公机构的区位，来分析区域空间格局（图3-7）。在中观层面，如利用历年大量的企业地址信息，建立GIS地理信息数据库，可以清晰地看出城市产业的空间格局（图3-8），对于城市功能结构规划和产业布局具有重要的参考价值。在微观层面，利用个体空间行为的数据，可以识别城市局部空间的适宜性，如利用消费者在局部空间的消费行为统计数据（许尊、王德，2012），反映局部空间的使用适宜性程度（图3-9），有利于在规划编制中更好地设计出人性化空间。

3. 基于大数据的模型开发可探索规划决策关键因素

大数据巨量的规模和多样化为决策提供了基本的素材，而通过各种计量模型和空间分析模型得到的潜在规律性，则是真正帮助决策者进行决策的关键。大数据中有一个概念“你拥有的数据，比你认为的要多”（Hubbard，2014），这句话说明了大数据“丰富的价值”特征，也就是可以从已有的数据中挖掘到新的数据。一种是通过各类结

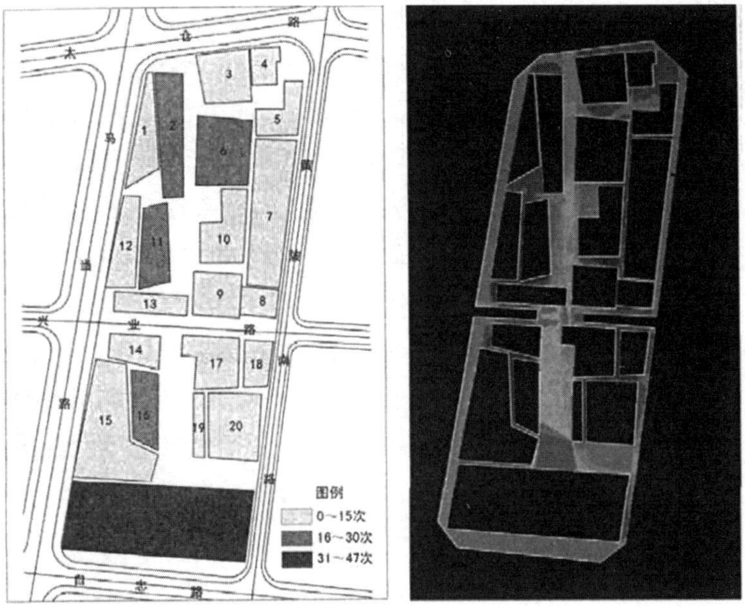

图3-9　上海新天地消费者消费次数与空间连接度图
来源：许尊，王德. 商业空间消费者行为与规划——以上海新天地为例[J]. 规划师，2012 28(1): 23-28

构性数据的综合，来探讨复杂的空间发展问题，如借助大样本居民调查问卷，收集到相关评价指标的民意数据，并通过AHP或Delphi等数据综合模型，来分析城市中心体系的发展状态及影响其发展的关键因素。另一种是通过不同类型空间变量之间的关系，来判断影响某一类空间要素分布的关键因素，如利用历年全国地级市地均产出数值，及资源情况、劳动力数量、产业多样性、专业化水平、交通条件、土地市场化程度和对外开放程度等相关影响因素的数据，进行多变量的回归模型分析（表3-10），可以提取影响城市土地产出效率的关键性因素（吴一洲等，2013）。又如莱斯利等人（O′hUallacha′in & Leslie，2007）利用亚利桑那州马里科帕县（Maricopa）政府协会的大规模生产者服务业统计数据和地理信息系统，采用负二项回归分析模型（图3-10），探讨了离城市中心的距离对城市服务业在空间上的集聚和扩散格局动态变化的影响，进而提出了次级CBD的发展策略，对城市空间结构的合理引导起到了重要的支撑作用。

4. 基于大数据的情景比较可事前模拟决策实施效果

由于城乡规划，包括产业空间规划带有高成本的不可逆性，因而有必要在决策前进行事前模拟。但另一方面，人和计算机的信息处理能力是有极限的，再复杂的模型与真实世界相比都会显得简单得多；决策者是有限理性的，其个体背景及在组织中的地位会左右其决策过程，因而难以达到完全理性（罗宾斯，

城市地均产出的关键影响因素分析表　　表3-10

解释变量		全部城市		东部城市		中西部城市	
		系数	*T*检验值	系数	*T*检验值	系数	*T*检验值
初始禀赋	C（常数项）	-0.312	-1.321	-0.049	-0.108	0.159	0.535
	resource	0.377***	4.276	-0.038	-0.833	0.034***	4.305
	labor	0.003	0.121	-0.061	-1.597	0.094***	2.350
集聚经济	*firm*	0.084***	6.390	0.048***	3.320	0.287***	10.102
	specialization	-0.018*	-1.705	-0.121**	-1.909	-0.005	-0.731
	diversity	-0.134	-0.604	-0.412	-1.354	-0.393	-1.297
	transcost	0.416***	32.459	0.500***	16.862	0.157***	12.959
	pergdp	0.251***	13.544	0.109***	3.107	0.454***	36.658
	human-capital	0.579***	5.574	1.112***	3.482	0.292***	3.448
政策效应	*land-market*	-0.021	-1.241	-0.173***	-3.297	-0.007	-0.530
	open	0.112***	16.414	0.105***	11.111	0.055***	6.744
R-squared		0.977		0.972		0.980	
Adjusted R-squared		0.971		0.965		0.975	
DW stat		1.675		1.640		1.821	
Observations		1429		505		924	

注：***表示达到1%显著性水平，**表示达到5%显著性水平，*表示达到10%显著性水平。
来源：吴一洲，吴次芳，罗文斌. 经济地理学视角的城市土地经济密度影响因素及其效应[J]. 中国土地科学，2013 27（1）：26-33

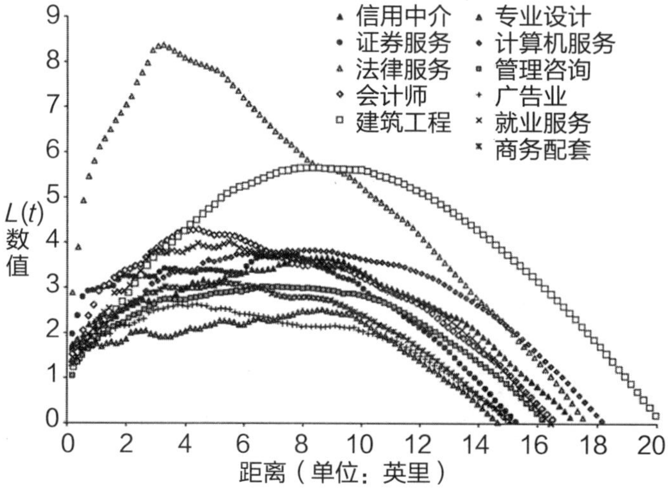

图3-10　凤凰城不同生产性服务业空间分布系数图

来源：Breanda′n O′hUallacha′in and Timothy F. Leslie. Producer Services in the Urban Core and Suburbs of Phoenix, Arizona[J]. Urban Studies, 2007, 44(8): 1581－1601

注：$L(t)$表明生产性服务业集聚分布，$L(t)<0$表明生产性服务业分散分布。

1997)。而近年来，随着大数据的应用，以及各类模拟方法和工具的进步，事前模拟和情景规划等决策辅助方法已被普遍采用。其中，最具代表性的有3种，分别为纯数量模拟、空间模拟和空间相互作用模拟。纯数量模拟，早期是单一的回归预测模型，后期逐步发展为系统动力学模型，如张晓玲等(2007)利用大规模数据，在分析县域土地利用与社会系统、经济系统、环境系统以及城市化政策之间相互关系的基础上，构建了以粮食供给安全、经济增长、环境容量等为动力机制的土地利用变化系统动力学模型，来探讨不同增长模式下，城乡土地利用规模的变动情况(图3-11)。空间模拟，将纯数据模拟模型和空间分析模型结

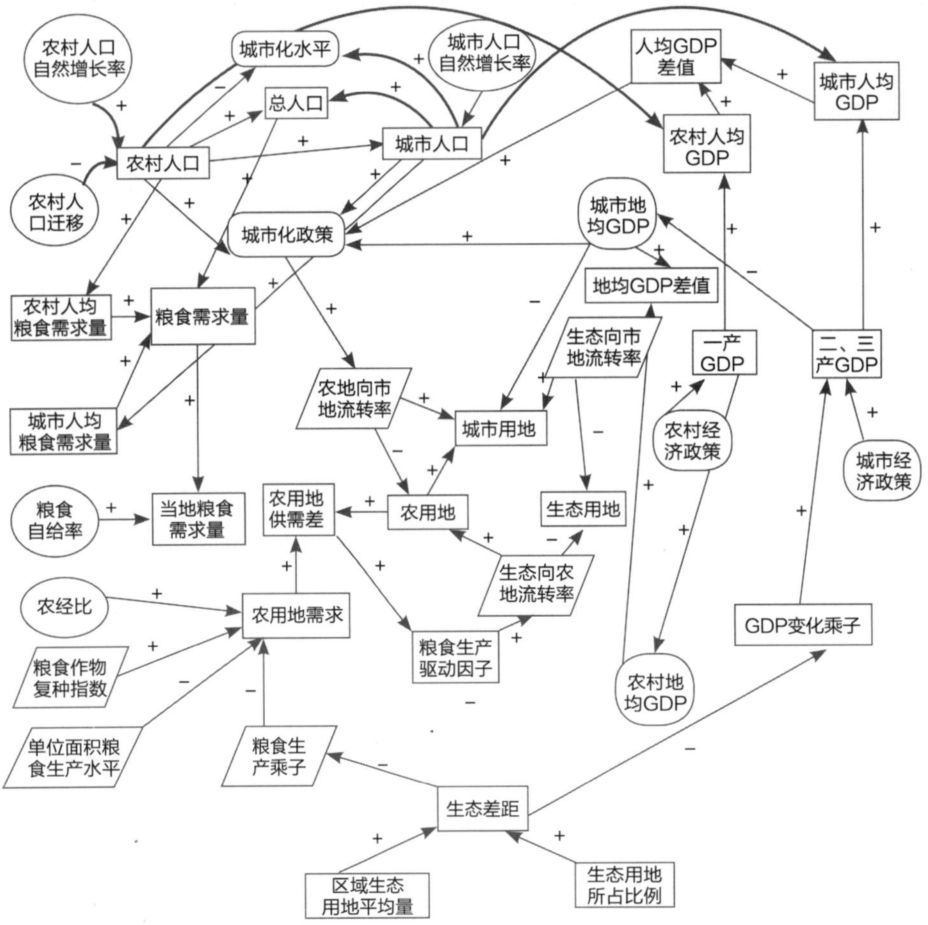

图3-11 土地利用变化动力学因果关系图

来源：张晓玲，关欣，吴宇哲，等. 基于系统动力学的县域土地利用变化模型[J]. 安徽农业科学，2007 35(34)：11154-11156

合起来，如吴一洲等（2010）在基于影响写字楼需求量的社会经济变量分析的基础上，利用全市写字楼企业详细调研数据，借助GIS平台综合考虑交通、地价、城市结构、专业化功能区、人口密度、商圈等空间因素，进行写字楼开发总量的空间分配方案模拟（图3-12），为城市总体规划的用地布局提供依据。空间相互作用模拟，目前较为流行的是多智能体模型（Agent Based Model，ABM），如阿尔桑贾尼等人（Arsanjani et al.，2013）基于城市特征数据、土地利用数据和社会经济数据等，设定居住者、开发者和政府3个主体，通过历史数据的分析提取3种主体的区位决策规律，并基于GIS或Net logo等空间模拟平台（图3-13），生成德黑兰未来可能形成的城市扩张情景（图3-14），有助于政府在规划编制中多方案的比选决策。

3.6.2 空间自相关模型

空间自相关分析（Spatial Autocorrelation Analysis）中的全局自相关分析将*Moran's I*检验作为测度变量空间相互依赖水平的指标（Haining，2003），指相邻的单位有一个变量相似的价值观，可以解释空间集聚和离散的程度（Longley et al.，2001），公式如下：

$$I(d)=\frac{N\sum_{i=1}^{N}\sum_{j=1,j\neq i}^{N}W(i,j)(x_i-\bar{x})(x_j-\bar{x})}{\left[\sum_{i=1}^{N}\sum_{j=1,j\neq i}^{N}W(i,j)\right]\sum_{i=1}^{N}(x_i-\bar{x})^2},$$

$$\text{其中 } \bar{x}=\sum_{i=1}^{N}x_i\Big/N$$

*Moran's I*取值范围在−1~1之间，当$I(d)<0$时代表空间负相关，$I(d)>0$时为空间正相关，$I(d)=0$代表空间不相关，值越大集聚程度

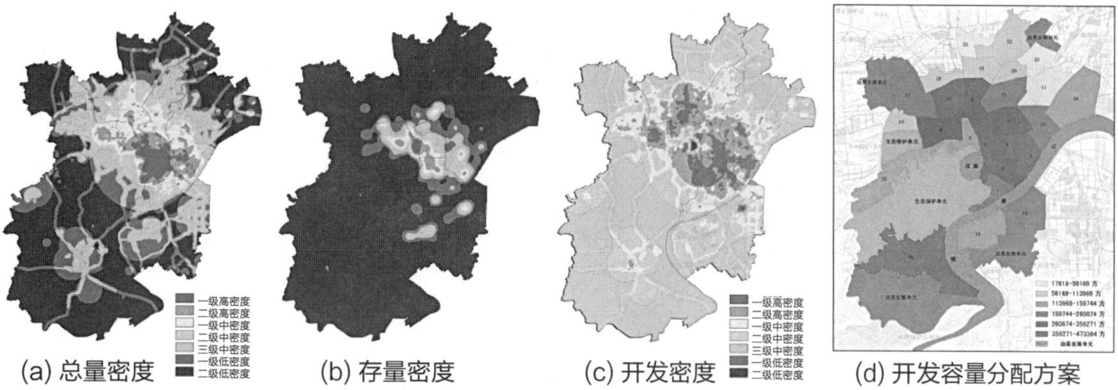

图3-12 杭州主城区写字楼开发容量分配方案的模拟图

来源：吴一洲，吴次芳，罗文斌. 经济地理学视角的城市土地经济密度影响因素及其效应[J]. 中国土地科学，2013，27（1）：26-33

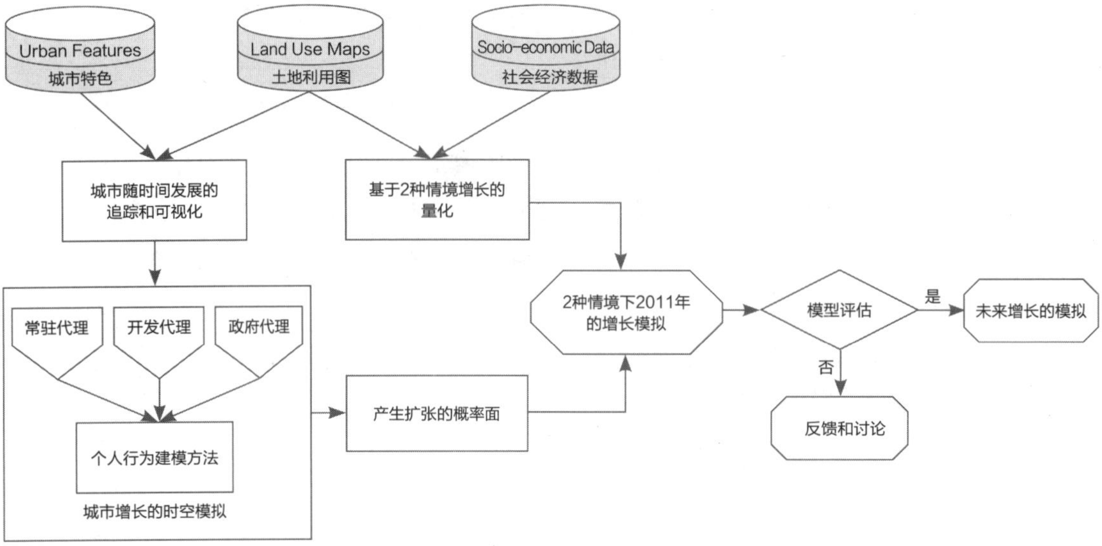

图3-13　多主体空间模拟技术框架图
来源：Jamal Jokar Arsanjani, Marco Helbich, Eric de Noronha Vaz. Spatiotemporal simulation of urban growth patterns using agent-based modeling: The case of Tehran[J]. Cities, 2013(32): 33-42

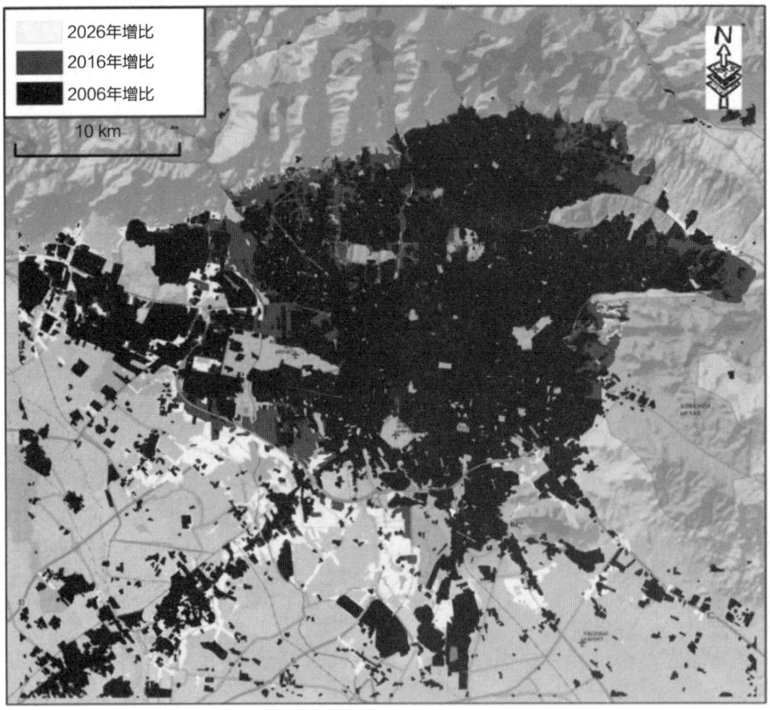

图3-14　基于多智能体的城市增长情景模拟结果图
来源：Jamal Jokar Arsanjani, Marco Helbich, Eric de Noronha Vaz. Spatiotemporal simulation of urban growth patterns using agent-based modeling: The case of Tehran[J]. Cities, 2013(32): 33-42

越大。本研究利用空间自相关分析对杭州写字楼中的服务业在空间上的集聚与分散程度进行研究（吴一洲等，2009）。

3.6.3 空间密度分析模型

GIS空间密度分析根据输入的要素数据集计算整个区域的数据集聚状况，从而产生一个连续的密度表面，主要是基于点数据生成的，以每个待计算格网点为中心，进行圆形区域的搜索，在计算过程中，越邻近目标点的搜索范围其权重越大（Boris et al.，2009），进而来计算每个格网点的密度值。从本质上讲，密度分析是一个同离散样点进行表面内插的过程，其结果可以用来平滑地识别并表示样本在研究区域内的集聚与分散情况（Berke et al.，2004）。本研究采用由西尔弗曼（Silverman，1986）提出的KDF（Kernel Density Function）密度分析法，借助ArcGIS平台实现对杭州主城区生产性服务业的空间分布形态的分析。

3.6.4 区位熵分析方法

所谓熵，就是比率的比率，区位熵又称专门化率，在衡量某一区域要素的空间分布情况，反映某一产业部门的专业化程度，以及某一区域在高层次区域的地位和作用等方面是一个很有意义的指标，在产业结构研究中，运用区位熵指标主要是分析区域主导专业化部门的状况（Miller et al.，1991），本研究采用区位熵指标来分析生产性服务业的企业功能类型的地域专业化程度，其值越高则该服务业类型在该区域的专业化程度越高，公式如下：

$$N_{K\text{-}4} = n_{K\text{-}4} / n_K$$

其中，$N_{K\text{-}4}$为区域K中服务业类型A的区位熵，$n_{K\text{-}4}$=区域K中服务业类型A的企业数量/杭州主城区内服务业类型A总的企业数量，n_K=区域K中总的服务业企业数量/杭州主城区内总的服务业企业数量。

3.6.5 多目标决策模型

多目标决策方案的生成采用计量经济分析中的AHP法，AHP层次结构组织是把系统问题条理化、层次化，以构造出一个层次分析的结构模型。在模型中，复杂问题被分解，分解后的各组成部分称为元素，这些元素又按属性分成若干组，形成不同的层次，同一层次的元素作为准则对下一层的某些元素起支配作用，同时它又受上面层次元素的支配。根据写字楼空间布局的分析需要共分为3个层次：最高层为写字楼空间分布综合密度，第二层为引导性因素密度和控制性因素密度，这两项指标下面又包含若干子因素。首先要构建判断矩阵，在2个因素相互比较时，需要有定量的标度，用两两比较的方法确定权重，通常按1～9比例标度(即9级标度法)给影响因子对目标影响的相对重要性程度赋值。根据AHP原理利用矩阵的一致性比例（Consistency Ratio，CR）加以判断检验。当一致性比例因子$CR<0.1$时，认为判断矩阵的一致性是可以接受的；当$CR \geqslant 0.1$时，应对判断矩阵作适当修正。CR的计算如下：

$$CR = \frac{CI}{RI}$$

$$CI = \frac{\lambda_{max} - n}{n - 1}$$

式中：CI为计算一致性指标；λ_{max}为矩阵的最大特征根；n为矩阵阶数；RI为平均随机一致性指标。

4

国内外城市生产性服务业空间演化规律

4.1 全球性大都市产业与空间发展演化

4.1.1 纽约

1. 纽约大都市的形成——城郊化的3个阶段

纽约位于美国东北部，纽约州东南哈德森河口，靠近大西洋，下辖5个区，市区面积1214.4km^2，其中水面428.8km^2（图4-1）。市区人口800多万，包括郊区在内的大纽约市人口则为1800万。

纽约作为一个统称，涵盖了纽约市、纽约都会区、纽约大都市区等概念，本研究主要针对纽约市和纽约大都市区两个层面进行研究（表4-1）。

交通枢纽的地位成就了纽约的发展，移民的涌入改变了纽约的城市面貌（图4-2）。工业革命的启动为美国中心城区的工业化和城市化注入了动力，中心城区首先发展起来，并以

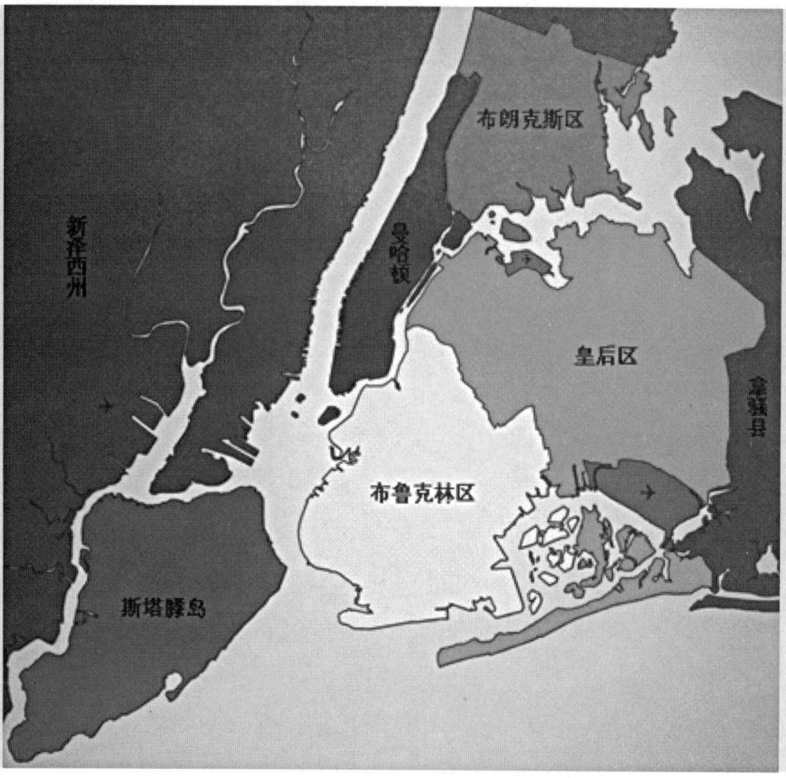

图4-1 纽约市行政区划图
来源：http://ubroad.bfsu.edu.cn/archives/7918

纽约的空间范围界定（2007）　　表4-1

	土地面积（km^2）	人口（万人）	人口密度（人/km^2）	范围界定
纽约市	1214.4	827.1	10528	纽约市5区（其中水面428.8km^2）
纽约都会区	17405	1881.6	1081	纽约大都会标准统计区
纽约大都市区	33483	2196.2	656	包括纽约市5区及其周边的26个县

来源：石忆邵. 国际大都市建设用地规模与结构比较研究[J]. 上海城市规划， 2012（2）： 140-140。

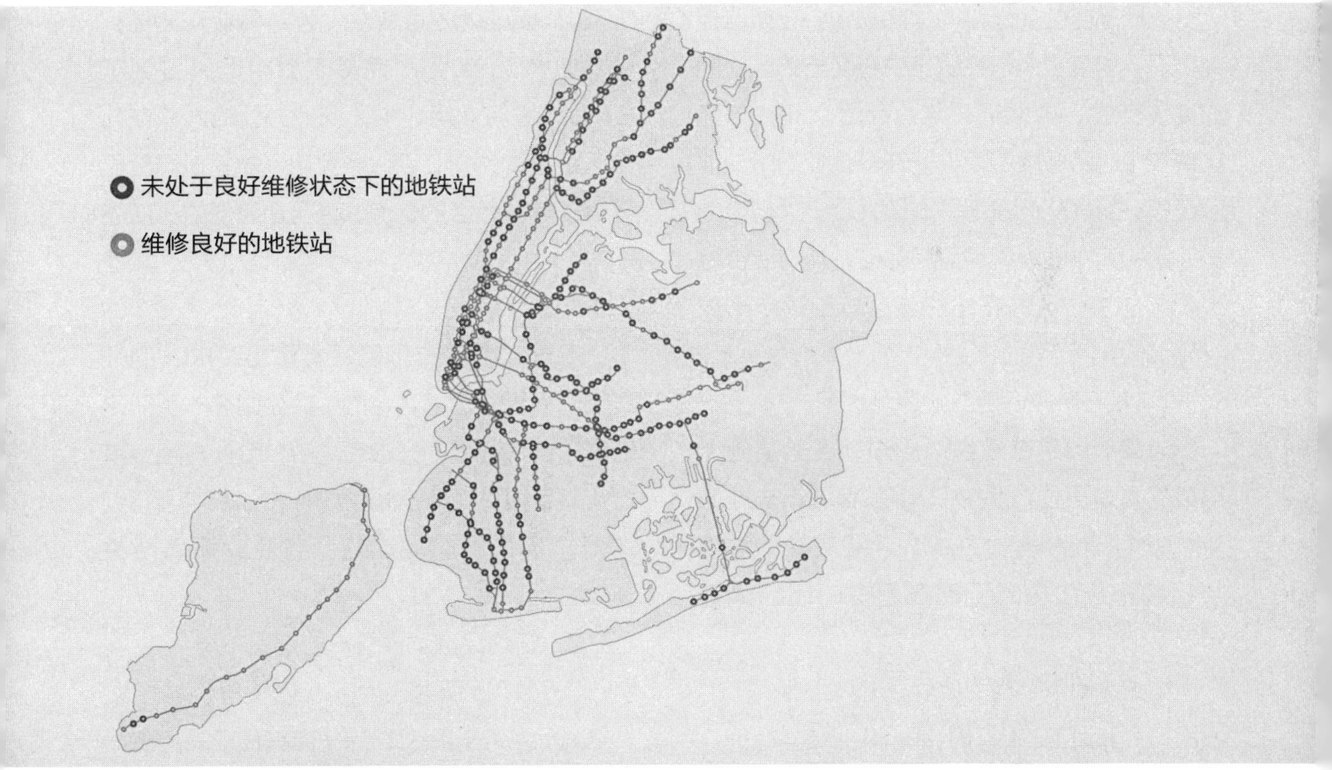

图4-2　纽约市地铁站点分布图
来源：纽约城市交通管理局（Metropolitan Transpotation Authority）

强大的辐射力和吸引力与周边地区紧密联系。随后，城市中心区的集聚带来的一系列问题，引发了纽约城市的郊区化变革。

1）第一阶段：城市居住功能郊区化

20世纪40年代，居民主要集中于纽约中心区，而随着人口的不断集聚，中心区环境不断恶化。小汽车的出现为人们提供了更为便捷的出行方式，中心区的人口开始向郊区迁移。20世纪五六十年代，纽约实行郊区化，加速了城市居民向郊区的转移。

2）第二阶段：城市商业功能和产业功能郊区化

人口向郊区的迁移使得购物中心在郊区相继出现，避免了人们往返于中心区与郊区之间的潮汐交通。20世纪70年代开始，纽约郊区城镇较中心区低廉的地价使许多企业纷纷向郊区迁移，新兴产业在郊区城镇兴起，大规模的工业园和商业服务网点落户郊区，具有综合城市功能的中心区域在纽约郊区城镇逐步形成（石忆邵等，2010）。

3）第三阶段：建立边缘城镇

边缘城镇是在纽约市周边郊区的基础上形成的具备居住、购物、娱乐等城市功能的新城镇（石忆邵等，2010）。正是这些城镇与纽约市一起构成了现在所说的纽约大都市区。

纽约大都市架构完成后，总体上各类土地利用符合其目前的经济水平和产业结构特征。由于纽约的房地产发展阶段已经逾越了高速发展和膨胀的阶段，而是处于相对成熟和稳定的阶段，因此其目前的土地利用已经趋于稳定和饱和，空地仅剩7.5%，其中住宅用地的比重大于1/3。其城市土地利用类型的分布带有明显的区域差异性，例如，虽然整个纽约市1~2户住宅的用地面积要大于多户住宅，但在曼哈顿，多户住宅、商住混合和商业/办公用地的比例明显偏高，这显示了经济形态对土地开发类型的影响。

随着纽约产业结构的高级化，商业和金融业高速发展，但工业却相对弱化，在其土地利用上也得到了充分的体现，纽约的公共服务用地占到了将近1/4的比例（其中商住混合2.7%，商业办公3.8%，公共事业7.50%，公共机构7.3%），而其工业用地只占到了3.6%。服务业用地中，商业办公的面积在几个区中基本均衡，而服务业用地却呈现昆士显著高于其他片区的特点，甚至是最低的布朗克斯的11倍，公共机构除曼哈顿略低外，其他基本相近（表4-2）。

另外，纽约市区仍保留着157.1km^{2}的开阔空间面积，包括著名的中央公园等一系列改善城市自然环境的开放性场所，合计占整个市区土地利用的1/4（面积统计中不计水面），这对于提升整个城市的商务商业环境至关重要。

2. 纽约经济发展与产业空间布局

纽约是最早进入后工业化阶段的城市之一，19世纪下半叶，纽约凭借其优良的港口，借助第二次工业革命，完成了从贸易城市向工业城市的转变，成为美国最重要的工业城市之

纽约市各个分区土地利用结构（2006年统计）（单位：km^2） 表4-2

	纽约	布朗克斯	布鲁克林	曼哈顿	昆士	斯坦腾岛
1~2户住宅	169.8	15	35.3	0.6	77.5	41.4
多户住宅	74.6	12.9	25	10.3	22.6	3.8
商住混合	16.7	2.2	5.3	5.3	3.2	0.7
商业/办公	23.8	3.6	4.8	4.4	6.4	4.1
停车	8.2	1.6	2.8	0.8	2.8	0.7
工业	23.2	3.2	7.6	1	7.8	3.5
公共事业	46.6	2.3	6.6	2.8	25.3	9.6
公共开阔空间	157.1	25.8	52.8	10.8	42.2	25.5
公共机构	45.5	9.7	9.4	5	9.6	11.8
空地	42.5	3.6	4.9	1.3	11.1	21.6
其他	10.9	3.2	1.4	0.8	5	0.6
总计	619.2	83.1	155.8	43.1	214	123.2

一。1900年，美国的制造业向纽约集中，纽约的金融业得到很大发展，是大型银行、公司的集聚地，纽约在当时不仅是制造业中心而且是美国的商贸金融中心。20世纪50年代纽约的制造业所占比重开始持续下降，服务业时代开始到来。20世纪50年代之后，纽约的制造业、建筑业衰退较严重，金融业等服务业也受到较大影响，但是由于科技进步，以金融保险、银行业、商务服务业为主的生产性服务业开始崛起。20世纪七八十年代，生产性服务业出现了快速增长，1960~1989年之间，生产性服务业的就业人口从95万增加到114万，占就业人口的31.6%，生产性服务业在创造就业机会和促进经济增长方面起到了十分重要的作用。而20世纪50~90年代是纽约城市转型的关键时期。生产性服务业的兴起对纽约首要世界城市地位的奠定起到了非常关键的作用。

1）纽约大都市区

由纽约大都市区在1980年与2004年各地区的行业分布和区位熵（表4-3）可以看出，纽约大都市区内的产业空间演变轨迹。

纽约大都市圈行业分布区位熵　　表4-3

1980年

	就业分布百分比（%）	区位熵			
		曼哈顿	其余核心地区	内环	内环以外
制造业	21.5	0.78	0.86	1.11	1.22
批发业	5.1	1.10	0.94	1.12	0.78
零售业	14.1	0.70	1.01	1.14	1.13
金融业	9.5	1.95	0.57	0.75	0.62
专业科学和技术服务业	22.1	0.87	1.18	0.97	1.02

2004年

	就业分布百分比（%）	区位熵			
		曼哈顿	其余核心地区	内环	内环以外
农林渔矿	0.20	0.12	0.32	0.94	1.53
建筑业	6.48	0.33	0.95	0.90	1.10
制造业	8.48	0.38	0.92	1.13	1.31
批发贸易	3.73	0.91	1.03	1.08	0.99
零售贸易	10.65	0.56	1.00	1.11	1.18
信息业	5.81	1.84	0.56	0.78	0.84
房地产和房屋租赁业	3.81	1.49	1.36	0.88	0.65
专业科学和技术服务	9.84	1.69	0.36	0.89	0.93
行政管理等	11.13	1.06	0.72	1.05	1.04
教育服务业	22.82	1.31	0.67	0.83	1.07
医疗与社会救助	7.57	0.73	1.72	0.99	0.88
艺术与娱乐业	5.02	1.66	0.63	0.87	0.85
住宿与餐饮服务	4.48	1.23	0.84	0.93	0.98
其他服务（除公共管理）	0.20	1.21	1.06	0.98	0.87

注：这里所指的纽约大都市圈包括纽约—北新泽西—长岛地区，并分为核心区、内环、中环和外环。其中，核心区包括曼哈顿、布鲁克林、昆士、布朗克斯、新泽西州的哈德逊。

来源：1980年数据：Sassen，Saskia. The Global City：New York，London，Tokyo[M]. Princeton University Press，1991；2004年数据：http://census.gov, 2004 American Community Survey Data Profile

制造业向郊区转移，生产性服务业向中心地区集中。制造业的区位熵呈现由中心向外围递增的趋势，同1980年的数据相比，2004年中心地区的制造业区位熵下降显著，反映了制造业向郊区的扩散转移。另一方面，各类研究型服务业在中心地区高度集中并表现出高度的专业化，如信息业的区位熵在曼哈顿地区高达1.84。

农林渔矿、建筑业向外围转移。此类产业特别是农林渔矿业的地域分工十分显著，几乎全部集中在外围地区。建筑业的情况虽有些许不同，但其区位熵也显示出由中心向外围递减的特征。

除曼哈顿外，其余核心区产业发展总体滞后，形成产业凹陷带。这与纽约产业结构调整的历史有关。运输仓储业、艺术娱乐和住宿餐饮业区位熵最高。可以解释为曼哈顿配套服务业的相近地区的空间转移。同时，其余核心地区在信息业、专业科学服务、行政管理、教育服务、艺术娱乐、住宿餐饮等都市产业集聚程度竟低于内环，甚至内环以外地区，形成一个产业的凹陷地带。20世纪50年代之前，纽约的制造业十分发达，大量就业人口集聚在前曼哈顿，而之后由于制造业的急剧萎缩使得大量的低质量劳动力失业，在其余核心区地带滞留。这个地带的基础设施、文明程度和安全程度等较郊区来讲对投资商的吸引力非常弱。事实上，一家企业若有足够的资金又不需要大量空间，最可能会选择曼哈顿，反之则在郊区，即内环甚至更外围地区对其的吸引力更大。

2）纽约市区

作为美国最大的经济中心，纽约是仅次于芝加哥和洛杉矶的美国第三大工业中心，其中制造业方面以服装和印刷出版业最为兴盛。服务业是纽约的主导产业。服装业主要集中于曼哈顿区，出版业集中于市区。同时，纽约还承担着美国和世界的金融、证券交易中心的职责，汇集了大量的公司总部。从2000年的人口统计资料来看，纽约市第一产业的就业人口为2000人，占就业总人数的0.06%；第二产业就业人数为36万人，占就业总人数的10.89%；第三产业的就业人数占到总就业人数的近90%。

从纽约市1950～2001年的就业结构变化中（表4-4），可以发现制造业就业数大量减少，比重持续下降，而服务业、金融保险和房地产业以及各级政府部门的就业人口和比重却持续上升，产业层级较高，三次产业分布不均。纽约作为后工业化时期的世界城市，其城市功能越来越从物质生产中心向为生产和流通服务的金融中心、信息中心、文化中心、服务中心、管理中心和科学中心转化。金融业和银行业在资本流通方面的作用越来越明显，纽约作为全球金融中心，其本身拥有的生产性服务业更加有利于其产业转型。

随着经济发展和城市功能的升级，各种生产性服务业替代制造业是必然趋势，随之也提高了整个城市的集聚和辐射能力，对城市的发展建设有着十分重要的影响。经过100多年的建设和发展，生产性服务业特别是高级生产性服务业已经成为纽约经济发展的主导力量，目

1950～2001年纽约市就业结构的变化（单位：人）　　表4-4

	1950	1960	1970	1980	1990	2000	2001
采矿业	200	200	200	100	0	0	0
建筑业	12300	12700	11200	7700	11500	12200	12500
制造业	103900	94700	76600	49600	33800	24300	23000
服务业	50800	60700	78600	89300	114900	145700	146500
贸易业	75500	74500	73500	61300	60800	62700	61900
金融保险和房地产业	33600	38400	45800	44800	52000	49100	48700
交通运输和公共事业	33200	31800	32300	25700	22900	21300	21200
各级政府部门	37400	40800	56300	51600	60800	56700	57000
总计	346800	353800	374600	330100	356600	372100	370800

来源：谢菲. 洛杉矶模式研究——兼与纽约、芝加哥比较[D]. 厦门：厦门大学，2006。

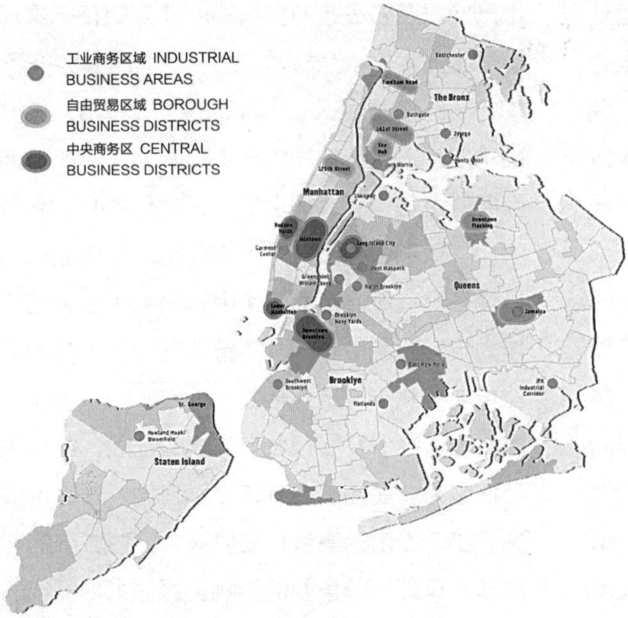

图4-3　纽约生产性服务业发展格局
来源：纽约战略规划

前已经形成了金融保险业、信息服务业以及商务服务业三大产业集群。在空间上，形成了以曼哈顿CBD为中心，长岛、布鲁克林、哈德逊广场、法拉盛等多个区域性商务中心全面发展的格局。

随着城市发展，城市规模不断扩大，纽约生产性服务业也开始向其他地区扩散，在外围地区形成多个副中心。在曼哈顿CBD以外形成了多个生产性服务业的集聚中心，一方面分流CBD的压力，另一方面可以改变各地区不平衡发展的格局（图4-3）。

3）纽约核心区（5大区）

从5个区各自的情况看，曼哈顿区

在FIRE、信息业、专业技术服务和行政管理服务、教育服务和医疗救助等知识服务业中集聚了最多的人才。从产值看，批发贸易和专业技术服务成为曼哈顿最重要的产业，显示出纽约的核心城区在信息服务和知识生产方面的强大实力。不同产业在纽约5大区的分布，可以看出纽约市区内产业分布的空间特征（表4-5）。

2002年不同行业在纽约市各区间的空间分布（单位：%）　　表4-5

行业信息		曼哈顿	布鲁克林	昆士	布朗克斯	里士满	合计
制造业	就业数	41	23	28	7	1	100
	产值	44	25	24	5	1	100
批发贸易	就业数	62	13	15	9	1	100
	产值	81	7	8	N	N	100
零售、贸易	就业数	46	20	20	9	6	100
	产值	47	20	20	8	6	100
信息	就业数	85	5	5	3	2	100
	产值	N	N	N	N	N	100
FIRE（2004）	就业数	32	25	26	10	7	100
房地产及房屋租赁	就业数	63	13	13	10	1	100
	产值	74	9	10	6	1	100
专业科学和技术服务	就业数	88	4	4	2	1	100
	产值	94	2	2	1	1	100
行政管理等	就业数	72	10	12	4	2	100
	产值	76	10	9	3	1	100
教育服务	就业数	75	9	11	3	2	100
	产值	86	5	6	2	1	100
医疗及社会救助	就业数	38	26	17	15	4	100
	产值	43	23	16	14	4	100

来源：刘磊. 上海城市圈层结构的研究[D]. 上海：上海交通大学，2008。

核心区高度集聚。曼哈顿仅57km^{2}的面积集中了纽约各行业61%的就业职工，其中信息业、专业技术服务业85%以上的就业集中在曼哈顿。此外，制造业的集中度为41%，服装业的集中度达60%以上。曼哈顿作为纽约的CBD，其就业量和创造的产值都列在首位，其地位可见一斑。

整体圈层分布。曼哈顿作为中心，第二层次是昆士和布鲁克林、布朗克斯和里士满产业发展处于相对落后的地位，特别是里士满，其就业人口比重和产值都较大地落后于其他区。

此外，从制造业的空间分布来看，呈现出明显的区域差异。都市型工业向曼哈顿区高度集中。曼哈顿的制造业的产业构成全部为都市型工业，尤其是纺织业、纺织产品业、服装业、印刷业、计算机制造业中占有绝对优势，印刷业、计算机及电子产品制造业的集聚很大程度上依赖于曼哈顿作为纽约市金融和科教文化中心的地位。昆士和布鲁克林集聚了最多门类的制造业，且各类制造业分布较为均匀，是曼哈顿经济的延伸。布朗克斯和里士满同属于第三集团，其制造业门类少且规模小，制造业发展较为落后。

另一方面，纽约各区的商务办公用地的比重在不断增加。通过对2007年纽约各区商务办公用地面积区位熵比较分析，包括曼哈顿、第125大街、布朗克斯中心、布鲁克林中心、长岛和弗拉斯中心等区域的生产性服务业集聚区都已经形成，各区域的发展水平不一，除曼哈顿外，布朗克斯居于首位，斯坦腾岛、皇后区和布鲁克林次之（表4-6）。

2007年纽约各区商务办公用地面积区位熵比较 表4-6

区域	曼哈顿	布鲁克林	布朗克斯	皇后区	斯坦藤岛
商务办公面积所占比重	18.7%	19.9%	15.4%	28.5%	28.5%
区域面积所占比重	7.1%	25%	13.5%	34.4%	34.4%
区位熵	2.63	0.79	1.14	0.83	0.87

来源：马吴斌. 上海中心城区生产性服务业多中心空间结构研究[D]. 上海：上海师范大学，2009。

4.1.2 伦敦

1. 伦敦都市圈的形成

伦敦位于英国东南部，跨泰晤士河下游南北两岸，距河口约88km，靠近英吉利海峡，是英国的首都、欧洲第一大城以及第一大港，四大世界级城市之一。伦敦拥有高度发达的服务产业，服务业产值占全市GDP的比重超过85%；结构上以银行及金融业、商业、创意、专业技术、仓储和零售业为主；空间上基本形成了以伦敦城为中心，向内、外伦敦地区

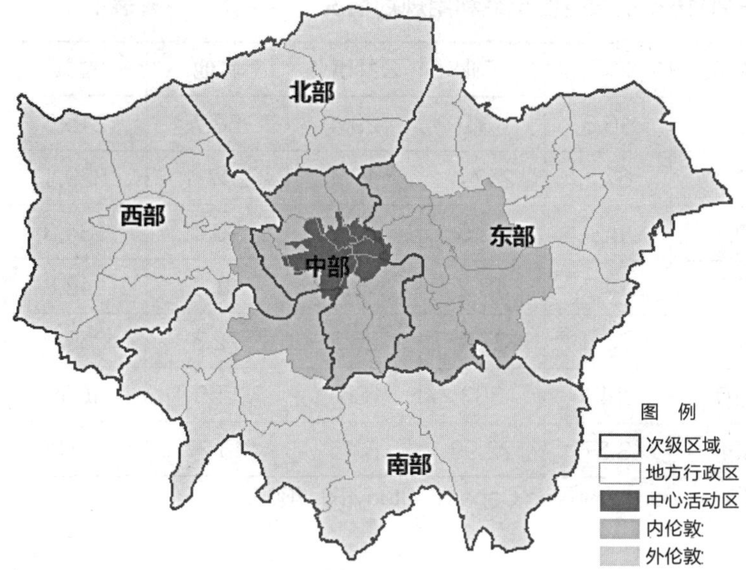

图4-4 **大伦敦区域示意图**
来源：尹昌应，石忆邵，王贺封．伦敦服务业用地变化分析及其对上海的启示[J/OL]．发展规划研究，2013（76）．http://www.zdpri.cn/newsite/sanji.asp?id=223751

多中心集群发展的格局。通常所说的伦敦是狭义的“伦敦”，即包括伦敦城和威斯敏斯特（Westminster）自治市的中心城区；广义的伦敦即“大伦敦”，包括伦敦城及内伦敦和外伦敦的32个区。本研究选取“大伦敦”区域作为研究对象（图4-4）。

19世纪初英国的新城运动改变了伦敦单纯的同心圆发展模式，当时伦敦百人以上的工厂有70%迁往卫星城，至20世纪70年代中期，伦敦外围129km周长的范围内分布了11个卫星城，集聚了180万人口，2009个企业，提供了18.8万个就业岗位（刘志峰、桂国杰和陈淮，2007）。随着新城数量和人口的增加，整个大伦敦地区逐渐形成了由里到外的“中心—边缘”模式，依次是中央商务区、内城区、外城区、郊区和大都市圈内圈。伦敦—利物浦轴线上分布着大伦敦地区、曼彻斯特、伯明翰、利物浦、谢菲尔德等大都市，以及周边的一系列小城市，城市带的总面积有4.5万km^2，总人口约3650万。现在所说的大伦敦地区即为面积1584km^2，人口约760万，人口密度约4800人/km^2的地区。

从伦敦各区未来的土地利用规划情况来看（表4-7），2007～2016年这十年间土地利用的重点在伦敦东区，其新建筑占地达到829.1hm^2，占总量的49.7%。东区在住宅、

2007～2016年伦敦各区土地利用规划情况 表4-7

分区	住宅	办公楼	商业	工业	公共事业	其他	总共
中央区（hm^2）	51.9	15.2	16.6	43.9	29.4	58.7	215.5
东区（hm^2）	201.4	48.7	67.1	247.4	17.4	247.1	829.1
北区（hm^2）	78.8	10.7	8.3	36.5	4.3	96.1	234.8
南区（hm^2）	12.5	13.7	14.7	18.2	8.8	81	148.8
西区（hm^2）	46.2	21.6	35.8	37.4	26.2	72.3	239.6
合计（hm^2）	391	110	143	383	86	555	1668
比重（%）	23.44	6.59	8.57	22.96	5.16	33.27	100.00

来源：Greater London Authority．2004 London Housing Capacity Study[R]. 2005.

办公楼、商铺、工业和其他类土地的规划利用量均占各区之首。南区的未来开发量在各区中最少，土地总开发量仅为148.8hm^2。从各类建筑用地的总量来看，2007～2016年间，所有新建建筑的土地开发总量为1668hm^2，其中住宅用地391hm^2，办公楼用地110hm^2，商业用地143hm^2，工业用地383hm^2，公共事业用地86hm^2，其他用地555公顷。这十年间，每年新建公共建筑（办公楼、商业和公共事业）的占地面积平均为33.9hm^2。

2. 伦敦港口、临港产业与城市发展特征

1）港口对城市经济发展的影响——设立自由经济区

20世纪初伦敦港的贸易出口已居世界前列，为伦敦对外贸易打通了渠道。但随着伦敦新城建设和大伦敦地区的扩张，码头区逐渐衰落（图4-5）。

20世纪70年代以后，随着新城建设的逐渐成熟，伦敦进入城市化发展后期，建设用地总量保持稳定，大伦敦范围基本确定。这个阶段，伦敦城市空间的格局呈现出国际大都市进入后工业化时期的普遍特征——工业用地面积的不断萎缩。20世纪70年代末至80年代初，伦敦开始实施以银行业等服务业替代传统工业的产业结构调整战略（石忆邵等，2010）。

为保证伦敦在世界竞争中依然保存较强的竞争力，伦敦规划设立港口自由经济区。自由经济区规划区域面积约203hm^2，其中核心区为以办公为主的、加那利沃尖（Canary Wharf）码头地区，面积28.2hm^2，规划建造22～26幢建筑，总面积112万m^2，包括93万m^2的办公空间和10余万平方米的会展、酒店、零售及娱乐建筑。

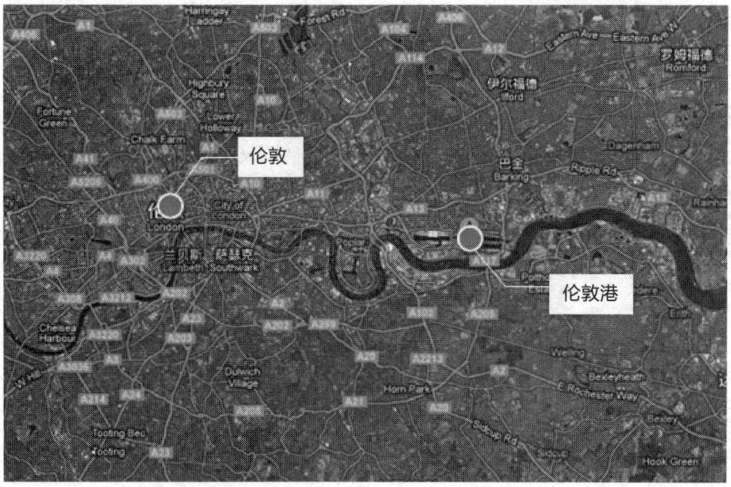

图4-5 **伦敦港平面区位图**

来源：http://ditu.google.cn/

设立自由经济区是为了吸引各界企业机构在码头区投资，引进产业、鼓励就业，使区内经济活动多元化，该区的商业发展项目带来大量就业机会，主要体现在服务业领域，特别是银行、金融保险业增长最为迅速。

2）港口对城市形态扩张的影响——工业用地的转性

随着伦敦进入后工业化时期，工业用地的规模持续缩减，大量工业用地转作他用。自由经济区的设立，为东部经贸业的发展提供了良好的环境。从空间结构看，伦敦制造业用地占比东部衰减最大，并出现向西部转移的趋势。按占地面积计算，预计2001～2016年间伦敦将有740万m^2工业用地转作他用。其中，东部伦敦是主要的工业用地转性区域，将减少500万m^2工业用地，减少量占伦敦全市的67.7%。其次是北部、南部和西部，将分别减少工业用地100万m^2、90万m^2和41万m^2。伦敦中心区基本无工业用地转性（石忆邵等，2010）。

2001~2006年伦敦工业用地转性 表4-8

	中心区	东部	南部	西部	北部	伦敦
工业用地占面积变化（万㎡）	—	500	90	41	100	740

来源：石忆邵. 产业用地的国际国内比较分析[J]. 上海城市规划，2012（6）：141-141。

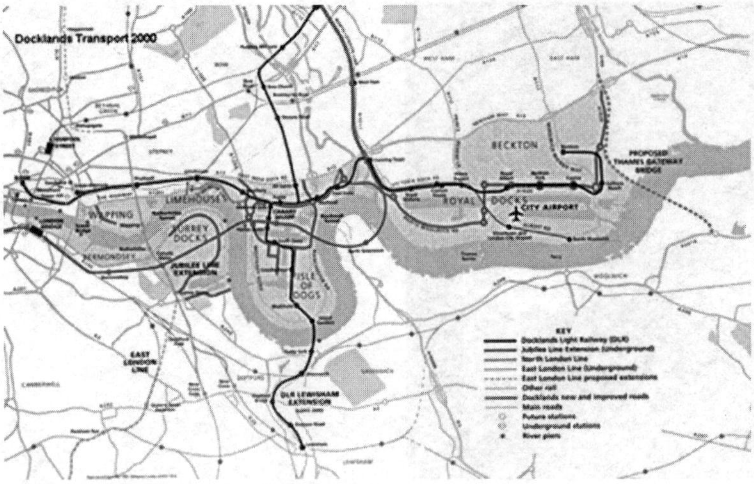

图4-6　金丝雀码头区轨道交通系统图
来源：http://www.supdri.com/syyq_view.asp?artid=2031

3）城市对港口发展的要素支持——四通八达的交通路线

伦敦作为英国的铁路中心，向大不列颠岛上的主要城镇延伸了十几条铁路干线。铁路完成了区域内的物资运输，而航运的发展为伦敦向世界级城市的迈进拓宽了渠道，使得伦敦能有机会向世界推销其出口产品，并迅速发展起来。

随着码头区与中心区联系的日益密切，贯穿金丝雀码头和老城区的24小时运营轻轨已经开通；连接地铁的支线轨道交通在1999年落成，同时伦敦城市机场距离金丝雀码头仅3英里（图4-6）。13家航空公司每周有1000多个航班，可以到达曼彻斯特、阿姆斯特丹、巴黎、卡地夫、利物浦、卢森堡、法兰克福等20多个国内外城市目的地。交通网络的构建为金融中心的繁荣带来了便利。

4）城市对港口发展提供经济、政策支持

在伦敦的发展中，城市规划政策起到了关键性的作用，它调整了伦敦的行政区划，并确定了城市用地规模和各类用地的空间布局。伦敦空间发展战略对伦敦服务业用地的空间结构变化产生了重要影响。伦敦历次规划方案都突出了金融中心的特点，致力于建设一个可集中商贸活动的特别分区（尹昌应等，2013）（表4-9）。

伦敦迅速发展的金融和商业服务业引发了办公服务区对居住社区空间的侵占，为改变这种倾向，伦敦采用抑制市场的策略对待商务区的渗透，将商务活动分区限制在以伦敦城和威斯敏斯特区等单纯的CBD内，此区域内提供公司总部、专业服务和零售、娱乐等活动场所（北京特华财经研究所课题组，2007），而对居住社区进行严格保护。早在20世纪七八十

伦敦历次规划的主要内容　　表4-9

阶段	名称	编制时间	规划背景	规划思路
第一次	大伦敦规划	1942～1944	人口过于集中，出现大城市问题，城市空间无序向外扩张	疏散伦敦中心地区工业和人口，非常重视城市的区域规划和建设田园城市
第二次	大伦敦发展规划	1976～1978	人口疏散明显，中心城区两极分化，旧城环境恶化	改变控制和疏散大城市及建设卫星城的相关政策，从新城建设转向旧城改建和保护
第三次	大伦敦战略规划	2000～2004	城市发展零散、不协调，出现明显的东西部不平衡	将伦敦定位世界级城市，将伦敦都市圈区域划分为3类不同地区，制定不同发展策略，全面关注居住、就业、交通和休闲等专项问题

年代，伦敦就形成了以泰晤士河码头为代表的新兴城市中心区，并逐渐发展成为伦敦第二个中央商务区。出现了以伦敦金融城为中心、内城区、郊外新兴商务区的现代服务业集群多点发展模式（李小年，2010）。

伦敦零售服务业用地主要受到伦敦零售业发展规划的影响。20世纪80年代早期到90年代中期，伦敦政府倾向于通过市场导向机制形成一种“外城零售”（Out-of-Town）模式，大多数零售服务点分布在市镇中心，导致了城外零售仓库和购物中心的增长；但后来发现存在弊端，于是在1996年的零售业发展规划中，改以规划为导向，提出“内城零售中心”（Town-Centre）的发展模式，限制零售业继续向外城转移，引导零售业空间上均衡发展。新的政策指导性文件发布以后，城内购物中心又开始发展起来，逐渐形成了目前的空间格局（尹昌应等，2013）。

3. 伦敦经济发展与服务业空间布局

1）伦敦产业经济的基本情况

作为英国的经济、政治、文化中心，早在1998年，伦敦的总增加值（Gross Value Added，简称GVA）就已经达到了1330.81亿英镑，占英国总量的近1/5，人均GVA为全国平均水平的1.48倍（刘志峰等，2007）。20世纪，英国经济持续繁荣，年增长率都保持在4%以上，尤其是1988年高达9.1%。后来增长水平逐渐下降，但这个阶段的经济发展依然使伦敦成为世界上经济总量最大的国际性大都市。1999年以来的统计数据表明，伦敦商业服务业会聚了最多的劳动力人口，其中2008年所占比例达28.1%；此外，批发与零售、金融、交通等行业的就业人数在劳动力人口结构中也具有相对优势（尹昌应等，2013）。

造了世界上第一条铁路之后，伦敦逐渐发展成为英国的铁路中心，同时，毗邻英吉利海峡的地理区位使得伦敦成为世界上最大的国际港口和航运市场。港区周边的集装箱码头年吞吐量约6000万t，居英国海运之首，为其创造了巨大的进出口额。

2）伦敦服务业空间布局

分析伦敦服务业用地的空间结构变化特征，需对其分类进行定义，根据大伦敦市政府发布的相关统计资料，伦敦将办公、仓储、零售业汇总统计为商业用地。伦敦的服务业用地主要分布在希灵登（Hillingdon）、伊灵（Ealing）、布伦特（Brent）、金斯顿（Kingston）和拥有最多建筑面积的威斯敏斯特、伦敦城。

办公用地主要分布在中央活动区（CAZ），呈“多点集群化”趋势。商业办公用地变化与办公用地变化趋势基本一致，1998～2008年间，中央活动区办公用地增加明显，威斯敏斯特最高，卡姆登、伦敦城、哈姆雷特城堡、伊斯灵顿、哈克尼和南华克次之，形成以伦敦城为核心的多中心办公服务点群；内伦敦和外伦敦办公用地变化不大，除外伦敦东部减少，其余地区的办公地产数量和建筑面积都有增加；商业办公用地分布和变化特点与办公用地近似，均以“多点集群化”趋势向多中心集群的模式发展（图4-7）。

仓储用地“内减外增”，由内城逐步向外城转移。仓储用地主要分布在位于内伦敦的泰晤士河港和伦敦西区，特别是希思罗机场和皇家公园周围；中央活动区也有一些集中分布，例如泰晤士河以南。1998～2008年间，内伦敦特别是伦敦城仓储用地面积减少的幅度较大：伦敦城减幅达93.89%，威斯敏斯特和卡姆登分别以66.22%和56.33%的减幅次之；外伦敦地区的仓储用地增加但主要集中在东北、东南和西北地区，贝克斯利增幅最大。仓储地产数量与仓储用地建筑面积的空间分布格局近似，尽管有相当数量的仓储地产分布在中心城区，但伦敦的仓储用地总体上集中分布在外伦敦地区，这种趋势在伦敦西部和东北部表现得尤为突出（图4-8）。

零售用地在伦敦城外近似“均衡分布”，空间分布上变化不大。位于中央活动区的威斯敏斯特城拥有伦敦市最多的零售建筑面积；1998～2008年间，伦敦零售用地面积总体上呈增长趋势但幅度较小，除伦敦城以34.25%居高外，其余地区有增有减；零售地产数量基本保持平衡，没有形成特别明显的空间变化趋势（图4-9）。

城市服务业用地变化是对城市服务业发展的响应，城市服务业的发展与社会经济发展水平和政策调整密切相关。人口增长与劳动力人口结构变化、经济发展水平、产业结构调整、城市规划与空间发展战略、交通条件等，是影响伦敦服务业用地变化的主要因素。

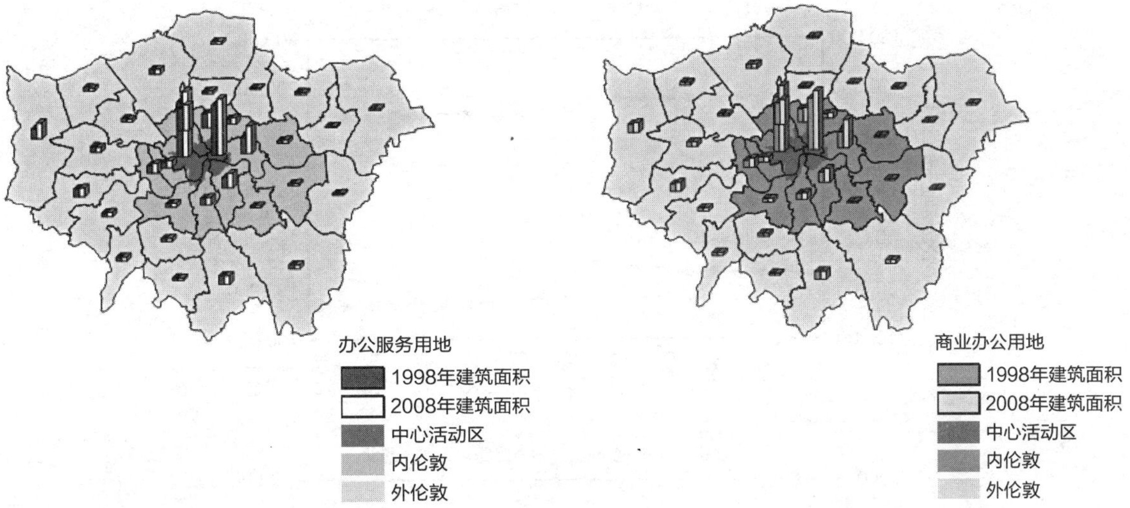

图4-7 伦敦办公服务用地变化情况示意图（上）和伦敦商业办公用地变化情况示意图（下）
来源：尹昌应, 石忆邵, 王贺封. 伦敦服务业用地变化分析及其对上海的启示[J/OL]. 发展规划研究, 2013（76）. http://www.zdpri.cn/newsite/sanji.asp?id=223751.

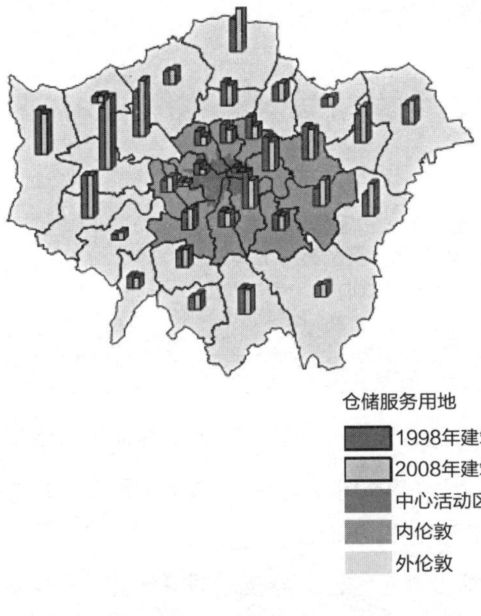

图4-8 伦敦仓储服务用地变化情况示意图
来源：尹昌应，石忆邵，王贺封. 伦敦服务业用地变化分析及其对上海的启示[J/OL]. 发展规划研究，2013（76）. http://www.zdpri.cn/newsite/sanji.asp?id=223751.

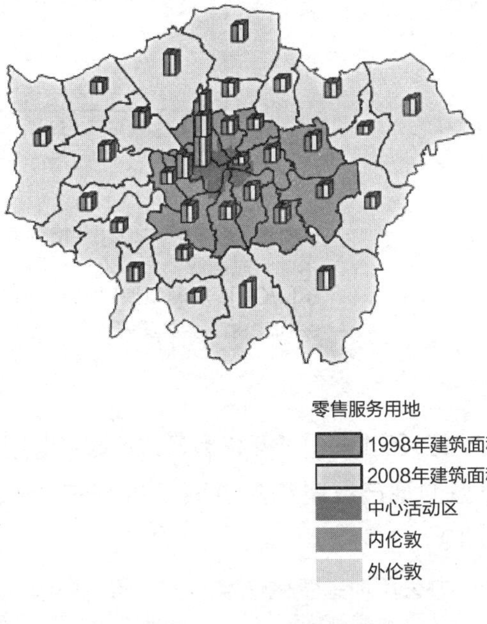

图4-9 伦敦零售服务用地变化情况示意图
来源：尹昌应，石忆邵，王贺封. 伦敦服务业用地变化分析及其对上海的启示[J/OL]. 发展规划研究，2013（76）. http://www.zdpri.cn/newsite/sanji.asp?id=223751.

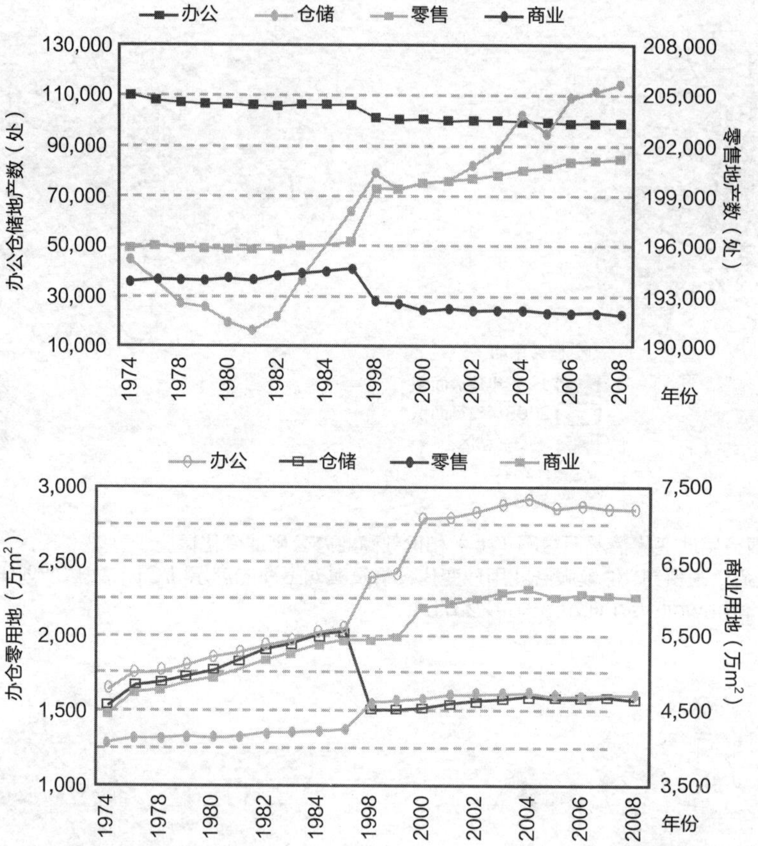

图4-10 1974～2008年伦敦主要服务业地产数量（上）和建筑面积（下）
来源：尹昌应，石忆邵，王贺封. 伦敦服务业用地变化分析及其对上海的启示[J/OL]. 发展规划研究，2013（76）. http://www.zdpri.cn/newsite/sanji.asp?id=223751.

将1974～2008年伦敦各主要服务业用地类型的地产数量和建筑面积进行统计（图4-10）。

办公用地是变化幅度最大的用地类型，平均每年新增办公用地面积约57.08万m^2，1998～2000年间变化最为显著。1974年，伦敦有办公地产49300处，总建筑面积达16400万m^2，2008年地产数量增加到84200处，总建筑面积28386万m^2，增幅分别为70.79%和73.09%。

商业地产数量呈波动性变化：1974～2008年间伦敦市的商业地产数量净增加10476处，增幅5.37%，建筑面积从1974年的4450万m^2增加到2008年的6012万m^2，增

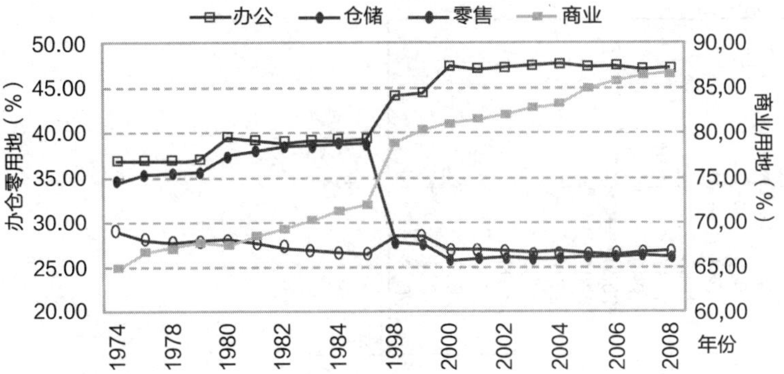

图4-11　1974～2008年伦敦主要服务业用地的结构
来源：尹昌应，石忆邵，王贺封. 伦敦服务业用地变化分析及其对上海的启示[J/OL]. 发展规划研究，2013（76）. http://www.zdpri.cn/newsite/sanji.asp?id=223751.

幅35.09%。

仓储地产数量减少，但建筑面积总体变化不大。2008年有仓储地产22901处，比1974年减少了36.39%；总建筑面积为1565万m^2，比1974年仅增加了2.27%；1974～1985年是伦敦仓储用地增长较快的时期：地产数量由36000增加到40600处，建筑面积从1530万m^2增加到2020万m^2，年均增加49万m^2，增幅32.03%。

零售地产数量持续减少，用地面积持续稳定增加。1974年伦敦有零售业地产109800处，2008年为98475处，减少了10.31%；建筑面积从1978年的1280万m^2增加到2008年的1608万m^2，增幅为25.64%。

伦敦服务业用地的结构变化主要表现为：商业用地比例稳定持续增加，办公用地在商业用地中比例最高；仓储用地和办公用地所占比例的变化趋势最明显：1985年以前的变化趋势基本一致，之后则朝着相反的方向变化，零售用地所占比例呈减少趋势（图4-11）。

办公用地在商业用地中的比例“阶梯式变化”，除在1980年和2000年有两次较大幅度（分别为6.40%和6.94%）的增加外，其余年份的变化幅度基本恒定，保持在-0.70%～0.55%之间；以1980年和2000年为界，1974～1979年间、1981～1985年间和2000～2008年间，办公用地所占比例分别保持在36.90%、39.16%和47.36%左右。

仓储用地占商业用地比重“先增后减”，近年来趋于稳定。1974～1985年，仓储用地建筑面积所占比重增加，且在1980年有一次较大的增加，幅度为4.75%；1998年仓储用地建筑面积所占比重减少到27.68%，已经远低于1974年的34.38%；但从2000年起，仓

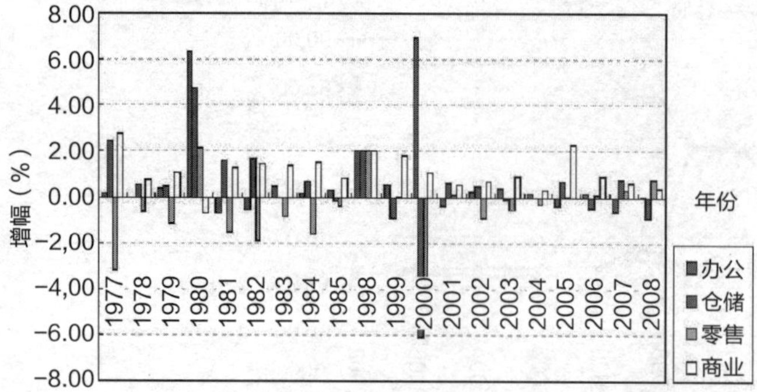

图4-12　1974～2008年伦敦主要服务业用地的变化幅度
注：因1986～1997年数据缺失，便于图形显示将1998年增幅设为定值
来源：尹昌应，石忆邵，王贺封. 伦敦服务业用地变化分析及其对上海的启示[J]. 发展规划研究，2013（76）. http://www.zdpri.cn/newsite/sanji.asp?id=223751.

储用地建筑面积所占比重稳定在26.03%左右。零售用地建筑面积占商业用地的比重基本稳定，没有特别明显的增减趋势，平均为27.12%（图4-12）。

4.1.3　东京

1. 东京大都市圈形成发展

东京位于日本本州岛东部，濒临东京湾，连接太平洋，是全球最大的经济重心之一，和纽约、伦敦并称为全球三大世界城市。总面积2188km^2，东京都23个特别区的面积为621.8km^2，2007年人口达857.8万人，城市化水平达到80%以上（图4-13）。空间范围上，东京包括东京都区部、东京都、东京圈和首都圈，范围逐次扩大（表4-10）。

东京大都市空间范围界定　　表4-10

		土地面积（km²）	人口（万人）	人口密度（人/km²）	范围界定
东京	东京都区部	621.8	857.8	13800	东京都区部（23个区）
	东京都	2187	1279	5848	东京都（23区、26市、5镇、8村）
	东京圈	13368	3463	2591	东京都及琦玉、神奈川、千叶三县
	首都圈	36436	4252	1167	东京都及琦玉、神奈川、千叶、群马、枥木、茨城、山梨7县

来源：石忆邵，彭志宏，陈永鉴，等. 国际大都市建设用地规模与结构比较研究[M]. 北京：中国建筑工业出版社，2010。

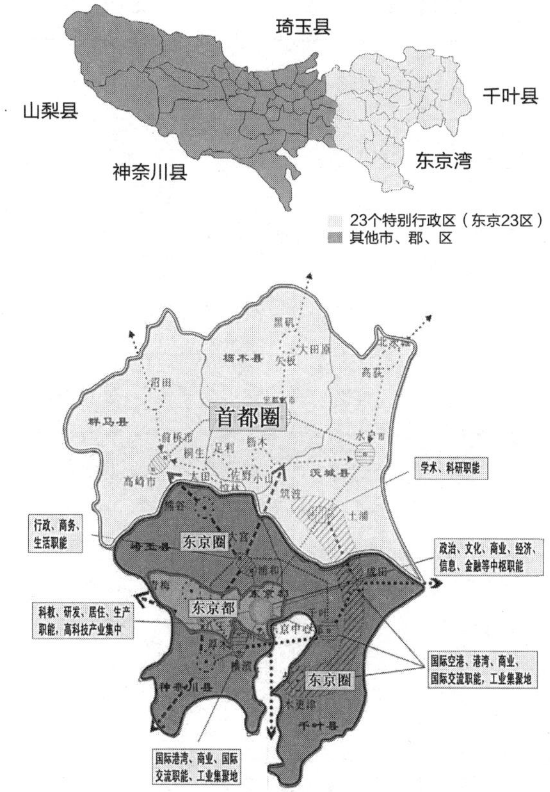

图4-13 日本东京分区图（上）和东京都市圈分布图（下）
来源：http://zh.wikipedia.org/wiki/File：TokyoMapCurrent_zh.png

东京城市化推进及东京圈形成过程，经历了核心区域向外无序扩张、城市环境恶化、承载能力受到挑战等阶段，日本、东京政府规划引导上十分注重疏解城市功能，在东京周边逐渐形成了10个功能明确的“卫星城”，以综合商业和复合型技能保持了可持续的发展活力（刘志峰等，2007）。另一方面，重视城市绿化和景观，大力完善基础设施建设，构建通达的交通网络，保证其一直位列国际大都市的行列。

随着东京圈的形成，城市设施的服务能力开始不能满足区域发展的需要。1955~1970年，在“第一次首都圈整治规划”和“东京都长期规划”的助力下，东京开始在周围兴建工业卫星城市，以疏散工业设施、行政办公设施以及商务流通设施。石油危机后，东京中心区继续膨胀，常住人口从东京开始向周边地区迁移，东京的城市功能越来越集中，城市副中心地区建立。这些区域开始分担东京的商务办公功能。第三、第四次首都圈基本规划最终确立了东京“区域多核心功能分散”的都市圈结构（刘志峰等，2007）。21世纪以来，日本对社会需求的积极应对使东京都市圈被赋予了新的功能。东京中心区和副中心在功能协调上，通过引导策略（如财政金融方面的优惠和补助）保持了东京的固有活力，中心区仍显示出商务功能发展的强大吸引力，同时也促成了副中心区的建设发展。

从1997年东京的用地结构（表4-11）来看，东京的用地结构呈现如下特征：商业用地规模突出：都心三区（千代田区、中央区和港区）的商业楼用地比例都超过了20%。教育文化设施占地比例高，体现了东京对教育文化的重视程度。同时，东京也是日本娱乐业最发达的城市，其产值和就业人数占据重要地位。制造业用地规模很小：与1970年以来日本产业结构升级、第二产业增长十分缓慢，就业人口向第三产业转移，制造业向外转移等原因有关。

1997年东京土地利用比例统计表　　表4-11

		区部	千代田区	中央区	港区	新宿区	文京区
总计		100.0%	100.0%	100.0%	100.0%	100.0%	100.0%
公共设施	政府部门	1.8%	30.3%	2.9%	10.3%	1.6%	0.9%
	教育文化设施	10.3%	12.6%	5.1%	12.7%	13.0%	23.0%
	医疗设施	1.3%	1.3%	1.4%	1.7%	2.3%	2.0%
	公共事业	2.0%	0.2%	3.9%	2.3%	0.7%	0.2%
商业用地	商业楼	6.0%	33.6%	44.8%	21.8%	12.2%	7.7%
	专用商业设施	1.9%	2.1%	4.2%	1.9%	2.2%	0.8%
	商住楼	7.0%	5.9%	8.3%	5.6%	7.7%	7.7%
	宾馆、娱乐设施	0.8%	3.4%	2.7%	5.8%	2.7%	1.7%
	其他	0.9%	0.6%	1.9%	1.2%	1.8%	1.2%
居住用地	独立住宅	33.9%	2.7%	4.5%	10.8%	25.7%	32.2%
	集体住宅	22.0%	3.6%	10.2%	17.8%	26.2%	17.8%
制造业	专用厂房	4.6%	0.3%	1.2%	1.5%	1.4%	1.3%
	住宅并用厂房	2.2%	0.3%	1.3%	0.8%	1.2%	2.2%
	仓储、运输设施	5.3%	3.3%	7.6%	5.9%	1.3%	1.4%
第一产业	农林渔业	0.1%	0.0%	0.0%	0.0%	0.0%	0.0%

来源：张洁. 东京城市土地利用结构分析及其对中国大城市的启示[J]. 经济地理，2005，24（6）：812-815。

2. 东京经济发展与产业空间布局

东京都市圈目前已经有了比较明显的区域职能分工体系，各主要城市发挥各自优势分工合作，形成更强的集聚优势（表4-12）。

东京都市圈区域职能分工体系　　表4-12

	核心城市	职能
东京中心区	东京都区部	政治、行政、金融、信息、经济、文化
多摩地区	八王子市、立川市	商业、大学集聚
神奈川地区	横滨市、川崎市	国际港湾、工业集聚
琦玉地区	大宫市、浦和市	居住、政府集聚
千叶地区	千叶市	国际空港、港湾，工业集聚

来源：吴晓隽. 上海大都市圈的结构及功能体系研究 [D]. 上海：复旦大学，2006。

1）产业经济基本情况

东京是日本的经济中心，主要公司都集中分布在千代田区、中央区和港区等地。并与横滨和千叶地区共同构建京滨叶工业区，主要生产钢铁、造船、机器制造、化工、电子、皮革、电机、纤维、石油、出版印刷和精密仪器等。2009年东京GDP达到了30645亿美元，连续多年稳居世界首位，其中东京都占12791亿美元。

此外，东京的对外经济贸易十分发达，近年来，进出口额持续增长。就日本全国来说，到2004年，贸易赤字持续扩大，但是经由东京港的国际贸易却是持续的入大于出的状况。到2004年，东京港的入超规模已经连续五年扩大，其国际贸易地位有了新的提升（屠启宇、金芳等，2007）。

产业结构方面，1919年东京都工业产值第一次超过农业，完成了工业化的初级阶段，在20世纪50年代进入工业化的高速增长期，1965～1973年，是东京都重工业的高速发展时期，形成了的重要制造业生产和研发基地在后来成为东京都地区日后产业升级的基础。1973年以后，经政府对产业的引导和疏散，制造业比重开始下降，服务业比重不断增加。1981年，服务业比重与制造业第一次持平，标志着东京向服务型经济的转变。

第三产业是东京的发展支柱。1998年后，“服务业”（包括广告业、物品租赁业、生活服务业、文化娱乐、研发和社会团体等）

明显上升，批发零售以及制造业等明显减少。目前，东京第三产业的就业人数和国民生产总值比重都已超过65%，成为名副其实的主导产业。

相较于第三产业的蓬勃发展，东京制造业的地位逐渐下降。进入21世纪，东京事业所数量、产品交货额都在持续减少，制造业在东京GDP中所占比例也在下降。经济“服务化”以及生产职能向海外转移后，2002年制造业仅次于服务业、批发零售业，在GDP中的比例为11%，较1990年的16%大幅度下降。虽然，东京的工业在东京所有行业中的比重在下降，但从产值、就业人数、企业数目3个方面来看，工业仍保有第二的位置，是东京最重要的产业之一，东京仍不能完全摒弃工业。图4-14显示了东京当前及未来产业结构的发展情况。

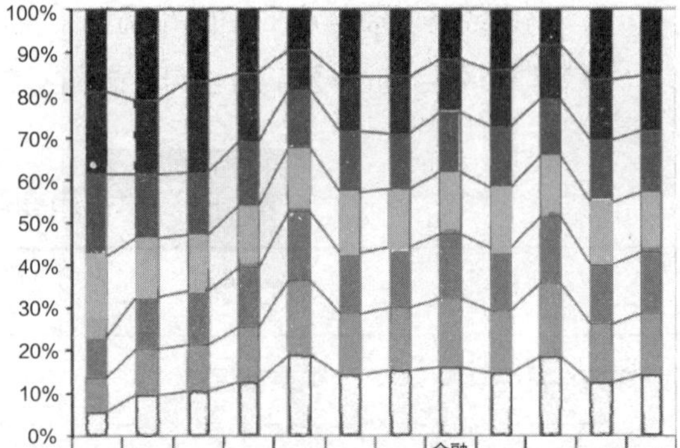

	农林水产	制造业	建筑业	批发零售	通信广播	个人服务业	娱乐餐饮住宿	金融保险房地产	企业总部	商务服务业	运输公务等	其他服务业
1985	0.1	17.1	6	12.2	1.5	8.1	6	12.9	16.7	5	10.1	8.1
1990	0.1	13.8	7.7	13.3	1.4	6.6	5.2	14.2	15.3	7.5	8.9	6.6
1995	0.1	12.3	5.2	12.5	2.1	7.4	5	15.4	16.7	7.9	9.2	7.4
2000	0.1	11	4.8	11.9	2.3	7.5	5.2	16.1	16.8	8.6	9	7.5
2005	0.05	9.8	4.4	11.4	2.5	7.4	5.4	16.8	16.9	9.4	8.7	7.4
2010	0.04	8.7	4	10.8	2.7	7.4	5.6	17.5	17	10.2	8.3	7.4
2015	0.03	7.7	3.7	10.2	2.9	7.3	5.9	18	17.1	11.1	7.8	7.3

图4-14　东京产业结构的发展情况——当前及未来

来源：屠启宇，金芳，等. 金字塔尖的城市——国际大都市发展报告[M]. 上海：上海人民出版社，2007。

2）东京都产业空间布局

东京都产业的分布表现出显著的地域分工特征。以FIRE（金融保险房地产及房屋租赁业）为代表的生产性服务业在中心五区高度集聚，而农林渔矿等初级产业呈现从中心区向外围集聚的格局，制造业在东京都各圈层的分布较为均匀（表4-13）。

从更具体来看，东京都市圈各行业的区位熵，显示了各地区的行业专业化程度和集聚情况（表4-14）。

农林鱼矿高度集中在外围，特别是千叶县，已形成围绕东京并以其为主要市场的农业基地。从东京都市圈各行业的区位熵可以看出，区位熵大于1的产业都为第三产业。而通信业、不动产业的区位熵远高于其他地区，说明东京都作为中心城市在生产性服务业方面的高集聚性。就制造业而言，东京都的区位熵略低于周边三县，但在规模上依旧保持相对领先的地位。事实上，东京都与这3个县共同构成工业区，工业区的中心在周边三县。神奈川、千叶地区在批发零售贸易业和运输业上的较高集中度显示出其国际港口、国际空港的城市职能。琦玉和千叶地区的公共行政行业的较高集中度反映了琦玉作为日本副都、千叶承担部分国际交流的城市职能（吴晓隽，2006）。

2001年东京都各产业空间分布的区位熵 表4-13

产业	就业百分比（%）	中心5区	近外围12区	远外围33区市
农、林、渔业	0.00	0.24	0.91	1.83
矿业	0.00	0.86	1.07	0.98
建筑业	5.88	0.87	1.07	1.14
制造业	12.75	0.87	1.14	1.08
电、热、水供应	0.46	1.26	0.8	0.86
运输通信业	6.51	0.78	1.22	1.06
批发零售贸易及餐饮业	30.83	0.95	1.06	1.01
金融保险业	4.57	1.66	0.63	0.57
不动产业	2.64	1.13	0.95	0.91
服务业	33.6	1.07	0.92	0.99
公共管理	2.7	1.3	0.69	0.93

注：东京都是指前文所述首都圈或东京都市圈。
来源：吴晓隽. 上海大都市圈的结构及功能体系研究[D]. 上海：复旦大学，2006。

2001年东京都市圈各行业的空间分布和区位熵 表4-14

产业	东京都		神奈川		琦玉		千叶	
	就业人数	区位熵	就业人数	区位熵	就业人数	区位熵	就业人数	区位熵
农业	26758	0.28	42031	0.64	82405	1.50	111363	2.42
林业	516	0.71	372	0.75	432	1.04	664	1.91
渔业	1022	0.25	2669	0.94	73	0.03	7597	3.81
矿业	1738	0.90	933	0.70	1150	1.04	1493	1.60
建筑业	483641	0.89	393321	1.06	330184	1.07	278815	1.07
制造业	839844	0.83	769368	1.11	724991	1.25	436600	0.90
电、热、水的供应	24061	0.84	21647	1.10	15837	0.97	17113	1.24

续表

产业	东京都		神奈川		琦玉		千叶	
	就业人数	区位熵	就业人数	区位熵	就业人数	区位熵	就业人数	区位熵
通信业	368159	1.21	218715	1.05	122801	0.71	120848	0.83
运输业	305817	0.87	246640	1.02	218709	1.09	190089	1.13
批发零售贸易业	1197652	1.02	776809	0.96	674922	1.00	571270	1.01
金融保险业	238785	1.07	136210	0.89	121403	0.95	114024	1.06
不动产业	167064	1.29	83485	0.94	55673	0.75	48705	0.78
住宿餐饮业	430077	1.18	241978	0.97	165101	0.79	161237	0.92
医疗福利业	371809	1.05	244366	1.00	192487	0.95	162485	0.95
教育业	265919	1.03	179555	1.01	138943	0.94	125670	1.01
服务业	1069308	1.11	661988	1.00	476578	0.87	433787	0.94
公共行政	168130	0.89	123649	0.95	118683	1.10	108795	1.19
其他	179838	1.35	71210	0.78	60670	0.80	53346	0.83

来源：吴晓隽. 上海大都市圈的结构及功能体系研究[D]. 上海：复旦大学，2006。

3．东京生产性服务业发展概况与空间布局

进入服务型社会之后，东京的生产性服务业在服务业中所占的比重不断上升。东京都的生产性服务业数量在1977～1985年期间增加了71%。其中，研发、信息和广告业增长了134%，房地产业增长了124%，法律业增长了30.7%，会计服务业增长了43.1%（马吴斌，2009）。

20世纪80年代起，金融类生产性服务业逐步在东京集聚发展，除金融类生产性服务外，商务服务业的集聚特征也非常明显。这两类生产性服务业主要集聚在都心区以及80年代初成立的新宿生产性服务业集聚区。1997年东京都心区和新宿生产性服务业集聚区作为东京生产性服务业集聚的两大核心区域，其金融服务业占东京金融总就业的40.9%，商务服务业占东京商务服务总就业的28.9%。2005年，东京生产性服务业的产值比重占整个服务业的58%，形成了金融房地产服务与管理控制中心两大核心功能，充分展现了东京管理和控制中心的重要功能。在东京都的未来规划中，到2015年，农业、建筑业、制造业、个人服务业、 批发零售业的比重将进一步下降，随之管理控制、商务服务、金融房地产服务等作为东京核心功能将进一步增强。

东京的生产性服务业呈现多中心空间结构。从空间视角来看，东京的生产性服务业具有明显的集聚特性，这种集聚的多中心空间结构与东京都城市规划的“多心多核”城市空间结构有着十分密切的关系，生产性服务业的集聚发展是大部分副中心和都市核心区发展的产业动力，而这些城市空间“多心多核”则为生产性服务业提供了新的集聚空间，两者相存相依，共同发展。

这种“多中心”发展模式的特点是，采用了老中心区与多个新中心区分层次并进的策略来适应城市膨胀的需求。多中心主要表现在多个生产性服务业功能中心的形成：中心和外围地区形成了多个商务办公中心，其中中央三区形成了政治经济中心、国际金融和管理控制中心，外围形成了新宿商务办公型副中心和临海商务信息中心；另外，大崎则形成了东京的高科技研发中心，涩谷发展成为交通枢纽、信息中心和商务办公等兼有的综合型副中心，临海副中心未来将建成国际文化、技术、信息交流中心，锦糸町—龟户是东京的商务文化娱乐中心（表4-15）。东京市“多中心”城市空间结构模式（图4-15）通过分散、疏解城市中心区的功能、设施和人口，减轻中心区的人口和交通等压力，提高其作为国际金融和管理控制中心的专业化水平，同时带动周边地区发展，形成更具有竞争力的城市系统（马吴斌，2009）。

东京副中心的生产性服务业功能 表4-15

名称	主要功能定位
中央三区	政治经济中心、国际金融中心
大崎	高新技术研发中心
新宿	第一大副中心，带动动静发展的商务办公、娱乐中心
临海副中心	面向未来的国际文化、技术、信息交流中心
涩谷	交通枢纽、信息中心

来源：马吴斌. 上海中心城区生产性服务业多中心空间结构研究[D]. 上海：上海师范大学， 2009。

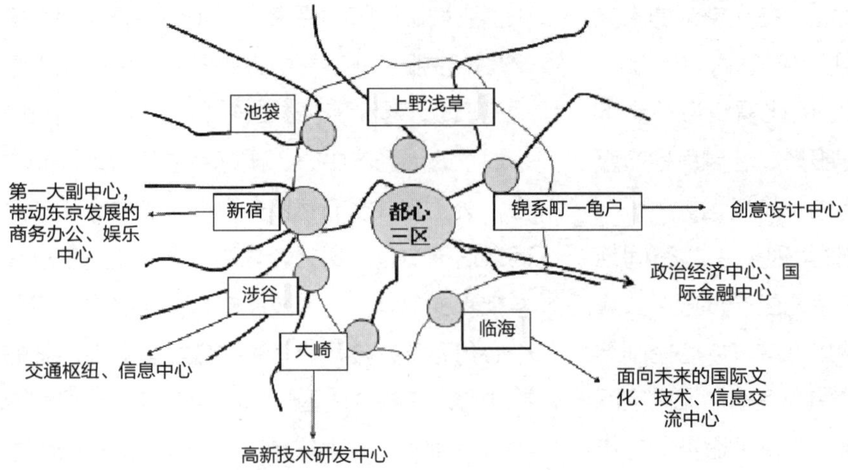

图4-15 东京市“多中心”城市空间结构
来源：马吴斌. 上海中心城区生产性服务业多中心空间结构研究[D]. 上海：上海师范大学，2009。

4. 东京临港产业与城市发展特征

从东京都市区形成和产业演变的过程来看，东京经历了城市的基本建设、战后复苏、大都市圈形成与发展，以及都市圈内部协调4个过程。产业从劳动密集型为主的纺织、食品逐渐转向成为先进制造业、高新技术产业。最终城市发展成为多中心的结构，各个副中心各司其职，广域海湾的构想得以成为现实（袁家东、胡娜和李少星，2008）。20世纪80年代完善的“多核多圈层”结构，通过发展起来的副中心（新宿、临海等）来发挥中心区的商务功能，保证了东京的持续竞争力（表4-16）。

为了将各港口的实力会聚成东京发展的合力，东京湾副中心和港口群建立在原有的基础上，分工合作、优势互补（表4-17）。在此基础上，共同揽货，整体宣传，港口管理者与地方政府统一管理形成一个整体以共同应对外部竞争压力（王宪明，2008）。

在多中心结构基本建立之后，日本注重都市圈内部的协调发展。在此之前，产业发展已经进入了知识技术高度密集化的工业发展阶段，使得东京的工业用地占地、耗能、用水的需求更低，多中心的商业化结构使得以信息、新材料为首的工业发展和以娱乐服务业为主的服务业发展支撑起整个东京地区的产业架构。东京商业用地比重随着与中心区的距离增加先递减后递增，且比例低于工业用地。无论是城市空间上还是城市产业发展上，大都市圈内部都体现出互为合作、互为协调的发展特点。在这过程中，离不开城市、港口、产业的相关互动。

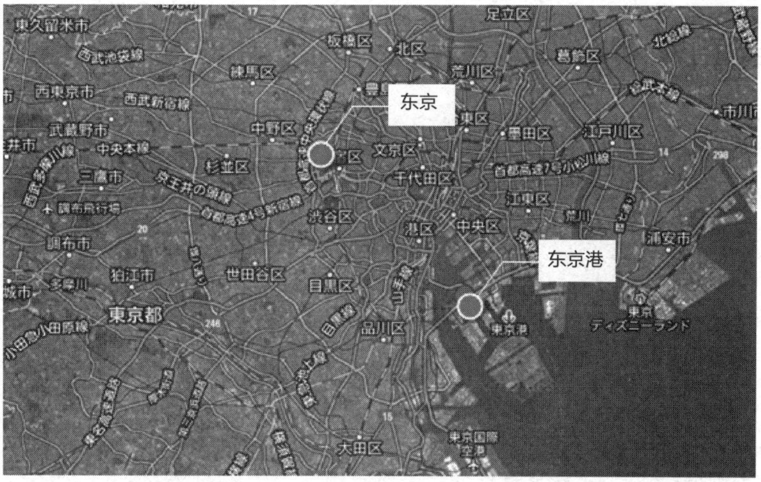

图4-16 东京港平面区位图

来源：http://ditu.google.cn/

东京中心、副中心的主要功能定位及产业 表4-16

名称	主要功能定位	主要产业
中心	政治经济中心、国际金融中心	国际金融、交通枢纽相关产业
新宿	第一大副中心，带动东京发展的商务办公、娱乐中心	
池袋	第二大副中心，商业购物、娱乐中心	商务办公、商业、娱乐、时装、信息和服务业等第三产业
涩谷	交通枢纽、信息中心、商务办公、文化娱乐中心	
上野—浅草	传统文化旅游中心	商业、娱乐、文化、旅游
大崎	高新技术研发中心	信息、电子、生物、医药
锦糸町—龟户	商务、文化娱乐中心	商务、文化、休闲、娱乐
滨海副中心	面向未来的国际文化、技术、信息交流中心	造船业、钢铁制造业、石油化工业

来源：马吴斌. 上海中心城区生产性服务业多中心空间结构研究[D]. 上海：上海师范大学，2009。

东京湾主要港口职能分工表　　表4-17

港口	港口级别	基础和特色	职能
东京港	特定重要港口	较新港口；依托东京，是日本最大的经济中心、金融中心、交通中心	输入型港口、商品进出口港、内贸港口、集装箱港
川崎港	特定重要港口	与东京港和横滨港相连，多为企业专用码头，深水泊位少	原料进口与成品输出
千叶港	特定重要港口	新兴港口；京叶工业区的重要组成部分，日本的重化工业基地	能源输入港、工业港
横须贺港口	重要港口	主要为军事港口，少部分服务当地企业	军港兼贸易
木更津港	地方港口，1986年改为重要港口	以服务境内的君津钢铁厂为主，旅游资源丰富	地方商港和旅游港
横滨港	特定重要港口	历史上的重要国际贸易港；京滨工业区的重要组成部分，以重化工业、机械为主	国际贸易港、工业品输出港、集装箱货物集散港

来源：王宪明. 日本东京湾港口群的发展研究及启示[J]. 国家行政学院学报，2008（1）：99-102。

4.2 新兴大都市产业与空间发展演化

4.2.1 新加坡

1. 新加坡都市区的形成与发展

新加坡位于马来半岛南端，毗邻马六甲海峡南口（图4-17）。南隔新加坡海峡与印尼相望，北隔柔佛海峡与马来西亚有2条长堤相连。主岛新加坡岛的面积占到90%以上，新加坡很多地区都是填海产生。现今仍持续填海计划，1950年至今已有约20%的国土面积由填海产生，新加坡国土面积在20世纪60年代时为581.5km^2，现在约为704km^2。全国划分为5个行政区。

1）外向型经济与环形城市发展时期

20世纪60年代，新加坡政府不断强化与西方发达国家之间的贸易交流，以刺激其出口导向型经济的发展。伴随着西方劳动密集型产业的转移，新加坡逐渐成为各种组装电子产品等的跨国公司加工的海外基地，为新加坡提供了大量的就业机会，促进经济高速增长。20世纪70年代，制造业几乎完全依靠外国跨国公司，成为新加坡的主导产业；20世纪80年代中期，新加坡为应对工业制成品出口竞争力下降的困局，提出优先发展有增长潜力的服务

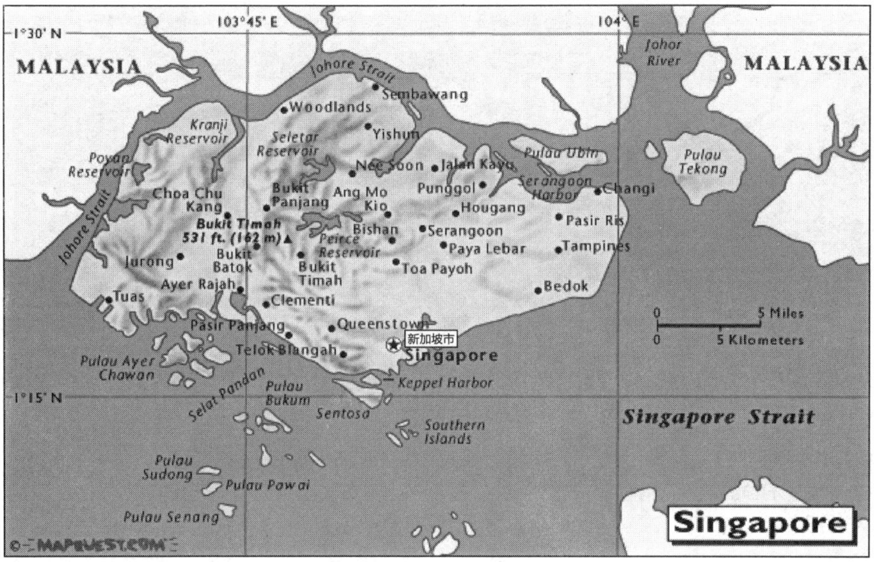

图4-17　新加坡区位图

业，并较快地建成了东南亚和亚太地区的区域性服务中心（楚天骄，2011）。

1971年，新加坡确定了分散人口分布的环形模式概念规划（图4-18）。1981年，在原框架下进行功能和产业细分，形成新的概念规划，对以后历次总体规划起到重要的实际指导意义（图4-19）。在环形模式的发展策略指导下，新加坡城市空间同时呈现集中和分散两种空间效应。沿环形走廊和城市外部边缘形成城镇和公共住房为主的分散化发展空间；城市核心地区则形成以旧城改造之后的现代区和商业商务区为主的集中化发展空间（楚天骄，2011）。

20世纪六七十年代城市大规模更新，中心区人口骤减。原有的工业和仓储业从城市中心区向裕廊工业区和其他邻近新市镇的轻工业区迁移，同时，高附加值的商业和金融业不断地向中心区集中。尽管城市建设发展中，CBD地区曾面临一些问题，但经过40年的建设，新加坡中心区从贫民窟遍布的二元地带最终发展成为现代西方式的商务区（楚天骄，2011）。

2）CBD的空间扩张和功能提升阶段（1990～2000年）——国际性大都市构建

1996年，新加坡提出新都心规划（New Downtown Plan），扩大CBD范围南至新填海区——滨海南（Marian South），占地360hm^2（图4-20）。新的规划中，城市中心商业建筑面积从210万m^{2}增至610万m^2，其中新增面积的70%位于滨海南（楚天骄，2011）。

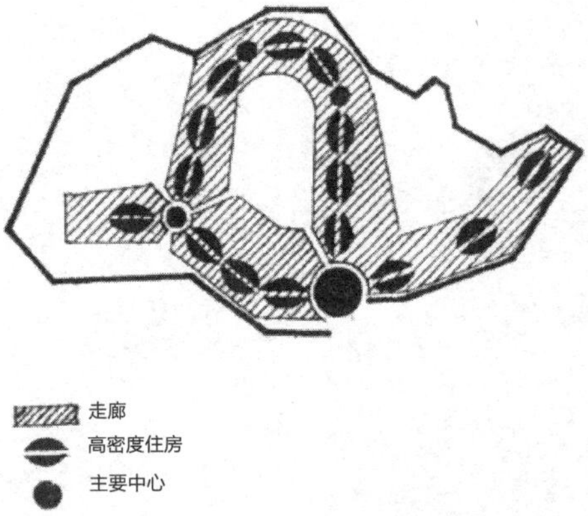

图4-18　1971年新加坡概念规划图
来源：楚天骄. 城市转型中新加坡CBD的演化及其启示[J]. 现代城市研究，2011（10）：35-41.

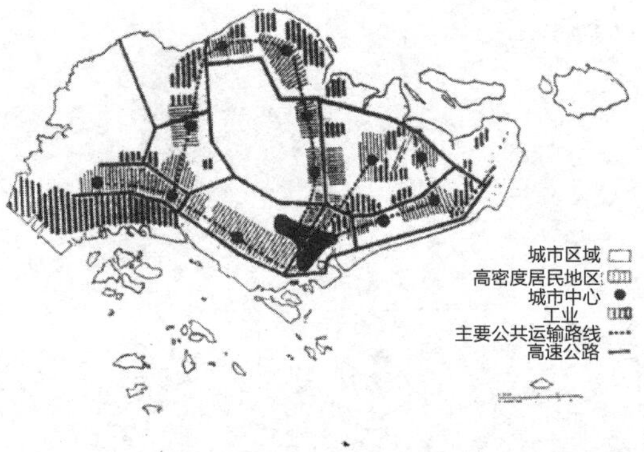

图4-19　1981年新加坡概念规划图
来源：楚天骄. 城市转型中新加坡CBD的演化及其启示[J]. 现代城市研究，2011（10）：35-41.

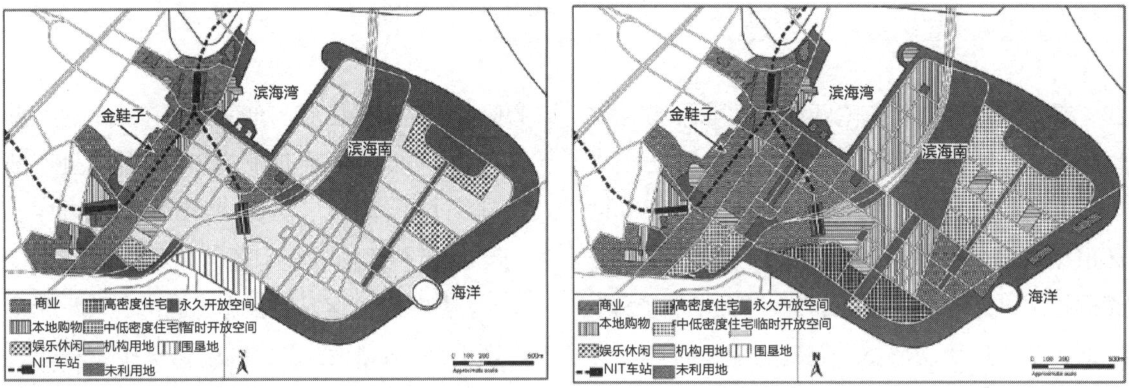

图4-20　2000年新加坡CBD规划（左）和未来新加坡CBD规划（右）
来源：楚天骄. 城市转型中新加坡CBD的演化及其启示[J]. 现代城市研究，2011（10）：35-41.

3）亚洲的旅游和金融服务中心

2003年，为了提升现有的中心服务业和开发新的高增长服务业，新加坡推出了新的土地利用规划和城市中心区设计，发展新的观光商务区和商务金融区（BFC），形成高端专业化服务业、金融服务业和商务旅游三位一体的24小时新型CBD（图4-21）（楚天骄，2011）。

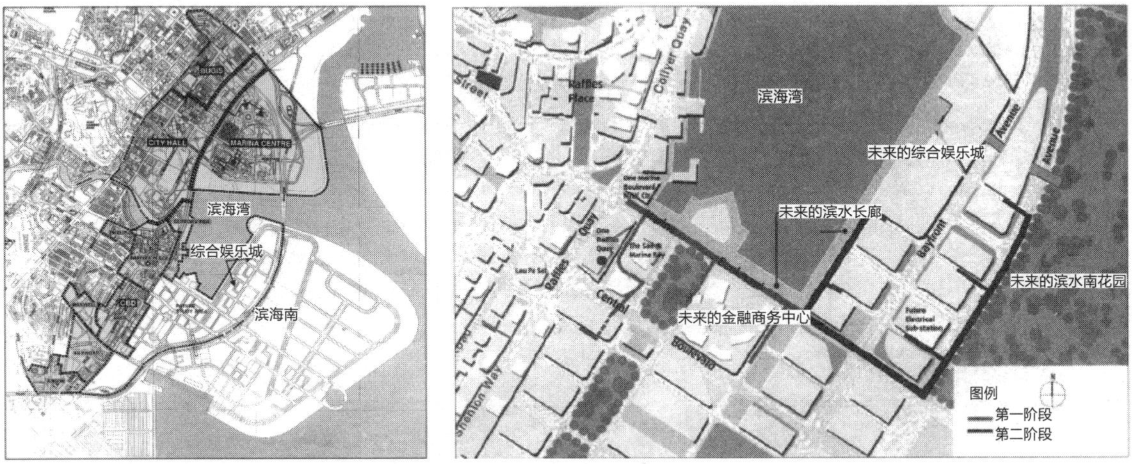

图4-21 1995年CBD现状图（左）和滨海湾金融中心规划（右）
来源：楚天骄. 城市转型中新加坡CBD的演化及其启示[J]. 现代城市研究，2011（10）：35-41.

2. 新加坡都市区经济发展与产业结构概况

1）产业经济基本情况

新加坡的传统经济以商业为主。1965年新加坡正式独立后，政府实行自由经济政策，积极引进外资，发展多样化经济。在20世纪80年代初，大力发展高产值的资本密集型工业，20世纪90年代，重视发展信息产业。总的来说，新加坡经济以商业、制造业、建筑业、金融业、交通和通信业这五大部门为主。

2007年，新加坡全国完成生产总值2431.7亿美元，比上年增长4%；制造业增加值706.87亿美元，增长18.2%；可见服务业增加值1577.75亿美元，增长12.8%。服务业已成为新加坡的支柱产业，而且增长势头强劲。

2008年，新加坡三次产业占GDP的比重分别为0.1%、33.8%、66.1%，第三产业保持上升趋势，第二产业比重有所下降，但其中的制造业比重基本保持在20%左右。新加坡制造业发展成熟，并形成了特定产业的集群。2005~2008年期间，第三产业中的批发零售业、金融服务业、商业服务业、运输仓储业所占比重一直占据前四位，其中批发零售业一直位于首位（郑俊等，2012）。而且，新加坡在大力发展服务业经济的同时，仍然重视制造业的发展，其工业用地的比重高于纽约、伦敦、巴黎等国际大都市。

对新加坡来说，其产业结构的变化是影响其建设用地结构变化的重要原因，表4-18为新加坡产业用地规模与结构变化表。发展过程中，政府通过适时的产业政策引导，持续合理地变革产业结构，构建合理的产业政策保障体系，准确把握国际形势（朱志胜，2008）。

2）现代服务业发展概况

新加坡自20世纪80年代将现代服务业正

新加坡产业用地规模与结构变化表　　表4-18

年份		1997	2002	2003	2004	2005	2006	2007
用地规模（万㎡）	办公用地	609.5	749.8	769.3	753.2	729.4	719.9	699.7
	商业用地	324.4	339.7	345.3	339.8	337.6	350.1	344.9
	工业用地	2255.5	2914.1	2976.0	2992.2	2984.6	2999.4	3035.6
	仓储用地	493.0	625.6	653.0	652.3	652.5	662.4	679.5
总计		3682.4	4629.2	4743.6	4737.5	4704.1	4731.8	4759.7
各类产业用地占全部产业用地的比重（%）	办公用地	16.55	16.19	16.22	15.90	15.51	15.21	14.70
	商业用地	8.81	7.34	7.28	7.17	7.18	7.40	7.24
	工业用地	61.25	62.95	62.74	63.16	63.45	63.39	63.78
	仓储用地	13.39	13.51	13.77	13.77	13.87	14.00	14.28

来源：石忆邵. 产业用地的国际国内比较分析[J]. 上海城市规划，2012（6）：141-141.

式确立为经济发展的重要引擎以来，经过近30年的发展，目前服务经济已经成为新加坡经济的主体。新加坡现代服务业的发展受到国际经济形势和其地理区位的影响显著。自1959年新加坡独立至今共经历了四个发展时期，具体见表4-19所列。

合理的产业结构促进了新加坡经济的腾飞，至2008年，服务业生产总值占国内生产总值的67%，服务业吸纳就业人口数量占国内总职工人数的74%。凭借四大优势服务业——金融服务业、批发零售业、交通通信业和商务服务业，新加坡确立其作为国际金融中心、国际贸易中心、国际航运中心以及国际旅游会议中心的地位（向永泉，2010）。

3. 新加坡港口对城市经济发展的影响

由于新加坡土地面积有限，城市空间的发展多依赖于填海，因此，“港”—“业”—“城”的关系也总体表现在临港产业发展与城市经济的关系上（图4-22）。港口对城市经济发展的影响具体表现在港口进出口贸易转型升级对城市产业发展的推动。

新加坡独立后的5个发展时期　　表4-19

发展时期	特征
传统服务经济时期（1959年至20世纪60年代末）	以单一转口贸易为主
服务业经济发展的次要地位时期（20世纪60年代末至80年代中期）	抓住西方劳动密集型制造业的转移，实施出口导向的工业化经济发展战略
制造业经济向现代服务业经济的转型时期（20世纪80年代中后期至90年代末）	进行制造业升级，加快发展资本、技术密集型产业；优先发展现代服务业，逐步过渡转型
现代服务业经济的深入发展时期（2000年至今）	确定了重点发展现代服务业的经济战略

图4-22　新加坡港区位图
来源：http://ditu.google.cn/

1）以出口贸易替代转型升级的港城初始联系时期

1959年，新加坡的制造业占国内生产总值的8.63%，转口贸易及相关经济依托港口快速发展，占国民经济比重达到80%。这一阶段是港城初始联系阶段，港口对城市发展起决定性作用。1967年，新加坡的制造业占国内生产总值的比重上升至16.27%，而贸易业所占比重则下降至32.28%。1960～1967年，新加坡国内生产总值年均增长7.63%。

进口替代转口贸易时期，新加坡依赖港口发展而兴盛，港口的发展带动整个国家的发展，港城联系初步建立（颜盈媚，2012）。

2）以出口导向转型升级为重点的港城相互联系时期

1968～1979年期间，政府进行经济战略的调整，发展出口导向战略，同时吸引外资对制造业和金融业的投资。此时，新加坡实行出口导向型的经济战略，炼油、石化等临港产业迅速发展，港口陆域成为发展临港产业的重要基地，临港产业的发展为城市发展提供了经济动力。该阶段新加坡经济年均增长10.1%，产业结构呈现多元化趋势，制造业占国内生产总值的比重不断上升，由1967年的16.27%上升到20世纪70年代末的23.59%，金融与商业等服务业的比重则从13.08%上升到15.47%。新加坡开始迈向新兴工业化国家的发展道路（颜盈媚，2012）。

3）高附加值和技术密集型的出口工业发展时期

20世纪80年代初，新加坡出现劳动力紧缺、劳动力成本上升、经济结构不协调等问题。新加坡从出口导向型经济向高附加值和技术密集型的出口工业转变发展（颜盈媚，2012）。这一阶段，大量外国企业在新加坡落户，形成了向心作用，外国的人力、资本向该国流动，形成港城集聚效应。

4）以服务业和本地企业为重点的发展时期

1985～1986年，新加坡的经济发生了严重的衰退，政府调整经济发展的方向，将产业发展重心放在了服务业和本地企业上，优先发展服务业（尤其是国际服务业）。该阶段，新加坡以8.6%速度增长，金融和商业服务业产值占国内生产总值的比重从1986年的21%上升到1997年的27%。为应对中国和印度等国家的崛起，新加坡提出了“知识型产业枢纽”，制造业向上游产业提升，重点发展上游的产品设计和研发。同时倡导以知识为主的制造业和服务业，发展科技和创意产业，不断扩大经济腹地。过程中，港口物流业依然是其支柱产业之一，2010年对国民生产总值的贡献为8.6%，从业人员占全国劳动人口的6%左右（颜盈媚，2012）。高附加值和技术密集型出口工业的转型和知识型产业的转型是新加坡港城集聚效应阶段的显著特征（颜盈媚，2012）。

4.2.2 釜山

1. 釜山大都市的形成

釜山领区共包括3个广域市和2个道，分别是釜山广域市、大邱广域市、蔚山广域市和庆尚南道、庆尚北道。领区三市两道面积共3.2248万km^2，占韩国国土总面积的32.3%。领区市道人口（2007年）共1319.5万，占韩国全国总人口的27.3%。釜山位于韩国首尔东南端450km处，东南滨朝鲜海峡（韩国称大韩海峡，Korea Strait），与日本岛相望；西临洛东江，是韩国第二大城市，泛太平洋物流中心。

釜山是韩国重要的交通枢纽，拥有海陆空立体交通。国际机场、国际轮渡港、集装箱港、高速公路、铁路等交通系统十分发达。航空方面，釜山的金海国际机场同10个国家、地区的31个城市间开通直航。陆路交通方面，釜山是韩国高速铁路和高速公路的终点。

1）战后行政区域扩张时期

1953年朝鲜战争结束，至20世纪60年代中期，釜山人口达到150万人，市管辖面积达到了373.23km²，初具大城市的雏形。1978年进行第四次的行政区域扩张，釜山人口发展至400万，具备国际城市的特征。1998年釜山市的面积达到了750.90km²，与现阶段基本一致。

2）竞合关系下的釜山港未来中长期发展计划

作为港口城市的釜山，近年来由于激烈的国内外竞争，在集装箱吞吐量接近饱和的状态下，韩国第一港口的地位岌岌可危；在韩国境内，光阳港的迅猛发展直逼釜山港，给釜山港带来直接的威胁。为保持釜山港作为国际大港口在亚洲的地位，韩国及当地政府制定了釜山港的中长期发展计划。

（1）打造东北亚国际物流中心基地：形成关税自由物流基地。具体计划如下：①港口开发计划；②构建基于电子商务的釜山港港湾物流系统；③辟为自由贸易区，激活物流。

（2）构建国际化水产贸易流通基地，确保釜山成为21世纪东亚最大国际水产市场中心圈。

（3）培养海洋水产专业人才。

此外，韩国将釜山港辟为关税自由区，给釜山港带来更多的物流量，而商品包装、加工和商标贴附工作等大量的劳动密集型产业也增加了就业机会。釜山港作为现代化国际大港具有巨大的持续发展潜力。

2. 釜山经济发展与产业状况

釜山市制鞋、纤维等轻工业和物流业发达，造船、汽车及零部件产业也有一定规模，第三产业在经济总量中所占比重超过70%。20世纪60～70年代，釜山是韩国重要的出口商品生产基地，为韩国经济的发展做出了重大贡献，经济总值占全国比重曾高达10%。20世纪80～90年代期间，由于工业用地不足以及产业结构未能及时调整，传统产业不断向周边地区转移，釜山市的经济发展开始停滞不前，经济总值占全国比重下降至6%左右。

过去因工业用地不足、产业结构以轻工业为主等原因，造成釜山竞争力较弱。但菉山、新湖、鼎冠产业园区及釜山科学园区建成后，产业用地得到扩充，再加上汽车产业等高附加尖端产业的加盟和中小企业的支持，竞争力有所提高。

为调整产业结构，釜山选定了能够引导城市经济的十大战略产业予以大力促进和培育，包括港湾物流、旅游、金融、软件、电影等产业。待提高产业结构的产业为：汽车及配件、造船及器材、鞋类、纺织及时装、水产及加工。截至目前，在釜山投资的外国企业达到624家，其中56.3%的企业从事流通和物流业，26.5%的企业从事制造业。

城市转型发展体现在经济社会的各个领域，但以产业结构和就业结构的变化最为核心和重要。20世纪70年代初期，釜山产业中工业增加值比重占全市比重的96.14%，就业人数比重占96.87%；到1988年，比重分别为95.12%和95.94%。产业构成变化：①纺织、服装和皮革（21.3%→19.9%）、化学、石油、煤、橡胶和塑料产品（25.11%→34.34%）和机械设备制品（17.52%→22.44%）；②木及木制品（9.88%→1.68%）和金属制品（12.49%→8.07%）工业比重大幅度下降（表4-20）（杨锐，2009）。

釜山制造业增加值、就业比重和劳动生产率对比　　表4-20

产业	1973年			1988年		
	工业增加值比重（%）	劳动生产率	就业人数占全部行业就业比重（%）	工业增加值比重（%）	劳动生产率	就业人数占全部行业就业比重（%）
食品、饮料和烟草	7.97	1.11	7.17	6.2	1.4	4.44
纺织、服装和皮革产业	21.3	0.66	32.28	19.9	0.8	24.91
木及木制品	9.88	1.15	8.6	1.68	0.92	1.84
纸及其制品、印刷和出版	1.87	1	1.87	2.49	1.45	1.71
化学、石油、煤、橡胶和塑料产品	25.11	0.99	25.44	34.34	0.85	40.38
金属制品	12.49	2.68	4.66	8.07	2.05	3.93
机械设备制品	17.52	1.05	16.85	22.44	1.2	18.73
合计	96.14	—	96.87	95.12	—	95.94

来源：杨锐. 产业转型与就业转型特征变化——先进港口城市转型分析[J]. 科学发展，2009（7）：27-38。

20世纪70年代后期至80年代，由于釜山的主导产业之一的制鞋产业突然产生衰退，导致釜山的工业发展产生从鼎盛时期跌入衰退时期的重大落差，经济增长出现停滞。釜山的经济发展转型时期是在20世纪八九十年代，这个阶段釜山面临国内产业转移和经济增长减速、劳动工资上涨等内外压力。但总体看来，釜山的经济发展转型与就业结构变化是在外压之下被迫的举动（杨锐，2009）。

2011年釜山地区经济增长率为3.8%，虽低于全国的4.5%，但差距由2010年的1.2个百分点（釜山4.8%，全国6.0%）缩小到0.7

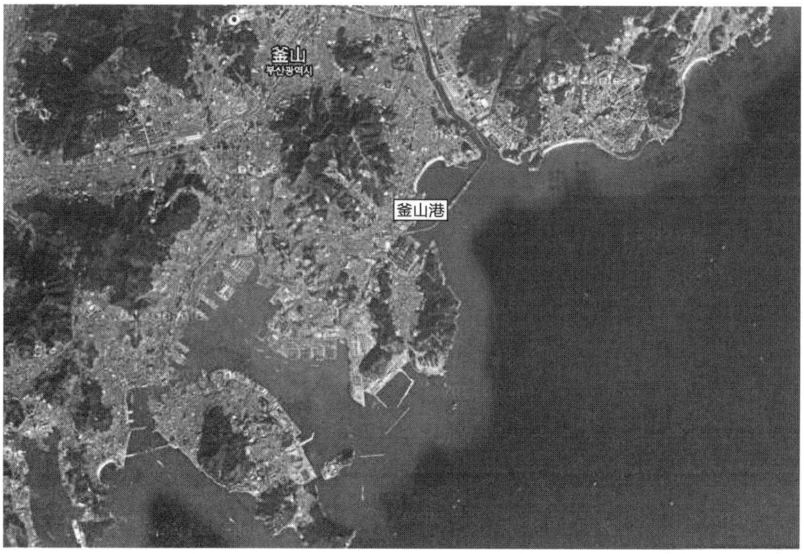

图4-23　釜山港区位图
来源：http://ditu.google.cn/

个百分点。地域生产总值（GRDP）达到653724亿韩元（现韩元兑美元汇率约为1125：1），比2009年的567435亿韩元增加15%以上。消费者物价上涨3.2%，低于全国（3.4%）水平。出口增长率达到10.6%，高于全国的9.0%。失业率为3.8%，高于全国（3.5%）水平。未来机械、钢铁、石油化工和纤维行业生产和出口前景明朗，但建筑业由于房地产的停滞前景黯淡，汽车和造船业前景不明朗（李洁，2010）。

3. 釜山“港”—“业”—“城”的互动发展分析

1）港口对城市经济发展的影响——釜山港的绝对优势地位

釜山是韩国最大的港口，在对外贸易中发挥重要作用（图4-23）。政府打造枢纽港政策中，釜山处于绝对优势地位，如2011年港口预算中釜山港拨款比重高达27%。此外，釜山港在韩国集装箱中转方面具有强大优势。集装箱吞吐量连年递增，货物中转率维持在43%左右，比韩国整体港口的中转率高出10%。可见釜山港在韩国集装箱中转方面的强大优势（赵楠，2012）。

2）港口对城市形态扩张的影响——初期发展在港口作用力下城市空间膨胀，未来发展注重城市腹地拓展

20世纪70年代，韩国经历了经济的高速增长，港口的发展面临吞吐量快速发展、码头能力不足的问题，国家“外向型经济”开始形成。从1986年开始，釜山便进入全球前十位

集装箱港口排名之中，位列第八（赵楠，2012）。经济发展的需要催生出城市空间拓展的需求，这一时期，釜山的城市空间迅速扩展，在4次行政区域扩张后，釜山真正崛起。1989年第五次行政区域扩张后，釜山港开始具备国际城市的发展条件。

进入21世纪，以物流发展为主导的港口物流中心基地建设、自由贸易区的开辟、电子商务系统的构建、海洋水产人员的培养都为釜山港作为国际化大港的持续发展提升了竞争力。城市的空间拓展基本不变。随着物流产业的不断发展，在釜山港中长期发展计划中，釜山港腹地的拓展成为物流产业得以发展的条件，国际物流中心建设、构建国际化水产贸易基地、扩大韩国海洋大学校园等空间扩张都是通过港口作用于城市产业并对城市空间产生影响的。

3）城市对港口发展的要素支持——物流体系与信息化建设

面对飞速发展的上海港的有力竞争，釜山港及时对发展策略进行调整，开发重点转向以中国为对象的“背后物流中心”等高增值服务，以实现将釜山港建成东北亚国际航运及物流中心的目标。同时，韩国政府在发展港口物流及提高港口信息化方面采取了诸多措施（刘水生，2007）。

首先，韩国信息通信部（MIC）提出打造一个“以使用者为中心”的运行系统。将港口和空港的通关、检疫等独立的网络联结成为一个整体的物流网络；对码头和空港工业园等信息化工作薄弱的地方性物流地区进行信息网络化的投资建设，并将其与统一的物流网络系统联结；将国内和国外的物流网络、贸易网络等联结为整体，以便统一运作。其次，韩国海洋水产开发院（KMI）进驻上海，作为促进中韩物流合作的政策主体，重点研究建设东北亚共同物流市场相关的工作。第三，在大力建设物流软环境的同时，加强硬件设施的改善。釜山新港的北集装箱码头后方开辟122万m^2的用地，用于建设物流基地；南集装箱码头后方规划有142万m^2的用地用于建立国际物流基地。第四，物流企业和企业物流竞相进入中国市场，与我国展开竞争（刘水生，2007）。

4）城市对港口发展提供经济、政策支持

韩国政府制定了一系列的特殊政策和优惠措施，以鼓励开发商投资码头建设，吸引船舶公司使用釜山港和釜山新港及其后方的物流园区。如为物流公司提供税收优惠和资金支持，吸引船公司开展业务以及扩大港口管理当局的自主管理权范围，提升港口管理水平。另外，还建立了评估激励机制，促进码头公司提高作业效率以及以低收费政策增强港口竞争力（刘水生，2007）。

4.2.3 鹿特丹

1. 鹿特丹都市区的崛起

鹿特丹位于荷兰西南部莱茵河与马斯河交汇处，西濒北海，东临莱茵河（图4-24）鹿特丹港是欧洲最大的港口。鹿特丹以炼油、化工、造船等工业为主，年产值约占荷兰国

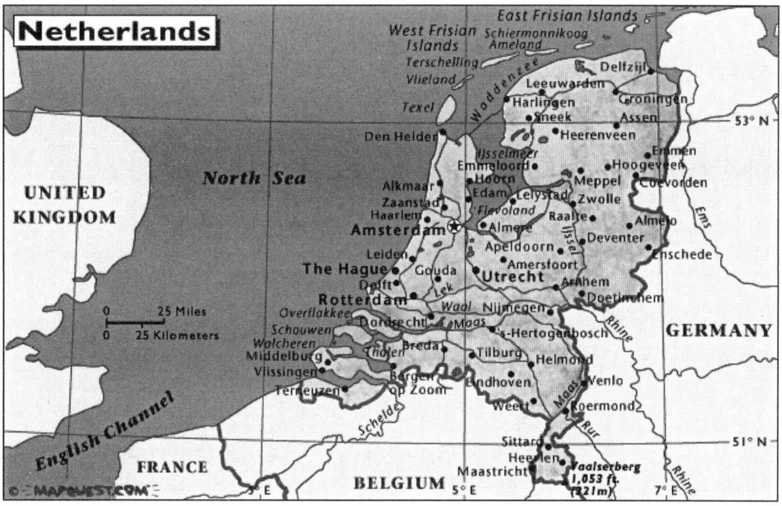

图4-24　荷兰地图

来源：http://www.qianzhengdaiban.com/gj/helan/map.html

民收入的13%。鹿特丹港港区面积约100km²，码头岸线长约38km，拥有全世界规模最大的集装箱码头，港口最大吞吐量曾于1973年达到3.1亿t，并连续29年名列世界前茅。港口全年进港停泊的远洋轮达3万多艘，是西欧共同体货物集散中心之一，有“欧洲门户”之称（周炳中、曹晓玲，2005），是欧洲向世界其他地区大批量货物运输的主要港口。

20世纪50年代后半期，在市政府批准征用农田进行港区扩建之后，鹿特丹港开始了大规模的填海造地，先后建设博特莱克（Botlek）物流园区以及沿海的欧罗波特（Europoort）和马斯弗拉克特（Maasvlakte）港区，成为欧洲重要的货物集散中心（钟铭等，2007）。随着港口的进一步发展，以石化、临港加工等为核心的产业兴起标志着海港进入现代发展阶段。临港产业突破原有传统码头区域的空间影响范围，向周边区域扩展。此阶段，周边区域主要发展物流业、加工业和管理咨询业等。20世纪60～70年代后，与港口相关联的新兴服务业在港口周边的城市地域开始发展，港口进入新的发展时期（赵鹏军、吕斌，2005）。

近年来，鹿特丹的金融、保险、信息服务等第三产业，在发达的工业、航运和贸易业基础上快速发展，第三产业逐步超过第二产业，成为鹿特丹临港经济的重要组成部分。另一方面，食品加工等轻工业在工业中的比重不断加大。

2. 鹿特丹经济发展与产业状况

鹿特丹港口整个产业的增加值在1995年

为386亿NLG（NLG为荷兰盾，1NLG约等于0.588美元），直接产值和关联产值的比例为1：2.6~1：2.7，即直接产业每增加一个单位的产出，就会带动2~3倍的关联产业的产出（赵鹏军，吕斌，2005）。

鹿特丹港主要依赖石油化工业、食品加工业和临港农业综合产业。作为世界三大炼油基地之一，石油精炼和石油化工是鹿特丹临港工业中的主导产业。鹿特丹拥有一条长达80km的临港工业带，西起北海，沿马斯河向东延伸到多德雷赫特市。此外，食品加工业也是鹿特丹另一个非常重要的工业，港区集中了包括贸易、存储、加工以及运输等环节。鹿特丹还是欧洲农产品的主要输出地，拥有食品和保健品的先进生产物流链及基础雄厚的农产品物流配送系统。作为欧洲的农产品集散中心，鹿特丹港区拥有各类经营农产品的专业化企业，甚至有专门为创建农产品基地而设计的战略园区。产业的集聚效应为临港农业综合产业带来更多的规模经济效益和附加值创造（钟铭等，2007）。

第二次世界大战后，鹿特丹的城市建设充分考虑工业区的布局，将西部相邻城镇合并发展，规划石油、化学和造船工业等临海工业区，并逐渐向佩尔尼（Perni）、博特勒克（Bott Leke）延伸。1961年，在荷兰湾对岸开辟欧罗波特新港区，形成沿河口向海岸延伸80km的新港口和以钢铁工业和石油化工为主的临海工业区。至2005年，鹿特丹港港区总面积达到10500hm^2，其中工业用地5040hm^2，港区内部和邻近的周边地区是临港工业的主要分布地（钟铭等，2007）。

3. 鹿特丹“港”—“业”—“城”互动发展分析

1）港口对城市经济发展的影响

（1）延伸临港工业链条，形成临港工业体系。

鹿特丹利用其独特的地理区位，合理有序地发展临港工业（图4-25）。首先，作为世界重要的炼油和化工工业基地，重点发展炼油、造船、石油化工、钢铁、食品和机械制造等工业。为更好地利用原料资源和港口优势，在此基础上又建立了炼油和化工工业基地。

（2）利用港口辐射效应，发展高端服务业。

港口强大的辐射效应使得鹿特丹的旅游飞速发展。鹿特丹修复战后被毁坏的建筑，在此基础上建设与港口文化相契合的新建筑，具有代表性的是被称为“欧洲桅杆”的高塔，吸引了大量的游客。此外城市周围著名旅游景点都将港口城市文化与旅游业相结合，文化与产业的巧妙结合为鹿特丹打造了世界级的港口文化，成为欧洲乃至世界著名的港口之都，吸引着来自世界各地的游客。在此基础上，鹿特丹经常组织大型文化体育活动，最具代表性的是世界港口节（World Port Festival）。港口节期间，世界港口、海运、物流等方面的专业国际会议和学术讨论会、展览会，各种海洋、港口和物流文化娱乐活动的举办，吸引了大量专家学者、游客和众多企业公司的参加（常冬铭，2008）。

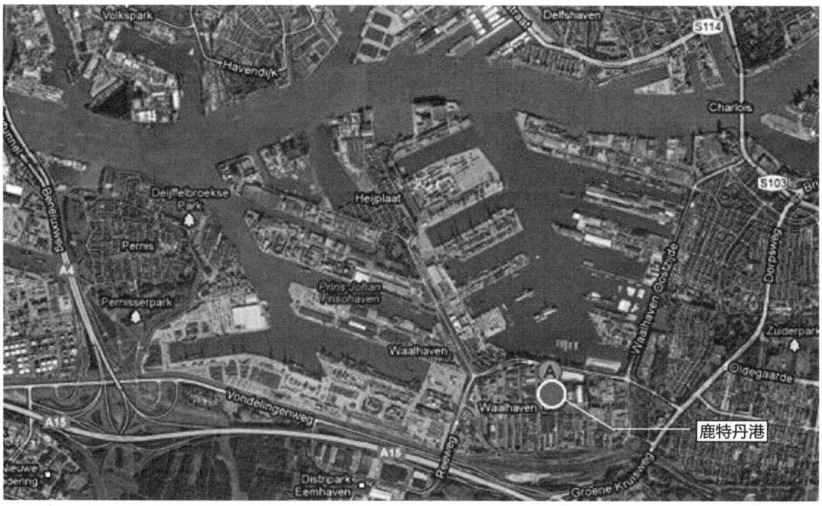

图4-25 鹿特丹港口示意
来源：http://ditu.google.cn/

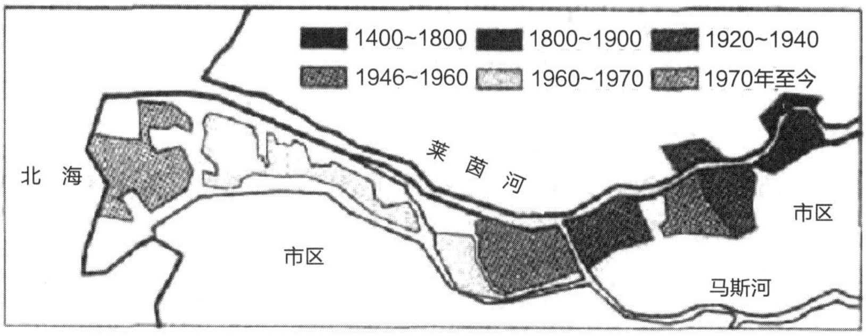

图4-26 鹿特丹港口的地域空间成长
来源：赵鹏军，吕斌. 港口经济及其地域空间作用：对鹿特丹港的案例研究[J]. 人文地理，2005，20（5）：108-111.

2）港口对城市形态扩张的影响

对鹿特丹的城市空间成长过程的分析（图4-26）可以得出港口地域空间的成长主要依托港口产业的发展，并随着港口产业结构的变动而显示阶段性的特征（表4-21）。

在港口发展的初期阶段，港口产业以运输和仓储行业等共生产业为主，其地域空间影响的范围仅限于码头地区。关联产业主要包括为港口提供生活配套的必要服务业和接近原料地和中转地的码头酿酒和炼糖业。随后，以石化、临港加工等行业为核心的依存产业兴起，标志着海港进入现代发展阶段。其地域空间影

鹿特丹港口的发展及其空间影响　　表4-21

时期	港口建设	共生产业和依存产业	外围相关产业	外围产业空间分布范围
1400～1800年	1600～1620年建立起第一个港口，逐渐发展为一个繁荣的商业码头	渔业运输、仓储业、造船业	必要的生活商品、居住、酿酒和炼糖	仅限码头周围
1800～1900年	开辟新的水道	因鲁尔工业区的兴起，铁煤等港口运输加强	转运、贸易	1km之内
1920～1940年	开挖瓦尔港（Waalhaven）港区	港口运输、码头装卸	物流业、食品加工	1～2km
1945～1965年	建设欧罗波特和马斯弗拉克特港区	邻港石化工业、临港型制造业	物流、临港工业	1～2km
1966年至今	建设世界最先进的ECT集装箱码头	储运业、中转业、临港石化业、制造业	临港加工、商业、金融、代理、咨询、旅游、海事服务等	8～13km

注：外围产业空间分布范围指的是港口相关产业在空间布局上离港口的平均距离。
来源：赵鹏军，吕斌. 港口经济及其地域空间作用：对鹿特丹港的案例研究[J]. 人文地理，2005，20（5）：108-111。

响的范围也突破原有的码头地区，向周边区域扩张。此时，周边区域主要发展物流业、加工业和管理咨询业等一系列相关产业。进入20世纪20年代，随着信息化和全球化的推动，新兴现代服务业开始发展并为现代港口产业注入了新的经济活力。另一方面，港口关联产业对周边区域的影响在广度上和深度上都发生了重要变化，港口关联产业向城市进一步扩散、深入，成为城市现代服务业的重要一部分（赵鹏军、吕斌，2005）。

3）城市对港口发展的要素支持——成立港务中心，发展港口物流

20世纪80年代末，鹿特丹港务局就已十分重视港口物流设施的配建。另一方面，鹿特丹一直秉承与时俱进的发展理念，根据航运和市场的发展投入大量资金来围堤造地，以满足港口发展对土地资源的急迫需求。

此外，荷兰政府成立港务中心，发展物流所需的一切技术手段，促进港口物流的发展。而港口物流的快速发展也带动了港口城市及所在区域的相关产业和经济的发展，甚至促进了整个荷兰经济的发展（常冬铭，2008）。

4）城市对港口发展提供经济、政策支持——促进港城一体化

鹿特丹在其2020远景规划中提出创建高质量港口，并确定了港口及其支持区域的功能与发展的六大目标：多功能港口、可持续港口、知识港口、快速安全港口、有魅力港口和干净

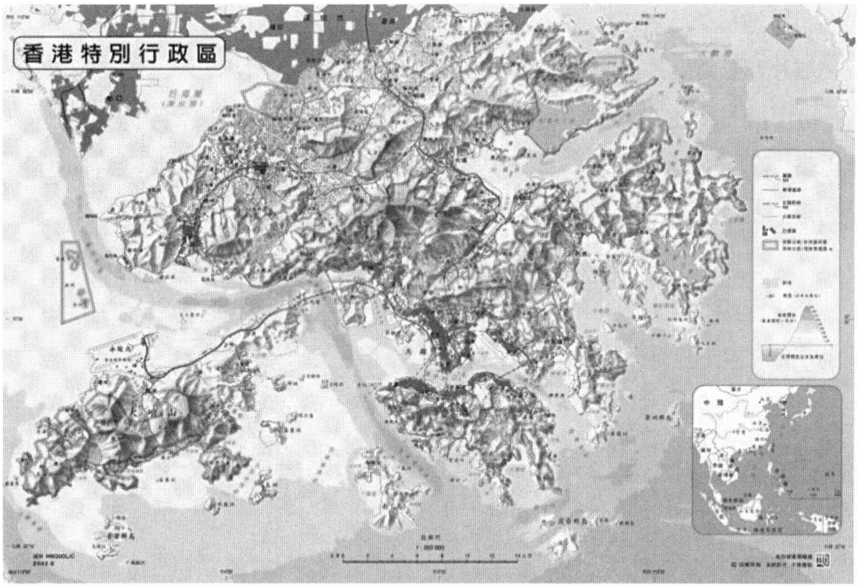

图4-27 香港地图
来源：http://www.9tour.cn/maps/detail_33_782_3.html

港口。要实现六大目标，势必要在更大的空间范围中完善相应的港口设施，将城市港口转变为集港口活动、住房、就业、休闲娱乐和商务为一体的都市活力区域（常冬铭，2008）。

4.2.4 香港

1. 香港大都市的崛起

香港位于珠江出海口之东，濒临南海，毗邻深圳，包括香港岛、九龙半岛和新界三部分（图4-27）。陆地总面积约1104.3km^2，2007年人口为692.6万人，人口密度为6272人/km^2。香港地区由多个半岛与230多个岛屿组成，其中半岛面积为802km^2，占全区总面积的73.4%；岛屿面积为290km^2，占26.6%（石忆邵等，2010）。香港的空间范围具体见表4-22所示。

香港的空间范围（2007） 表4-22

		土地面积（km^2）	人口（万人）	人口密度（人/km^2）	范围界定
香港	香港岛	80.5	333.7	26193	香港岛、九龙半岛和新界三大部分
	九龙半岛	46.9			
	新界	976.9	361.6	3702	

来源：石忆邵，彭志宏，陈永鉴，等. 国际大都市建设用地规模与结构比较研究[M]. 北京：中国建筑工业出版社，2010。

100多年来，香港的都市用地基本上来自于两个方面，即沿着山坡拓展和移山填海。由于香港山坡多，平地少，向山坡发展成本昂贵，而香港的海岸线曲折且多浅湾，因此通过填充海湾来拓展土地是较为理想的选择（石忆邵等，2010）。

香港自1844年开始，便进行填海工程。在第二次世界大战前，开山填海主要是开拓中心商业区和满足军事用地的需要，战后则更倾向于整体的发展规划，特别注重于现代化交通设施的建设、工业用地与新市镇建设的需要。长期以来，香港所有市区用地都集中于港口两边较为平坦的土地上，直至20世纪50年代中期，城市才具备向周围展开延伸的条件（徐巨洲，2009）。拍卖填海得来的新土地的收入促成了新海岸线上各项基建设施的发展。葵涌货柜码头、铜锣湾商业区、将军澳以及香港迪士尼乐园、启德机场和大屿山的新机场无不建于填海的土地上。

为摆脱二战带来的困境，20世纪50年代的香港选择了发展加工工业为核心的外向型经济，依靠纺织、成衣等劳动密集型产业奠定了出口加工工业基础。1973年开始，香港开始在新界区大规模发展新市镇，标志着市区向外扩展起步，城市空间布局趋于成熟，已经全面向工业大城市结构演进（徐巨洲，2009）。

20世纪70年代末至今，随着产业结构的调整，劳动密集型工业向技术密集型工业升级，商品结构趋向多元化，并推动了国际贸易的快速发展。另一方面，填海面积继续扩大，至1992年，香港总面积1076km^2，总人口约为580万，成为目前世界上开放度最大的自由港形式的国际性城市（徐巨洲，2009）。在20世纪70年代，庞大的新市镇发展计划实施之前，填海工程多集中于维多利亚港的两岸，即香港工商业活动中心附近。香港的主要建筑物，如交易广场、大会堂、怡和大厦和主要购物中心，都是建筑于填海区之上。中环商业区、湾仔、观塘区、维多利亚公园和启德机场跑道主要是按此模式建造起来的。20世纪70年代以后，填海活动的重心转移到新界较偏远的地区，如屯门、大埔和沙田等，以配合新市镇的发展。这些填海计划（包括九龙西部、红磡湾、港岛西北海岸等）为香港带来大量的珍贵土地。

2. 香港经济发展与产业状况

1）产业发展基本情况

香港是世界性的经济中心，是世界第十大贸易体，同时也是全球最繁忙的货柜港和最繁忙的机场之一。以对外银行交易量计算，香港是世界第十二大银行中心；以成交额计算，香港是第七大外汇交易市场；以资本市值计算，香港的股票市场是亚洲第三大市场（黄英伟，2003）。在过去的20年中，香港的经济增长率明显高于全球经济和经济合作及发展组织经济体系分别达到的增长率。

金融服务、贸易及物流、旅游和专业及其他工商业支援服务是香港经济的四大主要行业。这4个主要行业带动其他行业的发展，制造就业是香港经济动力的所在。由于香港缺乏天然资源，第一产业（包括渔农业、采矿和采石业）在国民经济总产值及就业人数中所占比率很小，香港三次产业的比重为0.1：14.6：85.3，服务业在国民经济中占有非常重要的地位。

随着香港城市建设的推进，第二产业（包括制造业、建造业和水电煤气供应）重要性有所下降。制造业在国民生产总值所占比率1980年为24%，到1990年下跌到18%，到2000年仅为6%。其下跌的主要原因是劳动力较密集的制造企业陆续迁往内地，以及香港服务行业迅速发展，特别是与转口和转运贸易有关行业的迅速发展（黄英伟，2003）。香港的制造业以中小企业为主，素以灵活应变著称。制造业目前仍以纺织业和制衣业为主，其他还包括玩具业和电子业、印刷和出版业、机械、金属制造、塑胶以及珠宝钟表等行业。

香港第三产业（服务业）发展迅速。内地改革开放政策和经济的快速发展，为香港各项服务活动提供了大量商机，特别是在货运、仓库、电讯、银行、地产发展，以及法律、保险与会计等专业服务方面。第三产业在国民生产总值中所占比率由1980年的67%上升到2000年的85.3%。香港作为亚太地区著名的国际金融、贸易、旅游、信息中心，在各种专业服务方面具有丰富的经验和明显的优势，香港是全球第九大服务输出地，服务业在本地生产总值中所占的比重不断提高。香港323万劳动力在各行业间的分布情况见表4-23所列。

香港各行业吸纳的就业人口比例（2004）　　表4-23

主要行业	雇员人数占受雇总人数的百分率
批发零售、进出口贸易、饮食及酒店业	31%
社区、社会及个人服务业	28%
金融、保险、地产及商用服务业	15%
运输、仓库及通信业	11%
建造业	9%
制造业	5%
平均工资	每月10692港元

来源：屠启宇，金芳，等. 金字塔尖的城市—— 国际大都市发展报告[M]. 上海：上海人民出版社，2007。

2）香港服务业发展与空间布局情况

（1）香港服务业发展情况。

香港在其制造业最发达的时候，服务业仍然占GDP的2/3以上，随着经济的不断发展，香港的制造业逐渐转移到珠三角地区，香港的GDP中服务业的比重亦不断上升至85%以上，这个指标与伦敦和纽约等超级城市不相上下（表4-24～表4-26）。

2004～2008年香港服务业发展情况　　表4-24

	2004	2005	2006	2007	2008
服务业产值（万港元）	111930	120790	129750	143180	144190
GDP产值（万港元）	124480	133280	142330	155200	156790
所占比例（%）	90.0	90.6	91.2	92.3	92.0

来源：香港政府统计网站http://www.censtatd.gov.hk/hong_kong_statistics。

香港生产性服务业和就业人数（2008年）　　表4-25

	行业增加值（百万港元）	占GDP百分比（%）	行业就业人数（人）	占总就业人数比重（%）
金融服务	251800	16.1	206600	5.9
贸易相关服务	405900	25.9	832800	23.6
专业服务	50300	3.2	113700	3.2
信息中介服务	15700	1.0	49700	1.4

来源：香港政府统计网站http://www.censtatd.gov.hk/hong_kong_statistics。

香港主要年份制造业和生产性服务业占本地生产总值比重（%）　　表4-26

年份	1980	1985	1990	1995	2000	2005
制造业	17.1	15.9	17.6	11.1	7.2	3.2
服务业	74.2	74	74.5	81.5	85.7	87
生产服务	42.8	37.3	40.5	48.5	52.6	58.4

来源：根据各年份香港统计年鉴计算所得。

1993~2003年间，香港商用服务业的增加价值增长达70%。金融业（主要来自银行业）的增加价值亦上升65%。2006年香港的服务输出总值达5623亿港元，比2005年增长13.4%，服务输出净额为2784亿港元，连续几年成为服务输出净额为正的地区之一。其中保险金融和商贸服务及其他与贸易相关的服务输出总值达2541亿港元，占全部服务输出总值的45%，可见生产性服务业已成为支撑香港经济发展的主导产业（陈燕芬，2007）。

（2）香港生产性服务业空间布局。

通过对香港各类建筑存量及分布的统计和分析得到表4-27和表4-28。从各类建筑在各区所占比例可以看出，写字楼的区域分布差异性最显著，有62.12%的写字楼集中于港岛，而新界的写字楼只占6.67%；住宅建筑在各区的分布则较为均匀，在新界的比例最高；商业楼宇相对集中在九龙区，占41.03%；工业物业和仓库建筑主要分布在新界区，分别占50.34%和79.88%；工贸大厦则主要集中在港岛区，约占65.65%（曹佳俊，2008）。

由于在过去的数年中香港宏观经济环境的改善，吸引各国企业在香港设立地区办事处和总公司的需求。而服务业的就业人数从2000年的260万人（占总就业人数的79.4%）增至2005年的近280万人（占总就业人数的84.6%），就业人数的增长在一定程度上促进

香港各类建筑各区存量分布　　表4-27

	总计（m^2）	比例（%）	港岛（m^2）	比例（%）	九龙（m^2）	比例（%）	新界（m^2）	比例（%）
住宅	68409472	62.16	20608256	63.27	21878720	60.25	25922496	62.97
写字楼	9812800	8.92	6096100	18.72	3062300	8.43	654400	1.59
商业楼宇	10395500	9.45	3088200	9.48	4265300	11.75	3042000	7.39
工业物业	17396500	15.81	2220300	6.82	6418900	17.68	8757300	21.27
工贸大厦	612800	0.56	402300	1.24	157300	0.43	53200	0.13
仓库	3430100	3.12	157900	0.48	532300	1.47	2739900	6.66
总计	110057172	100	32573056	100	36314820	100	41169296	100

注：住宅按照1999年香港差饷物业估价署统计数据，即户均面积64m^2计算。
来源：曹佳俊. 杭州市写字楼需求量预测实证研究[D]. 杭州：浙江工业大学，2008。

香港各类建筑在各区所占比例　　表4-28

	港岛	九龙	新界
住宅	30.12%	31.98%	37.89%
写字楼	62.12%	31.21%	6.67%
商业楼宇	29.71%	41.03%	29.26%
工业物业	12.76%	36.90%	50.34%
工贸大厦	65.65%	25.67%	8.68%
仓库	4.60%	15.52%	79.88%

注：住宅按照1999年香港差饷物业估价署统计数据，即户均面积64m^2计算。
来源：曹佳俊. 杭州市写字楼需求量预测实证研究[D]. 杭州：浙江工业大学，2008。

了写字楼的增长。至2006年年底，香港写字楼的存量达到981.3万m^2，实际使用面积约占总面积的92.3%。写字楼存量中，甲级写字楼占59.10%，乙级写字楼占24.75%，丙级写字楼占16.15%。香港甲级写字楼的比例与纽约曼哈顿相近，香港写字楼的定位处于世界高端水平。

香港的CBD原本主要指港岛中区一带，20世纪80年代后期开始向东西两侧拓展，目前已经延伸至上环、中区、湾仔、铜锣湾和尖沙咀，约62%的甲级写字楼和67%的乙级写字楼都集中在这4个区（表4-29）。

2006年香港上环、中区、湾仔/铜锣湾和尖沙咀各类写字楼存量（单位：m^2）

表4-29

	甲级写字楼	乙级写字楼	丙级写字楼	总存量
上环	232400	350300	430400	1013100
中区	1591900	372700	189500	2154100
湾仔/铜锣湾	917700	581300	325200	1824200
尖沙咀	832700	325400	209500	1367600

来源：曹佳俊. 杭州市写字楼需求量预测实证研究[D]. 杭州：浙江工业大学硕士论文，2008。

3. 香港“港”—“业”—“城”的发展演变

开埠以后作为通商口岸的发展时期，香港的建设还是以开辟内陆地区作为广大资源来源地为基本要求的，填海工程也仅限于满足军事需要和帝国主义的发展需求。

二战结束后，香港的转口贸易在逐渐恢复中再次进入世界的视野，然而伴随着美国对中国的禁运，香港出现了经济衰退。以工业城市为导向的转型成为历史发展的必然。香港的制造业开始蓬勃发展起来，进入了从转口贸易商埠向工业城市的转型时期。与此同时，1973年以来，香港先后发展了9个新市镇（在香港政府早期文献中称为卫星城市），以应付香港人口的增长，并用以分散市区内的人口，从而改善香港的居住环境。频繁的填海工程给香港带来了更为广阔的发展用地，而产业结构的调整，也为香港从生产型社会向消费型社会的转变带来了助推力量。国际贸易的扩大使得香港的总部经济、金融贸易迅速升级，国际化大都市的格局逐步建立（图4-28、表4-30）。

香港新市镇建设列表　　表4-30

名称	时间	人口（万）	面积（km^2）	人口密度（万/km^2）	行政区划
荃湾新市镇（包括荃湾市、葵涌市、青衣市）	1959年（开始建区）、1973年（正式开发）	77.4	24.00	3.23	荃湾区和葵青区
沙田新市镇（包括沙田市（包括大围）及马鞍山市）	1973年	63	35.87	1.8	沙田区
屯门新市镇（屯门市）	1973年	48.85	19.00	2.571	屯门区
大埔新市镇（大埔市）	1976年	28.2	12.70	2.22	大埔区
元朗新市镇（元朗市）	1977年	21.1	11.70	1.80	元朗区
粉岭/上水新市镇（包括粉岭市及上水市）	1978年	24.43	7.80	3.13	北区
将军澳新市镇（将军澳市）（包括坑口、宝琳、康城及调景岭）	1982年	35	10.05	3.48	西贡区
天水围新市镇（天水围市）	1987年	27	4.30	6.3	元朗区
北大屿山新市镇（目前只包括东涌市）	1996年	8	8.30	1	离岛区

来源：维基百科http://zh.wikipedia.org/wiki/%E9%A6%99%E6%B8%AF%E6%96%B0%E5%B8%82%E9%8E%AE。

图4-28 维多利亚港区位图
来源：http://ditu.google.cn/

4.3 崛起的中国大都市产业与空间发展演化

4.3.1 上海

1. 上海大都市的崛起

作为我国四大直辖市之一，我国的经济、科技、工业、金融、贸易、会展和航运中心，上海经历了一个漫长的发展过程（表4-31）。

当前，上海正处于工业经济向服务经济过渡的关键时期，服务业产值占全市GDP的比重总体上保持在50%以上的水平；结构上以金融业、批发零售业、交通运输仓储邮政业、信息服务业等行业比重较高；空间上以中心城区为主，城市向郊区集群化发展的趋势明显（尹昌应等，2013）。

2. 上海经济发展与产业空间布局

1）产业发展基本情况

上海生产总值约占全国的4%，多年来位居中国大陆城市之首（表4-32）。

新中国成立后，上海一直是国家的重要工业基地，第二产业比重极高，而第三产业发展停滞不前，直至20世纪八九十年代随着改革开放和浦东开发战略的推进才有所改善。上海的产业发展战略也逐渐由第二产业优先转向第三产业优先（李敦瑞，2012）。

十年来，上海的产业结构发生了巨大的变化（表4-33）。GDP总量是2001年的3倍，实现了工业与服务业并重的发展目标。其产业

上海大都市发展过程　　表4-31

重要时期节点	发展特征
16世纪	全国棉纺织手工业的中心
19世纪中叶	逐步成为商贾云集的繁华港口
20世纪30年代	远东地区最大的城市和工业、金融、商贸中心
20世纪80年代	明确城市发展方向，建设和改造中心城市，重点开发浦东地区，发展卫星城；有步骤地开发长江口南岸、杭州湾北岸两翼；有计划地建设郊县小城镇，建设成为以中心城为主体，市郊城镇相对独立，中心城与市郊城镇有机联系，群体组合的社会主义现代化城市（谢小龙，2009）
20世纪90年代	国家宣布开发开放浦东，给上海城市发展带来新的机遇，随后迎来了从“一城九镇”到“1966”城镇体系的发展时期
2000年	通过上海城市产业的重新布局，特别是钢铁等劳动密集型产业和关联性极强的产业，以此促进中心城区和卫星城镇人口和资源的双向流动、协调发展
2004年	强调区域概念，凸现区域的功能定位，按照区域产业的发展情况对区域进行划分

上海近年来地区生产总值变化　　表4-32

年份	1978	1980	1982	1984	1986	1988	1990	1992	1994
生产总值（亿元）	272.8	311.9	337.1	390.9	490.8	648.3	781.7	1114	1991
相对于1978年	1.00	1.14	1.26	1.43	1.80	2.37	2.86	4.08	7.30
占全国比重（%）	7.48	6.86	6.33	5.42	4.78	4.31	4.19	4.14	4.13
年份	1994	1996	1998	2000	2002	2004	2006	2008	2010
生产总值（亿元）	1991	2958	3801	4771	5741	8073	10572	14070	17166
相对于1978年	7.30	10.84	13.93	17.49	21.04	29.60	38.75	51.57	62.92
占全国比重（%）	4.13	4.16	4.50	4.81	4.77	5.05	4.89	4.48	4.28

2001～2010年上海产业结构概况 表4-33

年份	第一产业		第二产业		第三产业	
	增加值（亿元）	占GDP比重（%）	增加值（亿元）	占GDP比重（%）	增加值（亿元）	占GDP比重（%）
2001	78.00	1.5	2403.18	46.1	2728.94	52.4
2002	79.68	1.4	622.45	45.7	3038.90	52.9
2003	81.02	1.2	3209.02	47.9	3404.19	50.9
2004	83.45	1.0	3892.12	48.2	4097.26	50.8
2005	90.26	1.0	4381.20	47.4	4776.20	51.6
2006	93.81	0.9	4969.95	47.0	5508.48	52.1
2007	101.84	0.8	5571.06	44.6	6821.11	54.6
2008	111.80	0.8	6085.84	43.2	7872.23	56.0
2009	113.82	0.7	6001.78	39.9	8930.85	59.4
2010	114.15	0.68	7139.96	42.3	9618.31	57.0

来源：李敦瑞. 上海产业结构演化的特征及趋势分析——基于现代服务业发展的视角[J]. 生产力研究，2012（2）：177-179。

总量表现为二产、三产总量显著上升的特点，其中批发零售、金融、房地产业迅速发展，成为第三产业的主体。

2）上海市服务业发展概况

近年来，随着长三角地区以制造业为核心的第二产业的迅速发展带动了生产性服务业的快速发展，上海市生产性服务业发展速度很快，目前已形成房地产业、信息、金融、研发等优势领域，已经成为长三角地区乃至全国生产性服务业的发达地区。

可以看出，2012年上海生产性服务业占第三产业最大的是批发零售业，占36.47%，其次是交通运输、仓储及邮政业，占到14.44%，租赁和商务服务业占到13.09%，金融业占到7.37%，尽管数据不尽精确（由于统计口径原因造成某些数值有所夸大，如批发零售业、金融业、房地产业和租赁、商务服务业等均有为企业投入的服务，也有为消费者的服务，故数值中有很大一部分为消费性服务），但是仍然能够看到，目前生产性服务业在上海占据着绝对的主导地位（表4-34）。

2005~2012年上海市生产性服务业内部各行业就业结构变化（单位：%）

表4-34

行业 \ 年份	2012	2011	2010	2009	2008	2007	2006	2005
交通运输、仓储及邮政业	14.44	15.49	13.65	14.48	16.41	16.36	16.32	16.5
信息传输、计算机服务和软件业	5.05	5.17	4.6	4.57	3.9	3.76	3.41	2.93
批发和零售业	36.47	30.92	29.79	29.15	24.54	24.24	25.96	30
金融业	7.37	7.49	7.41	7.08	7.86	7.84	7.17	7.02
房地产业	6.33	8.37	6.22	6.11	5.66	4.75	4.08	3.81
租赁和商务服务业	13.09	14.52	15.08	14.48	17.69	18.71	18.81	14.28
科学研究和技术服务业	6.83	6.05	10.15	9.94	7.49	6.78	6.3	6.22
教育	6.83	7.25	8.26	8.92	10.47	10.87	11.13	12.01
卫生、社会保障和社会福利业	4.35	4.74	4.86	5.26	5.99	6.7	6.83	7.28

来源：2005~2013年上海统计年鉴。

3）上海生产性服务业空间结构演变

（1）产业的空间置换和中央商务区的调整与发展。

随着经济发展与产业结构转型升级，城市中心区传统功能外迁，如传统工业、居住，以及教育行政职能逐渐“边缘化”，而各类商业设施、商务楼宇在城市中心集聚，促使证券、信息、咨询等现代生产性服务业在城市中心区快速发展与不断集聚。

随着城市中心区的集聚规模不断增加，开始产生集聚不经济现象。由此城市开始向一个主核、多个副核相结合的多核空间发展模式转变，以实现城市主核的要素、产业与职能的分流。规划和调整中央商务区的布局，对上海生产性服务业空间格局的形成具有直接的影响和作用。上海的生产性服务业发展现状是以中心城区为集聚发展的主要载体， 在此现状基础上，依托传统中央商务区与相关副中心的调整发展， 在中心城区内部形成了以浦东小陆家嘴、黄浦外滩区域为首要集聚核心，以徐家汇、南京西路、淮海中路以及虹桥为次级集聚核心的多核式的空间分布格局（赵露璐，2008）。

（2）政府关于生产性服务业的规划对其空间格局形成有重要影响。

生产性服务业各行业的空间分异格局受城市内各区县发展的历史基础影响较大，生产性服务业的集聚发展高度依赖于城市经济发展所长期积累的经济基础、产业网络、人才集聚等基础条件。此外，各级政府充分考虑地区的产业基础，确立不同重点服务行业的发展定位（表4-35）（赵露璐，2008）。

此外，政府通过推行实施一系列涉及服务业集聚区建设发展的规划（表4-36），有意识地引导服务业集聚发展。一批以生产性服务业集聚区为主的现代服务业集聚区已开始启动开发，并加大了规划、功能定位、政策指导等方面的引导扶持力度。通过规划建设不同地理区位、不同功能类型的服务业集聚区，利用集聚区空间集约、高效连通等特点，在较短时间内形成多个上海服务业发展的新高地，同时也有效地推进了上海市生产性服务业的向更广范围的发展（赵露璐，2008）。

当前，上海生产性服务业呈现“多中心化”的集聚和扩散发展趋势。中心城区和浦东新区成为集聚发展的核心区域。中心城区作为生产性服务业空间分布的主体，其内部存在发展水平的差异，黄浦、静安、卢湾等中心核心区比虹口、闸北等区域拥有更高的集聚专业化

上海市中心城区规划发展的服务业功能区　　表4-35

区域	重点发展的生产性服务业
陆家嘴金融贸易区	金融、保险、证券、对外贸易
黄浦区	金融、商务服务
静安区	信息咨询服务、计算机服务、广告传媒、会展业
卢湾区	商务服务
长宁区	咨询服务、信息服务
徐汇区	商务、技术服务业
杨浦区	信息技术服务、生物医药研究、环境科技服务、设计咨询等
普陀区	物流与配送服务
闸北区	与都市工业生产相关的生产服务
虹口区	航运服务及其他知识服务

来源：赵露璐. 上海市生产性服务业空间结构研究 [D]. 上海：华东师范大学，2008。

上海关于服务业集聚区建设发展的规划　　表4-36

相关政策	发布时间	主要内容
上海“十一五”规划	2004	加快形成服务经济为主的产业结构，优先发展现代服务业：以信息化为基础，以金融、物流、文化等为重点，以现代服务业集聚区为突破口，以大型服务企业集团为载体，集聚高端人才，加强综合集成，积极承接国际服务外包业务，提升服务业的规模与能级
上海生产性服务业重点发展指南	2005	确定了6大重点发展行业和3种类型的生产性服务业功能区。对国家级、部分市级开发区加快产业功能提升，发展科技研发型功能区；进一步完善提高物流型生产性服务业功能区；对商务成本和区位条件不适宜大规模发展制造业的11个近郊工业区，发展特色专业型生产性服务业功能区
关于上海加速发展现代服务业的若干政策意见	2005	依托比较优势和区域经济发展实际，科学合理规划，形成适应市场、各具特色、优势互补的现代服务业发展格局，各区域要按照发展规划和工业布局，引导信息、研发、设计、商务服务等辐射集聚效应较强的服务行业，依托中心区，培育形成主体功能突出的区域服务中心
上海市优先发展现代服务业行动纲要	2005	明确提出“要集合区位优势，打造现代服务业集聚区”，提出开发建设9个集聚区、拓展提升3个集聚区（即“9+3”）的第一批建设项目，使得现代服务业集聚区成为上海发展现代服务业的重要载体
上海加速发展现代服务业实施纲要	2006	现代服务业的发展要以集聚区为核心，明确功能定位和发展重点，形成“3带19区”的现代服务业集聚区，具体包括：黄浦江现代服务业集聚带、苏州河现代服务业集聚带、延安路—世纪大道现代服务业集聚带，以及陆家嘴金融贸易区、花木国际会展区、张江高科技创意文化和信息服务集聚区，西藏路环人民广场现代服务区、南京西路专业服务商务区、徐家汇知识文化综合商务区、虹桥涉外商务区、江湾—五角场科教商务区等19个集聚区

来源：赵露璐. 上海市生产性服务业空间结构研究 [D]. 上海：华东师范大学，2008。

水平。此外，在生产性服务业总体集聚发展的态势下，部分产业，主要是一些经营规模较小，作为基础性功能部门或分支机构的服务企业出现向中心区外围扩散的趋势，主要表现在郊区（县）生产性服务业的规模发展。综上，上海市域范围内的布局呈现出：中心核心区—中心外围区域—郊区县3个空间等级层面，并由此形成了生产性服务业相应的“核心—次级核心—外围区域”多层级的空间布局体系（图4-29）（赵露璐，2008）。

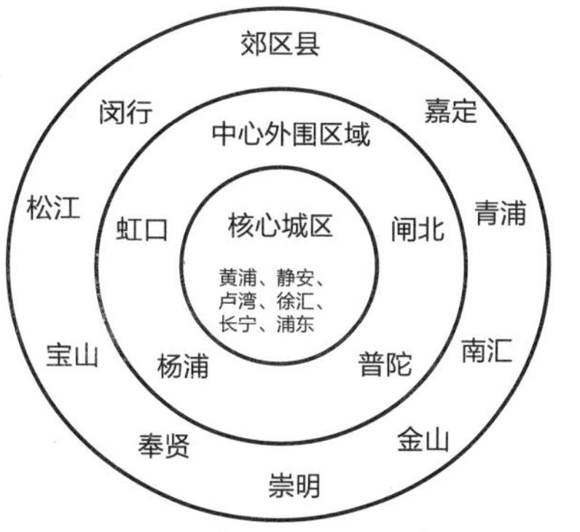

图4-29　上海市生产性服务业的层级分布体系
来源：赵露璐. 上海市生产性服务业空间结构研究 [D]. 上海：华东师范大学，2008。

但是由于“两级政府三级管理”体制造成的行政分割，城市副中心发展不平衡以及功能区域综合化、同质化，上海的生产性服务“多中心”结构还不成熟。

4.3.2 广州

1. 广州都市区的崛起

广州地处中国大陆南方，广东省中南部，珠江三角洲北缘，接近珠江流域下游入海口。从国际区位来看，广州与东南亚、日本等亚洲国家的交通距离约为3~4个小时的航程，位于该区域经济圈的几何中心。从国内地理位置看，广州毗邻港澳，是中国的沿海开放城市，位于珠江三角洲的区域中心，其经济聚散力和辐射力影响着我国以东至东南亚和世界（方明，2004）。

广州的发展经历了城市封闭式的扩张时期、城市开敞式的扩张时期、新中国成立以来城市曲折发展期、迈入大都市时代的城市迅速扩张等时期，具体见表4-37所列。

广州都市区的崛起　　表4-37

发展时期	阶段特征
城市封闭式的扩张时期	城市形成的雏形时期，建设和布局注重军事防御作用
城市开敞式的扩张时期	大规模拆城墙建马路，开创了广州近代开敞式城市建设的新纪元
新中国成立以来城市曲折发展期——改革开放前广州城市总体规划（1950~1976）	国民经济恢复和调整时期，城市建设主要任务是恢复受战争破坏的城市。该时期广州共制定了13个规划方案。城市形成组团式空间发展格局
新中国成立以来城市曲折发展期——改革开放后广州城市总体规划（1984~1993）	经济体制的转变和工作中心向经济建设上的转移，城市发展在理念上由原来强调城市的生产性转而强调城市的中心性
迈入大都市时代的城市迅速扩张时期	广州在新一轮的规划中提出了“北优、南拓、西联、东移”的方针，明确城市向东、向南拓展，旨在让广州形成多中心、网络型的城市结构。国际大都市的架构逐渐兴起，合理利用了城市空间资源，突破了城市发展的行政界限的制约，考虑了广州在区域发展中的核心地位，巩固并提升了这一优势

2. 广州经济发展与产业空间结构

1）产业发展基本情况

改革开放以来，广州工农业生产持续稳定增长，对外经济贸易蓬勃发展。广州已成为工业基础较雄厚、第三产业发达、国民经济综合协调发展的中心城市（石忆邵等，2010）。2008年，广州市实现地区生产总值（GDP）8215.82亿元，按可比价格计算，比上年增长12.3%。其中，第一产业增加167.72亿元，增长1.8%；第二产业增加3198.96亿元，增长10.9%；第三产业增加4849.14亿元，增长13.6%（表4-38）。三次产业增加值的比例为2.04：38.94：59.02。三次产业对经济增长的贡献率分别为0.3%、35.1%和64.6%（庄大昌等，2013）。

2）广州市生产性服务业发展概况

对广州服务业的发展进行分析，可以将其发展阶段划分为2000年以前的稳步发展期和2000年以后的高速发展期。

2000年以前，广州的服务业尚属起步阶段，以生产性服务业为主。有学者对广州市老八区1990~2000年的服务行业区位熵进行统计和计算，认为，广州生产性服务业高度集聚于新旧CBD。生产性服务业区位熵最高的街区是天河区的天河南街道（3.23）河东山区的黄花岗街道（3.09）。此外，区位熵大于2的街区包括越秀区的洪桥街道（2.99）、海珠区新港街道（2.97）、东山区梅花村街道（2.81）河东山区建设街道（2.73）等，由此可以看出，广州生产性服务业就业人口高度集中，具有更高的专门化水平和区域影响力。从空间分布上来看，生产性服务业专门化水平最高的街镇主要分布在老城中心区CBD—越秀区（黄花岗—环市东、农林下路—东山口）和新城市中心区CBD（天河南—天河北），五山高校区、海珠区的新港路（依托科研机构和大学）一带（方远平等，2009）。

2000年以后，生产性服务业逐渐向现代服务业转型。对广州2003~2010年的服务业内部结构比例进行分析，并与上海进行对比。最具传统服务业特点的交通运输、仓储和邮政业，批发和零售业，广州所占比例超过上海，说明广州传统服务业的比重过大。具有现代服务业特征的信息传输、计算机服务和软件业，金融业，科学研究、技术服务和地质勘查业方面，上海所占比例超过广州（表4-39）。

各时期广州市GDP与三次产业增长情况表　　表4-38

时期	GDP年均增速（%）	第一产业（%）	第二产业（%）	第三产业（%）
“六五”时期	12.71	7.56	13.59	12.51
“七五”时期	10.83	1.68	8.44	15.87
“八五”时期	20.18	9.47	25.66	16.12
“九五”时期	13.10	5.35	13.25	13.66
“十五”时期	13.82	4.87	14.94	13.51

来源：石忆邵，范胤翡，范华，等.产业用地的国际国内比较分析[M].北京：中国建筑工业出版社，2010。

2003～2010年上海、广州服务业内部结构比例（单位：%） 表4-39

服务业内部结构	2003年		2004年		2005年		2006年		2007年		2008年		2009年		2010年	
	上海	广州	上海	广州	上海	广州	上海	广州	上海	广州	上海	广州	上海	广州	上海	广州
交通运输、仓储和邮政业	10.1	18.5	12.0	18.8	12.6	19.0	12.8	18.9	11.3	14.9	10.5	12.9	7.1	11.6	8.5	11.4
信息运输、计算机服务和软件业	7.5	7.6	7.4	7.8	7.8	7.8	8.0	7.5	7.8	7.1	8.0	6.9	6.7	7.0	6.9	6.6
批发和零售业	18.8	17.7	18.2	18.2	18.2	18.7	17.7	16.8	16.8	18.4	17.2	19.1	24.5	20.2	26.4	20.7
住宿和餐饮业	4.6	4.8	3.7	4.6	3.6	4.2	3.7	4.4	3.4	4.9	3.6	5.1	2.7	4.7	2.7	4.7
金融业	20.6	7.5	14.9	6.9	14.6	6.7	15.7	6.7	18.9	9.2	19.6	9.1	20.2	9.9	19.8	10.2
房地产业	15.3	10.7	16.3	10.5	14.6	11.2	13.1	11.7	12.6	12.7	10.2	12.3	13.9	12.7	10.2	11.8
租赁和商务服务业	2.7	10.4	6.2	10.5	6.3	10.3	6.3	11.1	7.4	11.6	8.6	13.3	7.2	12.4	7.9	13.1
科学研究、技术服务和地质勘查业	2.5	2.6	4.2	2.7	4.6	2.3	4.5	2.3	4.2	2.7	4.4	3.1	4.1	3.0	4.0	3.3
水利、环境和公共设施管理业	1.7	1.0	1.3	1.0	1.2	1.0	1.1	0.9	0.9	1.0	0.8	1.0	0.5	1.0	0.5	0.9
居民服务和其他服务业	2.0	3.3	1.8	3.2	1.8	3.1	2.2	3.0	2.2	2.4	2.3	2.3	1.8	2.2	1.8	1.9
教育	5.3	5.3	5.5	5.3	5.8	4.9	6.0	5.2	5.7	4.8	5.7	4.8	4.2	4.7	4.1	4.9
卫生、社会保障和社会福利业	3.1	3.2	3.0	3.1	3.1	2.8	3.1	2.9	2.9	3.2	3.0	3.4	2.5	3.6	2.5	3.7
文化、体育和娱乐业	2.4	2.1	1.6	2.2	1.7	1.9	1.7	2.3	1.6	1.8	1.5	1.8	1.0	2.2	1.0	2.5
公共管理和社会组织	3.2	5.2	3.8	5.1	4.0	5.9	4.1	6.0	4.4	5.2	4.8	4.9	3.7	4.9	3.7	4.4

来源：苏万春. 北京、上海、广州服务业结构及调整演化比较[J]. 商业时代，2013（14）：132-134。

从行业结构来看，交通运输仓储和邮政业等传统服务业占优势地位。这体现出广州在华南地区交通枢纽和商贸中心的地位。同时，金融业，租赁和商务服务业，信息传输、计算机服务和软件业，科学研究、技术服务和地质勘察业等现代服务业发展较快。服务进出口总额快速增长，服务外包蓬勃发展（唐勇、刘云亚，2010）。

对广州2010年服务业内部结构比例（图4-30）进行分析，广州的交通运输、仓储和邮政业，批发和零售业，金融业，房地产业，租赁和商业服务业，所占比例均超过10%，这些产业占据了广州市服务业的50%以上。

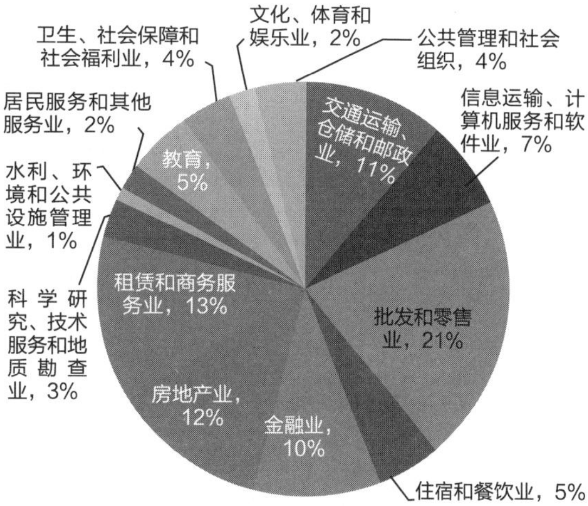

图4-30　广州市2010年服务业内部结构

对交通运输、仓储和邮政业，信息传输、计算机服务和软件业，金融业，房地产业，租赁和商务服务业，科学研究、技术服务和地质勘查业这些生产性服务业的发展速度进行分析（表4-39），可以发现广州生产性服务业整体发展速度较快，但内部发展不均衡。其中金融业，房地产业，租赁和商务服务业，科学研究、技术服务和地质勘查业以及教育产业的发展速度较快，年均增长率高于15%，并随着经济形势的发展继续高速发展。而交通运输、仓储和邮政业，信息传输、计算机服务和软件业，尽管增长速度也很快，但是增加值却很小。尽管生产性服务业内各个行业都获得较快的发展，但目前广州市的经济增长很大程度仍是依靠传统的低端产业来拉动（李洋，2011）。

3）广州市生产性服务业空间布局分析

对广州市的生产性服务业空间分布进行研究可以发现，广州生产性服务企业倾向在大城市中心区布局，而涉及服务外包的部分生产性服务业开始呈现园区化布局的趋势（表4-40）（钟韵，2009）。

近年来以商务服务业为主的生产性服务业在广州取得了快速的发展。1992年起，广州的生产性服务业进入了起飞发展阶段。其中，商务服务业的表现最为突出。以金融保险和商务服务业集中分布为特征的CBD在广州新城区范围内逐渐形成（图4-31）。

1992～2001年10年间，广州商务服务业在全市范围内由外围向中心集聚（图4-32）。而在更小空间范围内的分析显示，商务服务业在广州中心区内的集聚经历了一个自东向西、由老城区向新城区转移的过程。广州的商务服务业在集聚过程中已经表现出由老城区向新城区逐步扩展的趋势。在城市土地有

2004年广州各区生产性服务业空间分布比例　　表4-40

项目	空间分布比例（%）											
	荔湾区	越秀区	海珠区	天河区	白云区	黄埔区	番禺区	花都区	南沙区	萝岗区	增城市	从化市
法人单位	6.27	28.68	10.07	24.84	9.89	2.14	5.19	8.23	0.84	1.47	1.39	1.00
从业人员	4.74	35.44	7.40	28.76	7.15	2.65	6.18	2.54	0.60	1.65	2.10	0.80

来源：钟韵. 广州市生产性服务业规模体系与空间布局研究——总部经济浪潮中的思考[J]. 热带地理，2009，29（6）：544-549.

偿使用制度实施以及政府规划的指引下，大量的写字楼办公场所迅速地在城市新区内聚集，一个新的CBD区域逐渐在天河出现（易虹、李响，2010）。

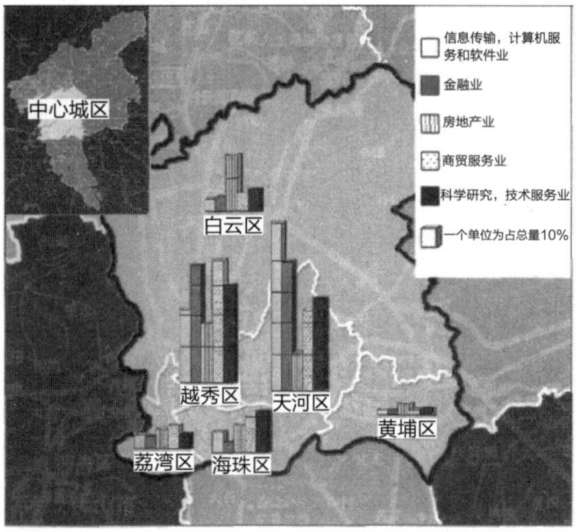

图4-31　2004年广州中心城区生产性服务业各行业集聚度比较

来源：钟韵. 广州市生产性服务业规模体系与空间布局研究——总部经济浪潮中的思考[J]. 热带地理，2009，29（6）：544-549。

4.3.3　深圳

1. 深圳大都市的崛起

深圳市地处我国南疆，共设6个市辖行政区，其中，深圳经济特区有4个区，即福田区、罗湖区、南山区、盐田区；特区外设有2个区，即宝安区、龙岗区。全市总面积1952.84km^2，其中，经济特区面积为395.81km^2。

深圳的城市定位1990年前以工业为主且城市功能较单一；1990年后城市功能逐渐全面化，脱离工业主导的发展模式，在经济功能多元化的同时也更注重在区域层面上考虑与周边城市的协调发展。空间结构方面，随着经济功能的多元化，城市空间结构也开始复杂化，由原来的多中心组团带状发展到1996年制定的总体规划中的“轴线+功能组团+圈层”，之后“十五”计划又新增7个卫星镇（表4-41）（官莹等，2006）。

2. 深圳经济发展与产业空间结构

1）产业经济基本情况

深圳地处我国经济发达的珠江三角洲，毗

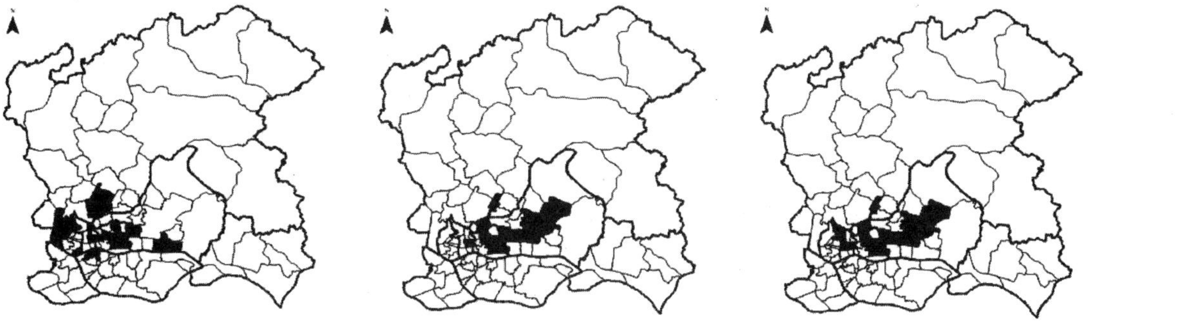

15年以上企业　　6～15年企业　　5年以内企业

图例：■首10%企业分布区域　■首50%（除首10%）企业分布区域

图4-32　广州市商业服务企业首50%空间分布差异（按成立年限分）
来源：易虹，李响. 转型期广州商务服务业空间分布特征分析[J]. 现代城市研究，2010（7）：012。

深圳历次规划表　　**表4-41**

历次规划	城市及产业定位	规划的空间结构	该阶段城市产业空间特征
1982年《深圳经济特区社会经济发展大纲》	以工业为主，兼营商业、农牧、住宅、旅游	多中心、组团式的带状城市	城市结构松散，都市内部膨胀，产业空间呈集中发展，第一产业所占比重呈直线下降，二、三产业发展很快
1986年《深圳经济特区总体规划》	以工业为重点，海港、工业、外贸、旅游综合发展	带状城市、多中心组团式布局	
1988年《深圳市国土规划》	以工业为主、工贸结合的外向型经济，发挥技术、知识、管理和对内、对外2个扇区的枢纽作用，成为出口基地	—	受到城市工业开发及交通建设刺激影响，离罗湖—福田周边迅速向外扩延，用地沿交通干线发展
1990年《城市发展策略》	以贸易、金融、高科技为主，中国的自由贸易中心和金融中心之一；与香港对接且功能相当的城市，华南地区经济中心城市之一，珠江三角洲城市带中的核心城市之一	—	
1996年《深圳市城市总体规划》	全国性的综合经济特区，区域综合交通枢纽，集装箱运输为主的港口城市，与香港及珠三角协调发展的区域副核心城市，以高新技术产业为先导的区域制造业生产基地	3条轴线，3个圈层，9个功能组团	由于地价上涨引起的工业区由特区内向特区外迁移，城市用地不连续性扩展，多个次中心逐渐形成

续表

历次规划	城市及产业定位	规划的空间结构	该阶段城市产业空间特征
1997年《深圳市土地利用总体规划》	以高新技术产业为主导，先进工业为基础，第三产业为支柱，都市农业发展的产业体系	—	城市土地的扩展有着很强的交通指向性，沿交通发展的连绵带逐步形成
深圳“十五”计划	区域性经济中心，高科技、园林式、花园式的现代化国际性城市，社会主义法治和现代文明城市；以高新技术产业、现代物流业、现代金融业为支柱，以传统优势产业为基础	组团+轴线+圈层+卫星镇	
深圳2030战略规划	国家级高新技术产业基地和自主创新的示范城市，区域性物流中心城市，与香港共同发展的国际都会；推动第二产业的高级化和规模化，加强第三产业的发展，逐步提高产业附加值，降低产业资源消耗，提升产业核心和持久竞争力	中心强化、两翼伸展，创建“差异化”的城市空间，以满足城市多元化发展的需求	贯通与南面的香港以及北面的广州、东莞、惠州等城市的空间联系，拓展深圳的空间发展腹地

来源：官莹，管驰明，周章. 经济功能演替下的城市空间结构演化——以深圳市为例[J]. 地域研究与开发，2006，25（1）：58-61。

邻香港，高新技术产业、金融服务、外贸出口、海洋运输发达，在大陆经济中占据重要地位。2010年深圳GDP总量达到9582亿元，增幅为12.1%，人均84147元，在中国地级以上城市中排名仅次于北京、上海和广州。

深圳经济的快速发展主要得益于以市场需求为导向的产业结构的不断调整和优化。1979年，深圳市的三次产业结构比例为37：20.5：42.5。随着“三来一补”企业的发展，工业比重增加的同时也带动服务业的发展，至1990年三次产业结构变化为4.1：44.8：51.1。“三来一补”原多为劳动密集型产业，20世纪90年代初深圳对“三来一补”产业进行调整升级，“八五”期间深圳开始重视产业规划，调整产业比重，提出建立“以高新技术产业为先导，以先进工业为基础”的工业体系。至1995年，深圳的三次产业结构调整为1.5：50.1：48.4，其中工业占40%。“九五”期间，深圳经济持续增长，产业结构高级化加快，2000年产业结构变化为0.7：49.7：49.6，其中工业占44%（表4-42）（杨瑞芳，2008）。

2）深圳市生产性服务业发展概况

深圳市的生产性服务业是伴随着工业，尤其是制造业的快速发展而不断发展起来的。深圳在特区建立伊始，面向内陆进行转口贸易并承接了香港生产性服务业的部分转移，所以深

深圳市三次产业结构比例　　表4-42

年份	第一产业（%）	第二产业（%）	第三产业（%）
1979年	37	20.5	42.5
1990年	4.1	44.8	51.1
1995年	1.5	50.1	48.4
2000年	0.7	49.7	49.6
2001年	0.7	49.5	49.8
2006年	0.1	52.5	47.4

来源：靳瑞萍. 深圳市产业结构与用地结构的互动关系研究[J]. 内蒙古师范大学学报（自然科学版），2010，39（1）：59-65。

圳的生产性服务业的起步比较有优势。

1990年，深圳市的生产性服务业就业人数为5.7万人，就业人数连年递增，至2005年其吸纳就业人数超过72万。吸纳的就业人口占第三产业总就业人数的比重在1990~2000年期间出现下降，其主要原因：①深圳的社会服务业以批发零售行业的蓬勃发展来吸纳大量的就业人口；②采用GB/T 4754—94行业分类标准进行统计，使得统计数据偏小。因此，该阶段尽管吸纳的就业人数一直大量增加，但其所占比重则呈缩小趋势（唐国兴、段杰，2009）。2009~2012年生产性服务业就业人数保持着较为稳定而平缓的增长（表4-43）。

从服务业产值增加来看，2009~2012年深圳市生产性服务业的各个构成行业也都有了较快的发展，尤其是房地产业和信息传输、计算机服务和软件业等一些新兴产业，产值增长较快；科学研究、技术服务和地质勘查业在这两年也发展迅速；而租赁和商业服务、交通运输仓储及邮电通信等产业也已有了一定的发展基础，故增长速度较为平缓。从整体来说，生产性服务业已经成为深圳市第三产业中所占比例最高的产业。但是其发展水平与发达国家（地区）相比，差距依然较大，发展潜力仍待挖掘（表4-44）。

3）深圳市服务业空间布局分析

2008年深圳市高端服务业的分布情况显示，原特区内福田区、罗湖区、南山区的高端服务业较原特区外发达。特区内的经济完成战略转型之后，高度重视智力资本驱动型的高端产业。福田

深圳市2009～2012年生产性服务业就业人数比较　　表4-43

行业＼就业人数＼年份	2009年		2010年		2011年		2012年	
	就业人数（万人）	占第三产业就业人数比重（%）	就业人数（万人）	占第三产业就业人数比重（%）	就业人数（万人）	占第三产业就业人数比重（%）	就业人数（万人）	占第三产业就业人数比重（%）
交通运输仓储及邮电通信	22.35	6.39	24.99	7.31	29.44	7.72	30.25	7.60
信息传输、计算机服务和软件业	14.55	4.57	16.58	4.85	18.32	4.80	20.23	5.09
金融业	9.10	2.86	12.17	3.56	14.24	3.73	14.30	3.59
租赁和商业服务	29.06	9.13	44.66	13.07	43.85	11.50	45.51	11.44
科学研究、技术服务和地质勘查	9.48	2.98	12.27	3.59	14.80	3.88	16.09	4.04
房地产业	27.71	8.70	23.72	6.94	24.27	6.36	25.74	6.47
合计	110.25	34.63	134.39	39.32	144.92	38.00	152.11	38.24

来源：http://www.sztj.gov.cn/nj2013/indexce.htm。

深圳市2009～2012年生产性服务业产值增加比较　　表4-44

行业＼生产性服务业增加值＼年份	2009年		2010年		2011年		2012年	
	增加值（亿元）	增加值增长率（%）	增加值（亿元）	增加值增长率（%）	增加值（亿元）	增加值增长率（%）	增加值（亿元）	增加值增长率（%）
交通运输仓储及邮电通信	309.18	2.5	379.85	20.6	437.48	9.7	470.96	7.4
信息传输、计算机服务和软件业	354.30	11.6	415.78	10.1	510.94	15	648.37	16.6
金融业	1110.62	16.5	1300.58	11.2	1563.63	8.5	1721.12	8.2
租赁和商业服务	268.65	9.4	300.39	9	334.74	8.2	386.62	15.3
科学研究、技术服务和地质勘查	118.58	5.4	138.71	6.9	183.30	18.9	215.58	11.5
房地产业	612.01	28.6	628.17	-5	893.47	0.6	1123.00	17.5
合计/平均增率	2773.34	12.33	3163.48	8.80	3923.56	10.10	4565.65	9.83

来源：http://www.sztj.gov.cn/nj2013/indexce.htm。

区在创意设计、金融、商务服务、会展等方面占主导地位，总部经济发达；罗湖区则在金融、商务领域比较发达；南山区在技术研发方面占主导，是先进制造地（李成辉，2011）。

深圳有近58%的保险公司，60%的金融企业，近80%的证券公司和基金管理公司，89%的期货经纪公司以及全市所有的证券咨询机构都集中于福田区。但对深圳CBD来说，金融机构的数量和规模距离一个城市金融中心应有的水平还存在很大差距。这主要是由于CBD内部的产业结构不尽合理：①金融业比重过小；②商贸功能相对薄弱；③缺乏高端服务机构。中心区综合规划弹性不足，配套设施严重滞后已成为制约CBD发展的突出问题（姜月娟，2011）。

目前，深圳正在重新规划CBD周围重点园区的产业定位和功能布局。产业带轮廓初显，产业集群的吸盘效应和辐射作用正在形成，天安数码城、燃机电厂、赛格日立、金地等4个工业园区已确定为深圳市第一批工业区改造的试点项目（李平，2009）。

4.3.4 宁波

1. 宁波市服务业发展情况

分析宁波生产者服务业内部各行业所占比重、增速及对经济的贡献率可以得出，在2004~2010年期间，宁波市生产性服务业占服务业的比重稳定在50%~60%。其中，交通运输、金融保险业，房地产业和仓储及邮政业占生产性服务业的比重最大，2010年合计占72.6%。房地产的比重波动较大，交通运输、仓储及邮政业则较为稳定，金融保险业的增速则较其他两者快。教育、科学研究、技术服务业以及信息传输、计算机服务和软件业，这几个知识性行业的占比较小，但是比较稳定（潘冬青、马晓蒙，2012）。

从横向和纵向进行更具体的分析。通过横向观察可知，科学研究、技术服务业、租赁和商务服务业增速较快，2010年分别达到了30.60%与30.30%。房地产业的波动幅度较大，2010年增速为-6.86%，是所有行业中最低的一个，这与该行业的特殊性质以及国家的调控政策有关。纵向来看，房地产业是波动起伏最大的一个行业。金融保险业处于下降趋势，尤其是2008年之后下降速度比较快。而租赁和商务服务业在经过2008年的短暂衰退之后呈现出缓慢上升的趋势（图4-33）。科学研究、技术服务业、租赁和商务服务业的快速发展，标志着宁波已经摆脱基础设施为瓶颈的发展阶段，经济转型的效果已经显现出来（潘冬青、马晓蒙，2012）。

2. 宁波市服务业空间结构分析

宁波生产性服务业的空间结构发展变化受到客观因素与外部约束力、内部驱动力和外在驱动力多种作用力的影响。客观因素与外部约束力主要指历史基础和自然资源条件，内部驱动力主要指其区位选择影响因素及产业结构调整和升级的需求，外在驱动力主要来自于政府层面（图4-34）（马静武，2010）。

对宁波市服务业空间分布情况进行分析，可以概括出以下特点：

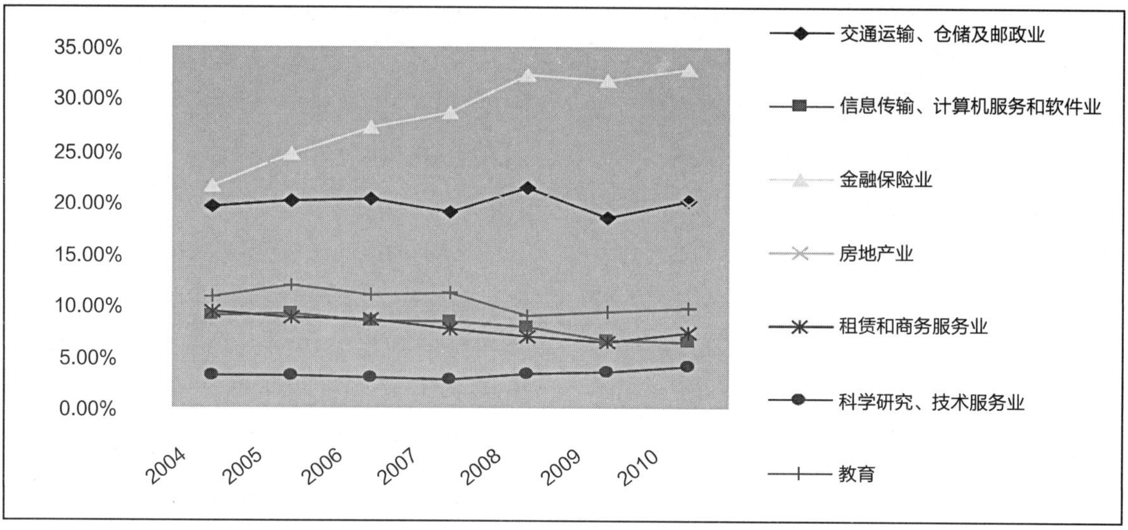

图4-33 宁波市生产者服务业各子行业占服务业的比重
来源：潘冬青，马晓蒙. 宁波生产者服务业发展现状及对策探讨[J]. 中国外资，2012（6）：215-216。

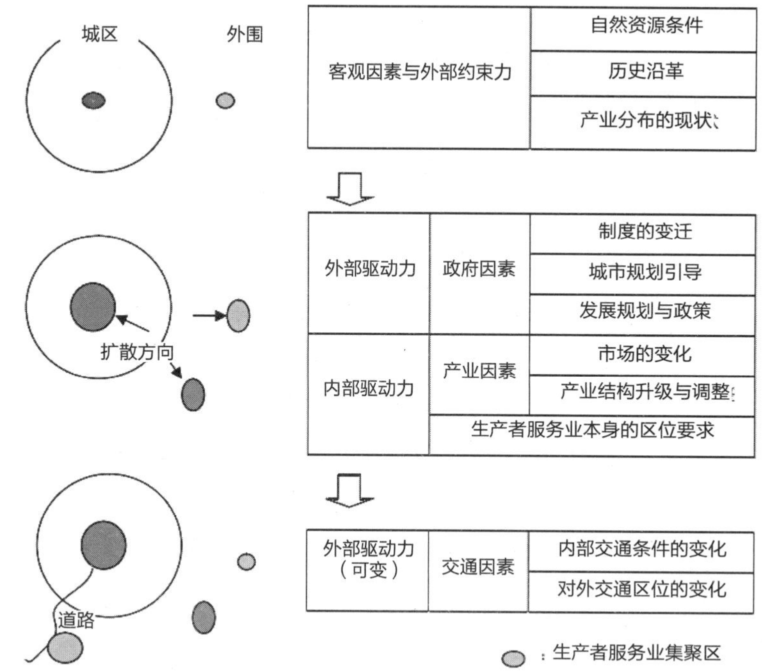

图4-34 生产者服务业空间结构分异示意图
来源：马静武. 宁波生产者服务业空间结构研究——基于商务办公楼的视角[D]. 宁波：宁波大学，2010。

（1）商务办公楼初现多中心分布：主要集中于老城区、北仑区、宁波国家高新技术园区和南部鄞州中心区，多分布于CBD、新区中心、城市副中心和工业园区（图4-35）（马静武，2010）。

宁波生产性服务业在老城区的分布密度最高，主要集中在天一商圈附近；其次为北至江北核心区，东至彩虹路，南至城市铁路，西至护城河所涵盖的区域。南部鄞州区的商务办公楼主要呈块状沿天童北路集聚。宁波高新技术园区是55个国家级高新技术开发区之一，是集聚了科研、咨询、软件与计算机服务等企业郊区商务办公楼的特殊地方。北仑区的办公楼主要集中于行政中心周边的长江路、明州路一带，形成远离中心城的副中心（马静武、邱枫，2009）。

（2）宁波的商务办公高度集中于老城区的海曙区和江东区，截至2008年底，老城区共有144幢商务办公楼占总数的81%，说明老城区仍是宁波的经济商务中心（表4-45）。其中，三江口一带是商务办公楼主要集聚区，天一商圈周边分布密度最高，主要分布于解放南路、灵桥路、中山西路（马静武，2010）。

（3）商务办公楼沿CBD呈圈层状分布，而交通因素对城市楼宇经济空间的布局的重

图4-35 宁波中心城区商务办公楼空间分布
来源：马静武. 宁波生产者服务业空间结构研究——基于商务办公楼的视角[D]. 宁波：宁波大学，2010

宁波2008年底中心城区商务办公楼分布状况　　表4-45

区域	幢数	比例	估算平均进驻率
海曙区	80	45.45%	85%
江东区	54	30.68%	89%
江北区	9	5.11%	95%
鄞州区	17	9.66%	40%~60%
北仑区	10	5.68%	——
宁波国家高新区	6	3.41%	——
镇海区	0	0	——
总计	160	100	约81%

来源：马静武. 宁波生产者服务业空间结构研究——基于商务办公楼的视角[D]. 宁波：宁波大学，2010。

要影响力导致商务办公楼开发与分布沿城区主干道分布现象明显，在CBD区呈圈层结构分布，沿道路呈轴状外溢（马静武、邱枫，2009）。

办公楼沿道路呈圈层分布，由解放南路、中山东路、灵桥路、药行街构成内核心圈，长春路与灵桥路构成次级圈层，三江交汇处的江东沿岸、灵桥路沿边、江北外滩一带构成第三圈层。按分区来看，江东区办公楼按照城市规划布局，呈轴状向东发展的趋势，其中在桑田路与百丈东路交汇的区域出现2个波峰地段；江北区办公楼主要沿槐树路、范江岸路和人民路分布，南部鄞州区办公楼主要沿天童北路分布（马静武，2010）。

（4）商务办公楼向外围发展趋势增强：商务办公楼分布的演变也遵循西方城市空间由“单核心”向“多核心”演变的规律。随着外围区域经济实力增强，基础设施和环境质量的改善，商务办公楼向外围区域发展的趋势不断增强。2009~2011年之间共约47幢办公楼建设于宁波次级中心——鄞州中心区，成为外围商务办公楼开发数量最多的区域（表4-46）。宁波高新技术园区、北仑中心区、镇海区也有一定数量规划和建设的办公楼；随着城市中心东移加快，东部新城行政中心周边的商务办公楼开发数量增多，多中心的商务中心格局逐步成形（马静武，2010）。

此外，宁波生产性服务业的空间结构演

宁波2009～2011年各区商务办公楼开发情况　　表4-46

区域	幢数	区域	幢数
海曙区	5	鄞州区	47
江东区	8	镇海区	2
江北区	2	北仑区	8
宁波国家高新区	2		

来源：马静武. 宁波生产者服务业空间结构研究——基于商务办公楼的视角[D]. 宁波：宁波大学，2010。

变还受到包括自然因素、历史因素、生产者服务业的区位要求、政府因素、交通因素和企业个体因素等多种因素影响（马静武，2010）。

宁波城市空间被甬江、奉化江和姚江分割成三大区域，地域空间拓展和经济活动受土地、水资源等自然资源的制约影响明显。宁波三江片商业发达，信息交流量大，交通便利，公共资源丰富，历史文化积淀深厚，制造业、零售业和服务业的总部、贸易、物流和货代、金融、律师会计、广告、信息咨询等生产性服务业充分利用其中心性和可达性集聚于此，其分支机构则分布于次中心或郊区中心。而高新技术研究与开发等则集聚在郊区，如宁波国家高新区形成中小型科研和产业孵化企业、计算机与软件服务企业等的集聚现象（马静武，2010）。

生产性服务业与制造业相互作用、共同发展。制造业的发展扩大生产性服务业的中间投入需求，带动其发展。而生产性服务业的发展又促进制造业生产率提高（邱灵，2007）。20世纪50年代宁波工业企业主要集中于三江口市区，随着城市外拓，企业逐渐向外围迁移。鄞州传统制造业的经济实力增强，高新技术园区、工业园区、经济开发区纷纷建立，石化等大型企业向沿海地带转移，高新技术产业集群加强。宁波目前已形成港口大工业、工业园区和科技园区格局，工业布局的变化影响生产性服务业的分布，表现在“地理邻近性”上（表4-47）（马静武，2010）。

宁波城区主要工业区及生产者服务业 表4-47

范围	主要生产者服务业	主要工业区	形成机制
老城区	货代和贸易、金融业、总部、商务业服务、律师、会计等中介服务	宁波市科技园区、江北工业科技园区（2000）	中心的交通区位优势，历史悠久的商业街和文化沉淀，政策支持
鄞州区（南部）	房地产开发经营、现代物流、租赁和商务服务	鄞州工业产业园区、宁波纺织工业产业园区、宁波明州工业产业园区	本地的产业基础与发展，新区开发
宁波国家高新区；东部新城（中部）	以计算机与软件服务、教育与研究、产业孵化、中介咨询服务为主	宁波国家高新区（2007）	区域与城市的发展战略、产业政策、新区开发
镇海区、北仑区（东部）	以航运和海运、生物医药、技术服务等为主	宁波市机电工业园区、镇海经济开发区（1992）、宁波保税区（1992）、大榭开发区（1993）、宁波化学工业园区（1998）	临港大工业产业集聚的发展

来源：马静武. 宁波生产者服务业空间结构研究——基于商务办公楼的视角[D]. 宁波：宁波大学，2010。

4.4 国内外现代都市生产性服务业发展比较

4.4.1 城市功能定位特点

1. 都市发展定位

国际大都市以及发展中的大都市，在目标定位上，往往突出其城市综合辐射力或单项辐射力的泛区域性（表4-48）。而冠以“世界”性、“地区”性、“国际”性的辐射空间标签，这正是国际大都市不同于其他城市的一种突出特点，即城市发展宏大的国际意愿。

在城市总体规划的制定中应该根据国民经济合理布局的原则来分析确定城市性质。城市定位上，应从单一的地区级概念拓展到更大的区域范围。在全球化视角下，积极突破地区性发展的观念，融入国际化竞争，以国际化大都市的未来发展定位为参照，加强特色产业或城市品牌，在特色产业中提炼出城市独有的韵味和魅力。

2. 产业发展定位比较

伦敦、纽约等全球城市2030年远期发展战略规划是应对未来世界科技、政治、经济和

国际大都市发展定位比较　　表4-48

城市	目标定位及理念
纽约	建设世界机遇之都；更适合居住，更好的商业气氛，城市经济多元化；安全的、有成就的、有尊严的社区；为每个想工作的纽约人提供就业的条件
伦敦	三大世界金融中心之一和欧洲的金融首都；世界上经济国际化水平最高的城市；世界上文化多样性最显著的城市；欧盟中最大的城市；英国的经济、政治、文化、旅游中心；一个可以从世界范围吸引游客的，有着大量历史建筑古迹、城镇风光和水域的城市；英国及世界创意产业和新知识经济的中心；安全、绿色的城市；可以在国际水平上提供学术、研究和咨询服务的世界中心；国际交通枢纽中心；一个有着最重要语言优势（英语）的城市
东京	拥有绿水环绕的美景；交通面貌充分改善；世界上环境压力最小的城市；抗灾强市，提高国民对首都的安全感；可以安居乐业的老龄少子化社会；通过现代都市魅力和行业实力提升其城市地位；人才云集、机会均等的社会；体育城市
新加坡	世界级电子中心、全球综合性化工产业中心、亚洲的全球生物医药科学中心，世界级运输中心、全球贸易中心、全球物流集聚中心和国际海事中心、体验式数字中心、亚洲金融中心、旅游商业之都和旅游教育中心
香港	亚洲国际都会
首尔	世界一流城市：温暖的首尔（保障），便利的首尔（交通、人居环境），活力的首尔（经济），经济、人力、社会、文化共同推进
宁波	①亚太国际门户：上海国际航运中心和金融贸易中心的主要组成部分；长江三角洲南翼区域中心城市，承担区域金融、企业总部、科技创新、区域消费职能；全球重要的先进制造业基地；国家海洋经济发展示范区。②山海宜居名城：中国沿海生态环境优越的宜居都市，国家级历史文化名城，长三角地区的文化会展、休闲度假旅游基地，现代化的智慧城市

来源：由《金字塔尖的城市——国际大都市发展报告》第十一章及《10年后的东京》http://www.cnnb.com.cn/new-gb/xwzxzt/system/2006/08/25/005166175.shtml整理

文化发展趋势的总体规划和框架战略。其中在培育战略性新型产业、新能源产业、环保节能产业、民生产业的战略举措具体见表4-49所列（黄苏萍、朱咏，2011）。

从上述产业发展定位的比较中看出，城市层级的不同、发展阶段的差异使得城市产业结构和未来发展的路径也有着明显的分化。处于后工业化时代的国际先进大都市已经完成了从传统制造业向高新技术的转型，在知识化、技术化产业呈现出生产力提升空间有限的情况下，各大城市开始寻求以创意、文化、绿色为主题的产业发展道路，而同时金融、航运、旅

不同层级全球城市2030战略规划产业目标　　表4-49

城市		规划名称	2030产业发展目标导向
首要层级	纽约	《更绿更美好的纽约——2030纽约规划》	①注重绿色环保，开发绿色能源，发展低碳经济；②新兴产业如能源产业（如风能、太阳能等）、节能环保产业（如电动汽车、节能楼宇等）、绿色产业（如绿色食品等）等将得到快速发展
	伦敦	《更宜居的城市——2030伦敦规划》	①强化金融业、航运业、旅游业、商业、文化产业、创意产业、咨询服务业等的国际竞争力，提升英国产业领域资源配置能力和国际话语权；②“在不侵占其开发空间的前提下，满足伦敦增长”，提升产业发展能级和密度，未来产业发展和布局将走集约化、复合化、融合化的道路
	东京	《首都圈巨型城市群——2030东京规划》	①重点扶持和培育支撑大都市发展的产业，如“城市技能活用型”产业、“社会问题解决型”产业、信息传播产业和信息家电（电子设备）等产业；②支撑东京未来的创新城市型产业带动日本整体经济发展
次要层级	巴黎	《确保21世纪的全球吸引力——2030大巴黎规划》	①强化巴黎大区的经济支柱产业服务经济；②在世界规模的第三产业市场中，总部设址集中，科技研究潜力形成强有力支持，不断上升的动力应该享受到更好的接纳和发展条件
	法兰克福	《网络城市——2030法兰克福规划》	①通过企业在大学和研究机构的投资促进法兰克福生物技术产业发展；②发挥法兰克福处于德国和欧洲城市中心位置和多种模式交通联系的优势，发展金融、企业服务、通信技术和媒体、贸易物流和交通管理服务业；③创新经济公司由于城市国际化和接近客户而受益，广告、公关、软件和游戏等产业将获得巨大发展机会；④博览业的强大带动了酒店、商业、旅游等产业的快速发展
	首尔	《全球气候又好城市——2030首尔规划》	①到2030年包括私人投资在内，首尔将总计投资450亿美元用于削减温室气体排放，削减幅度较1990年下降40%；②重点发展氢燃料电池、太阳能电池、IT电力、绿色建筑、LED（发光二极管）照明、绿色IT、绿色汽车、城市环境整治恢复、废物回收利用和气候变化适应技术等十大绿色技术，建立规模将达1700亿美元的绿色市场，创造100万个绿色就业岗位，使城市提前具备适应气候变化能力
	新加坡	《挑战稀缺土地——2030新加坡规划》	鼓励和支持高附加值、高技术含量产业的发展，依靠尖端技术，实现高附加值产业和现代服务业“双轮”驱动，将新加坡打造成国际竞争力的大都市
	香港	《亚洲国际都会——2030香港规划》	①改善相关“软件”，拓展人民币业务范围，促进市场开发，提升金融市场质素及推广本港产品；②提供极具吸引力的办公环境；③利用亚太航运中心的枢纽地位，依托发达的转口贸易和巨大腹地经济资源，大力推进贸易、物流和航空服务业的快速发展；④发展旅游会展业，并推动贸易、零售等商业的快速发展；⑤发展文化及创意产业，增强就业和经济基础，创造适宜人才发展环境

续表

城市		规划名称	2030产业发展目标导向
次要层级	台北	《生态城市——2030台北规划》	①重点发展绿色环保产业、文化产业、信息产业、商业、医疗卫生服务体系等产业，其中绿色环保产业将是台北发展的重中之重；②充分利用地下空间，尤其是地铁周边的地下空间，发展地铁商业街
	悉尼	《永续性悉尼：2030年展望》	①与1990年相比，2030年城市温室气体排放减少50%，2050年减少70%；②到2030年，本地发电满足100%的需求，本地水源保证10%的水供应；③到2030年，市内会有13.8万套住房（4.8万套为新增住房），满足需求；④到2030年，至少有46.5万个就业岗位，其中9.7万个为新增就业岗位，金融、高级商业服务、教育、创意行业和旅游产业等就业岗位增加

来源：黄苏萍， 朱咏.全球城市2030产业规划导向、发展举措及对上海的战略启示[J].城市规划学刊， 2011（5）：11-18。

游、商业、文化、创意、咨询服务等产业也得以发展，产业提升空间更为广阔。

处于世界次要层级的城市，依然以信息、电子、生物、医药、软件、光电为主要发展方向。这些产业以高新技术为支撑，为工业化后期的城市生产力的提升拓展了更大的空间。与此同时，这些城市也开始寻求文化、创意产业的发展，开始强调以地域本底为特色的个性产业发展。中国一些较发达城市的产业发展定位依然立足于自身处于工业化中后期的发展现状，以完善工业结构，拓展临港产业，体现生态化、现代化为目标，这是由城市的发展阶段决定的。

4.4.2 城市空间组织模式

从港口腹地的空间组织来看，腹地条件是港口发展的关键，对港口和城市，以及区域经济的发展具有重要影响，决定了港城互动模式能否成功。国外沿海经济带主要有3类发展模式：①内陆发展水平价高的腹地支撑型；②适用于新型沿海地区发展初期的工业基地型；③多存在于发展历史较长、地位较高的大城市沿海地区经济发展高级阶段的港口城市带动型（颜盈媚，2012）。

从以上城市空间组织模式的纵横向比较可以发现，国际大都市基本都经历了城市内部膨胀—城市不断拓展—多中心网络化结构形成的发展历程。

4.4.3 城市产业结构特征

1. 城市产业结构

从三产结构上来看，国外大都市（如纽约、伦敦、东京等全球性国际大都会）已完成了一产、二产向三产的转变。以纽约为例，第三产业的就业人数已超过纽约市就业人口的90%。

全球性国际大都市作为全球经济的管理、控制中心，其经济形态从工业经济形态向服务

国际大都市及国内现代都市的城市空间组织阶段对比　　表4-50

城市	阶段一		阶段二		阶段三	
	时间	空间特点	时间	空间特点	时间	空间特点
纽约	18世纪至1930年	交通革命使集聚的城市中心出现外迁的可能，腹地扩大至美国中西部	1930年至20世纪40年代	郊区化出现，形成大都市区域，进入多中心大城市建设阶段	20世纪40年代至今	建设用地规模保持基本稳定
伦敦	16世纪至20世纪初	码头区发展到达了顶峰	20世纪初至20世纪70年代	城市建设用地受大伦敦规划的作用，城市功能外迁，城市范围扩大	20世纪70年代至今	大伦敦范围基本确定，建设用地总量保持稳定，码头区复兴
东京	20世纪初至1943年	东京港尚未发育，城市向郊区发展，迅速扩张	1943年至20世纪中	东京港崛起，都市圈发展，副中心建立，形成“多核多圈层”结构	20世纪50年代至今	城市空间规模基本稳定，都市区内部协调
新加坡	1959～1967年	港口带动国家基本发展，开始填海造地	1968～1979年	环形空间发展	2000年至今	填海造地，强化CBD建设
釜山	1960～1970年	城市迅速扩张，具备大都市功能框架	1970～1998年	经历5次行政区域扩张，面积达到750km^2	1998年至今	面积基本一致，未来拓展腹地，打造物流基地
鹿特丹	1950年至20世纪70年代	将城市建设与工业区结合，将其西部相邻城镇合并共同发展	20世纪70年代至2000年	与港口相关联的新兴服务业在港口周边城市地域开始发展	2000年以来	由鹿特丹港区内部向邻近周边地区发展
香港	19世纪40年代至二战	1844年开始填海工程，获得港口和城市用地	二战至20世纪70年代	新市镇建设，形成多个城市空间增长点	20世纪70年代至今	填海造地的中心转移到偏远地区，带来大量土地
上海	新中国成立后到改革开放前	改造旧市区，划定周边10个县归上海	改革开放后至2000年	开发浦东，有计划地建设郊县小城镇	2000年至今	形成一城九镇城镇体系格局
广州	1950～1976年	城市向东、向南发展，增加工业和港区用地	改革开放至1993	用地规模扩张，形成3个组团的分工	1993年至今	迈入大都市发展阶段，形成多中心、网格型城市结构
深圳	改革开放至1986年	城市内部“膨胀阶段”，在原始核心周边发展	1987～1995年	向外扩延、形成多个次中心，连绵带初步成形	1996年至今	与香港对接空间结构，形成港深互动
宁波	改革开放至20世纪末	港口设施逐渐撤离城市中心，镇海、北仑2个城镇获得了发展的机会	20世纪末至21世纪初	格局基本稳定	2000年至今	空间开发强度升高，向多向发展轴线的集合成长区发展

型经济形态转变。第三产业占经济总值的比重具有明显的优势，第二产业占比不断下降，而第一产业的占比极低，与第三产业的差距明显，总体上形成了以服务业为主的产业结构（谢守红，2010）。

以纽约、伦敦、东京3个国际大都市为例，其第三产业占GDP的比重均大于60%，纽约和伦敦超过了80%。纽约市的第三产业就业比重从1977年的63.7%上升至1996年的80.3%，伦敦的从73.0%上升至88.5%，东京的从54.5%上升至62.8%，上升十分明显（表4-52）（谢守红，2010）。

从服务业内部结构来看，国际性大都市在服务业构成中，批发零售、酒店餐饮和金融保险、房地产、商业服务业占据着极大的比重，在社会服务、管理方面也具有一定的

各大城市三产结构比较　　表4-51

城市	第一产业比重（%）	第二产业比重（%）	第三产业比重（%）
伦敦（1998）	0.2	33.3	66.5
香港（2003）	0.1	11.4	88.5
上海（2012）	0.6	38.9	60.4
深圳（2012）	0.1	44.3	55.6
苏州（2012）	1.6	54.2	44.2
宁波（2012）	3.94	52.5	43.6

注：由于样本数据采集的难度，现截取不同时间的各城市的三产比例结构做定性分析。
来源：根据统计局数据整理。

纽约、伦敦、东京的就业比重的比较　　表4-52

	纽约			伦敦			东京		
	1977年	1985年	1996年	1977年	1985年	1996年	1977年	1985年	1996年
制造业（%）	21.9	15.4	9.0	22.0	16.0	8.4	25.1	22.0	16.9
第三产业（%）	63.7	73.8	80.3	73.0	78.5	88.5	54.5	59.8	62.8

来源：谢守红. 世界城市的产业结构特征与主要经济功能[J]. 北京规划建设，2010（4）：37-39。

比重（表4-53）。可以认为，这些城市呈现的产业特点是后工业化时代的典型特征，它们对地区乃至区域的资本都具有极强的集聚作用。

2. 主导产业

近年来，随着国际城市战略规划中对于城市未来产业方向的定位日渐清晰，以信息化、低碳和创意产业为新兴产业方向的发展思路开始引领着世界各大城市前进。服务于金融、贸易等产业的服务性行业也逐渐进入人们的视野。同时，在城市软实力提升的过程中，创意文化、旅游等产业也开始兴起（表4-54）。

1990~2000年国际大都市服务业结构特征及变化（单位：%）　表4-53

城市	年份	建筑	制造业	批发零售酒店餐饮	交通仓储通信采矿	金融保险、房地产、商务服务业	信息	公共管理、医疗、社会工作、社区和个人服务
纽约	1990年	3.20	7.44	17.42	5.54	27.73	3.57	35.09
	2000年	3.23	4.75	17.11	4.53	28.88	4.07	37.42
伦敦	1990年	3.70	9.90	20.20	10.30	26.50	N.A	29.40
	2000年	3.30	6.51	22.22	8.31	33.03	N.A	26.63
东京	1991年	6.90	17.50	31.29	6.99	20.04	N.A	17.27
	2001年	5.88	12.76	31.61	7.01	23.47	N.A	19.28
新加坡	1990年	6.51	28.27	22.72	10.55	10.74	N.A	21.21
	2000年	13.11	20.81	19.20	9.78	15.43	N.A	21.66
香港	1991年	8.41	27.94	26.16	10.70	7.76	N.A	19.04
	2000年	9.43	10.43	30.70	11.68	14.16	N.A	23.60
上海	1993年	4.45	56.24	8.79	6.80	2.75	N.A	20.99
	2000年	5.47	42.82	15.02	6.42	4.60	N.A	25.68

各大城市主导产业及产业发展方向 表4-54

城市	主导产业	产业发展方向
纽约	金融商务服务业	专业服务、高科技产业、生物技术、媒体和娱乐服务业、金融保险房地产业、通信电信
伦敦	房地产、商业、金融服务、休闲服务	创意产业、为金融产业及相关服务的行业
东京	广告业、生活服务业、物品租赁业、文化娱乐、研发	信息传播、创意产业
新加坡	旅游、金融、物流贸易、化学、医药	电子、生命科技等高技术含量的产业
香港	批发零售、进出口贸易、饮食及酒店业	贸易、物流、航空服务业、旅游、零售、文化创意产业
上海	纺织服装、信息产业、金融服务业、商贸流通业、医药化工、成套设备制造业、房地产业	提供全球性服务和区域性服务的生产性服务业，高端制造业、金融、航运、贸易、电子信息、文化创意产业、旅游
广州	交通运输设备制造业、冶金工业、交通运输邮电通信业、房地产业、石化工业、金融保险业、批发贸易、零售餐饮	电子应用产业、金融保险、商贸会展、现代物流、信息服务、文化创意
深圳	高新技术产业、现代物流业、金融服务业、文化产业	以电子信息化产业为主的高新技术产业，电子类装备制造业，传统产业信息化改造综合服务业，金融业，物流业和文化产业
宁波	石油化学产业、纺织服装业、能源电力业、造纸印刷业、钢铁冶金业、机械制造业	发展现代金融、国际贸易、现代物流、商务会展等生产性服务业，提升休闲旅游、社区服务、健康养老等生活性服务业，加快农业现代化

资料来源：http://www.mofcom.gov.cn/aarticle/difang/zhejiang/200608/20060802813915.html;
http://money.163.com/09/0123/11/50BC1BRO002524SC.html

3. 人口密度

城市人口的密度影响着城市劳动力的供给，同时也影响产业的构成与发展（表4-55）。单纯从市场潜能来看，人口集聚程度越高即人口密度越高，市场发展的条件就越充分，不仅市场劳动力的来源具有稳定的供给，市场的消费群体也更广，简言之，市场潜能就越大，蕴含的发展机会就相对较高。另外，相关研究还表明，人口密度对第三产业发展水平的影响是不可忽视的：人口密度越大，第三产业产值比重越大；人口密度越大，第三产业就业比重越大；人口密度越大，第三产业服务密度也就越大。

2011年若干城市人口与土地建设情况比较 表4-55

城市	2011年末人口数（万人）	城市建设用地面积（km^2）	市辖区人口密度（人/km^2）
北京	1187.11	1386	974.08
上海	1343.37	866	2605.96
杭州	434.82	374	1417.28
青岛	275.50	281	1960.85
广州	664.29	830	1728.57
深圳	259.87	817	1304.57
厦门	180.21	230	1145.65
温州	145.77	149	1228.05
宁波	223.35	307	907.28

来源：各城市各年份统计年鉴

我国的经济中心上海以极高的人口密度领跑各大城市；而从建成区的面积来看，北京具有超过1000km^2的建成区面积，上海、广州、深圳均在800km^2左右，而杭州、青岛、厦门、宁波200～300km^2，温州略小；人口密度上，北京、厦门、温州、宁波这几个城市相近，即将迈入每平方公里千人的行列。

4. 产业用地

选取伦敦、上海、宁波作为代表分析产业用地的构成和城市发展阶段的关系（表4-56～表4-58）。

对比伦敦、上海的各项人均建设用地指标，由于纽约的发展阶段、层级、定位都较高，因此，人均工业用地比重很小，而开敞空间和娱乐用地的比例更高，由于集聚人口较多，人均总用地面积也更小；而正处在工业化转型过程中的宁波，人均工业用地的面积更高，住宅面积其次，商务商业用地的比例在此之后，这是与城市发展阶段相对应的。

从各类用地占建设用地的比重来看，宁波与上海相比，工业用地的比重依然较大，住宅用地上海较宁波更高，而商业用地的比重上海几乎是宁波的2倍。从产业用地空间的比重和发展路径上来看，宁波未来将完成部分工业用地的置换，提升商业商务用地比重，创造良好的商业、商务、文化娱乐环境。

国内众多较发达城市，如杭州、温州、青岛等和宁波一样，正处于城市对人口集聚能力逐渐提高的发展阶段，城市的辐射能力正在逐渐提高，应当继续加强城市建成区的产业建设

2006年纽约市每人拥有各类土地面积（单位：m^2/人） 表4–56

地区	布朗克斯区	布鲁克林区	曼哈顿区	皇后区	斯坦藤岛区
双户住宅用地	11	14	0.4	34.4	20.2
多户住宅用地	9.4	5.1	6.4	10	8.9
商住混合用地	1.6	0.9	3.3	1.4	2
商业用地	2.6	1.4	2.7	3	2.8
工业用地	2.3	3	0.6	3.5	2.8
交通基础设施用地	1.7	2.6	1.8	11.2	5.6
公共设施用地	7.1	3.7	3.1	4.2	5.4
开敞空间/娱乐用地	18.9	21.5	6.8	18.7	18.7
停车设施用地	1.2	1.1	0.5	1.2	1
空置土地	2.6	1.9	0.8	4.9	5.1
混合用地	2.3	0.5	0.8	2.2	0.3

上海市中心城区各类用地占建设用地比例变化（单位：%） 表4–57

用地类型	1998年	2003年	2008年
工业用地	14.57	13.69	14.54
商业服务业用地	8.14	8.35	8.56
住宅用地	33.48	37.16	35.56
社会事业用地	12.15	11.36	10.93
基础设施用地	29.41	27.39	28.21
其他用地	2.25	2.05	2.20
建设用地合计	100	100	100

2011年宁波市土地利用情况　　表4-58

用地类型	面积（hm^2）	占建设用地比例（%）	人均用地（m^2/人）
商业服务用地	1686.58	4.37	7.55
工矿仓储用地	16583.08	43.01	72.25
住宅用地	10332.15	26.80	46.26
公共管理与公共服务用地	4245.42	11.01	19.01
特殊用地	192.36	0.50	0.86
交通运输用地	4057.06	10.52	18.16
水域及水利设施用地	886.62	2.30	3.97
其他用地	572.91	1.49	2.57
建设用地合计	38557.18	100	170.63

和功能提升，以增强城市的影响力。

4.4.4　城市中心规模等级

城市最具活力与魅力的核心商业区代表了一个城市的形象，也是城市地位的代言人。从规模角度入手，CBD也可分为3类：全球经济核心城市CBD、国际经济中心城市CBD和地区经济中心城市CBD（表4-59、表4-60）。

全球CBD规模等级分类　　表4-59

类型	城市	全球商务办公总规模（万m^2）	CBD规模（万m^2）	级别	规模构成
一类	东京、纽约、巴黎、伦敦	＞2000	1000～2500	世界核心级	多中心
二类	芝加哥、休斯敦、多伦多、悉尼、新加坡、香港、上海、北京	＜18000	约500～1000	国际级	单中心
三类	伊丽莎白市、哈里斯堡、汉堡、巴尔的摩、波士顿	＜800	500以下	地区级	单中心

来源：俊宴，明伟. 中国城市CBD量化研究：形态·功能·产业[M]. 南京：东南大学出版社，2008。

各大城市核心商业区概况比较　　表4-60

城市	范围	市中心区面积（km^2）	CBD用地面积（km^2）	CBD建筑面积（万m^2）	平均容积率
纽约	下曼哈顿、中城	60	4.3	2200	7.1
伦敦	金融城、加纳利	47	2.8	1496	5.3
东京	瓦内、新宿等	41.5	4.5	2200	5.5
巴黎	金融中心、拉德方斯	39	3.6	1850	5.3
香港	中环	----	1.52	500	3.3
上海	陆家嘴	28	1.7	400	2.4
深圳	福田中心区	----	4.13	750	1.9

来源：吴雪明. 世界城市的空间形态和人口分布——伦敦，巴黎，纽约，东京的比较及对上海的模拟[J]. 世界经济研究，2003（7）：22-27。

4.4.5　产业发展配套设施

2007年8月，美国爆发了次贷危机，被称为“百年一遇”的金融危机，信贷泡沫从房产扩大到其他领域，对世界经济产生巨大的震荡。金融危机的爆发与因应开始引起各个国家的注意，未雨绸缪的经济策略调整是每个希望突破地域局限、将自身推介到国际层面的城市所必须考虑的问题。

从表4-61中可以看到，纽约采取政府金融援助的方式帮助中小企业恢复经济实力；日本借鉴了其在20世纪末房地产泡沫经济中的经验，通过扩大对外贸易、寻找新兴支柱产业来化解经济危机；而伦敦大打文化、绿色的标语，使得这个昔日工业帝国在当下的危机中继续逆流而上（朱弘，2009）。这些措施无一不是以借助外力和新的刺激点的方式来破解金融危机带来的困境。新的经济增长点通过“绿色”、“文化”、“创意”的产业发展理念来凸显，城市资本的集聚通过优惠的政策条件和政府帮扶来实现。

4.4.6　产城融合互动发展

1. 港城建设的过程

港城关系是一个动态演变的过程，伴随港口和城市发展规模及水平的变化而变化。以上全球性国际大都市港城发展的建设过程见表4-62所列。

各国/城市应对2008年金融危机的策略比较　　表4-61

国家	应对策略	效应
美国（李云驮，2011）	①启动公共工程建造计划，创造250万就业岗位；②推动联邦建筑节能改造计划，更新政府建筑供暖系统；③更新全国学校计算机，并安装节能系统；④扩展建设宽带网；⑤更新医疗设备，扩展医疗保险，覆盖低收入阶层；⑥实行减税计划，促进消费；⑦加强清洁能源开发，推动环保工程建设，提高环境质量	重点帮助面临房屋止赎风险的家庭以及贷款困难的小企业，刺激实体经济，在全社会创造工作岗位，提升民众消费
日本（王厚双，安江，2011）	①提供紧急担保贷款，降低高速公路收费，增强地方活力，支付生活、医疗、护理、福利对策费等；②大力扶持能源服务产业的发展，通过加强与国际社会的技术合作，向海外宣传日本的节能技术和新能源技术，大力发展低碳环保型服务贸易；③深化服务业各领域的自由化改革；④加大金融投入，支持企业外贸活动；⑤积极投资海外，拓展企业融资渠道	解决民众的后顾之忧，进而拉动内需，降低贸易依存度，寻求新的经济增长点，培育新的支柱产业
英国（赵霞，2010）	①创造120万绿色就业；②整体改建700万户民宅，支持150万户家庭生产自己的清洁能源；③全国40%的电力来自低碳能源；④削减50%的天然气进口量；⑤小轿车平均碳排放量比目前降低40%。发展影视文化；提升制造业	形成以政府政策为主导、市场运作为基础，以企业、公共部门和家庭为主体的低碳经济互动体系，发展可持续经济
新加坡（牛珂荣，孙毅，2011）	①保持新币币值稳定；②向企业提供优惠贷款和扶持，改善企业经营环境；③开辟和依托新兴市场，尽力减少危机影响；④促进就业市场稳定，打造全球化人才高地。	恢复经济，减小金融市场遭受的冲击。
香港（慎少辉，2009）	①加快推进基础设施建设和港珠澳大桥建设，推动经济增长，带动就业；②积极开拓新的经济增长点，发展创意文化、创新科技、教育医疗、中医药等新兴产业；③加强对金融机构的监管，增强金融和经济机构的管理能力，采取积极的金融和财政措施；④加快港深共建、粤港合作的速度，加紧与内地的融合，积极开拓内地市场	摆脱金融危机带来的消极影响，增进物流和人流的畅通，提高企业竞争力，寻找香港经济新的增长点

全球性国际大都市港城建设阶段、动力及内容　　表4-62

城市	阶段	空间格局特点	动力	主要建设、发展内容
纽约	城市发源与港城初步联系阶段（18世纪至1930年）	腹地扩大至美国中西部	面向英国的出口贸易的推动，伊利运河与五大湖的联系，外来移民涌入	伊利运河开凿、高速公路建设等交通基础设施的投入，连接广大内陆腹地，劳动力大量涌入，产品制造基地与港口距离缩短

续表

城市	阶段	空间格局特点	动力	主要建设、发展内容
纽约	港口发展推进下的大都市区形成阶段（1930年至20世纪40年代）	多中心大城市建设	工业革命启动，广大腹地的制造业发展及港口的交通优势使对外贸易迅速崛起	科技发展为制造业提供资金、技术支持，企业总部集聚曼哈顿，金融业逐渐兴起
	大都市格局构建、成熟阶段（20世纪40年代至今）	建设用地规模保持基本稳定	空港和海港的联动作用，区域经济发展，全球性经济活动促使继续保持强大的交易额	建立郊区住宅区、商业区以疏解城市功能，制造业地位逐渐弱化，空港建设、物流业发展
伦敦	港城联系紧密的世界顶级城市造就时期（16世纪至20世纪初）	码头区发展到达了顶峰	制造业的发展，工业革命注入动力；世界航运、造船、租船公司代表机构在伦敦建立，产业渠道拓宽	铁路干线延伸，航运大力发展，制造业生产力提升，港口相关事务解决了大量就业
	城市扩张、新城建设阶段（20世纪初至70年代）	城市建设用地受大伦敦规划作用，城市功能外迁，范围扩大	人口涌入，城市问题突出，基于大城市的研究，开展新城建设；工业制造业趋于饱和，商业投资兴起	加强都市公园建设，建设11个卫星城
	大都市格局形成、码头区复兴阶段（20世纪70年代至今）	大伦敦范围基本确定，建设用地总量保持稳定	生产性服务业比重首次超过制造业，码头区规划触发码头区复兴	设立自由经济区，鼓励码头区功能的综合化
东京	城市基本建设时期（15世纪至20世纪初）	城市空间规模变动不大	人口膨胀，传染病和火灾、基础设施等问题日益突出	“市区改正”等问题导向型的城市基础设施改造
	二战前高速筹备发展期（20世纪初至1943年）	东京港尚未发育，城市向郊区发展，迅速扩张	关东大地震爆发；劳动密集型产业发展；城市建设为战争服务，快速工业化；“广域海湾”构想	郊外铁路建设，军用工厂、防空空地大规模建立
	战后恢复，逐步迈向大都市时期（1943年至20世纪50年代）	东京港崛起，都市圈迅速发展，副中心建立，形成“多核多圈层”结构	冷战后，美国对日本的支持；“帝都再建方案”等规划构架了东京发展蓝图；金融、贸易行业势头强劲；各港口合力会聚成东京发展合力	战后复兴的大型项目建设，控制城市超大发展、建设卫星城、规划绿化带，各港口分工合作
	大都市高速增长与内部协调阶段（20世纪50年代至今）	城市空间规模基本稳定	经济泡沫破灭，对社会需求积极回应，港口对外贸易发展	形成港口发展集群

从表中可以看出，港城发展基本遵循“初步发展—快速发展—基本稳定—复兴与可持续发展”的规律。

2. 临港产业的类型与发展路径

产品和劳务的流通使港口城市收入增加，港口为城市基础设施的完善提供资金，不断丰富和完善城市功能。同时，城市基础设施的建设也要充分考虑港口及港航产业的需求。港口产业的兴衰与城市经济的发展密切相关。完善与畅通的集疏运系统是现代化港口成为综合交通运输网中真正的水陆交通枢纽的必要条件，而集疏运体系的建设有赖于城市以及区域基础设施的建设和完善（常冬铭，2008）。

随着经济全球化的深入，港口之间的竞争很大程度上是对经济腹地的争夺。表4-63中港口城市通过加快疏港公路、铁路、内河水运等集疏运体系建设，与内陆地区在多式联运、水水中转、无水港内河航道港口等方面进行广泛合作，以构建高效、绿色、智能、顺畅安全的物流通道，从而扩大与经济腹地的联系。如上海的“长江战略”以产权为桥梁，投资入股长江沿岸重要港口，使上海港与内陆地区内河港口协同发展，实现共赢。内陆地区成为上海港的重要货源地，据统计上海港外贸集装箱约90%来自长江流域，内贸集装箱约60%来自长江流域各港口；天津港发展海陆空综合运输体系，还与内陆城市开展“海铁联运”合作，还提出“将码头建到西部去”的口号，相继在新疆、河北、河南等省建立无水港，将天津港的服务功能延伸到内陆（唐宋元，2012）。

政府加强航运综合服务业平台的建设也促进了港口软环境的建设，是提高国际航运中心的集聚力、辐射力和带动力的重要突破口。如上海建立航运交易所，天津建立国际贸易与航运服务中心，大连建立大连航运交易市场，宁波建立国际航运服务中心，目的都是为了加强信息交流、降低交易成本提高办事效率、支持港口物流及对外贸易的发展。充分体现服务型政府的优势，在保证监管质量前提下大胆创新，如对通关服务进行业务流程再造，实行“一站式”、“一条龙”、“5+2”等服务创新，提高通关效率，为各类企业提供了很好的营商环境（唐宋元，2012）。

3. 城市发展演变

从伦敦历次规划和发展定位来看，这是一种问题导向型与目标导向型相结合的规划发展模式，在城市中心区不堪巨大发展压力的背景下，“疏解”成了规划中空间和产业功能都一再强调的关键词（图4-36，另见表4-9）。而在城市发展到一定规模后，抢占世界市场的高地已经不仅仅意味着着眼于地区层面，同时还包括勇于承担世界发展的责任，担当领头羊。伦敦开始以一种创新的、知识化的模式引导城市的发展。一方面，积极构建三产发育的平台，为技术型产业的发展培育土壤。一系列总部经济大楼、城市综合体的建设揭开了世界城市的“世界性”功能竞争的序幕。另一方面，努力探索新兴的产业发展领域，作为新的经济增长点。城市空间上，国际城市也开始注重地区发展的均好性，将视野投向一些欠发达地区。

国外典型港口重点发展的临港产业 表4-63

城市	临港产业													
	炼油石油加工	机械制造	食品加工	船舶修造	纺织制造	高新科技	汽车	钢铁	冶金/金属制品	煤炭	水泥	航天工业/飞机	印刷	橡胶/电力/新能源
新加坡	●	○	●	●	●	●	○	○	○	○	○	○	○	○
釜山	●	●	●	●	●	○	●	○	○	○	○	○	○	○
鹿特丹	●	●	●	●	○	○	○	●	○	●	○	○	○	○
汉堡	●	●	●	●	○	●	○	○	●（冶金）	○	○	●	○	●（橡胶）
安特卫普	●	●	●	●	●	●	●	○	●（有色冶金）	○	○	○	○	○
纽约	●	●	●	○	●	○	○	○	●（金属制品）	○	○	○	●	○
横滨	●	●	○	●	●	●	●	●	○	●	○	○	○	●（电力）
蔚山	●	●	○	●	○	●	●	○	○	○	●	○	○	●（新能源）
马赛	●	●	●	●	●	○	○	●	○	○	○	○	○	○
休斯敦	●	●	●	○	●	●	○	●	○	○	●	●	○	○
小计	10	9	8	8	7	6	4	4	3	2	2	2	1	1

注：●代表包含该项临港产业或其中的一项；○代表不含该项临港产业。
来源：余厚新. 临港产业区产业选择及发展布局研究[D]. 天津：天津大学，2010。

上海的城市建设与规划是渐进式的，与广州的发展有着一定的共性。这种“港口区域逐渐从市中心外移和拓展的扩张模式”充分体现了港口对城市发展的影响。经济上，港口的发展带来了巨大的对外贸易机遇，消费市场不断外拓，延伸到东南亚乃至世界各地，外向型经济的发展带来的是城市资本的不断积聚，而各大金融机构和企业总部也竞相入驻。空间上，为支撑巨大的消费市场，内陆腹地不断扩大，城市空间持续拓展，而总部经济的植入也充分影响了城市中心区的结构，市中心不再是单纯的商业机构，商务活动也成为其中重要的一部分。CBD地区对用地要求也促使它不断外移，从而集聚成城市的一个发展核心（图4-37）。

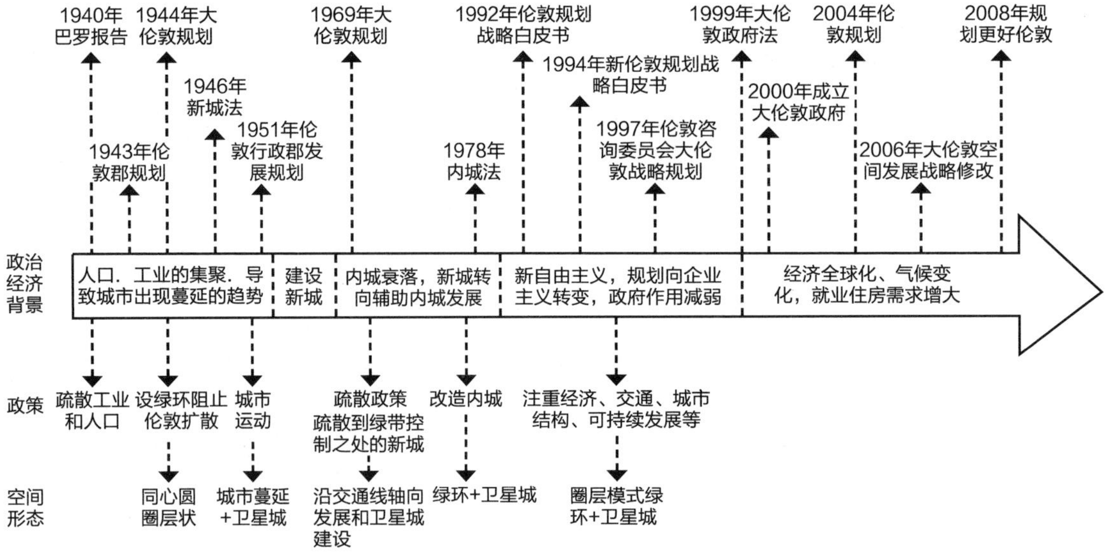

图4-36　伦敦规划演变历史进程

来源：何丹，谭会慧．“规划更美好的伦敦”——新一轮伦敦规划的评述及启示[J]．国际城市规划，2010（4）：79-84。

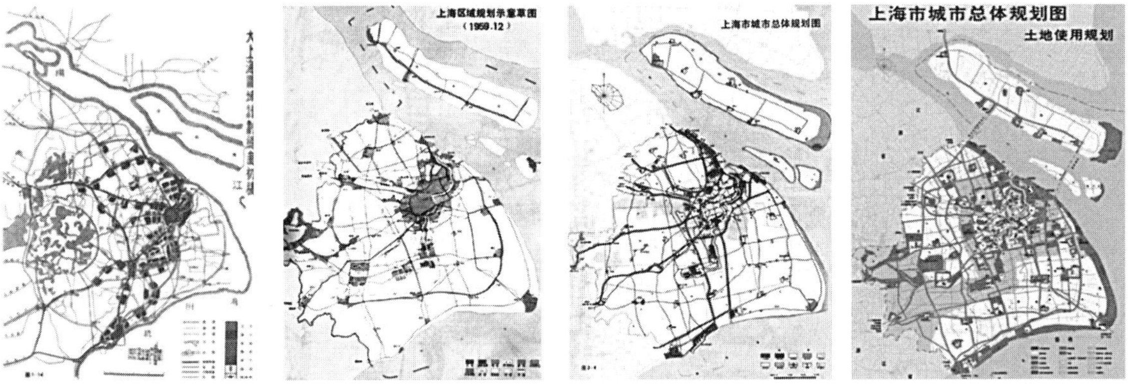

图4-37　上海市历次规划演变图

来源：http://wenku.baidu.com/link?url=p9q2T5zbt9FtApauC3C2bMlWJbc2bnbJJwZOmXa-QyLhHeE9joKO7rRwkG5G9pc0g9kj8bX7BJuzqb4ShdXr4jSc5TEue0po976Hh18XuBu

4.5 启示与借鉴

4.5.1 国内外生产性服务业空间模式比较

1. 国外发达国家生产性服务业空间模式

国外发达国家生产性服务业空间结构特征演变分为3个阶段：20世纪60至70年代，生产性服务业依托CBD呈现核心集聚的特征；70年代后，美国生产性服务业在大都市内部出现分散化趋势，随后也出现在加拿大和欧洲等发达国家大都市；80年代后，形成城市郊区办公中心与中心城区的功能分工格局（邱灵，2013）。

在空间集聚和扩散的总体趋势下，在发达国家内部仍呈现生产性服务业向主要城市非均衡集聚。由生产性服务业主导的城市化进程，并不会推动城市按原有的等级次序扩散，而是呈现一种明显不同的增长路径和非线形分布特征，最终推动国家和区域城市体系的结构演化和非均衡重组。生产性服务业越来越趋于向城市等级体系中的上位城市集中，并在一定程度上强化原有地域城市之间非均衡的空间组织关系（张庆、彭震伟，2013）。生产性服务业在不同城市间功能的非均衡组合，促使专业化区域分工格局的形成。

萨森（Sassen）对全球城市的研究发现，经济越是全球化，中心控制和管理职能越是集中在少数几个城市（即全球城市）。纽约、伦敦和东京作为全球城市网络的控制者，相互依赖、共存于一个非均衡的全球城市经济系统中执行中心地区的功能（张庆、彭震伟，2013）。

信息技术的发展，创新的扩散及柔性专业化的深化，促进服务外部化，由此导致密集的企业联系网络在都市内部形成，进而影响城市空间组织的变化。如首尔的3个生产性服务业集聚中心在地方企业网络和企业结构上，均表现出不同的特色和非均衡的分布性：CBD［包含中区（Chung）和钟路区（Chongro）］内部企业规模较大、成立年份较长，企业之间存在着激烈的竞争；位于中心城区的江南区（Kangnam）具有专业化的高端服务活动网络和较强的地方联系网络；永登浦区（Yongdeungpo）与邻近的制造业企业有着较强的前向联系，为制造业提供服务为主，空间上趋于边缘区（图4-38）（张庆、彭震伟，2013）。

同时，由于生产性服务业内部各部门的专业化分工，在都市区内部存在着微观层面的地理集中现象，从而形成生产性服务业多节点的空间分布格局。如温哥华的法律企业和公司总部办公分别集中于内城区一个相对独立的区块，纽约的广告业主要集中在曼哈顿华尔街区块的西区和城郊中心。此外，同一行业内部也会出现专业化的空间分工，表现出不同的区位倾向。金（Kim）对广告业在首尔的空间分布的研究表明，广告代理机构、印刷类广告企业以及传播类广告企业彼此间形成了紧密的分工与协作关系，并分别在都市区内部形成相应的集聚区（张庆、彭震伟，2013）。

2. 国内城市生产性服务业空间模式

国外大都市生产性服务业空间结构的演化

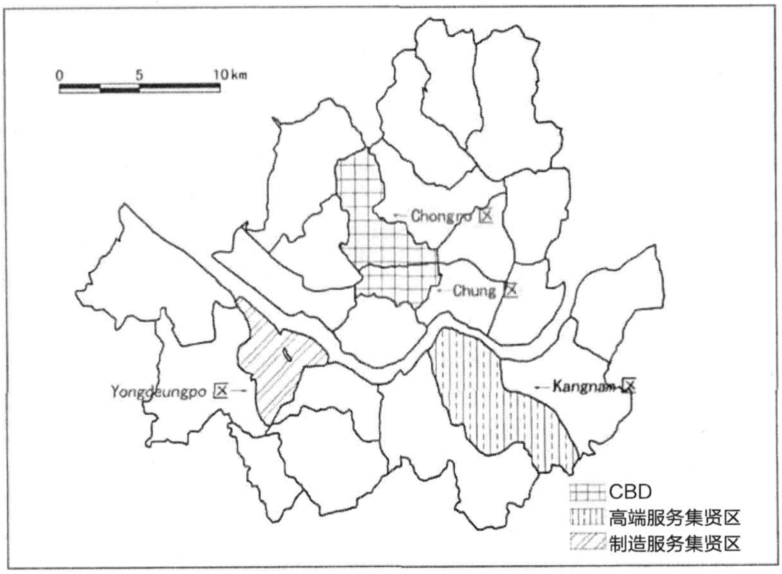

图4-38　韩国首尔市生产性服务业集聚区分布图
来源：张庆， 彭震伟. 国际大都市生产性服务业空间分布与演化的非均衡发展趋势[J]. 规划师， 2013， 29（11）： 76-83。

规律和特征正全部或部分在国内大城市出现，但又颇具中国特色，如上海CBD与中心城区分离，生产性服务业空间结构由单中心到多中心的演化特征在北京并不明显等。国内大都市生产性服务业空间结构演化受市场与政府双重影响更为明显。

北京生产性服务业整体上处于空间集聚阶段，主要分布于城八区，外围点状分布，近郊区内沿为快速增长的核心地域，制造业和配套生产性服务业具有空间可分性。上海高级生产性服务业呈现沿地铁线分布的卫星平台型集聚模式。杭州、南京、西安的生产性服务业则表现为大区域集中、小区域分散的空间格局且存在行业异质性（邱灵，2013）。

国内城市生产性服务业发展以集聚为主，扩散趋势主要是在政府政策导向下，以向城市新区或新城扩散为主。同时，国内生产性服务业的空间结构也体现出非均衡集中的特点。大都市区服务业发展水平普遍高于其他地区，表现出明显的空间差异性，且不同省（区，市）服务业内部结构存在着明显的梯度差异。而在城市内部表现出的空间布局特征主要为：①中心性，服务业主要分布在城市地区尤其是大都市区；②集中的分散性，集聚于CBD等多个中心地区，呈现地理分散但产业关联密切的空间格局；③专业性，即服务业中的专业服务业发展迅猛，呈现出明显的集聚特征（柳坤、申玉铭，2013）。

总体而言，生产性服务业越来越趋向于更高等级的城市集聚，其非均衡发展特性已被视为普遍的共性。在全球层面表现为中心控制和管理职能向少数几个全球城市集聚，在国家、区域层面表现为向核心城市或首位城市集聚。相比其他城市，功能等级高的城市表现出更强大的发展能力，从而进一步加深城市等级体系的断层化和服务功能的等级分化。但不同的区域和城市仍表现出不同的个性，如部分北美都市区的生产性服务业的空间分布模式已超越"多中心"进入普遍扩散阶段，而大部分国际大都市（包括纽约、芝加哥、波士顿等）的生产性服务业仍保持着高度中心化倾向，主要集聚在中心城区和近郊区范围内，反映了生产性服务业空间区位的复杂性。目前，中国主要城市正经历产业结构和空间格局的转型，需要通过更多城市案例研究来发现和总结特定背景下我国生产性服务业空间分布格局演化的规律（张庆、彭震伟，2013）。

根据国外对城市办公楼的相关研究，通过与国外大城市办公楼区位模式特征的比较，由于城市郊区化发展的驱动力和影响方式不同，加之自上而下式政府控制城市空间发展能力的差异，国内与国外城市相比存在显著的差异性特征（表4-64）（吴一洲等，2010）。

国内外城市写字楼空间分布宏观特征比较　　表4-64

	国际性大都市	国内大都市
城市经济发展阶段	后工业化时期	工业化中后期
写字楼区位模式	集聚与扩散并存，以扩散为主	集聚与扩散并存，以集聚为主
服务业区位特征	生产型服务业高度集聚，在城市中心区通过功能的延伸与裂变，形成主次多中心形态；	传统劳动密集型和资本密集型制造业从城市中心区向外扩散，生产性服务业在城市不同区位集聚，出现多中心形态雏形
写字楼空间演化阶段特征	（后期）城市多中心区、多层级的郊区分散阶段，城市多中心网络体系趋于成熟；	（中前期）从城市中心区单核集聚阶段向多核、多层集聚阶段过渡，并出现部分郊区化趋势
空间组织结构特征	多中心、多层级、强轴线	强主中心、弱次中心，多层级、弱轴线
功能形态特征	专业化后期，中央商务为主的高端复合形态	多中心专业化初期
服务业组合特征	综合性、多功能，集高端商业、金融、商务、文化、娱乐于一体	功能低级复合向专业化初期过渡
区块规模等级特征	首位度较高，次中心体系均衡发展，规模大	首位度高，次中心集聚与服务能力弱，规模小

来源：吴一洲，吴次芳，贝涵璐. 转型期杭州城市写字楼空间分布特征及其机制[J]. 地理学报，2010，65（8）：973-982。

通过国外城市写字楼的空间分布特征的对比，也给予了处于转型期的中国城市诸多经验和启示：①城市空间重组要适应产业升级，写字楼与服务业要协同发展，对城市写字楼发展的引导要适时和科学；②构建“多中心、网络化”的写字楼空间发展框架，开放型、多点集聚的空间发展形态是获得规模效应、降低交易成本的基础；③城市写字楼功能适应专业化的总体趋势，建设“垂直分工”与“水平分工”结合的办公区职能体系，这是城市产业价值链升级和综合服务能力提升的支撑；④适应城市空间结构，控制写字楼等级规模的合理序列，构筑均衡的空间体系是提升次中心服务能力，避免一级中心集聚不经济的基本要求，特别要重视城市空间调整中的副中心建设，强化城市办公集聚区在规模、功能和区位上的多样性及相互之间的关联与协作；⑤改善写字楼发展条件，加强立体化交通体系建设，以此克服距离产生的时间成本摩擦，提升办公活动与城市运行的整体效率（吴一洲等，2010）。

4.5.2 “国际城市2.0”与城市定位

1. 国际城市发展1.0型向2.0型的转变触发城市个性塑造

金融危机给世界各大城市带来了不小的冲击，后金融危机时代，“国际城市2.0”应运而生。“国际城市1.0版”强调功能空间的建设，在软环境上推广市民规范、双语标识、口岸服务和国际社区等。在完成有关国际城市的基础建设框架之后，即1.0版本的硬件设施建设，崛起中的城市必须也只能以挖掘本土文化和发扬自身特点为基点。“国际城市2.0”的提出正是应对这种背景下国际城市本身重振需要以及来自崛起中城市为求脱颖而出的经济、社会、文化的再造要求。文化创意、科技创新将成为城市在谋求跨越发展的道路上的核心策略（屠启宇，2012）。

同时，金融危机也证明，“再工业化”、经济“实体化” 是2.0版本城市经济发展的基本要义，世界城市应该比较均衡地发展高级服务业与先进研发制造业，以提高产业结构的弹性。

2. 应对“后危机”时代的城市战略：细化城市定位，制定不同层级的产业发展目标

应当在城市发展战略规划中，强调对于城市的整体认识，将城市发展定位层级展开，完整地厘清在全球层级—亚洲、国家层级—长三角层级—地方层级—都市区多中心层级等不同空间层次上的角色扮演和责任担当。

3. 迎击世界城市网络化格局挑战，加深复合化城市考量

世界城市网络化格局正在全球化与城市化的推进下从“金字塔形”向“钟形”转变，城市差距进一步缩小，中间等级城市竞争更为激烈，并成为新的增长亮点。在世界城市网络化格局的动态演变过程中，中间等级城市亦面临着同等级城市带来的挑战，为此不仅要在物质形态上具备与顶级城市对话的素质，也同时要在“地方个性”上突显自身价值。

复合型经济结构稳固城市发展基础：应当在产业上构建复合型的经济结构。为了增加应对危机的抵抗力，在产业结构调整转型的过程中，不能一味地强调服务业的发展而忽视了实体经济的支撑作用。工业、制造业乃至都市型农业的复合发展是城市经济整体竞争力提升的坚实基础。

复合化城市功能内涵延伸：在城市功能上，复合化体现在服务能力、生产能力以及创新能力的均衡发展。世界城市的战略规划以及产业发展规划，无一不突显创新能力的地位。城市在创新能力的强调上不能仅仅停留在创业园区的构建上，也要同时关注城市对创业环境的营造，包括创业人才的引进、创业环境基础设施的构建、创业设备硬件的要求满足等。

4.5.3 城市空间组织：寻求新的增长极

1. 利用海空港扩大城市功能腹地，提升要素集聚能力

在航空、港口双向层面扩大城市可利用的范围，充分运用周边城市、地区的资源，将自身融入世界经济，特别是地区经济，突出面向区域和国际的沟通能力优势。扩大腹地战略，把一定飞行、航海范围内的国家和地区，都视为通商及经济发展的腹地，为城市发展呈现一个充满活力与潜力的战略空间（图4-39）。

选择适宜产业推进机场城市建设：机场的产业集聚可以根据城市与机场的基本功能分3种类型进行选择。

直接与航空运输相关的服务产业、为机场航空运输直接服务的相关产业和利用机场区位优势集聚的产业，如航空物流业、食品业、维修业等，以及机场航空产业链延伸而在机场周边形成航空配套产业；为机场运输直接服务的相关产业，利用机场口岸功能和航空物流快速、安全的特殊优势，为时效性要求较高且体

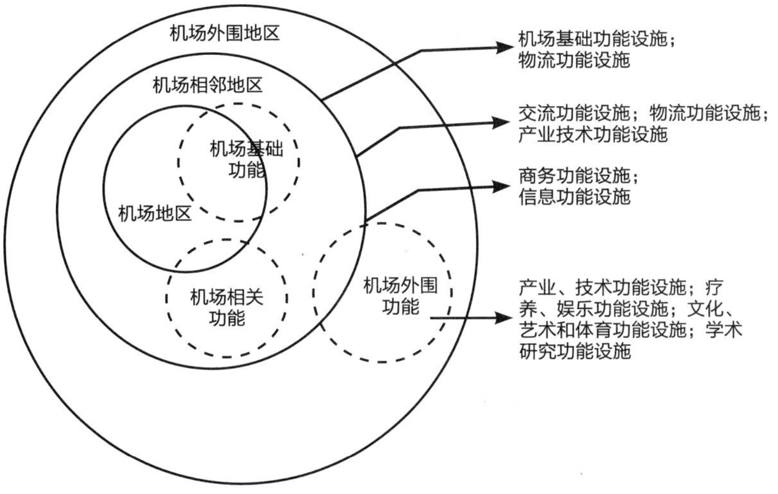

图4-39 国内外航空服务集聚区先进地区的综合服务设施
来源：屠启宇，苏宁，张剑涛. 国际城市发展报告[J]. 上海城市规划，2012（3）：36。

积小、重量轻、附加值高的产业产品提供服务；利用机场的区位优势集聚的产业，如利用机场的区位优势而延伸发展的总部经济、会展经济、旅游经济、文化娱乐等与航空关联的产业（崔亚红，2009）。

迈向“海港+空港”的都市发展新阶段：当前，国际上主要性的枢纽城市都已经完全超越了单一的机场模式，而开始寻求海港与空港的结合。两类交通方式的结合涵盖了交通运输两个不同的方面，为都市产业的对外合作拓宽了沟通方式。

国内沿海城市，特别是海陆空交通枢纽城市如宁波，栎社国际机场位于鄞州区，港区位于镇海、北仑，两者的空间距离接近。同时，高端临港产业的发展使得航空运输能够支付起运输的费用而争取时间成本。因此，两者在业务、客户群体乃至周边商业上的结合，对于正迈向新兴都市化的宁波来说是一个崭新的篇章。城市腹地的拓展，不仅是城市空间的扩展，也同时增强了城市生态的自我调节和控制能力，可以依赖周边地区环境资源、工业资源来缓解城市发展中的矛盾，避免城市生态环境的继续恶化，也使周边的绿色生态资源渗透进入城市。

2. 创新开发与再利用模式，复兴老港区城市活力

随着社会由生产型向消费型转变，城市滨水地区的价值也越加得到重视。在服务业占主导地位的后工业化社会中，人们愈发重视差异化的生活体验，更加认可多元化的价值观，更加注重人文要素的发掘和创造。

发达国家城市转型中，以滨水区的再开发带动周边整体环境的提升、促进经济发展模式转型的案例众多（杨一帆，2012）。借鉴伦敦金丝雀码头复兴的经验，宁波的港口滨水区在改造、复兴过程中可以走向旅游、经济综合体的方向，在原本港口集聚物流的基础上，吸引人流、资金流，为港口的再发展积聚力量。

另外一些则是依托于特定资源和生产运输条件的产业建筑地段，如城市滨水工业仓储区和水陆转运码头区等（王建国、蒋楠，2006）在城市推进演化中逐渐丧失了原有的地位。港口的复兴和活力提升是城市发展需要特别注意的方面。具体手法可以通过景观规划、港区产业植入、都市区建设等推进港区复兴，重塑港区形象（图4-40）。

3. 兼顾与社会成本，倡导复合型历史文化遗产、工业遗产的利用

布局高层次的服务功能以激发地区活力，迎合城市发展潮流；原有产业的结构升级以适应逐渐增加的土地和环境成本，以及解决就业需求等问题。对于城市棕地来说，保留一些优秀的历史工业建筑，一方面可以沿用旧城区的基础设施，另一方面可以对其进行改造利用形成以产业遗址为主题的观光旅游景点，促进旅游业的发展。

“都市工业+产业研发”的连锁开发：驻守在城市中心的工业，将充分利用城市中心区的区位优势，依托都市独特的信息流、人才

图4-40 澳大利亚墨尔本码头区，1920年（左）与当今（右）
来源：http://www.landscape.cn/Index.html

流、资金流、现代物流等社会资源，进行产业的升级改造。发展高附加值、绿色环保的都市型工业，同时衍生出具备研发能力，以产品设计、技术开发为主的科研机构作为技术支持，形成“产业+科研”的连锁开发模式。

许多城市的旧城区已经出现工业发展不能满足城市发展需要的问题。一味地从老城撤离出工业的方式也面临着安置、再发展的难题。将都市工业与产业研发相结合，能够给这些面临衰退的传统工业注入一剂兴奋剂，避免过去单纯撤离工业所带来的问题。

“大商务+大商业”的复合型开发：随着城市能级的提高，城市对服务业的需求层次也不断提高。商业的提升离不开商务需求，完善的商务环境更离不开高品质的商业。尤其在消费型社会对生活体验的要求愈发多样化的今天，复合型的发展模式将为宁波这座现代都市带来更丰富的办公、生活、休闲体验。

深入挖掘历史遗存的史学价值：如格罗皮乌斯（Walter Gropius）和迈尔（Adolf Meyer）1911年设计的法古斯鞋楦厂，这是在欧洲第一个完全采用钢筋混凝土结构和玻璃幕墙的建筑物，具有重要的建筑史学价值（王建国、蒋楠，2006）。它被完整地保留了下来，并作为建筑学历史上的里程碑供后世观瞻。

展览、表演以及地标建筑的艺术价值再造：从世界范围看，欧洲和北美产业建筑遗产及地段保护实践已成为城市再开发中的一项普遍性工作，并积累了丰富的经验（图4-41）。城市应充分利用历史建筑所在地区的有利条件和潜力，如地块较大且完整，地价便宜，建筑质量较好且再利用潜能大，为城市创造一种文化延续、富有活力的发展空间。另外，通过适当的功能植入，为城市提供商业、娱乐、办公、餐饮等，从而为该地区重新建立城市生活和社区功能奠定基础（王建国、蒋楠，2006）。

图4-41 埃森关税联盟12号煤矿建筑改造成工业艺术展览馆（左）与瑞士温特图尔苏尔泽工业区将一货物堆场改造成室外表演场地（右）
来源：http://www.landscape.cn/Index.html

4.5.4 城市产业结构调整与转型升级

1. 发展以“知识化、技术化、创意化”产业为主导的产业结构

在建立现代都市的过程中，应着力发展技术密集型、知识密集型的高新技术产业，用新技术、新思路改造老企业，促进传统产业升级。强化科技招商引资，提高信息化建设水平，鼓励高新技术企业创业，还要通过城市的创新能力扩大生产力提升空间。

城市的产业技术提升，应当首先聚焦在先进制造业的高端领域和高端产品，鼓励企业形成高端制造、制造服务和资本控制的能力。其次，在高端服务业发展上，要重点发展提供全球性服务和区域性服务的生产型服务业，建立起面向更广大地区乃至全球的现代服务业中心和高级服务业生产基地。最后，在产业融合上，应当发挥“智慧城市”建设过程中信息化水平提升和市场扩充的优势，促进产业集聚。

2. 紧密联系与激活内外部消费市场，培育都市新兴产业

国内很多城市还停留在依托政策、现有资源来解决金融危机的层面上，而国外典型的国际大都市都已经开始着力寻找新的经济增长点。

城市应该充分发挥其地理、交通等优势，向外拓展消费市场，寻求经济合作。而与消费市场紧密相连的产业发展正是能够顺应未来发展的产业趋势。单纯以制造业为支柱产业的发展模式不仅在应对金融危机的过程中显得薄弱，而且在资本集聚的过程中也显得效率过低。开拓对外市场的同时与内陆地区的广大消费市场联系，在向高端服务业、制造业转型的过程中，也顾及传统制造业的发展，使城市在未来的竞争中有更为充分的回旋余地，增强应对危机的能力。

3. 制造业发展探求新城空间和服务支撑

世界城市理论体系下引发的服务业大规模入侵城市产业的方式，会使实体经济中的制造业只能屈居在狭小的空间里生存。金融危机带给我们最重要的启示就在于服务经济的非实体化所带来的发展弹性的丧失。在城市产业未来的发展中，传统制造业和新型制造业的发展依然不可偏废。

软硬兼顾保持产业活力，支撑制造业长远发展：在新城建设的过程中也需要重视影响制造业集聚和发展硬实力和软实力。在日本首都圈制造业发展过程中，各地区所积累的优质服务功能和高品质生产技术发挥着非常重要的作用。一些制造业的发展也充分依赖周边地区的研究所、企业研发基地，这些基地的集聚诱发了相关制造产业的聚集。今后在制造业服务要素的支撑上，不仅要建设便捷的交通运输系统、通信设施及金融服务环境，也更应关注这些研究机构的软实力水平。

4.5.5 “多中心”城市结构的建设引导

1. 充分关注CBD的内涵品质营造与产业组合

城市CBD的建设不仅仅在CBD的用地规模上，还应在内涵品质上体现。宁波的CBD建设应当从国际大都市发展中汲取经验，着力在CBD内涵建设上，如总部经济、商务办公的植入，逐步开拓新的产业功能，转变单一功能开发为多元功能复合发展，在城市土地利用中充分发挥单位面积土地的经济效益。

一些大城市的CBD在空间上，规模基本与上述国际大都市相当，但单位面积的经济效益产出和未来CBD产业的植入和选择却依然值得关注。可以增加CBD地区的土地利用强度，以能够凸显CBD功能定位的产业（如商务、商业、金融、休闲等）的集聚来体现CBD在功能内涵上的优势。

2. 化解“卧城”功能矛盾，释放郊区实力

目前世界上主要发达国家的特大城市大体都形成了“一个城市中心+多个郊区新城”的模式，并具有各自的发展历程和特点。这些郊区新城在功能上充当“卧城”的作用，同时也面临着通勤、功能单一等问题。

建立郊区产业体系，属地化就业：郊区新城的建设不仅仅是人口的空间疏散，同时也是城市产业体系重构的过程。从国际经验来看，塑造经济功能、构建产业体系、促进本地就业是解决郊区新城“功能单一”问题极其重要的举措。

城市在发展中要注重在周边形成特色鲜明、分工明确的产业布局体系，近郊地带（30~50km圈层）承接研发、居住、物流及轻工业职能，远郊地带（50~100km圈层）承接工业、休闲等职能。

完善配套设施，增强郊区功能：这一部分对于规划的依赖极大，因此编制郊区新城总体规划势在必行。在总体规划获得批准后，通过签约或强制的形式购买土地，对土地进行管理和预留，在新城范围内建设住宅、学校、工厂和公共的商业服务中心。

在此基础上，通过市场的作用，形成完善的配套设施，如建立大型购物中心等商业网点，为郊区吸引更多的居民提供基础。郊区功能的复合化、配套功能的同等化是郊区发展能力提升的关键节点。

建设发达的城际交通体系，提高通勤效率：目前伦敦、纽约、东京、巴黎等特大城市均建立了公交通达深度为40km左右的1小时经济圈，这使中心城区功能溢出、人口转移，为构建均衡协调、统筹发展的城乡关系提供了条件。规划中应当注意，新城与城市建成区在空间上要保持基本连贯，保证城镇发展与交通建设相协调。

4.5.6 产业发展配套措施与策略

1. 为所有居民提供产品，消除“城市鸿沟”

进入21世纪，“城市鸿沟”变得更加严重（屠启宇，2012）。外来人口涌入大城市不仅对城市的公共设施提出了更高的要求，对城市的包容性也带来了更大的挑战。诸如收入不平等、空间不平等、机会不平等、社会分隔等问题已经开始不断增加城市发展的社会、经济成本。

城市在完成经济转型的过程中也同时要加大对社会服务体系的投入，使公共产品和消费产品的受众面更广，能够真正成为为全社会居民服务的产品，缩小经济不平衡发展带来的“城市鸿沟”。

社会组织共建卫生医疗体系：在医疗上，要建立覆盖全民的卫生医疗体系就涉及两大关键经济因素：①个人对医疗服务的经济承受能力；②对个人医疗风险的防范。政府可以在增加医疗支出在财政支出中的比例的同时也积极鼓励各种社会、私营组织，包括非营利性的和营利性的，参与共同建设医疗体系。

外来资本支援教育事业：教育事业方面，可以通过开放、鼓励和吸引社会组织和个人资金、资源加入基础教育和义务教育的建设，如形成公益基金，发行福利彩票、债券等。此外，还可以选择性地接受国际组织如联合国教科文组织、世界银行等的人力、财力、物力支援。

提供多元化的经济服务，满足不同层级的需求：随着消费水平的提升，城市居民异质性的生活和消费需求日益提升，城市不仅需要更多高品质的服务业，也同时需要多元化的经济服务来为不同知识水平、不同消费能力、不同生活体验的人创造生活工作环境。因此，针对不同人群的不同需要提供多样的服务在城市升级的过程中显得尤为重要。

2. 培育极富个性的地方文化

“创意城市”比“创意经济”、“创意阶层”具有更广泛的意义，它将城市看作一个多组织机构的综合体和一种公共、个人及社区文化的混合体。它以文化为基本要素，因此，在“创意”大行其道，带领城市崛起的今天，这种创意就隐含着城市文化的个性。

以历史感知提高传统文化的认同感，以平台搭建提高传统文化参与度：城市传统文化的继承首先要来自于城市的地方认同感和自信度。这种认同感可以通过本地居民和来访游客的作为得以体现。认同感的提升一方面要让这里的居民了解这些历史，并在现代保存修缮中认真对待这些历史遗迹，让它们继续散发光彩，吸引民众去认知；另一方面也要让外来的游客能够在游览的过程中见微知著，能够客观地评价这些历史遗迹的价值。

在历史文化的参与度上， 要创建多元平台，让本土文化与外来文化紧密互动。平台建设包括政府相关机构积极寻求场所空间，建立常设性的文化创意市场，提供具有文化氛围的场所，使文化创意团队能够在创意市场中以较低的租金成本开展活动，建立品牌和提升知名度。同时，平台建设还包括规划文化园区，通过文化园区的建设打造文化创意产业旗舰基地，引进国际行销专业人才，协助文化创意者打造国际行销品牌。此外，通过引进创业投资基金和无形资产融资监督机制，为文化创意产业者营造良好的经营与创业环境。

5

宏观尺度生产性服务业空间演化格局与机制

5.1 生产性服务业发展概况：以浙江为例

结合国内最新行业分类标准和浙江省实际情况，将生产性服务业划分为交通运输、仓储和邮政业，信息传输、计算机服务和软件业，金融业，房地产业，租赁和商务服务业，科学研究、技术服务和地质勘查业6个行业。具体分类见表5-1。

近年来浙江省生产性服务业的产量不断增长，比重持续上升：生产性服务业增加值从2007年的2122.34亿元增加到2011年的7235.44亿元，年平均增长19.15%。2003年浙江生产性服务业增加值占全省GDP比重为18.2%，2011年上升到22.4%，8年共上升4.2个百分点，平均每年上升近0.5个百分点（图5-1）。从生产性服务业就业人员数的角度分析，2004~2007年持续增长，2008年比2007年下降了1.3个百分点，2009年同比上升1.3个百分点，从业人员的比重也保持上升之势（图5-2）。

2011年，全省GDP达3.23万亿元，人均生产总值5.92万元。其中第二产业增加值为1.65万亿元，占全省GDP的比重为51.2%，服务业增加值为1.42万亿元，占全省GDP比重为43.9%。总体上看，浙江经济发展水平已与中等发达国家经济发展水平相当。

从发展动态来看，浙江生产性服务业内部各行业的增长速度存在较大差异。2004~2011年浙江生产性服务业的平均增长速度为19.1%，其中金融业以22.6%的增长速度超过平均增速，其余5个行业均低于平均增速。

采用的生产性服务业分类对照表　　表5-1

交通运输、仓储及邮电通信业	货物运输、仓储、邮政
信息传输、计算机服务和软件业	软件、电信和其他信息传输服务、计算机服务、互联网信息、广播电视、移动增值、数字音视频等
金融业	银行、证券、保险、金融信托与管理、典当、其他金融活动
房地产业	房地产开发与经营、房地产管理业、房地产代理与经纪业
租赁和商业服务	企业管理、会计、法律、咨询、调查、广告、知识产权服务、会展等
科学研究、技术服务和地质勘查	研究与实验、专业技术服务、科技交流与推广、科技中介服务、地质勘查业

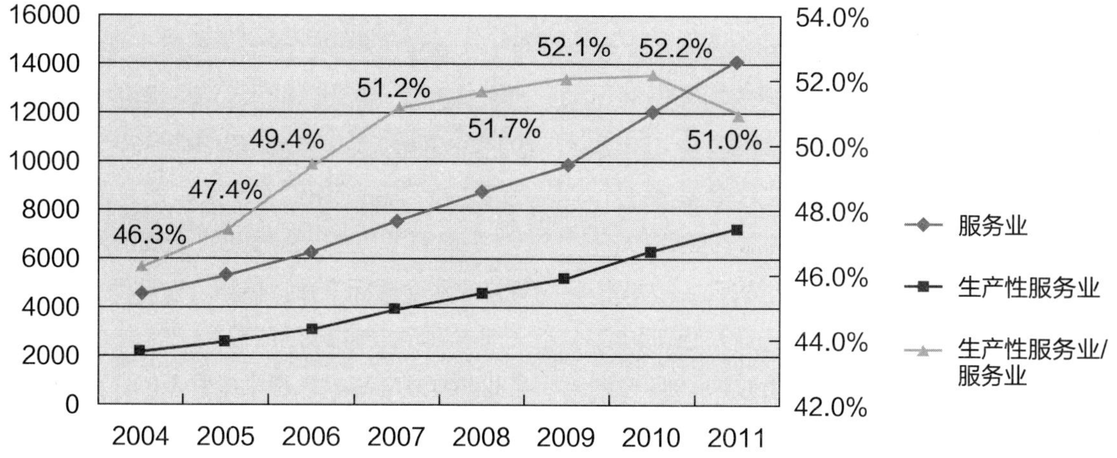

图5-1 2004～2011年浙江省生产性服务业增加值及占服务业的比重
来源：根据2004～2011年浙江省统计年鉴绘制

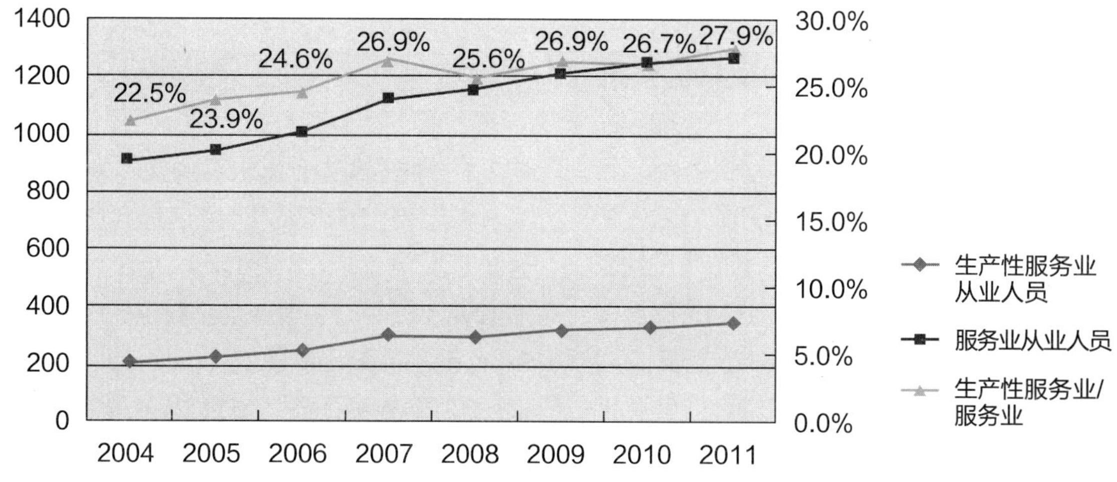

图5-2 2004～2011年浙江省生产性服务业从业人员状况
来源：根据2004～2011年浙江省统计年鉴绘制

最高增速与最低增速之间的差距达11.3个百分点（交通运输、仓储和邮政业为15.3%，金融业为26.6%）。生产性服务业所包含的行业中，信息传输计算机服务和软件业、金融业、租赁和商务服务业等新兴服务业占生产性服务业比重从2004年的50.3%上升至2011年的60.1%，7年内上升了9.8个百分点。科学研究、技术服务和地质勘查业等智力密集型行业及租赁和商务服务业等行业，尽管增长速度较快，但各个指标值都不高，表明这些行业尚处于起步阶段，发展水平较低，市场竞争能力不强。

从生产性服务业的区域分布看，杭州、宁波是全省生产性服务业的主要集中地。从人均服务业增加值来看，浙江生各县市服务业的发展水平形成3个层级：杭州、宁波为第一层级，舟山、嘉兴、绍兴、金华、台州、温州、湖州为第二层级，衢州、丽水为第三层级。各个层级之间差距较大，各地市人均服务业增加值最高值是最低值的3.8倍（郑长娟等，2008）。

从2011年生产性服务业增加值和主营业务收入两项指标来看，杭州、宁波两市合计数分别占到了全省的48%和43.8%。生产性服务业的发展与其需求是紧密联系的，但在浙江生产性服务企业服务半径还不十分大的情况下，生产性服务业过于集中在一个城市，难以满足全省工业企业对生产性服务的需求，也不利于生产性服务业本身的发展（吴志鹏、汪全立，2007）。

5.2 新型工业化地域差异及其机理研究

服务业和工业制造业之间相互依赖、相互促进，互动演进发展。改革开放以后，浙江区域经济发展战略和产业空间布局发生了多次结构性变化，开始进入工业结构高度化阶段。借助ESDA-GIS空间分析框架，对浙江省现状69个县级行政单元新型工业化地域差异进行空间识别，有助于分析区域经济发展的模式，比较不同地区发展的潜力和发展模式，并为浙江省转变经济增长方式，走新型工业化道路，实现工业和生产性服务业互动发展提供相关建议（吴一洲等，2009）。

5.2.1 浙江省工业化水平的空间差异研究

研究采用基于GIS平台的探索性空间数据分析ESDA（Exploratory Spatial Data Analysis）法，主要包括全局统计（Global Statitics）和局域统计（Local Statistics）。通过ESDA相关分析，可以描述新型工业化区域差异在空间上的变化状况，在空间上探索浙江省县级行政单元新型工业化区域差异的空间格局与形成机制（吴一洲等，2009）。

新型工业化内涵丰富，注重工业增长的质量和效益，因此，评价体系必须综合反映技术进步、经济效益、资源节约、劳动力素质、科研含量等新型工业化特质。根据系统性、可比性和可行性的原则，充分考虑指标的代表性、可获取性及可操作性，本研究选取了14项指标为新型工业化内涵评价的基本分析变量：反映工业化进程的变量有人均GDP（X_1）、工业劳动生产率（X_2），反映工业化规模的变量有规模以上企业数量（X_3）、城市建设规模（X_4）、工业固定资产投资（X_5），反映工业化结构的变量有第二产业产值比重（X_6）、第三产业从业人员比重（X_7），反映科技化程度的变量有地方财政科教支出（X_8）、信息产业从业人员数（X_9）、全社会专业人员数（X_{10}），反映工业化集约水平的变量有万元工业产值耗水量（X_{11}）、万元工业产值耗电量（X_{12}），反映工业化环境效应的变量有环境公共管理人员数（X_{13}）、城市绿化覆盖率（X_{14}）。数据来源于《浙江省统计年鉴（2007）》，并以此构建浙江新型工业化空间差异分析的指标体系。

以浙江省69个县市的指标为样本，以14个指标的标准化数据为变量构建矩阵，采用SPSS对数据进行处理，采用KMO样本测度（Kaiser-Meyer-Olkin Measure of Sampling Adequacy）进行检验，得出KMO系数为0.862，大于0.7，说明很适合做因子分析。通过矩阵的特征根和相应的方差贡献率选择主成分，并得到因子提取结果和因子回归系数。按特征根大于1的原则选取主成分，根据SPSS软件计算结果可以选前3个特征根为主成分，其累计方差贡献率达到80%以上。但是鉴于得到的因子提取结果还不能明显地反映主成分所包含的指标信息，所以对其进行正交方差最大旋转，得到旋转后的因子提取结果和因子回归系数，并确定主成分如下：第一主成分对X_1、X_3、X_4、X_5、X_8、X_9、X_{10}等指标有绝对值较大的负荷系数，是表征工业化规模经济效益、人力资源状况和科技化程度的指标；第二主成分对X_2、X_6、X_7等指标有绝对值较大的负荷系数，是表征工业化进程与结构的指标；第三主成分则主要对应X_{11}、X_{12}、X_{14}等指标，是表征工业化环境友好与资源集约利用程度的指标。

5.2.2 浙江省新型工业化发展水平评价

1. 主因子频率分布分析

通过建立3个主因子值的频率分布图（图5-3）进行概括性统计特征分析，可以得出：①浙江省域县级新型工业化的主因子1和主因子3的频率分布都是偏态的，形态也缺乏对称性，说明工业化的规模经济效益和科技化程度、环境友好与资源集约程度都存在较大地域差异；②主因子1的区间值（Range）高于其他2个因子，说明工业化规模经济效益和科技化的分异程度大于其他2个主因子的差异；③主因子1的偏离系数（Skewness）显著大于0，并且中值小于均值，说明有较多的低值数据集簇分布，而高值数据离散分布；④主因子1的峰度系数（Kurtosis）远大于主因子3，说明少数县市的工业化环境友好与资源集约程度变异程度较大，大多数县市的规模经济效益和科技化程度呈低水平集簇式分布；⑤通过3个因子值频率分布特征的横向比较，可以发现

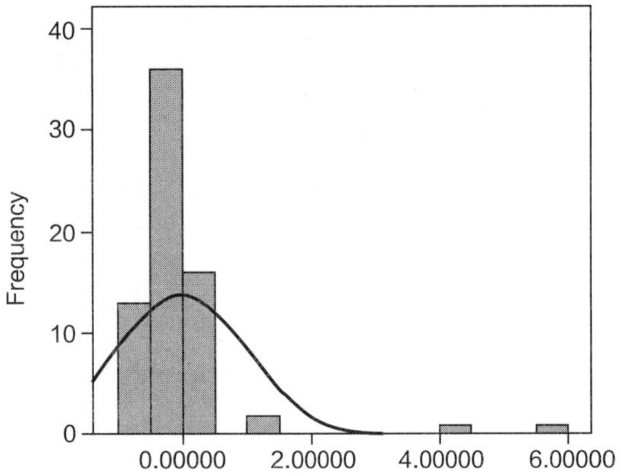

（*a*）规模经济与科技化因子

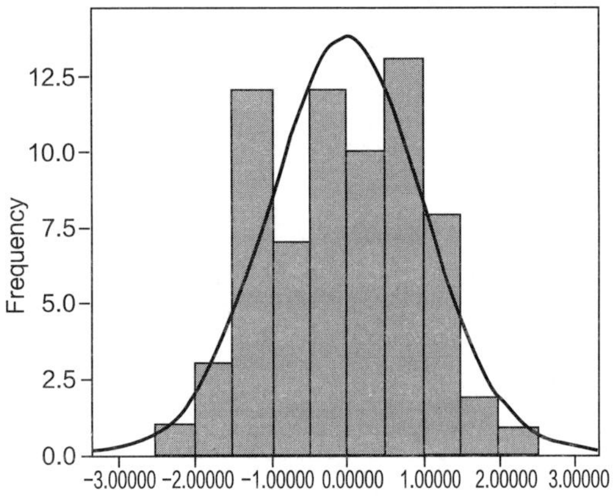

（*b*）工业化进程与结构因子

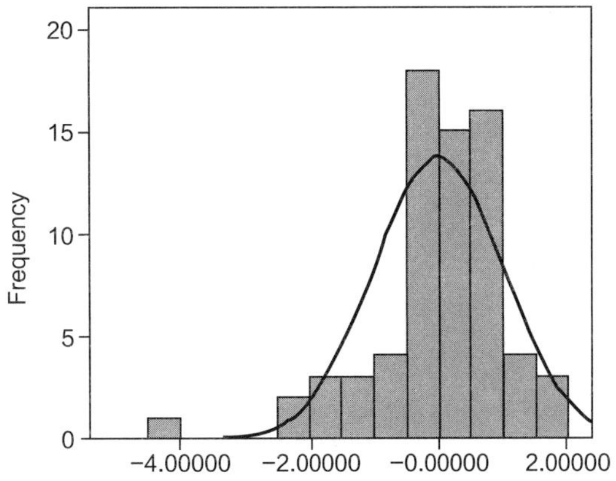

（*c*）环境友好与资源集约因子

图5-3 频率分布图

各县市的工业化主因子1和主因子3的值分布偏态程度要高于主因子2，说明工业化进程与结构水平的地区差异比其规模、质量差异小。

2. 浙江省域新型工业化综合得分及分类

以所选主成分的方差贡献率为权数，将各个因子得分进行综合，得出每个样本的综合指数S_i，公式如下：

$$S_i=\sum Y_{ik}V_k$$

式中：S_i表示第i个县市的主成分综合指数；V_k表示所选用的第k个主成分的方差贡献率（即权数）。然后根据综合指数进行分类排序（表5-2）。

5.2.3 浙江新型工业化地域差异及其机理

1. 综合发展水平“浙东北高、浙西南低”

研究采用*Moran's I*检验作为测度变量空间相互依赖水平的全局空间统计指标，公式为：

$$I(d)=\frac{\sum_i^n\sum_{j\neq i}^n W_{ij}(x_i-\bar{x})(x_j-\bar{x})}{S^2\sum_i^n\sum_{j\neq i}^n W_{ij}}$$

式中：$S^2=\frac{1}{n}\sum_i^n(x_i-\bar{x})^2$ X_i 表示在i处的属性值，W_{ij}是空间权重值。*Moran's I*取值范围在−1~1之间，当$I_{(d)}<0$时代表空间负相关，$I_{(d)}>0$时为空间正相关，$I_{(d)}=0$代表空间不相关。

根据空间多边形一阶邻接标准计算出新型工业化综合指数的*Moran's I*检验值为0.17，3个因子分别为0.17、0.39和0.15，均属于空

浙江省县级行政单元新型工业化综合评价指数　　表5-2

新型工业化水平	综合得分	地区
发展水平高	0.3以上	杭州市区、宁波市区、温州市区、台州市区、乐清、慈溪、诸暨、余姚、玉环、绍兴、温岭
发展水平较高	0.1~0.3	湖州市区、义乌、嘉兴市区、永康、平湖、富阳、海盐、德清、舟山市区、上虞、海宁、瑞安
发展水平一般	-0.1~0.1	永嘉、临海、宁海、象山、桐庐、金华市区、新昌、嘉善、桐乡、绍兴市区、临安、安吉、长兴、嵊泗、东阳
发展水平较低	-0.3~-0.1	丽水市区、嵊州、奉化、武义、建德、岱山、青田县、天台、浦江、仙居、洞头、苍南、平阳
发展水平低	-0.3以下	磐安、龙泉、淳安、三门、泰顺、缙云、云和、景宁自治县、开化、兰溪、庆元、松阳、龙游、江山、遂昌、文成、衢州市区、常山

间集簇（Clustered）分布特征，并对综合指数进行反距离权重（IWE）插值的方法将综合指数空间可视化（图5-4），从输出结果看，新型工业化水平呈浙东北显著高于浙西南的区域梯度递减的分异结构特征。此格局形成的主要原因是环杭州湾地区拥有平原地形和毗邻上海的区位优势，在经济辐射和产业扩散的带动下，在空间上依托高速交通干线形成环杭州湾“V”字形产业带，成为全省经济发展的龙头和长三角南翼经济圈的产业集聚区；温台地区依靠宽松的体制环境、敏锐的市场意识等先发条件，通过乡镇企业、民营企业与区域性市场建设等要素推动了工业化的快速发展，在省域空间上形成浙江东南部的产业集聚区；金华和义乌地区在改革开放后，以专业化市场为驱动的城乡市场经济迅速崛起，形成“专业市场+产业基地”的模式促进了浙江中部地区的发展。而浙西南大部分地区由于地形和交通条件的制约，未能生发城镇群的集聚合力，工业化和城市化一直处于相对落后的地位。

2. 区域中心城市显著极化

为了进一步探索县市邻域间新型工业化综合发展水平的关系，研究引入Moran散点图，来表达县级行政单元综合发展水平与该单元具有空间邻接关系的单元综合发展水平的空间滞后之间的关系，其权重为浙江省县级行政单元的一阶空间邻接权重。通过Moran散点图（图5-5）可以发现综合水平的波动比空间滞后量的波动大，尤其是综合水平为较高值时，空间滞后量却较低；而综合水平为低值时，空间滞

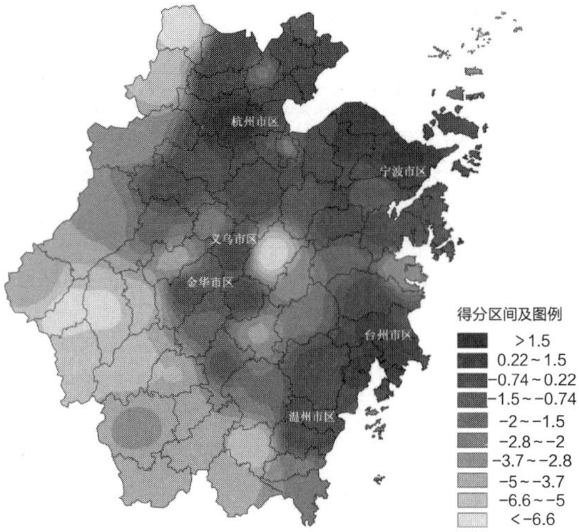

图5-4　浙江省新型工业化水平空间分异图

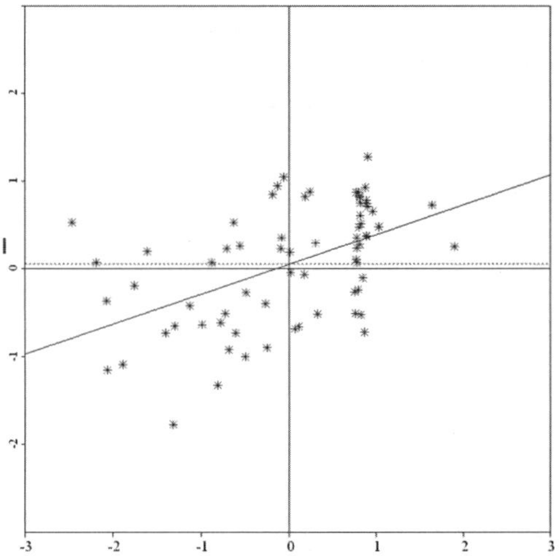

图5-5　浙江省新型工业化综合水平Moran散点图

后却较高。图中综合化水平处于1.2～3范围内的点体现出明显的离群分布状态，分别是杭州市区、宁波市区、温州市区和金华义乌地区，均为区域性中心城市和增长极，说明浙江省新型工业化综合发展水平处在空间极化的状态，符合区域增长极理论，表现为以区域增长极为中心，次高值地区普遍毗邻增长极的产业集聚区空间分异格局。同时，综合水平由低向高递增时，其空间滞后值逐渐减小，并且空间滞后值增减小的幅度小于综合水平值本身，这说明新型工业化发展的带动性和辐射性较强，体现出中心城市增长极带动下的区域整体发展。

3. 地区发展“俱乐部趋同”

所谓俱乐部趋同，是指在经济增长的初始条件和结构特征等方面都相似的区域之间发生的相互趋同（Converge to one another）。本研究通过局部空间自相关工具对新型工业化区域发展类型进行空间聚类分析，研究采用ESDA局部分析方法。1994年安瑟兰（Anseline）提出了空间联系的局部指标LISA（Local Indicators of Spatial Association），可揭示局部直至每个空间单元的空间自相关性质，LISA本质上是将*Moran's I*分解到各个区域单元，对于某个空间单元*i*可表示为：

$$I_i=\frac{X_i-\bar{X}}{S_3}\sum_{j=1}^{M}W(i,j)(X_j-\bar{X})$$

其中，$S_3=\sum_{j=1,j\neq i}^{N}X_j^2/(N-1)-\bar{X}^2$。根据各县级行政单元的新型工业化综合指数计算相应的*Local Moran's I*值及其显著性，并输出为LISA空间集聚图。按照综合水平与其空间滞后值的组合关系，从LISA空间集聚图得到4种

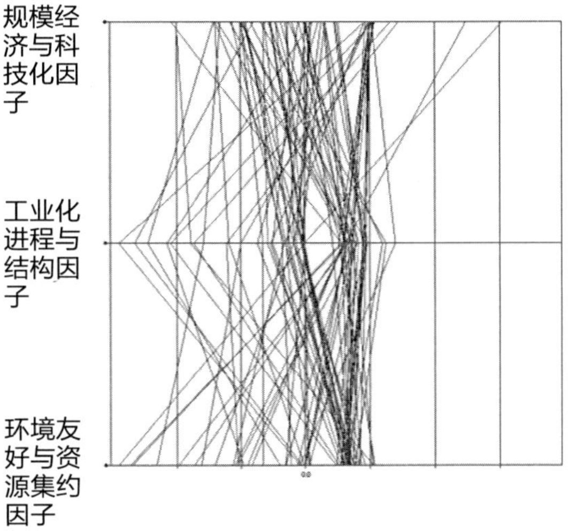

图5-6 新型工业化三因子平行坐标图

新型工业化空间“俱乐部趋同”类型：①空间差异小、区域自身和周边水平较高的区域（H-H），包括了29个县级单元，主要以面状分布于环杭州湾与温台地区，是浙江省经济最为发达的区域；②空间差异大，区域自身较高，但周边水平均较低的区域（H-L），包括了18个县级单元，呈点状分布在湖州、金华、义乌、永康、台州和温州等特色经济较为突出的地区，如义乌小商品专业市场、永康的五金业、湖州的轻纺服装业等；③空间差异较大，区域自身水平较低，但周边较高的地区（L-H），包括了11个县级单元，以连续的面状形态分布在大城市或发达地区周边，由于受区域中心城市的产业空间扩散机制与经济辐射机制的影响，其发展体现出明显的内外部差异性；④空间差较小，但区域自身和周边水平较低的地区（L-L），包括了11个县级单元，呈大面积连续分布在浙江西南区域，这些地区多为天然禀赋较差，工业基础较差，又缺乏区域中心城市的带动，表现为区域内部差异较小，与外部差异性较大。

经5%显著性分析可知，在杭州、宁波市区周围的慈溪、绍兴、海宁和诸暨等地，以及西南部大面积地区出现了显著性区域，分别是新型工业化发展水平的热点与冷点区域，可见浙江省新型工业化综合发展水平“俱乐部趋同”现象较为显著，表现为高水平区域与低水平区域在空间上趋于“集群”。

4. 自身因子平行水平不均衡

平行坐标图（Parallel Coordinate Plot）是一种数据可视化技术，将多维数据点映射为平面上的折线并且不损失信息，可以从微观角度来识别要素组合结构特点。研究通过3个主因子的得分标准化处理，在相同取值区间绘出3个因子平行坐标图（图5-6），从坐标轴之间的折线分布形态看，折线的斜率普遍偏大，说明具有较高的工业化规模和科技化水平的单元并不一定具有较优化的结构水平和资源集约水平。

浙江省属于沿海发达地区，因而规模经济和科技化因子的整体水平较高；但从各个县级单元微观产业结构来看，三次产业发展水平存在着明显的空间差异，文成、泰顺、洞头等地区与杭州、宁波同样属于第三产业发展水平的优势群体，但前者的规模经济与科技化因子得分与后者相差悬殊，这是因为前者缺乏发展工业的良好基础，而普遍将旅游业作为县域经济发展的主导产业，从而产生了结构因子得分较高的异常现象；前2个主因子得分较高的区域县市在主因子3的得分上普遍较低，说明浙江省工业化发展的集约水平不高。但从整体来看，由于浙江省工业化进程起步于传统的乡镇企业，产业结构以轻加工业为主，大规模、高能耗、高污染的重化产业相对较少，因而主因子3除了部分离群值外，整体差异较小。

通过浙江省新型工业化的指标评价与地域差异的空间分析，本研究得出以下主要结论：①省域范围内新型工业化发展水平整体呈现“浙东北高、浙西南低”的格局；②区域中心城市的极化效应显著，新型工业化水平具有增长极带动下的区域整体发展特点；③地区发展空间差异显著，在空间上体现出“俱乐部趋同”的集聚态势，环杭州湾与温台地区逐渐成长为高水平发展“俱乐部”，而浙西南地区可能陷入“普困陷阱”；④各单元自身的工业化水平组合特征不均衡，呈现出轻加工型产业结构特征下，规模与结构空间差异基础上的整体集约化水平低下；⑤ESDA的空间分析方法是研究空间现象的有力手段，特别适用于区域经济与社会发展领域的空间邻域关系分析，并适用于区域政治、自然灾害、房地产、犯罪地理学、流行病学等的空间分析，应用领域广泛；但该方法的局限性在于其属于历史动态分析，无法预测未来格局，因此需要借助模型驱动的CSDA和PSDA技术，同时还受到尺度变化效应的影响，如采用更小尺度的数据进行分析将能进一步提高研究的深入性。

在研究基础上，对浙江省新型工业化发展提出以下建议：

产业地域组织从块状经济向国际性产业集群转型。块状经济缺乏持续的竞争力，因此应积极培育国际性产业集群，并在其腹地建设特色制造业基地；推动城镇群之间形成合理的产业和功能分工，激发产业间的横向经济联系和纵向技术联系，因为一个产业的产出往往是另一个产业的投入，“高水平俱乐部”能对近域城市产生拉动影响，并由此破解浙西南地区的“普困陷阱”。

提升区域创新能力，促进区际均衡发展。通过产业集聚带的统一规划，提升区域创新力，跨区域发展和高校、研究院的科研协作关系，建立产学研合作基地，强化新型工业化的智力和技术保证。

加快欠发达地区中心节点的培育。浙江省西南山区是生态环境的绿色屏障，因而不能走大规模工业区建设的道路，应选择发展基础相对较好的县城和中心镇，培育区域中心和重要节点，增强基础设施的综合效能和服务水平，进而形成依托主要交通干道、点式集聚开发的点轴状城镇空间发展形态。

强化区域协调机制。产业结构政策关系到整个省际区域经济发展速度和环境影响的关键因素，因此，宜积极开展区域合作和政策交流，促进行政区域间的要素流动，通过增长极经济外溢与产业扩散机制形成新的产业集聚空间，并按照区域联动发展的要求，不断优化产业布局。

5.3 生产性服务业地域差异及其机理研究

5.3.1 浙江生产性服务业发展水平地域差异

1. 指标体系的建立

国内外学者对于生产性服务业的相关探究偏向于整体性研究，对于地区间差异方面的研究少且粗略，如只是简单进行东中西部分类；关于不同的经济发展阶段对生产性服务业的影响方面的研究也很少。研究主要利用2000年、2005年和2011年浙江省69个县级地区的相关统计数据，计算生产性服务业的发展水平与实际增长率，落实到空间之后，进一步剖析浙江省生产性服务业的演变格局。另一方面探究城市特征因素对生产性服务业的影响，以期为更好地推动浙江生产性服务业的发展与升级提供理论依据。由于本研究中数据较多，整个计算和分析过程较为烦琐，因此在下文主成分分析法和回归分析中均仅列举2011年的计算过程。

此外，运用综合评价方法分析和评价对生产性服务业的发展水平，涉及众多变量，每个变量的分析角度和反映程度都不一样，且有的变量间存在相关关系（张亚斌、刘靓君，2008）。所以选择主成分分析法，此方法可以减少指标相关性避免信息重叠和克服确定权重的主观片面性（丛明珠等，2008）。根据全面性、实用性、可操作性的原则，建立生产性服务业发展水平指标体系（表5-3）。

生产性服务业发展水平指标体系　　表5-3

因子	变量指标	单位	变量
宏观环境	人均GDP	元	X_1
	人均消费性支出	元	X_2
	人均固定资产投资	元	X_3
集聚水平	全部国有企业数比重	%	X_4
	生产性服务业在岗职工人数比重	%	X_5
经济规模	工业增加值	亿元	X_6
	第三产业增加值	亿元	X_7
	生产性服务业增加值	亿元	X_8

续表

因子	变量指标	单位	变量
产业结构	工业增加值占GDP比重	%	X_9
	第三产业增加值占GDP比重	%	X_{10}
	生产性服务业增加值占GDP比重	%	X_{11}
	生产性服务业增加值占第三产业增加值比重	%	X_{12}
发展潜力	高等学校在校学生数	人	X_{13}
	专利申请数	件	X_{14}
	外商投资企业协议投资额	万美元	X_{15}
	生产性服务业服务密度	人/km^2	X_{16}

来源：借鉴于张亚斌, 刘靓君. 基于主成分分析的生产性服务业发展水平评价[J]. 求索, 2009（12）：12-14。

2. 指标的计算分析

1）检验因素之适用性

将浙江省69个县级地区的原始指标数据导入SPSS软件。首先对原始数据进行KMO统计量的检验，其取值在0～1之间，越接近1表明原始变量相关性越强。表5-4显示KMO统计量在0.8以上，表示比较适合用主成分分析法。

2）求相关系数矩阵R的特征值与特征向量，并计算贡献率

对原始数据进行无量纲处理，以此来消除量纲差异。根据特征值大于1的原则，选取4个主成分F_1、F_2、F_3和F_4，其特征值和累计贡献率见表5-5所列。累计贡献率表示公共因子反映原指标信息量之和，由表5-5可知4个主成分的累计方差贡献率达到87.929%的信息量，代表了绝大部分的信息，可以显著反映生产性服务业发展水平。

3）计算因子荷载矩阵

F_1、F_2、F_3和F_4分别代表第一、二、三和四主成分。经方差最大旋转后得因子荷载矩阵（表5-6）。

第一主成分权重最大，为39.390，是最重要的影响因子。在工业增加值、第三产业增加值、生产性服务业增加值、高等学校在校学生数、专利申请数、外商投资企业协议投资额

KMO检验与Bartlett球形检验　　表5-4

KMO统计量		0.810
Bartlett	近似卡方值	2069.097
	自由度	120.000
	显著性	0.000

特征根与方差贡献表　　表5-5

主成分	旋转提取因子的载荷平方和		
	合计	方差百分比（%）	累计方差百分比（%）
F_1	6.302	39.390	39.390
F_2	3.305	20.658	60.048
F_3	2.812	17.573	77.621
F_4	1.649	10.308	87.929

旋转后因子载荷矩阵　　表5-6

因子	成分			
	F_1	F_2	F_3	F_4
人均GDP（元）	0.393	0.814	−0.189	0.148
人均消费性支出（元）	0.114	0.666	−0.363	0.216
人均固定资产投资（元）	0.312	0.887	−0.044	0.036
全国国有企业数比重（%）	−0.115	−0.136	0.786	−0.144
生产性服务业就业人数比重（%）	0.421	0.694	0.296	0.069
工业增加值（亿元）	0.882	0.364	−0.106	0.168
第三产业增加值（亿元）	0.933	0.281	0.029	0.194

续表

因子	成分			
	F_1	F_2	F_3	F_4
生产性服务业增加值（亿元）	0.943	0.244	0.042	0.205
工业增加值占GDP比重（%）	0.000	0.138	−0.942	0.045
第三产业增加值占GDP比重（%）	0.190	0.125	0.850	0.254
生产性服务业增加值占GDP比重（%）	0.379	0.224	0.486	0.737
生产性服务业增加值占第三产业增加值比重（%）	0.251	0.128	−0.163	0.870
高等学校在校生人数（人）	0.929	0.195	0.133	0.195
专利申请数（件）	0.932	0.239	−0.051	0.168
外商投资企业协议投资额（万美元）	0.948	0.249	0.001	0.069
生产性服务密度（人/km^2）	0.659	0.618	0.171	0.098

所占荷载比较大，显著地反映了产业发展的规模以及产业的发展潜力，取名为产业规模和发展潜力因子。

第二主成分权重为20.358，是比较重要的影响因素。与人均GDP、人均消费性支出、人均固定资产投资相关度较高，较显著地反映生产性服务业发展的宏观环境，取名为宏观环境因子。

第三主成分权重为17.573，是重要的影响因素。在全部国有企业数比重、工业增加值占GDP比重、第三产业增加值占GDP比重所占荷载较大，反映了国民经济内部的产业产值结构对生产性服务业发展影响较大，取名为产业结构因子。

第四主成分权重为10.308，虽然没有第一、二和三主成分重要，但是也在一定程度上显著反映了集聚水平因素，与生产性服务业增加值占GDP比重、生产性服务业增加值占第三产业增加值比重相关度较高，反映了生产性服务业的集聚水平，取名为集聚水平因子。

4）计算各主成分得分系数矩阵及各地区综合主成分得分

各主成分的系数等于其荷载量除以相应特征值的开平方。表5-7是各主成分得分的系数矩阵。

各主成分得分系数矩阵　　表5-7

因子	得分系数				因子	得分系数			
	F_1	F_2	F_3	F_4		F_1	F_2	F_3	F_4
X_1	0.157	0.448	−0.113	0.115	X_9	0.000	0.076	−0.562	0.035
X_2	0.045	0.366	−0.216	0.168	X_{10}	0.076	0.069	0.507	0.198
X_3	0.124	0.488	−0.026	0.028	X_{11}	0.151	0.123	0.290	0.574
X_4	−0.046	−0.075	0.469	−0.112	X_{12}	0.100	0.070	−0.097	0.677
X_5	0.168	0.382	0.177	0.054	X_{13}	0.370	0.107	0.079	0.152
X_6	0.351	0.200	−0.063	0.131	X_{14}	0.371	0.131	−0.030	0.131
X_7	0.372	0.155	0.017	0.151	X_{15}	0.178	0.137	0.001	0.054
X_8	0.376	0.134	0.025	0.160	X_{16}	0.263	0.340	0.102	0.076

各主成分乘以相应的权重加总，得出生产性服务业发展水平综合得分测算公式为:

$$F=(6.302\times F_1+3.305\times F_2+2.812\times F_3+1.649\times F_4)/87.929$$

根据2011年浙江省69个县级地区的相关数据，运用主成分分析法对其生产性服务业发展水平进行测定，得出排名及综合主成分得分情况（表5-8）。

2011年浙江省69个地区排名及综合主成分得分　　表5-8

排名	F得分	排名	F得分	排名	F得分	排名	F得分
1杭州市区	13.199	19海盐县	0.194	37三门县	−0.630	55云和县	−1.141
2宁波市区	7.698	20慈溪市	0.187	38永康市	−0.667	56青田县	−1.142
3温州市区	2.488	21富阳市	0.128	39临海市	−0.685	57建德市	−1.166
4嘉兴市区	2.400	22东阳市	0.027	40乐清市	−0.690	58缙云县	−1.179

续表

排名	*F*得分	排名	*F*得分	排名	*F*得分	排名	*F*得分
5绍兴市区	2.247	23岱山县	-0.067	41临安市	-0.708	59淳安县	-1.240
6义乌市	1.702	24余姚市	-0.104	42玉环县	-0.727	60松阳县	-1.243
7嵊泗县	1.488	25新昌县	-0.133	43德清县	-0.736	61龙游县	-1.311
8台州市区	1.462	26衢州市区	-0.136	44天台县	-0.753	62庆元县	-1.357
9金华市区	1.148	27洞头县	-0.152	45宁海县	-0.795	63开化县	-1.365
10舟山市区	1.142	28温岭市	-0.243	46景宁自治县	-0.941	64常山县	-1.367
11丽水市区	1.027	29诸暨市	-0.271	47仙居县	-0.990	65浦江县	-1.370
12嘉善县	0.886	30上虞市	-0.372	48泰顺县	-1.005	66兰溪县	-1.384
13湖州市区	0.612	31象山县	-0.431	49苍南县	-1.015	67龙泉市	-1.405
14绍兴县	0.489	32文成县	-0.466	50武义县	-1.022	68永嘉县	-1.410
15平湖市	0.469	33奉化市	-0.489	51桐庐县	-1.025	69磐安县	-1.808
16海宁市	0.437	34长兴县	-0.508	52遂昌县	-1.081		
17桐乡市	0.357	35嵊州市	-0.518	53江山市	-1.087		
18瑞安市	0.237	36平阳县	-0.612	54安吉县	-1.089		

注：2000年和2005年相应计算表格详见附表A、附表B。

根据同样计算方法，根据评价体系相应年份的统计、评价和主成分分析，分别得到2000年和2005年的综合得分（表5-9和表5-10）。

3. 浙江省生产性服务业空间格局的动态演化

将以上计算结果导入GIS矢量化后得到图5-7，可以看出2000年浙江省各县市的生

浙江省69个地区排名及综合主成分得分（2000年） 表5-9

排名	*F*得分	排名	*F*得分	排名	*F*得分	排名	*F*得分
1杭州市区	11.224	19文成县	-0.112	37洞头县	-0.542	55海盐县	-0.863
2宁波市区	8.423	20富阳市	-0.122	38淳安县	-0.545	56宁海县	-0.866
3金华市区	3.018	21长兴县	-0.244	39建德市	-0.586	57云和县	-0.904
4温州市区	2.701	22海宁市	-0.254	40永康市	-0.589	58新昌县	-0.923
5绍兴市区	2.061	23乐清市	-0.265	41天台县	-0.593	59常山县	-0.929
6嘉兴市区	1.794	24青田县	-0.280	42临海市	-0.619	60景宁自治县	-0.956
7湖州市区	1.053	25平阳县	-0.287	43诸暨市	-0.628	61松阳县	-0.963
8衢州市区	0.943	26奉化市	-0.299	44德清县	-0.646	62龙游县	-0.982
9台州市区	0.811	27临安市	-0.310	45浦江县	-0.705	63三门县	-1.072
10义乌市	0.773	28上虞市	-0.332	46桐庐县	-0.708	64江山市	-1.075
11嵊泗县	0.681	29瑞安市	-0.355	47玉环县	-0.760	65象山县	-1.109
12舟山市区	0.457	30桐乡市	-0.424	48兰溪市	-0.795	66磐安县	-1.117
13慈溪市	0.244	31岱山县	-0.439	49安吉县	-0.834	67嵊州市	-1.200
14温岭市	0.109	32苍南县	-0.442	50武义县	-0.834	68遂昌县	-1.273
15丽水市区	0.073	33龙泉市	-0.448	51东阳市	-0.839	69开化县	-1.380
16绍兴县	0.072	34平湖市	-0.457	52仙居县	-0.848		
17余姚市	0.005	35庆元县	-0.493	53永嘉县	-0.848		
18嘉善县	-0.003	36泰顺县	-0.499	54缙云县	-0.854		

浙江省69个地区排名及综合主成分得分（2005年） 表5-10

排名	F得分	排名	F得分	排名	F得分	排名	F得分
1杭州市区	11.316	19乐清市	0.540	37临海市	−0.469	55三门县	−1.247
2宁波市区	6.062	20湖州市区	0.504	38衢州市区	−0.522	56缙云县	−1.254
3温州市区	3.350	21金华市区	0.368	39嵊州市	−0.573	57青田县	−1.257
4嘉兴市区	2.116	22上虞市	0.323	40浦江县	−0.582	58龙泉市	−1.357
5绍兴市区	1.483	23瑞安市	0.303	41象山县	−0.583	59淳安县	−1.373
6台州市区	1.460	24舟山市区	0.257	42安吉县	−0.607	60仙居县	−1.381
7余姚市	1.411	25嵊泗县	0.228	43兰溪市	−0.609	61天台县	−1.402
8慈溪市	1.261	26新昌县	0.071	44平阳县	−0.650	62开化县	−1.468
9绍兴县	1.154	27永康市	0.042	45苍南县	−0.737	63磐安县	−1.547
10义乌市	1.121	28丽水市区	0.036	46永嘉县	−0.751	64洞头县	−1.635
11嘉善县	0.945	29临安市	0.036	47龙游县	−0.791	65庆元县	−1.689
12平湖市	0.924	30德清县	−0.053	48建德市	−0.815	66松阳县	−1.849
13诸暨市	0.771	31温岭市	−0.054	49遂昌县	−0.847	67泰顺县	−2.036
14富阳市	0.725	32宁海县	−0.267	50岱山县	−0.907	68文成县	−2.073
15海盐县	0.713	33东阳市	−0.303	51武义县	−0.909	69景宁自治县	−2.103
16海宁市	0.634	34奉化市	−0.306	52云和县	−1.163		
17桐乡市	0.592	35桐庐县	−0.327	53常山县	−1.191		
18玉环县	0.574	36长兴县	−0.391	54江山市	−1.238		

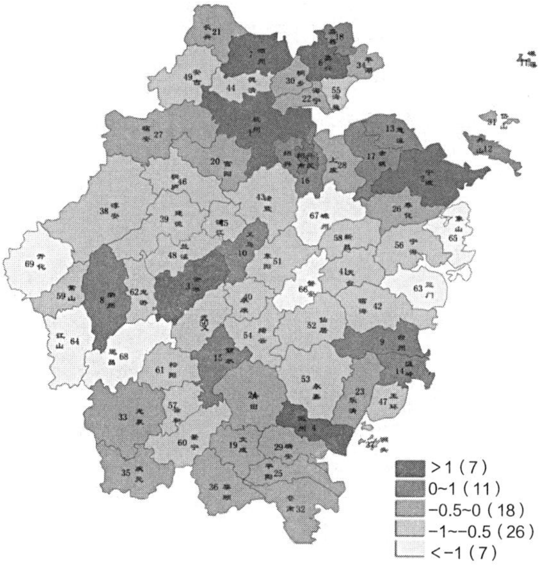

（*a*）2000年

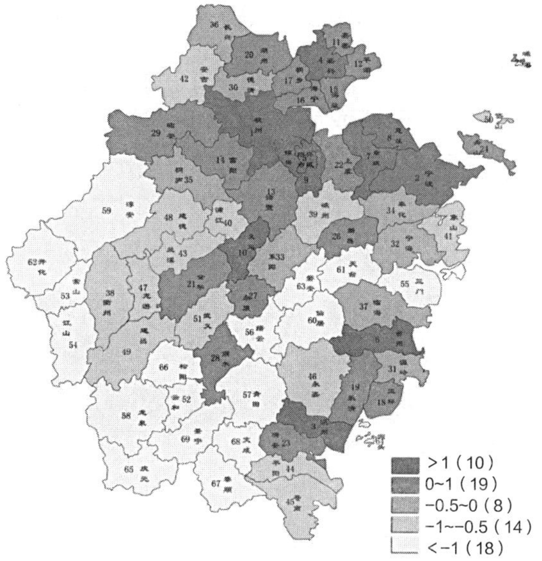

（*b*）2005年

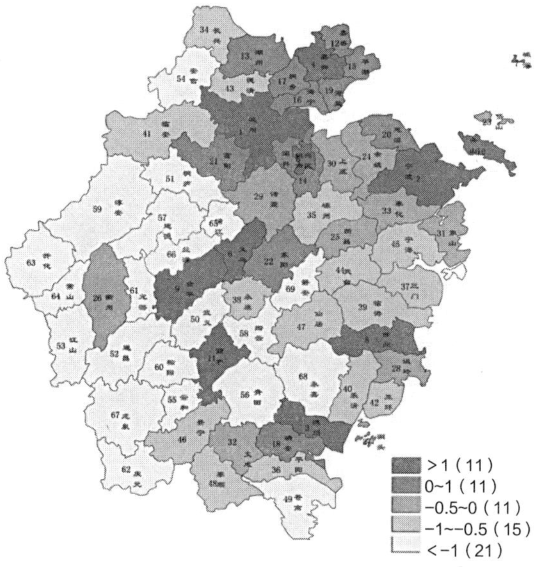

（*c*）2011年

图5-7　浙江省69个地区生产性服务业发展水平空间分布状况的演变
来源：根据2000年、2005年和2011年生产性服务业综合得分绘制

产性服务业发展水平较均衡，差异较小；2005年浙西地区县市的生产性服务业发展水平与其他地区之间的差异拉大；2011年，浙江省沿海地区大部分县市的生产性服务业发展水平较高。

整体上来看，浙东北地区的生产性服务业发展水平在近十年始终高于其他地区。杭州作为浙江省的省会城市，全省的科研机构和综合技术服务部门高度集中于此，形成相应距离的辐射圈，带动了周边地区生产性服务业的发展；浙东北区域靠近长三角中心城市——上海，与上海的生产性服务业的紧密联系有利于推动东北部区域与上海生产性服务业的联动发展。

另一方面，沿海地区的生产性服务业发展水平普遍较高。一是由于沿海的地理优势，便利的对外条件强化了对外资的投资吸引力。如宁波作为浙江第一港口城市，依托临港产业发展，生产性服务业发展水平处于全省前列。

另外，从图5-8中，2000～2011年浙江省69个地区生产性服务业发展水平的变化可以看出，各县市的生产性服务业发展水平都有所提升。浙江省中西南部地区的生产性服务业发展水平近十年中也在不断地提升，尤其是金华市区和义乌市。民营企业转型升级需要生产性服务业的大力支持，浙江省各县市之间的差距越来越明显，另一方面，世界各国经济发展的经验表明，城市化的发展水平是影响生产性服务业发展的重要因素之一，然而磐安县到2011年的城镇化率也仅仅超过32%，远低于浙江省的平均水平63.2%。另外，磐安县的

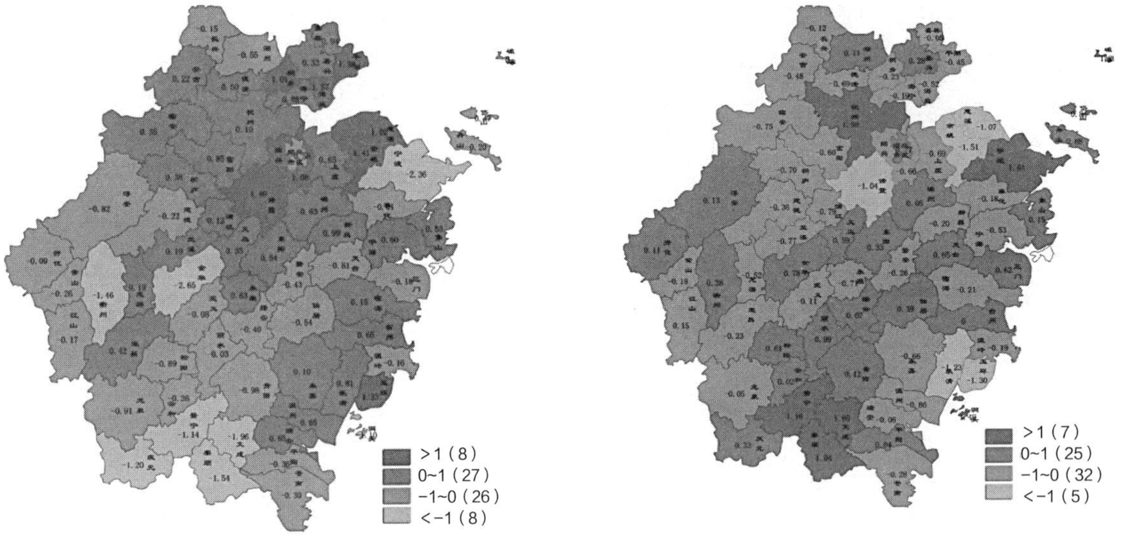

（*a*）2000~2005年　　（*b*）2005~2011年

图5-8　浙江省69个地区生产性服务业发展水平的变化状况
来源：根据2000～2011年生产性服务业得分变化绘制

交通较不便捷，与外部的联系和沟通不便，阻碍了其生产性服务业的发展。

5.3.2 生产性服务业各行业空间分布差异对比

1. 方法指标和数据来源

结合本次研究目的并考虑数据的可获得性，选取区位熵指标和显性比较优势指数来分析2008年浙江各市生产性服务业的产业集聚情况。基础数据来自《浙江省统计年鉴》（2009年）、《浙江省经济普查年鉴》（2008年）。根据本研究对生产性服务业的分类，选取年鉴中对第三产业分行业生产总值、第三产业分行业从业人员数的数据进行统计、分析和比较。

1）区位熵

区位熵（*LQ*）用来表示一个地级市的特定产业的就业人数与该地级市第三产业就业人数之比，再除以全省该产业就业人数与全省第三产业就业人数之比。如果区位熵指数大于1，则表示在全省范围内，该行业在该地区相对集中。*LQ*的计算公式如下：

$$LQ_{ik}(t)=\frac{e_{ik}(t)/\sum_k e_{ik}(t)}{E_k(t)/\sum_k e_k(t)}$$

2）显性比较优势

如果经济活动水平用生产性服务业分行业生产总值来衡量，那么上述指标就是“显性比较优势”指数（*RCA*）。如果*RCA*大于1，表明该行业在该地区相对集中，相对于其他地区具有比较优势。*RCA*的计算公式如下（李肖钢和裴路，2009）：

$$RCA_{ik}(t)=\frac{q_{ik}(t)/\sum_k q_{ik}(t)}{Q_k(t)/\sum_k Q_k(t)}$$

2. 浙江省地级市生产性服务业区际比较分析

根据全省各市生产性服务业区位熵、显性比较优势的计算结果可以得出以下关于生产性服务业中各行业的空间分布差异情况（表5-11）。

1）交通运输、仓储和邮政业

全省的生产总值比就业的集中度明显，各地差异较小。宁波、台州、衢州、湖州和舟山的*RCA*指数都大于1，即有该行业产值集中优势。舟山市的*RCA*指数超过2，表明舟山市的产值集中优势较大。具有就业集中优势的为舟山、杭州和宁波，*LQ*指数在1～2之间。此外，*RCA*和*LQ*标准差系数分别为0.49和0.51，反映了该行业的地区差异小。总体来说，舟山市的*RCA*和*LQ*都大于1，反映舟山市的交通运输、仓储和邮政业具有比较优势，但优势并不明显。

2）信息传输、计算机服务和软件业

全省的生产总值集中度和就业集中度差距不明显。杭州、温州的*RCA*指数都大于1，且相差较小，在浙江省具有该行业生产总值集中优势。具有该行业就业集中优势的只有杭州市，且*LQ*指数大于2，远大于其他市。此外，*RCA*和*LQ*标准差系数分别为0.66和0.20，反映了该行业各地区差异较小。综合来看，杭州市的两项指数都大于1，表明杭州市在全省中

2008年全省各市生产性服务业区位熵、显性比较优势　　表5-11

	交通运输仓储及邮电通信业		信息传输、计算机服务和软件业		金融业		房地产业		租赁和商务服务业		科学研究、技术服务和地质勘查	
	RCA	*LQ*	*RCA*	*LQ*	*RCA*	*LQ*	*RCA*	*LQ*	*RCA*	*LQ*	*RCA*	*LQ*
杭州市	0.66	1.69	1.32	2.85	1.11	1.24	1.04	1.89	1.48	2.04	1.93	2.50
宁波市	1.64	1.51	0.74	0.76	0.91	1.51	0.90	1.36	0.88	1.40	0.88	0.99
温州市	0.72	0.78	1.16	0.33	1.07	0.63	1.08	0.79	0.55	0.36	0.43	0.43
嘉兴市	0.99	0.62	0.79	0.65	0.96	1.01	1.04	1.65	0.97	1.40	0.71	0.94
湖州市	1.13	0.48	0.84	0.41	0.85	0.89	1.06	0.57	0.68	0.31	0.44	0.59
绍兴市	0.82	0.74	0.76	0.71	1.00	0.82	0.89	0.46	1.01	0.50	0.71	0.50
金华市	0.70	0.81	0.97	0.51	1.07	0.70	0.95	0.36	0.91	0.83	0.38	0.60
衢州市	1.16	0.69	0.70	0.68	0.86	1.70	0.95	0.27	0.64	0.38	0.51	0.56
舟山市	2.41	2.04	0.60	0.87	0.78	0.93	0.71	1.27	0.71	1.19	0.39	0.90
台州市	1.04	0.51	0.97	0.43	0.89	0.88	1.13	0.59	0.65	0.69	0.36	0.53
丽水市	0.89	0.63	0.93	0.80	0.82	0.84	1.17	0.25	0.58	0.56	0.66	0.62
标准差	0.49	0.51	0.20	0.66	0.11	0.32	0.12	0.56	0.26	0.53	0.43	0.56

具有相对比较优势，特别是从业人员方面。

3）金融业

全省就业集中度比增加值集中度明显，各地的就业集中度差异。杭州、温州、绍兴和金华四市的*RCA*指数大于1，但接近于1，说明在浙江省具有不明显的金融业增加值集中优势。从*LQ*指数来看，杭州、宁波、嘉兴和衢州四市大于1，反映了就业集中度明显，其中衢州市的*LQ*指数最高为1.7，表明衢州市的就业集中优势相对较高。而金融业的*RCA*和*LQ*的标准差系数分别为0.11和0.32，反映了金融业在增加值集中和就业集中方面各地的差异较低。综合来看，杭州市两项指数都排在前两位，表明杭州市在两方面都具有较强的地区优势。

4）房地产业

全省的增加值集中度比就业集中度明显，各地区区际差异较小。杭州、温州、嘉兴、湖州、台州和丽水六市的*RCA*指数大于1，在全省各市在该行业增加值集中优势明显。从房地产业的区位熵指数看，杭州、宁波、嘉兴和舟山四市的值大于1，表明该产业的就业集中水平高。 该产业*RCA*和*LQ*标准差系数分别为0.12和0.56， 表明浙江省房地产业各地区的差异较小。

5）租赁和商务服务业

全省的集中度不明显，2个指标的地区差异较大。杭州和绍兴的*RCA*指数大于1，反映这2个地区该行业的增加值集中优势明显。具有该行业就业优势的地区包括杭州、宁波、嘉兴和舟山， 杭州该行业就业集中水平高。 此外，该行业的*RCA*和*LQ*的标准差系数分别为0.26和0.53， 表明浙江省房地产业各地区的差异较小。

6）科学研究、技术服务和地质勘查

科学研究、技术服务和地质勘查方面，仅杭州市*RCA*值和*LQ*值大于1， 居于首位， 在浙江省具有该行业集中优势， 其他地级市的*RCA*值和*LQ*值均小于1， 表明全省各市在该行业集中度不明显，但区际差异较小。该行业的*RCA*和*LQ*的标准差系数分别为0.43和0.56，反映了该行业两个指标各地的差异小。综合来看，杭州具有综合区域优势，宁波、嘉兴次之。

总的来讲，杭州生产性服务业的集聚程度最高，除交通运输、仓储及邮电通信业相对不集中；宁波生产性服务业的集聚度较高，只有科学研究、技术服务和地质勘查业的*LQ*值小于1；舟山、嘉兴生产性服务业集聚程度次之，均有三项生产性服务业的*LQ*值大于1。丽水、温州、台州地区相对落后。整体来看，浙江省生产性服务业主要集聚于沿海城市，这跟地理位置不无关系。其中，虽然温州是沿海城市，但生产性服务业的集聚程度不高，这主要是因为温州的产业结构还是以制造业为主，2008年温州市国民经济三次产业结构比重3.2：54.2：42.6，二产比三产高出11.6%。虽然近年来温州积极调整产业结构， 但要实现转型仍需较长时间， 第二产业产值偏高的现状造成温州生产性服务业集聚程度低的主要原因。

5.4 城市特征对生产性服务业发展水平的影响效应

国内外关于生产性服务业空间聚集和生产性服务业发展的影响因素的理论研究（表5-12和表5-13）。

不同特征的城市和地区之间的生产性服务业发展水平存在明显的差异，为了探究城市特征对生产性服务业发展的影响，研究选取了人口规模、用地规模、境内公路里程、过境高速公路条数、建成区面积和城市等级6个因子来

国外学者关于生产性服务业空间的影响因素　表5-12

作者（年份）	区位分布的影响因素
Daniel（1985）	集聚经济，具有技术和专业知识的人力资源，基础设施
Beyers（1989）	接近客户，交通和通信通达性，基础设施情况，办公楼成本，公司决策者的个人爱好，劳动力的整体素质
Illeris&Akobsennn（1990）	高素质的劳动力市场，接近信息源，整体商务环境，成本因素等
Kristiansennn（1992）	接近消费者，信息获取，互补性行业，交通条件，专业技术人员
Michalak.et.a（1993）	接近客户，交通通达性，劳动力市场，便捷的信息交流，接近国际机场低成本，环境和知名度等
Marshall&Wood（1995）	接近相关，易达性相关和环境相关
Stare（1999）	高端人才集聚，城市水平较高的信息化服务，良好的教育环境，文化氛围
Halbert（2007）	完善的城市配套，便利的交通，良好的竞争环境，专业技术和能力的人才

国内学者关于生产性服务业空间分布的影响因素　表5-13

作者（年份）	研究区域	研究方法	影响因素
赵露璐（2008）	上海市	生产性服务业空间聚集化分布特征（区位熵）	动力机制分析（城市空间的演变、各区县发展的经济基础、政府的规划和政策）
董昕灵（2010）	工业大省一粤苏浙鲁	比较分析法，理论与实证相结合，定性与定量相结合	经济因素（经济环境、规模效应、前后向联系、人力资源），空间因素（接近上下游企业、办公租金），技术因素（创新环境、知识外溢），基础条件（自然资源、政治制度、交通基础设施、信息通信基础设施、社会文化）
吴蓉（2010）	上海市	投入产出法、统计分析、区位熵法、多元线性回归法	城市化水平人力资本制造业的聚集度产权结构
朱曼榕（2011）	江苏省	行业集中度（*CRn*）、空间基尼系数（*G*）、区位熵指数（*LQ*）、回归分析	知识溢出、信息化水平、城市化水平、制造业集聚、政府行为
陈晓梅（2011）	浙江省11个地级市	定量分析与定性分析相结合（*G*、*LQ*），静态分析与动态分析相结合，比较分析法	知识密集度、信息化水平、城市规模、政府规模

续表

作者（年份）	研究区域	研究方法	影响因素
刘淑华（2011）	我国东部发达地区、中西部欠发达地区	面板数据模型、回归分析	区域产业发展水平、体制机制因素、城市化水平、生产性服务业分工、技术创新和人才因素
雷艳（2012）	中西部地区165个地级以上城市	聚集水平的测度方法（行业集中度指数、空间基尼系数、赫芬达尔指数、区位熵），聚集影响因素实证研究（构建回归模型）	制造业聚集、政府行为、金融发展程度、信息化水平、城市规模、人力资本投入
王永锋（2012）	浙江余姚	对文献的积累和分析，问卷调查，因子分析，回归分析	地方政府支持（政府协调体系）、专业技术人才、土地资源、产业基础、专业市场
杨应德（2012）	中国191个城市	统计描述、空间计量分析、对比分析	专业化分工、市场化水平、工业化水平、城市信息化水平、人力资源水平、开放水平、城市间的产业关联、城市间的知识溢出
张勇（2012）	全国	区位熵（*LQ*）、空间基尼系数（*G*）、改进的空间聚集指数	知识存量、服务业聚集程度、城市化水平、政府规模、信息化水平
向鸿雁（2012）	广东21个城市	赫芬达尔指数（*H*）、空间基尼系数（*G*）、EG指数（γ）、区位熵	高级生产要素、市场需求、产业联系的外部性、同行之间合作与竞争、政府政策、机会

定量描述城市特征， 数据来源于2001年、2006年和2012年浙江省各县市统计年鉴和中国城市统计年鉴。其中城市等级将69个县级地区分为4个等级（杭州市区为第一等级，宁波市区为第二等级，温州市区和金华市区为第三等级， 其余的均为第四等级）， 分别赋予100、75、50和25的分值。

从表5-14的结果来看， 回归的可决系数和调整的可决系数分别为0.910和0.918， 即城市特征因子90%以上的变动都可以被该模型所解释，拟合优度较高。

方差分析表（表5-15）显示，统计量为281.124， 对应的P值为0， 所以， 拒绝模型整体不显著的原假设，即该模型是整体显著的。

将2011年城市特征的6个因子进行回归分析， 得到表5-16， 发现有3个因子的显著性小于0.05， 说明这些因子具有95%以上的置信区间。另外，城市特征的因子中对生产性服务业发展水平的影响程度从高到低分别为建成区面积、城市等级和用地规模。人口规模、境内公路里程和过境高速公路条数对生产性服务业发展水平影响不显著。

回归模型拟合优度评价及Durbin-Watson检验结果　表5-14

模型	拟合优度	调整的可决系数	回归的可决系数	标准差	Durbin-Watson
1	0.958	0.918	0.910	0.63671	1.681

方差分析表　表5-15

模型		平方和	自由度	均方	F	显著性
1	回归	281.124	6	46.854	115.575	0.000
	剩余	25.135	62	0.405		
	合计	306.259	68			

回归系数估计及其显著性检验　表5-16

模型		非标准化系数		标准化系数	t检验的值	显著性
		回归系数	标准差	回归系数		
（a）2011年						
1	常数	-1.722	0.387		-4.453	0.000
	人口规模（万人）	-2.495E-5	0.003	0.000	-0.009	0.993
	用地规模（km^2）	0.000	0.000	-0.138	-2.167	0.034
	境内公路里程（km）	6.296E-6	0.000	0.002	0.027	0.979
	过境高速公路条数（条）	0.133	0.081	0.094	1.638	0.106
	建成区面积（km^2）	0.023	0.004	0.699	6.001	0.000
	城市等级（分）	0.041	0.017	0.220	2.373	0.021
（b）2005年						
1	常数	-1.412	0.334		-4.227	0.000
	人口规模（万人）	0.005	0.003	0.143	1.466	0.148
	用地规模（km^2）	0.000	0.000	-0.235	-4.324	0.000

续表

模型		非标准化系数		标准化系数	t检验的值	显著性
		回归系数	标准差	回归系数		
1	境内公路里程（km）	0.001	0.000	0.205	3.098	0.003
	过境高速公路条数（条）	0.252	0.073	0.199	3.464	0.001
	建成区面积（km^2）	0.020	0.005	0.531	4.310	0.000
	城市等级（分）	0.009	0.016	0.051	0.051	0.591
（c）2000年						
1	常数	-3.387	0.323		-10.487	0.000
	人口规模（万人）	0.002	0.003	0.036	0.664	0.509
	用地规模（km^2）	0.000	0.000	-0.044	-0.800	0.427
	境内公路里程（km）	0.000	0.000	-0.075	-1.252	0.215
	过境高速公路条数（条）	0.018	0.074	0.014	0.245	0.807
	建成区面积（km^2）	0.014	0.005	0.276	2.925	0.005
	城市等级（分）	0.120	0.013	0.013	9.500	0.000

通过上述相同方法，2005年显著影响生产性服务业发展水平的因子有用地规模、境内公路里程、过境高速公路条数和建成区面积，而2000年则是建成区面积和城市等级。基于三个时期的分析，提取出城市特征里的建成区面积这一因子对生产性服务业的发展水平是有显著影响的，且正相关，说明建成区面积越大的地区生产性服务业发展水平就越高。

从研究结果看：

（1）生产性服务业的发展水平提升较快。生产性服务业的发展水平与各地区的产业发展规模和潜力以及建成区面积这三个因素有显著的相关性。浙江省各地区生产性服务业的增加值和就业人数均保持快速增长，在服务业中所占比重较大且不断上升，说明浙江省的生产性服务业正处于快速成长阶段。

（2）生产性服务业发展水平的地区差异显著。区域条件对生产性服务业的发展影响较大，杭州和宁波凭借优良的区位条件和经济实力，生产性服务业的整体水平和内部各行业的发展水平都处于领先地位。在2000年，浙江省各地区的生产性服务业发展水平的差异不明显。但多年来，基于多方面因素的共同影响，各地区之间的差距越来越显著，呈现出更加明显的集聚趋势。目前浙江省生产性服务业的发展水平已经形成了杭州、宁波为第一梯队，舟山、嘉兴、绍兴、温州、台州、金华、湖州为第二梯队，丽水、衢州则为第三梯队。

5.5 区位特征对生产性服务业发展水平的影响效应

基于相关理论研究成果，并考虑数据可得性，本研究中生产性服务业发展的区位影响因素主要包括以下5个方面：

（1）交通条件。一方面在现代社会，生产性服务业可在任何空间区位，其区位选择可以与制造业基地分离而集聚于大都市快速、便捷的交通网络便是其重要原因；另一方面，交通越发达，就越能促进物流等流通性服务业产业的发展。因此交通区位、交通设施等条件差异会影响到生产性服务业的聚集。

（2）地形地貌。浙江省各县市的地形地貌有较大差异，杭嘉湖平原地区地势平坦，有利于城市发展和产业；衢州、丽水等地区以山地为主，对于城市的用地开发成本和产业发展有一定限制，因此地形地貌对生产性服务业的发展有一定影响。

（3）服务配套设施。教育、现代信息通信、医疗等基础设施的完备程度决定着各地区生产性服务业的发展条件。教育设施完善，能够培育大批生产性服务业发展所需的具有专业素质的人才。信息和技术密集型是生产性服务业的主要特征，所以高效率的现代信息通信基础设施是其发展的重要支撑（王保伦、路红艳，2007）。

（4）制造业发展水平。生产性服务业来自于制造业的分工深化，因此一直以来很多的学者都认为生产性服务业的服务对象是制造业，其与制造业在空间上有协同效应（董昕灵，2009）。本研究将制造业发展水平列为其中一个影响因素，探讨制造业与生产性服务业的关系，即制造业的集聚是否能带动生产性服务业的集聚。

（5）政策因素。政府政策对生产性服务业发展的效率有很大影响，地区对外开放程度越高，吸引外资的能力越强，而且也有助于引进国外先进的管理技术营销的经验。政府和政策的作用主要表现在以下4个方面：①为生产性服务业的发展创造良好的外部环境；②为生产性服务业的发展制定相关的政策法规；③选择并培育生产性服务业增长点；④引导并培育相关人才（王燕，2010）。

5.5.1 研究影响因子的选择

本研究主要通过对各县市统计年鉴相关原始数据的处理分析，得出影响生产性服务业发展的关键因素。本研究主要采用SPSS因子分析法，在尽可能不损失信息或者少损失信息的情况下，将多组数据转化为少数有概念化意义而彼此独立性大的因素。这些因子可以有效概括大量数据中的信息，能以较少的变量说明其内在联系。以“服务配套设施”因子提取为例，简要叙述因子分析的处理过程。服务配套设施评价指标见表5-17所列。

服务配套设施评价指标

表5-17

指标选取	单位
中小学生占总人口比重	%
人均全年用电量	kW · h
医生数占总人口比重	%
人均拥有医院卫生院床位数	张
基本医疗保险普及率	%
人均拥有固定电话数	个
年末移动电话用户数	万户
电信业务收入	万元
国际互联网用户数	户

（1）首先，进行*KMO*和*Bartlett*检验（表5-18）。从*KMO*＝0.748检验来看，所选用的数据适合进行因子分析。

***KMO*和*Bartlett*的检验**

表5-18

取样足够度的Kaiser-Meyer-Olkin度量		0.748
Bartlett的球形度检验	近似卡方	711.573
	df	21
	Sig.	0.000

（2）解释的总方差（表5-19）：前4个因子的累计方差贡献率为98.644%，说明前4个公因子基本包含全部变量的主要信息，因此只选取前3个因子为主因子。

（3）经旋转后，因子便于命名和解释。根据旋转成分矩阵，因子1主要解释的是电话通信、信息技术，可以命名为信息通信因子；而因子2主要解释的医疗卫生，可以命名为医疗因子。因子3主要解释教育基础设施，可以

解释的总方差　　表5-19

成分	初始特征值			提取平方和载入			旋转平方和载入		
	合计	方差的百分比（%）	累积百分比（%）	合计	方差的百分比（%）	累积百分比（%）	合计	方差的百分比（%）	累积百分比（%）
1	4.562	65.170	65.170	4.562	65.170	65.170	2.955	42.216	42.216
2	1.335	19.065	84.235	1.335	19.065	84.235	1.947	27.812	70.028

续表

成分	初始特征值			提取平方和载入			旋转平方和载入		
	合计	方差的百分比（%）	累积百分比（%）	合计	方差的百分比（%）	累积百分比（%）	合计	方差的百分比（%）	累积百分比（%）
3	0.666	9.511	93.746	0.666	9.511	93.746	1.047	14.963	84.991
4	0.343	4.898	98.644	0.343	4.898	98.644	0.956	13.653	98.644
5	0.067	0.954	99.598						
6	0.018	0.254	99.852						
7	0.010	0.148	100.000						

提取方法：主成分分析

命名为教育因子，因子4主要解释用电量，可以命名为电力因子。

（4）根据因子系数和标准化后的分析变量得到“服务配套设施”这个因子的综合得分（见附表C），并作为变量保存，用于之后的回归分析。

5.5.2 分县市各影响因素分析

1. 交通条件

浙北三市高速交通便捷，有密集的水网，物流成本极低，浙东北有宁波—舟山大港口，航运交通发达。浙西南内陆地区受地形条件等影响，交通发展相对落后（图5-9）。

2. 地形地貌

浙北杭嘉湖地区以平原为主，地势平坦；浙东沿海地区土地肥沃，临海地区还有持续的造陆功能。浙西南丽水、衢州地区则以山地、丘陵地貌为主，地势地形复杂、地质灾害多，建设成本、技术要求高，交通建设难度大（图5-10）。

3. 服务配套设施

浙北地区、东部沿海地区以及各地级市的服务配套设施条件较发达，中部地区城市服务配套设施现代化水平处于中游，浙南丽水地区相对落后（图5-11）。

4. 制造业发展水平

浙江的制造业以资本密集型为主，其次为劳动密集型，最后为技术密集型。浙江省各县市制造业发展水平差异较大（图5-12），

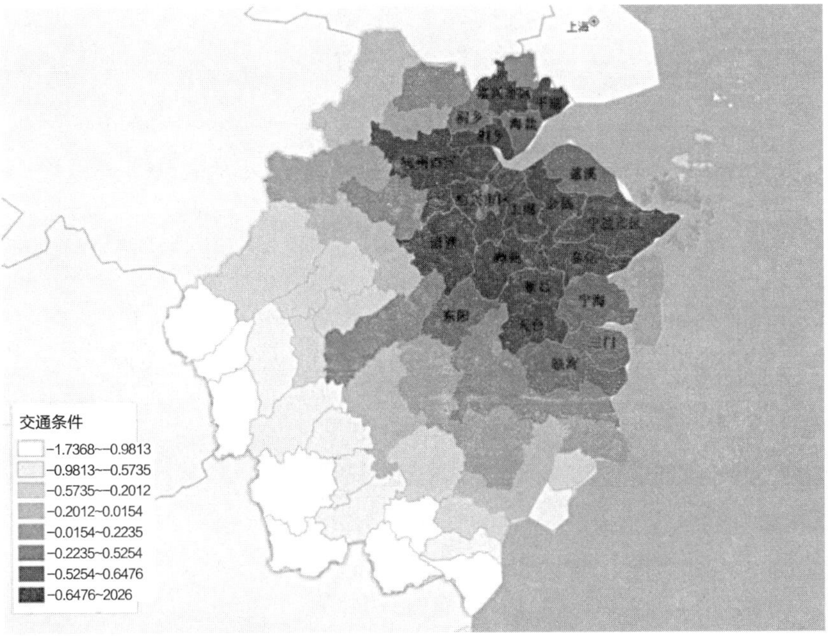

图5-9　浙江省各县市交通条件综合得分情况

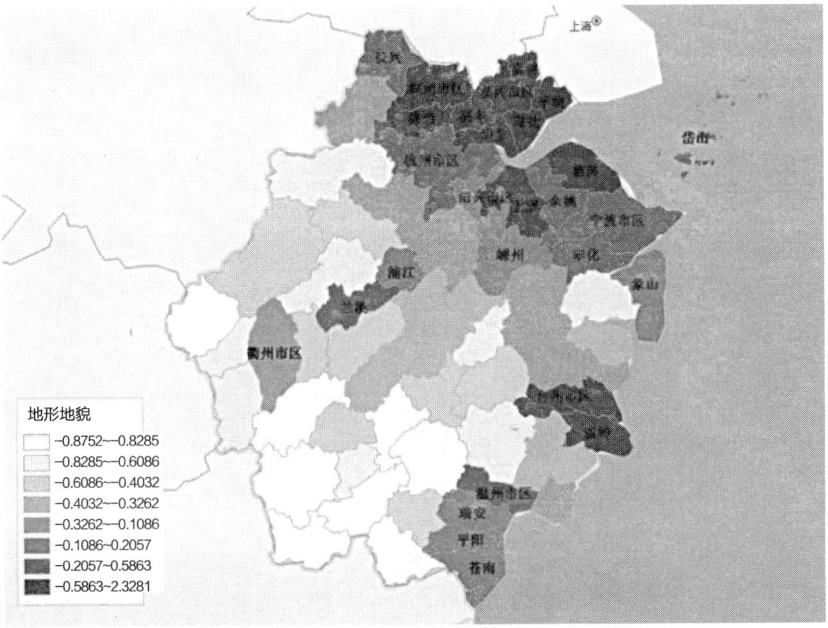

图5-10　浙江省各县市地形地貌综合得分情况

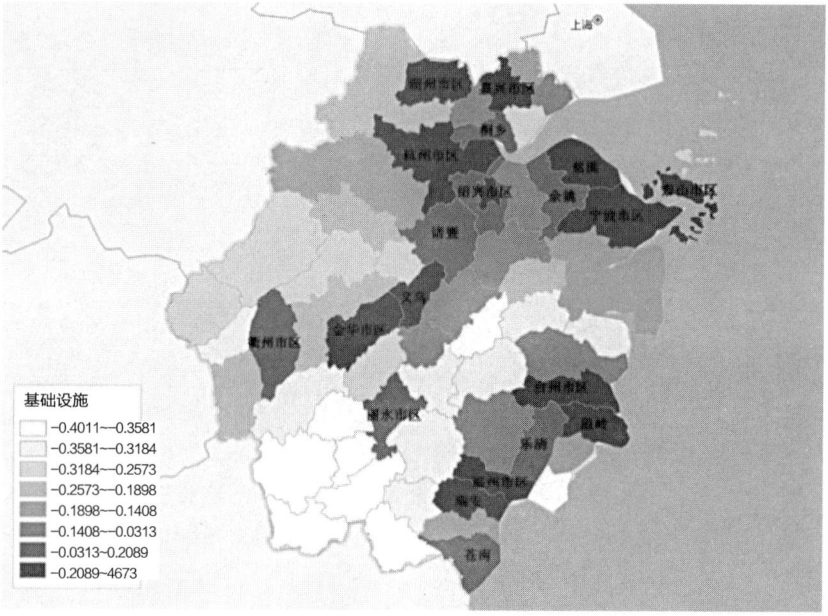

图5-11　浙江省各县市服务配套设施综合得分情况

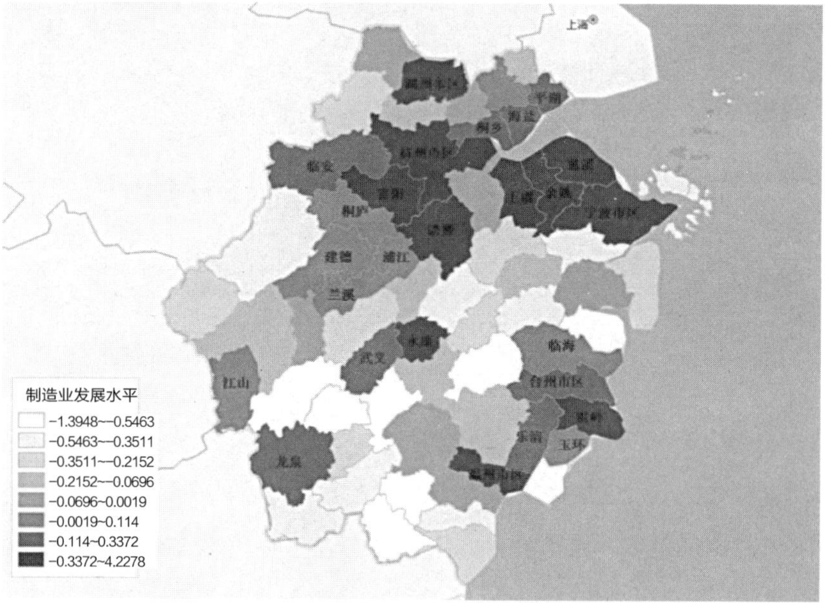

图5-12　浙江省各县市制造业发展水平综合得分情况

排在前面3位分别为杭州市区、宁波市区、绍兴县。

5. 政策因素

浙北和东部沿海地区对外开放程度越高，浙西南地处内陆， 开放程度相对较低（图5-13）。政府政策支持效应最大的前3个城市分别为杭州市区、宁波市区和绍兴县。

5.5.3 影响因素的影响效应分析

1. 模型假定和变量说明

根据上节分析可知，生产性服务业的发展受到诸多因素的影响——交通条件、 地形地貌、服务配套设施、制造业发展、政策因素。通过简单的相关性分析，选取相关程度高的因素建立如下方程：

$$Y=\alpha+\beta_1X_1+\beta_2X_2+\beta_3X_3+\beta_4X_4+\mu$$

式中，Y为生产性服务业发展程度，X_1为地形地貌，X_2为交通条件，X_3为服务配套设施，X_4为制造业发展水平，X_5为政策因素（表5-20）。

2. 因子分析

采用相关性分析与回归分析法，以SPSS因子分析所得的浙江省69个县市生产性服务业的5个影响因子的综合得分为自变量，生产性服务业发展水平综合得分为因变量，考察两者之间的内在联系（表5-21）。

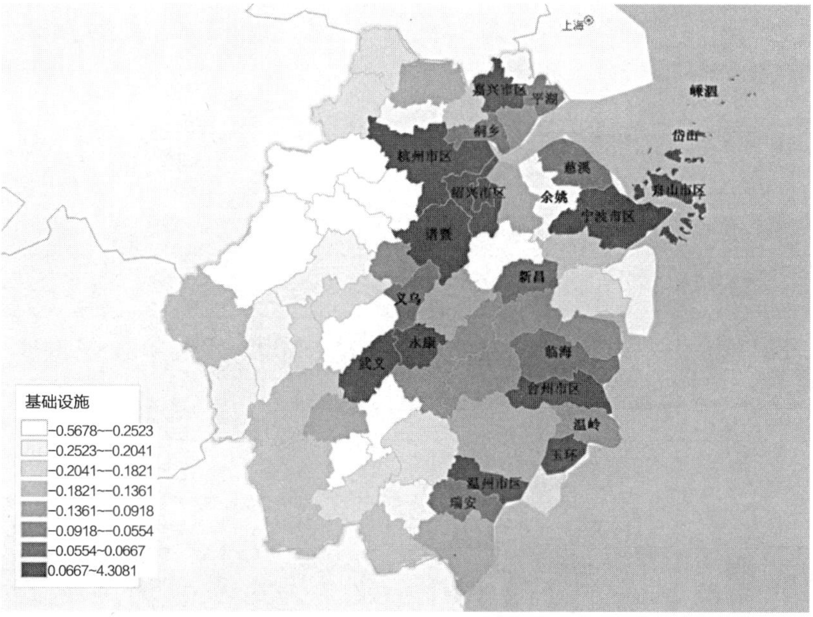

图5-13 浙江省各县市政策因素综合得分情况

主要变量说明 表5-20

主要变量	含义	数据
X_1	交通条件	境内公路里程、过境高速公路条数、距机场距离（萧山机场、温州机场、宁波一栎社国际机场）、距港口距离（海门港口、宁波北仑港、舟山港、乍浦国际港、温州七里港）
X_2	地形地貌	地形面积构成，包括平原、丘陵、山地等占总地域面积的百分比
X_3	服务配套设施	中小学在校学生数、邮政业务收入、国际互联网用户数、电信业务收入、医院卫生院数等
X_4	制造业发展水平	制造业就业人员数、年主营业务收入500万元及以上工业法人企业利润总额、规模以上工业企业数、规模以上工业总产值、工业增加值占GDP比重、工业增加值
X_5	政策因素	城市等级、进口额、出口额、实际使用外资金额、出口依存度、资本依存度
Y	生产性服务业发展水平	人均GDP、人均消费性支出、人均固定资产投资、生产性服务业就业人数比重、第三产业增加值、生产性服务业增加值、第三产业增加值占GDP比重、生产性服务业增加值占GDP比重、生产性服务业增加值占第三产业增加值比重、生产性服务密度

回归分析结果 表5-21

系数								
模型	非标准化系数		标准系数	t	*Sig.*	相关性		
	B	标准误差	试用版			零阶	偏	部分
（常量）	0.000	0.037		−0.013	0.990			
交通条件	0.130	0.071	0.138	1.840	0.071	0.602	0.226	0.099
地形地貌	0.276	0.052	0.339	5.277	0.000	0.515	0.554	0.285
服务配套设施	0.454	0.139	0.458	3.278	0.002	0.808	0.382	0.177
制造业发展水平	−0.302	0.107	−0.339	−2.826	0.006	0.678	−0.335	−0.153
政策因素	0.527	0.141	0.538	3.734	0.000	0.778	0.426	0.202

注：因变量：生产性服务业发展水平。

得出关于以生产性服务业发展水平为因变量的计量模型为：

$$Y=0.339X_1+0.138X_2+0.458X_3-0.339X_4+0.538X_5$$

同时经分析我们得出地形地貌、交通条件、服务配套设施、制造业发展水平和政策因素5个变量对生产性服务业发展水平影响较大，其中地形地貌对生产性服务业发展的影响最大。

3. 结果分析

1）良好的交通条件为生产性服务业的发展提供了支撑

交通条件（X_2）与生产性服务业的发展（Y）具有一定的正相关性，但其显著性并不明显。虽然交通运输业、仓储与邮政业是浙江省生产性服务业发展规模最大的产业之一，但生产效率也是最低的。因此，提高生产效率才能更好地利用交通基础设施，才能更好地在交通条件较好的地区体现其生产性服务业聚集的优势。

2）良好的地形地貌条件为生产性服务业的发展降低了成本

地形地貌（X_1）与生产性服务业的发展（Y）具有一定的正相关性，且显著性明显。平原、低坡占地域面积的比例越大，丘陵、山地占地域面积的比例越小，越适合生产性服务业发展与聚集。杭嘉湖平原地区地形地貌条件优势显著；而丽水、衢州、温州等山区较多的地区应合理开发可利用低丘缓坡各县市在发展生产性服务业需因地制宜。

3）服务配套设施的建设和完善是各县市发展的基础

服务配套设施的建设（X_3）与生产性服务业的发展（Y）具有很强的正相关性，且显著性明显。良好的服务配套设施建设为生产性服务业的发展奠定了基础。完善的基础服务设施，增强了供给的保障能力，是服务业尤其是生产性服务业持续发展的可靠保证，为生产性服务业发展增添了后劲；强化了人才、资金、技术等的聚集，提高了生产性服务业的服务质量和产业效率，从而推进生产性服务业的发展。

4）制造业的集聚并未显著带动生产性服务业的集聚

制造业发展水平（X_4）与生产性服务业的发展（Y）呈现负相关，且显著性明显。从生产性服务业的发展历程可知，它是制造业发展的产物，制造业的发展为生产性服务业发展创造需求，由此生产性服务业与制造业应呈现相互促进的关系，即两者应呈现正相关，但在浙江省却呈现出特殊现象，两者呈现出负相关的关系。虽然浙江省各县市的制造业总量都较大，但是它们所占比例并不高。因此，相较于制造业而言，随着经济的不断发展,生产性服务业的内部结构逐渐优化升级，制造业也应该提高生产效率，实现与生产性服务业的良好互动。

5）良好的政策导向为生产性服务业的发展创造条件

政策因素（X_5）与生产性服务业的发展

（Y）具有一定的正相关性，且显著性明显。各县市政府制定的相关政策对生产性服务业具有很大的影响，合理的激励政策将会促进生产性服务业的快速发展。政府部门应该进一步扩大生产性服务业的外向性水平，学习借鉴发达国家和地区生产性服务业发展的经验，制定出有利于生产性服务业发展的政策。

通过以上对浙江省生产性服务业发展水平的研究，可以得出浙江省生产性服务业总体发展水平较高，但内部各行业的增长速度存在较大差异，地区间发展水平差距较大。分析城市特征和区位特征对生产性服务业发展水平的影响，浙江省各县市的发展条件存在着较大的差异，沿海地区比内陆地区有着更大的优势。

6 微观尺度生产性服务业空间演化格局与机制

6.1 城市生产性服务业空间格局：以杭州为例

20世纪50年代以来，随着经济全球化的发展趋势，导致了一批世界城市的崛起，世界城市最显著的特点之一就是形成了以生产服务业为主体的产业结构，从而对世界经济产生重要影响（宁越敏，2000）。伴随着向服务业和金融业转移的全球经济结构转型，赋予城市作为某些特定生产、服务、市场和创新场所的一种全新的重要性，企业更多地走向由财政金融、生产决策和商业活动获取收益的转变，即现代服务业特别是生产性服务业由此获得迅速发展。在此背景之下，对于现代服务业的空间载体——写字楼的研究也不断涌现，国外的相关研究经历了从理论假设到实证检验，再到组织机制的过程分析（李翠敏、吕迅，2005）。

20世纪20年代，黑格（R.M.Haig）提出租金—运输“折中”模式；60～70年代集中讨论办公活动的关联性，按生产工序划分办公活动层次，并以此确定不同层次办公活动的区位倾向；80年代创建办公活动空间分布数量预测模型；并进一步探讨电子通信技术进步、生产组织演化和社会经济制度对办公区位的影响以及办公活动空间分布格局的阶段模式（阎小培等，2000），其中具有代表性的研究有丹尼尔斯巴农（Banon）等对办公楼区位的研究，加德（Gad）、克拉普（Clapp）、阿彻（Archer）、伊尔莱瑞斯（Illeris）等对其空间差异及影响因素的研究，陶赫尔（Taucher）等对办公楼空间均衡结构的研究。相比之下，国内相关研究较少，宁越敏、侯学钢等以上海市为例探讨了生产服务业、办公楼和城市空间结构三者的联系；张文忠从经济区位论的角度出发，研究了服务业的类型及其区位，并从中心地理论、地租理论等方面分析了服务业布局的依据；阎小培等对广州写字楼分布格局的变化特征进行了讨论；甄峰等对南京城市生产性服务业的空间分布进行了研究。

可见，国外学者对写字楼使用企业的空间区位特征研究较为成熟和系统，近年来关注重点开始转向办公郊区化、区位周期性演变等现象和规律的研究；而国内尚未形成一个成熟的研究范式，还主要侧重于对写字楼的空间分布与影响因素的研究，对写字楼的专业化趋势及其形成演化机制的探讨也比较缺乏，研究较为浅显。随着转型期城市现代服务业的兴起以及信息经济的发展壮大，写字楼经济也逐渐成为城市经济发展和城市文明的象征，但是中国城市在长期的计划经济体制下，大多数都形成了以工业为主导的产业结构及相应的城市空间结构，改革开放以来中国城市的产业结构及其空间结构发生了巨大变化，当前中国城市发展正处于转型时期：一方面，市场机制逐步发挥作用；另一方面，政府仍然是经济发展的决策者，这使中国城市内部的空间结构显示出与西方国家城市迥然不同的特征。

基于以上分析，本研究的目的是：①通过

对实地调研的数据进行空间分析，进而探索城市写字楼的空间分布特征；②在空间分布特征和演化历程分析的基础上，尝试对当前在政府引导与市场配置双轨作用下的城市写字楼空间格局的形成机制进行总结。本研究旨在加强对办公楼空间特征及其形成机制的研究，为科学引导城市功能与结构的协调发展提供依据，并为国内城市服务业经济的可持续发展提供经验借鉴。

研究组在2008年6～9月，对杭州市主城区范围，包括上城区、下城区、西湖区、江干区、拱墅区、滨江区6个城区的写字楼现状情况进行了实地踏勘形式的详细调研，共调研写字楼样本549个，收集的信息主要包括：详细地址、写字楼名称、功能类型、占地面积、建筑面积、建筑层数、内部企业类型等。信息采集和空间分析的基础底图为2008年杭州市1：1000现状地形图，并参照2009年杭州交通地图对写字楼样本进行空间上的定位。图像和数据处理采用ArcGIS和CAD等软件。

6.2 生产性服务业空间形态特征

作为城市经济发展与城市创新的载体，城市功能空间的集聚与扩散是城市空间发展不平衡的一种运动过程，反映了城市发展的历程，体现了城市内部形态的演变。因此，本研究采用栅格空间密度法来分析杭州写字楼在空间上分布的集聚与分散特征。基于调查建立的写字楼空间数据库，采用反距离权重法并以办公面积（建筑面积）为加权变量，创建杭州现状写字楼的空间密度栅格图，并按分位数法将其分成5级梯度等级（图6-1）。

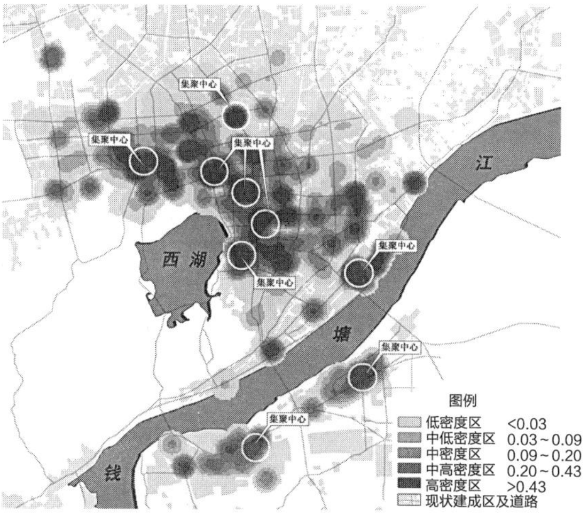

图6-1 杭州城市写字楼空间容量密度图

从杭州城市写字楼空间容量密度分析图中可以看出存在以下几个显著的特征：①现状写字楼空间容量分布总体上呈现出以西湖为中心，在扇形区域内，从中心向外围梯度递减的格局；②空间容量密度的集聚中心大量分布在扇面内层，并有互相连接的趋势，在外围则主要呈离散状分布；③集聚中心主要分布在2个区域，分别是西湖周边的老城和沿钱塘江两岸。可见，杭州城市写字楼的空间分布形态已经出现多中心特征，一方面高密度的写字楼在老城中心的集聚趋于最大化，另一方面钱塘江两岸新的商务办公区逐渐形成并增多，同时相邻的集聚中心逐渐融合发展，使得写字楼由空间点状集聚分布转向扩散化并趋向网络体系。

6.3 业态规模容量与等级特征

1. 区块研究

写字楼建筑的用地面积体现了其在城市空间中的物理意义，而真正体现集聚经济意义的空间容量应该是其建筑面积（就业与使用面积）。从写字楼建筑面积的空间分布来看（图6-2），单体建筑面积较大的写字楼在空间上的分布没有呈现明显的集聚特征，空间分布较为均匀；同时，建筑面积较大的写字楼一般位于城市的外围快速拓展区域，如沿钱塘江两岸、北部城区。但另一方面，从建筑面积的空间容量分布的密度来看，还是呈现出明显的空间不均衡集聚格局，环西湖区域最为密集，并呈扇形状梯度递减。这正说明了城市发展的历史继承性：西湖周边为杭州老城，受旧城改造与西湖景观控制，写字楼整体分布密度大，而容量规模与开发强度低；处于钱塘江沿岸等城市外围成长区的写字楼往往是高起点规划，建筑密度相对较低，但强度开发很高。

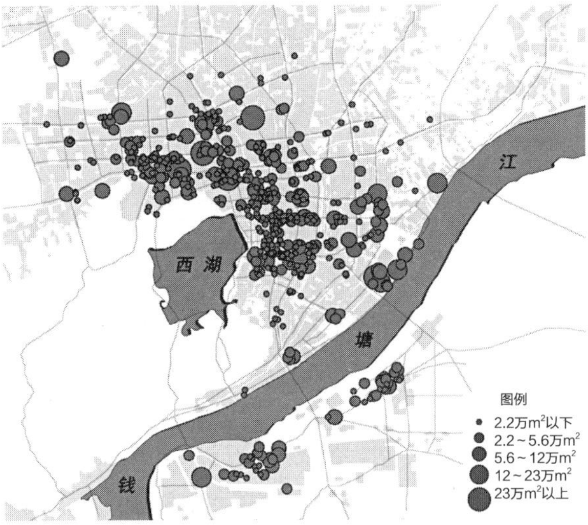

图6-2 杭州城市写字楼建筑面积空间分布图

图6-3 杭州城市写字楼区块规模等级分布图

规模容量等级分布研究以杭州城市写字楼空间容量密度分析为基础，划分出10个杭州现状城市写字楼分布区块，通过调研的数据统计，将服务业企业数、占地面积、建筑面积同时选为变量，采用K类中心聚类（K—Means Cluster）法，根据最小欧式距离原则进行10个区块的样本聚类分析，最终得到3个等级的区块规模（图6-3）。从分析结果看，杭州现状城市写字楼的规模容量等级结构不够合理，体现出第三级区块规模偏小与整体发展滞后的问题，这也表明了杭州城市写字楼的空间分布正处于从单中心集聚形态向多中心网络化转型的阶段，各次级区块的基本雏形已经出现，但缺乏综合服务功能，其功能与规模尚在提升与形成过程之中。

2. 圈层研究

杭州城市空间扩展模式总体经历了20世纪80年代前期的环西湖紧凑发展，20世纪90年代沿交通主干道的枝状生长与延展，以及21世纪以来的块状组团式发展3个阶段，形成了目前展开式折扇状的“多中心”格局（图6-4）。虽然近年来城市扩张愈益呈现出团块状趋势，但杭州城市土地利用长期以来“以西湖为圆心的圈层扩张”的总体格局仍然没有改变。根据这一特征，结合人口与产业的空间分布状况，考虑城市建设的既有格局，划分出以西湖为圆心的3个同心圈层、3个地域象限的9个区块作为商务办公空间变迁的分析单元（图6-5）。其中，就目前城市分布格局来说，内圈层（半径4km）以商业为主，中圈层（半

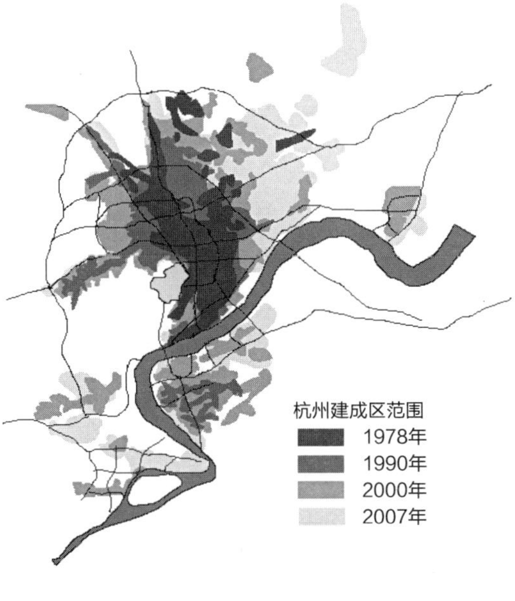

图6-4 杭州城市空间圈层模式

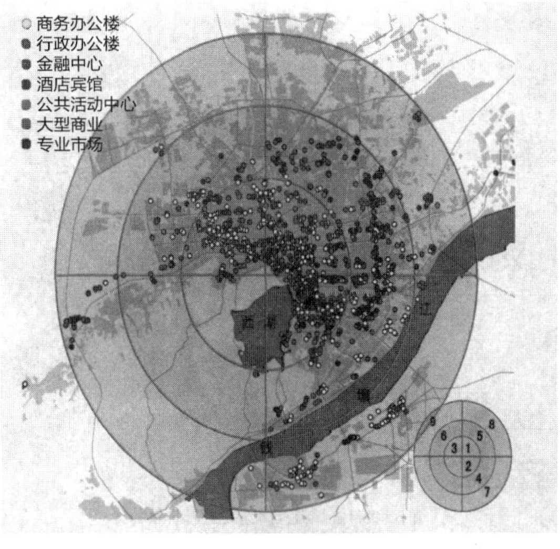

图6-5 杭州公共建筑空间分析单元
来源：陈前虎，吴一洲，郭敏燕．杭州城市服务业及公共建筑的空间分布［J］．城市规划学刊，2010（6）：80-86

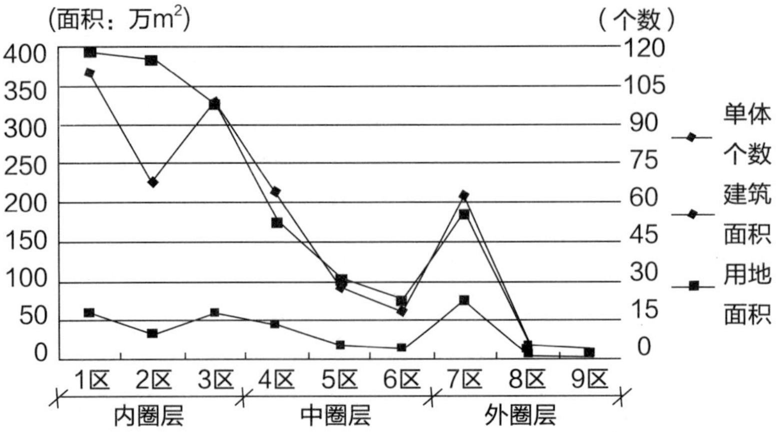

图6-6　商务办公楼的空间分布

径7km）以居住为主，外圈层（半径10km）则兼容工业和居住（陈前虎等，2010）。

从图6-6可以看出，杭州商务办公楼的空间分布具有以下特征：总体符合基本的“核心—外围”模式，即大量的商务办公楼还是集聚在城市的内圈层，并呈现出由内圈层向外圈层逐级扩散的格局，城市垂直分工的多级中心体系结构基本形成；位于中圈层与外圈层交融之处的钱江两岸区域（4区和7区）出现了明显的次高峰点，城市水平分工的多极中心体系结构雏形显现；以用地面积衡量，处于外圈层的7区（钱江南岸）凭借良好的用地和区位条件，已经具有了明显的领先趋势，城市发展的“反磁力”中心结构日趋形成（陈前虎等，2010）。

6.4　生产性服务业空间专业化

研究以上述写字楼分布区块为基础，根据各区块写字楼中的企业数据进行服务业内部结构的统计分析，本研究选择了空间分析中的*Moran's I*检验来分析写字楼内不同类型服务业在空间上的整体集聚特征，同时，用区位熵来测度各类服务业在各个区块中的地域专业化程度（表6-1）。

6.4.1　生产性服务业分行业集聚特征

科研信息业、金融保险业的*Moran's I*值最高，空间集聚程度最大，房地产业和商务及咨询业的行业空间集聚程度次之，即以生产性服务业为主的行业在空间上趋于集簇式分布，说明生产性服务业需要空间集聚产生的规模效应支撑其发展；而工程及建筑管理业、邮政与运输管理业、商业与娱乐业等以社会性和个人服务业为主的行业在空间上的分布较为离散，说明这些行业是整个服务业中的基础性依赖行业，更多强调的是空间均衡分布带来的更大服务供给覆盖面。

杭州主城区写字楼分行业区位熵与*Moran's I*检验统计表　　表6-1

区块名称		工程及建筑管理	邮政与运输管理	金融保险业	房地产业	科研信息业	商务及咨询业	商业与娱乐业	行政与社会事业
武林区块	区位熵	0.64	0.98	0.83	0.95	0.46	1.23	0.99	1.06
湖滨区块		0.35	0.52	1.35	1.12	0.31	1.06	1.06	2.20
吴山区块		1.83	0.76	2.14	1.99	0.25	0.84	1.12	1.35
黄龙区块		0.85	1.03	1.15	2.13	0.91	0.95	0.99	0.84
文教区块		0.47	0.45	0.35	0.54	2.86	0.74	0.73	0.60
凤起区块		1.13	1.01	1.25	0.93	0.49	1.11	1.10	0.93
城站区块		1.87	1.17	1.54	0.95	0.36	0.84	1.29	1.31
东站区块		1.63	0.72	0.62	0.57	0.62	1.02	1.37	0.53
钱江新城		2.47	0.34	1.37	0.46	0.68	1.07	0.72	1.64
滨江区块		0.91	2.05	0.43	1.35	2.31	0.76	0.68	0.60
Moran's I		0.02	0.02	0.06	0.04	0.11	0.04	0.03	0.03
集聚程度		弱集聚	弱集聚	高度集聚	中度集聚	高度集聚	中度集聚	弱集聚	弱集聚

6.4.2 生产性服务业各行地域专业化

从区位熵的计算结果看，不同行业之间存在较大的区位熵差异，说明已经呈现一定的地域专业化特征。另一方面，发展较为成熟的区块一般具有较高的综合服务能力，而处于发展中的区块则体现出功能的单一性（表6-2）。通过区位熵的纵向对比发现：武林中心区块除了商务及咨询业集聚程度较高外，其他行业发展水平较为平均，体现了成熟区块的功能复合与形态混合的特征；世贸黄龙区块主要集聚了房地产业，而其他行业发展较为均衡；吴山区块集聚了金融保险业、房地产业和商业娱乐业，体现了杭州传统中心的特色；湖滨区块是行政管理和金融商务业的主要集聚地；高新文教区块显著集聚了科研信息业，同时与其他服务业比例相差悬殊，说明该区块商务办公功能的单一性。整体上，体现了当前区域发展中配套行业建设的滞后问题，也说明写字楼的地域专业化还处在初期的低水平状态。

杭州主城区现状写字楼区块功能类型　　表6-2

城市中心	主导行业	配套行业	地域功能与性质
武林区块	商务及咨询业	邮政与运输管理、行政与社会事业	成熟的综合型办公区
钱江新城	工程及建筑管理	行政与社会事业、金融保险业	建设中的综合型办公区
文教区块	科研信息业	商务及咨询业、商业与娱乐业	发展中的科研型办公区
黄龙区块	房地产业	金融保险业、邮政与运输管理	成熟的金融与贸易型办公区
吴山区块	金融保险业	房地产业、工程及建筑管理	成熟的综合性金融文化办公区
湖滨区块	行政与社会事业	金融保险业	成熟的综合型办公区
城站区块	工程及建筑管理	金融保险业	成熟的专业化枢纽型办公区
东站区块	工程及建筑管理	商业与娱乐业、商务及咨询业	发展中的专业化枢纽型办公区
凤起区块	金融保险业	工程及建筑管理、商务及咨询业	发展中的金融商务型办公区
滨江区块	科研信息业	邮政与运输管理	建设中的科研型办公区

6.5　城市生产性服务业空间演化的驱动机制

6.5.1　杭州城市空间结构转型与服务业的关系

城市空间结构表现了城市各要素在空间上的总体分布秩序，写字楼作为城市服务业的主要载体，其空间分布格局与城市空间结构有着密切的联系。杭州城市空间结构从清末至21世纪经历了多次变革：清末至20世纪80年代为团状与指状形态下的单中心集聚结构，城市的主中心主要位于湖滨和吴山地区，功能以混合为主，城市各类公建都集中于此；而进入90年代后，城市形态仍以团状为主，但城市中心结构出现了显著的变化，即在原中心北部建立了新的城市中心——武林区域，同时外围也形成了两大副城——下沙和滨江，城市向多中心发展，而城市功能在地域空间上也出现了分化趋势；到2005年以后，随着跨江战略的深入实施，城市逐步形成了多中心、网络化、组团式的空间结构，各个中心功能专业化发展更为明显（图6-7）。

杭州城市空间结构演化（图6-8）引导着写字楼区块的空间分化及其功能的形成，当前杭州城市写字楼分布格局主要表现为两方面的变化：一是写字楼区块内部功能的整合提升，二是写字楼区块在城市外围的发展。前者是指城市核心区通过制造业等功能外迁的结构性过滤，使其内部的产业功能结构日趋合理，从单一的混合功能向多中心专业化转变，在都市区内形成不同专业化方向的水平分工体系；后者指承载生产性服务业的写字楼分布的地域范围不断扩大并形成外围次中心，共同构筑了不同等级的垂直分工体系（表6-3）。

图6-7 杭州主城区商务经济区块功能类型（左）与商务建筑分布趋势（右）
来源：吴一洲，陈前虎，吴次芳. 城市商务经济空间区位格局及其机理研究——以杭州主城区为例[J]. 城市规划，2009 (7): 33-38

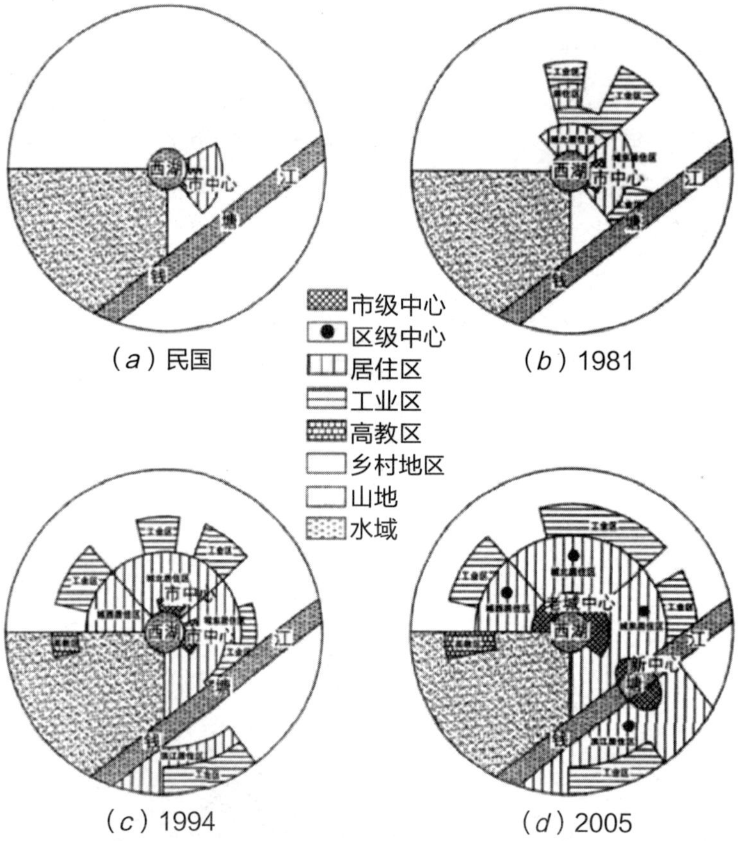

图6-8　杭州城市空间结构变化
来源：吴一洲，陈前虎，吴次芳. 城市商务经济空间区位格局及其机理研究——以杭州主城区为例[J]. 城市规划，2009（7）：33-38

杭州城市形态与城市中心结构演化历程表　　表6-3

历史时期	城市形态	城市中心空间结构	中心区位		中心功能
清末至民国	由团块状向沿交通线呈放射状、星楔状扩展	城市单中心集聚	中山中路、河坊街区域		综合商业区
20世纪80年代	围绕旧城呈指状发展	城市单中心集聚	湖滨区域		旅游文化商业区
20世纪90年代	以“摊大饼”、“填空档”为主，重新回归团块状	主城双中心+外围两大副城	主城双中心	湖滨区域	文化商业区
				武林区域	行政商业区
			外围两副城	下沙城	综合性工业区
				滨江城	高教工业新城

续表

历史时期	城市形态	城市中心空间结构	中心区位		中心功能
2005年	以钱塘江为轴线的跨江、沿江，网络化组团式	主城双中心、外围三大副城	主城双中心	湖滨、武林广场地区	旅游商业文化服务中心
				临江地区（钱江新城+世纪城）	区域性商务中心
			外围三副城	江南城	现代化科技城
				临平城	综合性工业城
				下沙城	高新综合新城

6.5.2 城市生产性服务业空间分布的驱动机制

转型期中国城市写字楼空间分布的驱动机制如图6-9所示，包含了政治、经济、企业个体等众多影响因素的作用路径与方式：在政治因素方面，政府通过政策手段对城市写字楼分

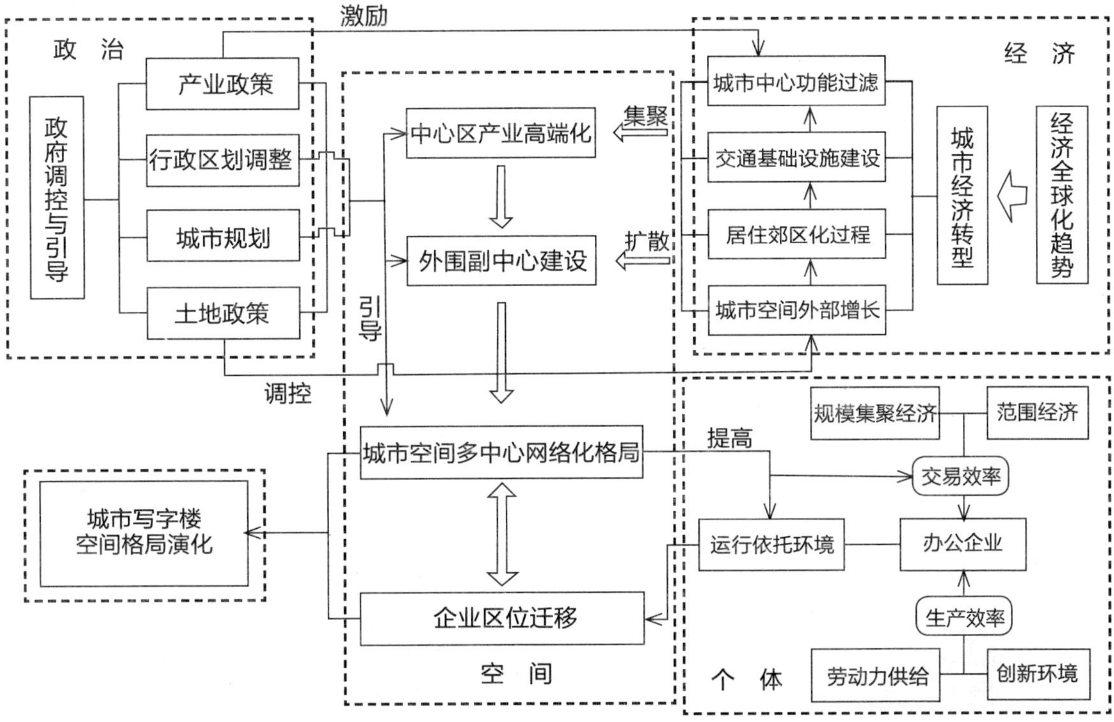

图6-9 转型期杭州城市写字楼空间演化的机制

布与相关服务业空间进行着规划管制和空间引导，如政府的产业政策推动着城市中心区的旧城更新，行政区划的调整促进了服务业在不同地域空间上的扩散与集聚；在经济因素方面，经济全球化和劳动分工引起了城市经济的重构和升级，进而推动了旧城更新、交通设施建设、居住郊区化和城市扩张；个体因素方面，城市的网络化空间结构改善了区域发展环境，由此产生的集聚经济和范围经济提高了企业的交易效率，而劳动力的供给和创新环境则提高了企业的生产效率；在空间因素方面，内城的产业高端化和城市次中心建设促进了城市多中心网络化形态的形成，从而影响到生产性服务企业的重新选址与写字楼郊区化。当前城市写字楼的空间格局是在这些因素共同作用下形成的，其中突出表现在以下几个方面：

（1）城市经济形态转型促进写字楼空间区位演化。城市经济形态的转型引起了城市空间结构的重组，同时城市的用地结构也随着城市功能的调整发生相应的变化，如杭州由早期的风景旅游、传统工业型逐步向现代服务型发展，城市的国际化功能、信息中心功能和知识中心等新功能不断加强，相应地出现了新的商务功能，城市写字楼空间分布演变表现为以功能置换为主的内城更新与新区建设：前者如杭州上城区等旧城区的工业企业逐步外迁，或被改造成城市综合体（杭州已规划建设 100 个城市综合体）；后者如在钱江新城等外围区域另建商务新中心。同时，城市中心形态由点状向块状转变，各类高端写字楼向城市中心集聚，有助于城市 CBD 的形成。

（2）城市郊区化诱导写字楼在外围副中心的集聚。随着城市现代化水平的提高，消费需求也发生了新的变化，如近几年杭州居民私人小汽车已高达18辆/百人，郊区高品质楼盘开发等，新的消费需求也催生了城市副中心的兴起，私人机动化和交通体系的建设削弱了由距离引起的摩擦力，推动城市向郊区快速扩展，因此牵引着主城区人口和产业的离心扩展，人口的郊区集聚与写字楼副中心集聚使“居住—就业”得以适当平衡。写字楼在城市副中心的集聚优势体现在以下几个方面：①仍然具有要素的局部集聚特征，亦可减少交易成本；②具有较低地价，可减少办公租金成本；③避免城市中心的拥挤，与高校结合，拥有良好的办公及创新环境；④获得郊区位置的弹性和扩展办公空间的可能性；⑤写字楼中的生产服务型企业可与制造业企业相联合形成产业链。这些优势使得城市中心区相当数量的办公企业转移至副中心，如东站区块、滨江区块，甚至更外围的下沙和临平副城，即出现办公离心化现象。

（3）城市结构调整引导写字楼空间分布的地域专业化。城市功能调整本质上是由不同类型服务业基于“成本—收益”权衡下空间区位需求差异导致的，随着杭州市主城区内部功能的调整升级，商业、金融、信息服务等功能的写字楼呈向心集聚的态势，而同时随着城市的基础功能区（如居住、工业等）呈向外围扩散趋势，加之信息技术的进步，现代服务业中的某些部门逐渐向中心区外围扩展，城市写字楼发展处于整体分散与局部集聚的状态，形成不同专业化方向的水平分工体系和不同等级的垂直分工体系。城市物质空间功能的变革改变了区位要素的组合与影响方式，同时，不同服务业办公属性与区位选择的内在要求不同，这2种因素共同推动着服务业办公区位的变迁，地域上逐步趋于专业化，形成了专业化功能区块的集聚形态。

（4）政策与政府行为的引导了办公活动多中心结构的形成。在政策及政府行为的层次上，城市规划除了调控城市经济空间建设外，本身就是针对城市空间发展的一项政府调控作用于城市空间重构。2001年杭州市政府经国务院和浙江省政府批准，同时设立萧山区和余杭区，这也使得杭州城市的可拓展空间增大了3倍，突破了地理空间阻隔对城市资本、产业、劳动力等构成要素在地域空间上的合理流动与分布的制约，相关服务业因此也逐步向城市外围地区扩散，从以西湖为核心的布局走向跨江城市形态，市政府将新的城市核心办公商务区规划至钱塘江沿岸，使杭州写字楼中心格局转向了主次中心结合、多层级网络化，与大都市空间耦合的结构。

6.6 结论与启示

本研究运用空间密度分析、区位熵分析和空间自相关分析相结合的研究方法，在杭州主城区写字楼实地调研数据的基础上，从空间分布形态特征、规模容量与等级分布特征和专业化功能区块特征3个方面对杭州城市写字楼的空间分布特征进行整体研究，进而对其形成机制进行了讨论，研究结果显示：①杭州城市写字楼的空间分布形态特征由中心向外围呈现梯度密度递减的格局，并且空间分布由点状集聚分布转向扩散化并趋向网络体系；②写字楼的规模容量（开发规模）在内城小规模密集分布，而外部大规模分散分布的不均衡形态；③写字楼的规模容量等级已经出现多中心趋势，但现状存在第三级区块总体规模偏小与整体发展滞后的问题；④写字楼内部各个行业的空间集聚程度不同，生产性服务业需要空间集聚产生的规模效应支撑其发展，而基础性依赖行业更多强调的是空间的均衡分布；⑤写字楼功能形态趋向于地域专业化，发展较为成熟的区块一般具有综合服务能力，而处于发展中的区块则呈现出功能的单一性。

从杭州写字楼空间格局形成的驱动机制来看，转型期中国城市发展中的政治、经济和企业微观主体等各种要素，通过相互交织的综合作用机制，塑造着城市的经济空间、功能空间以及企业个体的空间分布，有效地推动了城市写字楼以及生产性服务业在空间上集聚与分散相结合的时空演化进程。

7 城市生产性服务业空间演化格局分行业研究

7.1 城市金融服务业空间演化格局分析：以杭州为例

7.1.1 金融服务业概述

金融业（Financial Industry）是指经营金融商品的特殊行业，包括银行业、保险业、信托业、证券业和租赁业（朱一郁，2009），是现代经济的核心，在国民经济和社会发展中具有极为重要的作用。

城市是一个动态的系统，其内部空间布局的发展与演变，受到复杂因素的影响，随经济、社会等发展呈阶段性变化，形成其特有的发展轨迹，并能从中寻找到城市空间布局的发展趋势。随着经济全球化的发展，全球产业结构已经向“服务型经济”转变。自然地，生产性服务业在经济发展中同样处于越来越重要的地位。而金融业作为重要的生产性服务业之一，是现代经济活动中的重要枢纽。它在城市空间上的集散现象与演化过程，与一个城市的经济发展相互作用着；当然，也同样在城市空间结构的发展中相互影响着。

由于金融体系在发展和运行过程中，往往表现出明显的区域性特征。在国内外已有的研究中，更多地以定性的研究方式，侧重探讨金融服务企业在城市间或区域空间上的集聚特性，而对于金融服务产业在城市内的空间布局、空间转型及其影响因素的研究甚少。在新经济背景下，提高城市空间组织质量、调整与优化空间结构、促进城市空间成长是空间转型时期城市发展的必须选择。因此，对杭州市金融服务业在城市转型过程中的空间演化、布局特征和影响因素进行实证研究，对科学引导城市空间转型期间的城市功能布局与结构的协调发展具有十分重要的现实意义。

7.1.2 金融服务业区位模式综述

空间结构（Spatial Structure）通常是指社会经济客体在空间中的相互作用及所形成的空间集聚程度和集聚形态（崔慧霞，2011）。金融业作为现代经济活动的高端组成部分，集聚不仅是金融产业发展和金融活动必然的空间结构特征，更是带动其他产业有序、高效发展的关键。国内外已有对金融业区域集聚和空间布局的影响因素的研究。马歇尔基于外部经济对企业集聚现象进行解释，认为企业集聚具有劳动力、市场集中、投入共享的优势。金融集聚是产业集聚的一个重要方面，波蒂厄斯（Porteous，1995）、克拉克（Clark，2003）等学者认为信息的不对称以及信息的外部性是决定金融中心的重要因素（崔慧霞，2011）。

而国内对于金融服务业的研究主要有：沈玉芳、张婧（2011）等学者主要研究了长三角城市群金融业演进的空间结构特征，发现区域金融业发展呈现“一心两极多点”向“一心两极两轴多点”演进的特征，并通过指标测算、区位熵等分析了政府机制、交通区位、辐射中心等多个影响因素；郑蔚（2012）以厦门市为例，研究了厦门市金融产业的区位调整与空间集聚，并以定性的方式总结归纳了区位条件、路径依赖、商务成本、政策制度等4个影响因素；

林善浪、王健（2010）学者探讨了上海市金融服务业办公室区位的选择，并从中找出影响金融服务业空间集聚和区位选择的特性及因素（表7-1）。从国内研究的成果来看，其研究范围更倾向于区域、城市群，研究内容主要为区域间的金融集聚与影响因素的定性探讨。

国内外学者对金融服务业分布影响因素的研究　　表7－1

作者（年份）	研究方法与区域	影响因素
Marshall（1920、1964、1965）	用“外部性”定性解释产业集聚	外部经济、劳动力、市场、投入
Porteous（1995）Clark（2003）	定性方法（区域地理空间）	地理空间、信息的外部性、不对称
管驰明、徐爱华（2010）	基于面板数据的综合评估法SPSS因子分析法（长三角）	信息依赖、进出口贸易、外部经济规模
林彰平（2009）	基于过程的方法论框架、三角检视（珠江三角洲）	体制、全球化、社会经济条件、技术
冯德连、葛文静（2004）	轮式模型（全球）	科学技术、经济发展、供给因素、历史因素、城市因素、地方政府公共政策
林善浪、王健、张锋（2010）	建立SPSS回归模型方法（上海）	土地、劳力、资本、运输距离、收益、信息效率
胡国晖、李丽（2013）	灰色关联分析方法（武汉、长沙、郑州、南昌、合肥等五城市）	经济水平、区位优势、人才集聚、基础设施
郑蔚（2012）	资料所整理分析（厦门市）	区位、路径依赖、商务成本、政策制度
沈玉芳等（2011）	测算指标、区位熵（长三角地区）	政府机制、交通区位、辐射中心
彭宝玉、张敏、郭扬（2012）	泰尔指数、GIS地图分析技术（河南省区域）	创新和市场竞争、共享劳动力市场和基础设施
崔慧霞（2011）	实证研究（珠三角）	资金、技术、人才、政治经济环境、通信设施、监管措施
刘宣（2006）	要素分析（珠三角）	劳动力成本、通信网络、通勤条件、服务设施、租金成本、技术开发
朱玉泉（2006）	面板数据的分析方法、对数线性计量模型（中国金融业和房地产业）	人力资源成本、人力资源水平、产业集聚程度、制造业发展程度、垄断程度、服务产品差异程度

7.1.3 金融服务业空间格局演化

在“十一五”期间，杭州市金融业综合实力以年均18.7%的增长率显著增强，银行、保险机构数增长迅速。证券、期货分支机构数较快扩张，基金、信托、租赁等其他金融机构多元并存、不断发展。本研究通过2003~2013年金融业多个年份经济产值及相关企业数量分布等相关数据，利用GIS空间分析软件，从近十年杭州市金融服务业在城市内部空间的演化过程中，寻找该阶段金融业空间转型的影响，以及产业内各类型、各规模的企业的空间分布特征。

1. 金融业空间发展演化过程

1）2003年杭州市金融业成长期：块状集中，点状集聚

经过20多年的改革开放，杭州市金融服务业已基本形成了以银行、证券、保险、信托为四大支柱，以其他非银行金融业为补充的金融服务业体系。直到21世纪初，杭州市城市总体规划（2001—2020年）首次提出了以“城市东扩、旅游西进，跨江发展、沿江开发”为空间发展战略，明确了“一主三副六组团”的城市组团式发展的空间结构，金融业又进入了新一阶段的成长期。此时，杭州已有近500家的金融服务业企业，其中包括323家银行，28家保险公司，57家投资公司和65家证券公司等。外资金融机构很少，国内金融机构也很少将总部设立于此（图7-1、图7-2）。

在21世纪之前，杭州市金融机构空间布局基本沿承了杭州老城区的空间格局，主要集中在延安路、武林路及沿西湖一带。这里是杭州传统的商业中心，也是原国家银行、地方银行以及其他金融机构的集中地。

2）2013年杭州市金融业扩张期：中心集聚，外围分散

在新的杭州市总体规划初步落实的第一个

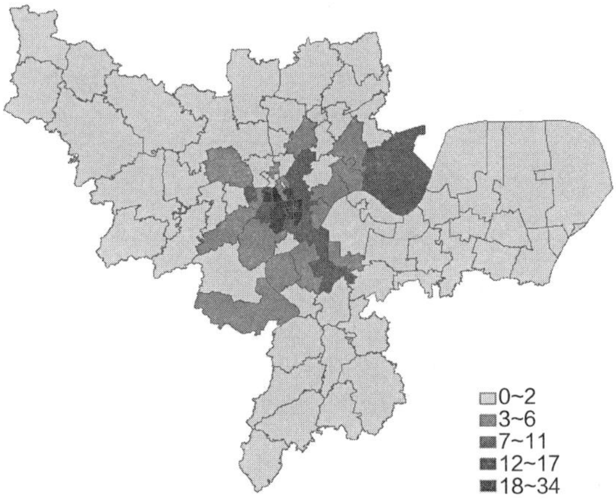

图7-1 2003年杭州金融业企业数量空间分布情况

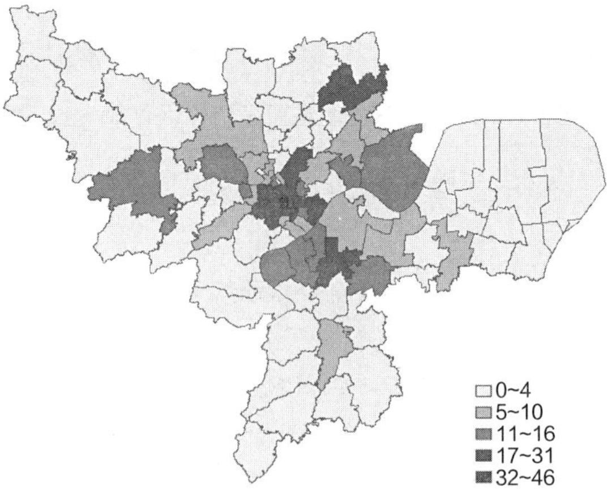

图7-2 2013年杭州金融业企业数量空间分布情况

十年，杭州也将进入人均GDP从1万美元向2万美元跨越的新发展阶段。金融业作为重点发展的十大产业之一，整体实力持续增强。金融服务企业数量已达千余家，其中包括665家银行，113家保险公司，88家投资公司和98家证券公司等。以银行为例，中资银行达657家，外资银行也已有8家入驻；总行13家，分行52家以及近600家其他分支机构。伴随着城市土地扩张和金融体系市场化进程的加快，这一时期的金融业已呈现多元化、外向型、快速扩张的特点。在城市主中心，依然高度集聚着近6成的金融企业机构，包括多家外资银行及银行总部的分布；而在城市多中心空间结构的主体发展框架引导下，也已有一定数量的金融企业机构的入驻，但整体分布较为散乱，且多以低层次的金融机构为主（图7-3）。

2. 金融业企业空间分布特征分析

1）先中心后外围的总体分布趋势

根据图7-1、图7-2显示，从2003～2013年，杭州市金融业企业的空间分布总体上呈现由中心向外围发展的趋势。2003年，金融业企业的发展选址主要延续旧的金融机构的空间布局，集中于杭州老城区范围，即西湖区、湖滨区、上城区、下城区。随着城市的不断扩张，相应的企业在城市内部空间中的布局也有了一定的转变。在企业数量的密集度看，老城区依然是金融业集聚分布的核心区域；同时随着城市副城、边缘组团的建设，如下沙、滨江、萧山、余杭等多片区，也开始有金融机构入驻，分布逐渐扩散（图7-4）。

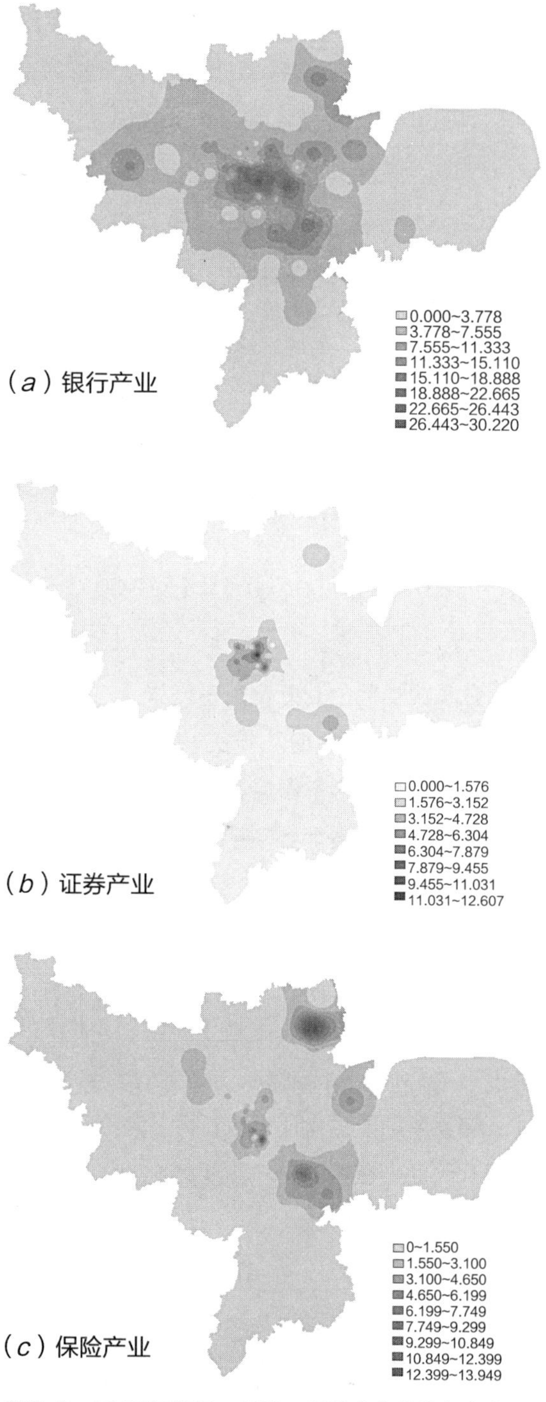

图7-3　2013年银行、证券、保险产业的分布密度图

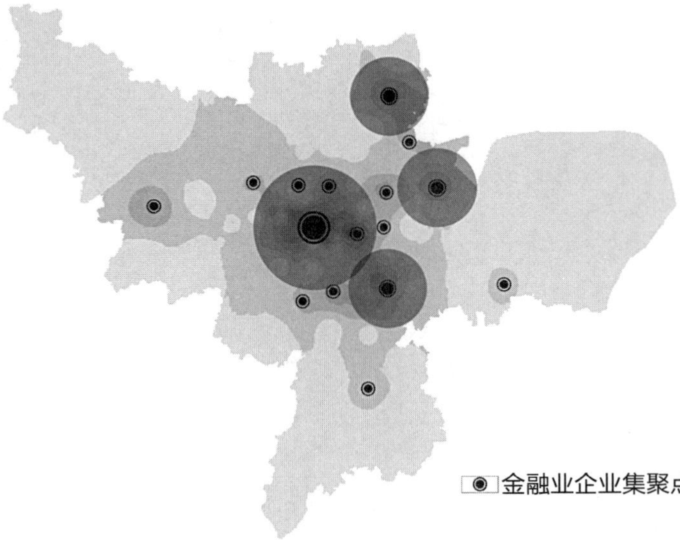

图7-4　2013年杭州市金融服务业空间结构图

2）各类型企业分布各有差异

金融业发展至2013年的快速扩张阶段，由于金融业的高度集聚性，其企业的分布总体较为集中，但各类型、各规模的企业分布仍存在差异。以银行、证券、保险业为例，由图7-3可以发现，证券业受限于其交易模式和交易环境，分布更加集中，而银行业、保险业，由于其服务人群较广，虽然主体金融机构均聚集于市中心，但分支机构，如银行支行、分理处、储蓄所则更倾向于向人口密集的区域市场靠拢。因此，在空间分布上相对分散。另外，越早设立的越靠近市中心，而新设立的在市中心土地饱和与业务不断向外扩张的影响下，逐渐向交通便捷地区发展。

3）单中心向多中心发展的金融业空间结构

金融业空间合理布局是保证城市区域内金融资源优化配置的重要基础，也是促进城市区域产业结构升级和经济一体化快速发展的有力保障。因此，其结构演化与城市空间结构的演化密切相关。从杭州市发展初期来看，金融中心主要集中于湖滨、延安、武林及西湖周边；发展至今，在下沙、滨江、临平 3 个副城也逐渐发展，金融企业开始有所聚集。而相应的企业在向心集聚的态势上，不断扩散。多中心的空间结构雏形开始形成。

7.1.4　金融服务业空间演化的影响因素

对于城市金融业空间转型，传统的研究认为，该产业通常会分布于城市中心，以便获得最大的外部效益和信息资源。而随着城市不断发展，城市空间不断向外扩张，城市内部功能逐步整合提升，城市中心区从低级的功能混杂逐步向多中心专业化转变，在都市区内形成不同专业化方向的水平分工体系。过程中，金融业受限于空间、经济等多个因素的影响，在多中心的城市构架中同样会面临新的空间布局与转型。世界各国金融中心发展的历史表明，国际上主要的金融中心形成主要有2种发展模式（表7-2），且各自在城市内部空间布局上相关的影响因素有一定的差异。

国内外金融业发展模式及其影响因素　　表7-2

发展模式	影响因素	案例
自然形成模式	路径依赖、信息丰富	华尔街、伦敦金融城
政府主导模式	政策制度、交通因素、基础设施、人力资源、信息丰富	香港、新加坡、北京、迪拜金融中心区

（1）自然形成模式。随国家或地区经济发展，对金融服务的需求不断增长，金融机构不断增加并创造出更多的金融产品和提供更多的金融服务，所服务的对象不断扩大，逐渐与其他国家形成广泛而密切的业务联系，最终发展成为国际金融中心。国际金融中心伦敦和纽约就属于这种模式。可能是因为交通条件不佳，但路径依赖、信息丰富的影响因素，具有“中心突出、资源集中”的发展特点，存量和增量金融资源都向某一特定区域集中，如伦敦金融城即位于大伦敦地区中心的一块仅2.6km^2的地域；纽约金融中心则是宽11m，长不超过1.6km的狭长街道。

（2）政府主导模式。政府通过提供政策和资金支撑，促使还未达到能够自然形成国际金融中心的城市、地区在较短时间内形成国际金融中心。具有代表性的是香港和新加坡（谢太峰，2008）。新生金融业的形成虽然有政府主导，但在其城市内部的空间布局上同样会受限于交通因素、基础设施、人力资源等多种影响因素。

当然，金融业作为服务业企业，为了增强其控制能力和决策的及时性、正确性，通常需要和其他生产性服务业企业进行面对面交流，并越来越频繁和重要；同样，交通和通信手段的发展，降低了交流成本、能够缩减交流距离。因此，信息的丰富、快捷，交通、通信的便捷同样影响着金融业的城市内部空间布局。

参考国内外经验，根据杭州金融业空间布局现状，本研究从经济因素、空间因素、科技因素、人文因素4个方面中选取了20个影响因子进行SPSS的回归分析，提取对金融服务业产生较大影响的因子，从而探讨城市发展过程中金融服务业在空间转型上的规律和特征（表7-3）。

杭州市金融业空间转型影响因素及因子 表7-3

影响因素	影响因子
经济因素	人口密度、商业密度、与商圈距离、与武林距离、与钱江距离、新房地价
空间因素	与高速出入口距离、与火车站距离、城市主干道条数、公交站点密度、与景区距离、文化娱乐设施密度、与次中心距离
科技因素	信息通信业密度、科研业密度、与大学距离、是否为科技园区
人文因素	是否在城市建成区、是否为开发区、与历史文化保护区距离

根据SPSS线性回归方法，建立模型进行拟合，分析各因素与2003～2013年金融业企业数增长量的相关性。在回归分析过程中，没有对常量进行考虑，即认为金融业企业的数量变化只与20个因子有关，排除其他影响因素。通过变量筛选方法，剔除对模型贡献不大却引起多重共线性的解释变量，得出结果见表7-4，总计有城市主干道条数、与次中心距离、信息通信业密度、与大学距离、是否为科技园区、是否在城市建成区等6个因子在回归模型中，*Sig*. 值≤0.05，具有显著性，即该6个因子对金融业企业在城市内部的空间、规模的发展有较大的影响。

金融业空间转型影响因素的相关性分析 表7-4

模型		非标准化系数		标准系数	t	*Sig.*
		B	标准误差	试用版		
1	城市主干道条数	0.380	0.131	0.381	2.900	0.005***
	与次中心距离	−0.001	0.000	−2.169	−2.256	0.027**
	信息通信业密度	0.184	0.059	0.253	3.114	0.002***
	与大学距离	0.002	0.001	4.865	2.110	0.038**
	是否为科技园区	−0.001	0.001	−2.825	−1.988	0.050*
	是否在城市建成区	3.600	1.382	0.321	2.604	0.011**

注：*在0.1的水平显著，**在0.05的水平显著，***在0.01的水平显著。
a. 因变量：金融业增长。
b. 通过原点的线性回归。

1. 城市主干道条数

经回归分析得出城市主干道与金融业增长呈正相关性，*Sig*.值为0.005，即城市主干道条数越多，金融业企业数量增长越快。相比回归模型中的另一个因子公交站点密度，金融业在城市内部空间发展过程中，更侧重于城市内区域交通的通达性。城市主干道是城市发展的主要轴向，密集程度高、交通便利度好，反映出地区的发展潜力。在成为城市交通廊道的同时，又体现了城市发展结构与方向。如武林街道、湖滨街道、天水街道等城市中心区，内部有多条城市交通骨干线通过，相应地，金融业企业数量在该地区有近半成。

2. 与次中心距离

经回归分析得出与城市次中心的距离对金融业增长呈负相关，*Sig*.值为0.027，即距离越近，金融业增长越慢。城市的多中心发展模式在很大程度影响着金融服务业在空间上的布局结构。金融业的多中心发展，对周边地区的金融业产生经济带动力和辐射力的影响。但就目前而言，城市主中心的配套服务完善与发展环境仍显著优于外围及次中心，因此，仍以主中心聚集为主。

杭州市自提出“一主三副六组团”的城市发展格局，金融业在空间结构上也从以往的单核模式调整为“十二五时期”提出的“强化一核、提升两带、构建三圈、培育三园、带动多点”。

3. 信息通信业密度

信息通信业密度与城市金融业的增长的相关性较大，*Sig*.值呈0.002，说明及时获取信息对于金融业的发展有十分重要的影响。金融业作为知识密集型的产业，需要信息通信业技术的发展支持着金融行业体系的发展，在业务流程以及组织管理上都有一系列的信息沟通串联构成体系。信息的转换和流动，通信手段的高度发展，促使金融业全球化，减少了地域距离的影响。

4. 与大学距离

经回归分析得出与大学的距离对金融业增长影响的*Sig*.值为0.038，距离越近，金融业增长越快。虽然大学园区作为一个小型的社会特征集合体，周边的配套设施要求相对完善，而庞大的学生和教师群体也带来了大量的服务需求。

5. 是否为科技园区

经回归分析得出科技园区与金融业增长呈负相关，*Sig*.值为0.050。科技园区的创新特征要求有广泛的基础科学、尖端科学知识、先进的开发性技术、良好的大工业基础和发达的信息网络等要素的支撑（吴林海、范从来，2002）。

相比国外，科技园区对金融业的空间布局有一定的影响，考虑到国内现有科技园区的发展模式，较之于国外，仍处于中低端科技企业或制造业对高端服务业的需求并不高。与之配套的金融服务业在科技园区内的配置也并未成熟。

6. 是否在城市建成区

经过回归分析得出科技园区与金融业增长呈正相关，*Sig*.值为0.011，城市边缘不断向外扩展，城市空间扩展是城市经济发展的需求和体现。当金融业在城市内部逐渐走向成熟，其发展方向就向建成区逐步推移。建成区为城市金融业的创新提供了多种政府优惠的政策措施，为金融业的发展创造了良好的鼓励支持环境。

7.1.5 小结

杭州市金融业发展经历了成长期、扩张期，目前已形成以银行业为主导，保险、证券和期货等行业逐步发展，其他相关配套产业为补充的多元化的金融服务体系。在城市空间转型期间，金融产业也已呈现出由单中心向多中心发展的空间结构，以及先中心后外围的总体分布趋势。

需要进一步增强杭州市金融产业的空间集聚效应，充分发挥空间、经济、自然环境优势以及发展积累的人力资源优势，加大与长三角的金融产业的对接。在城市规划以及城市空间转型的过程中，对于金融服务业的空间布局，在考虑城市发展结构，满足金融产业发展需求的同时，重点考虑到城市主干道数量、信息通信业密度、与大学距离、是否在城市建成区、与次中心距离、是否为科技园区等因素对其产业发展的影响。

7.2 城市科研服务业空间演化格局分析：以杭州为例

7.2.1 科研服务业概述

根据最新国民经济行业分类（GB/T 4754—2011），科学研究和技术服务业指为了增加知识（包括有关自然、工程、人类、文化和社会的知识），以及运用这些知识创造新的应用，所进行的系统的、创造性的活动；该活动仅限于对新发现、新理论的研究，新技术、新产品、新工艺的研制研究与试验发展，包括基础设施、应用研究和试验发展。

7.2.2 科研服务业区位模式综述

城市中某一产业的扩展是一个长期而复杂的过程，在这一过程中，不同产业的空间扩展规律与内涵成长程度各异。黄鲁成等（2006）通过演化模型和实证研究，揭示了产业种群的演化规律；姜念云（2008）在总结了国内外现有对研发产业定义和分析的基础上，结合其活动特点与规律，进一步明确了研发产业的内涵与界限。

科学研究产业在扩展的过程中，在特定的历史时期，存在一定量的影响因子主导着其发展的速度与方向。杜德斌等（2010）以区域、省份及城市为基地单元，考察了外资在华R&D空间布局与发展趋势，得出了“R”与“D”高度集中与趋向分散的趋势。王承云等（2012）从宏观层面上提出了影响科研产业空间分布的产业发展综合实力因子、产业结构因子等六大主要因子。秦健（2012）在分析城市内部产业空间集聚因子的过程中，引入了微区位的概念，在一定程度上探讨了微观区位的影响因子。其他研究人员相关研究结果见表7-5所列。

各时期研究人员对影响产业空间布局因素的探讨 表7-5

研究者	研究方法	研究区域	影响因素
秦健（2012）	空间叠加	京津沪渝	自然环境、社会经济基础及产业结构、知识溢出环境、产业基础、政策导向与城市规划、社会文化积淀、企业性质、内部交通、公共游憩设施、企业家行为偏好
侯学钢（1999）	聚类分析	上海市	政府行为、租金、位处CBD、在一般地带、地块容积率、绿化率、远离工业区、近高级住宅区、近商业区、建筑密度、交通状况与可达性、生活服务设施完备程度、区内社会治安状况、办公楼集聚规模、近休闲游憩场所、区内著名大公司数量、土地利用现状与潜力、办公区基础设施状况、停车泊位、智能化程度、一般公司和办事处的数量、办公楼档次、发展历史
姜文亮（2007）	GIS，Logistic模型	深圳市龙岗区	建设用地邻域密度、到道路的距离、到街道的距离、工农业产值密度、坡度、高度、城市规划状况
吴怡音，雒建利（2004）	—	苏、锡、常	原料因子、运输因子、劳动力因子、市场因子、集聚因子
王丽华等（2004）	特尔菲法	大连市	高等院校科研机构、较大规模企业、产业集聚效益、政府宏观政策调控作用、交通便捷、毗邻交大规模的产品交易市场、完善的基础设施建设，良好的环境及用地条件、创业氛围、物流环境、生活文化教育环境，靠近原材料丰富地区
毕秀晶（2010）	GIS空间统计与热点分析	上海市	办公成本、距离成本、集聚经济、优惠政策、服务质量、制度环境、专业平台、交通通达性、信息通信质量、生活居住环境
戈雪梅、周安宁（2011）	—	江苏省	科研院所规模、文化艺术专业数量、人口密度、人均专利数、区域核心产业、文化创意产业区位熵、播出市场的改革、衍生产品市场规模、文化创意产业组织、其他中介组织、知识产权保护、融资制度安排、政府产业政策扶植、产业结构形态、三产所占比重、城市的包容性、区域人文价值观
李志刚（2007）	内部一致性信度	合肥高新区	网络密度、联系强度、网络规模、互惠性、居间性、稳定性、资源丰富程度
冯锋、王凯（2007）	小世界网络模型	—	转移频率、集聚程度、集群距离、连接边数

续表

研究者	研究方法	研究区域	影响因素
都晓岩、韩立民（2007）	海陆一体化视角	海陆交错的过渡型区域	自然因素、社会历史因素、经济因素、科学技术因素
邱炳文（2007）	空间分布驱动模型	龙海市	海拔高程、坡度、坡向、与水系距离、与道路距离、与居民点距离、与海岸线距离、人口密度、与内河航道距离
徐颖、吕斌（2008）	GIS、ANN工神经网络、LTM土地转化模型	北京市	地形高程、湖泊、河流、建成区、高速公路、铁路、国道、省道
姜煜华、甄峰、王春慧（2010）	GIS空间叠加	山东潍坊奎文区	与城市规划和空间拓展的符合度、交通设施便捷度、可开发用地潜力、与城市主要景观的距离、与城市主要发展区的距离、地价
高玉宏、张丽娟、李文亮、刘栋、陈红（2010）	GIS、CA元胞自动机	大庆市	城市发展适宜性、约束影响、领域影响、随机影响

7.2.3 区位影响因子的分析方法

对于产业空间分布影响因子的计算，国内外采用了多种方法。已有研究人员利用元胞自动机（Cellular Automata）、系统动力学模型等进行空间演化过程的模拟（姜文亮等，2008），但此类模型较为烦琐与复杂，难以在技术层面上大量普及，而线性回归模型具有简单、直观、数据容易获取等特征，在数据处理中的作用被普遍认同。张鸿辉等（2009）在空间层面上使用了线性回归模型研究城市地价的空间自相关特征；龙奋杰和吴公梁（2003）通过多元线性回归模型，提取了直接影响房地产投资的因素，证明了暂住人口对房地产市场投资的重要影响，并且得到了良好的结果。

本研究根据产业影响因子评价原理以及统计学知识，基于GIS和多元线性回归模型的杭州科学研究产业影响因子的测算流程如图7-5所示。步骤如下：①选取影响科学研究产业空间布局的一级因素；②在各自一级因素下布置合理的二级因子；③对所有的影响因子在图层中进行空间密度、距离的测算；④利用电信黄页10年的数据变化，计算产业数量变化的绝对值作为因变量；⑤把所有样本数据导入到SPSS软件中进行逻辑回归分析；⑥根据回归模型计算结果探讨影响因子的影响程度与机制。

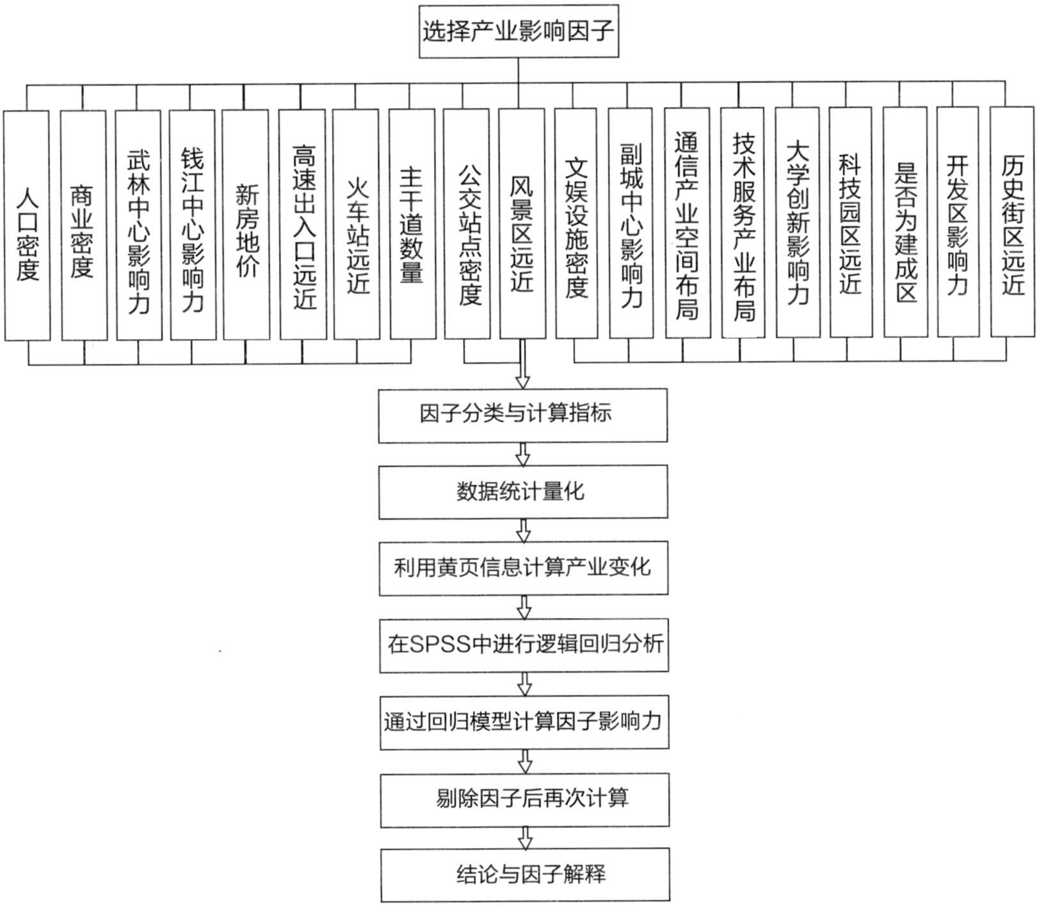

图7-5 科学研究产业空间流程分析框架图

7.2.4 科研服务业空间格局演化

1. 区域背景

杭州市辖区面积3068km^2，市区常住人口623万（第六次人口普查数据），2011年从事科学研究产业人数16.5万人，发明专利数位居全国第二，是长三角区域创新体系中重要的组成部分。

为尽可能反映杭州市区科学研究产业的空间变化特征，本研究选取了94个街道作为区域基础，保证数据的最优细分。其中翠苑、文教、古荡、西溪等区域是历史上高校的主要分布区域，而留下、下沙等区域是新兴的大学园区，文二路、文三路在政策的引导下成为信息研发产业的聚集地。

2. 科研服务业企业空间分布特征分析

科学研究产业为杭州的经济社会发展带

来了非常可观的效益。2011年，杭州用于研究与发展经费达199.84亿元，占全市GDP的2.85%，新聘选钱江特聘专家32名，新建院士专家工作站29家，引进院士40位，新引进高层次人才5735名。在不断投入科学研发资金的同时，杭州的科学研究创新能力也不断提高。至2011年年末，在杭国家级科研院所22家，国家重点扶持的高新技术企业1410家，认定研发中心774家，其中国家级2家，省级56家。

杭州拥有良好的科学研究基础，众多的高校与科研院所、企业为科学研究产业的发展提供了持续的动力。2003年，杭州已拥有成规模成体系的科研产业；2013年，在数量不断增加的同时，各科研院所在空间上呈现出明显的扩散的趋势，如图7-6、图7-7所示。

7.2.5 科研服务业空间演化的影响因素

以杭州为代表的省会城市的空间特征在于：①土地混合利用程度不高，产业发展需求需要在大尺度空间上得到满足；②多样化的出行方式，相当部分的从业人员跨越了传统的交通消费门槛；③更多的产业聚集，决定了因子设定的复杂性。

因此，在进行该研究的同时，需要注意：①尽量细化区域划分，以一定的街道或是社区为单位，充分考虑区域内的构成因素，综合判定统计分析结果；②选择符合相关理论的影响因子；③若影响因子的显著性存在两极分化的特征，为使分析结果更具意义，则需要剔除一部分因子，建立子数据库进行二次分析。

1. 影响因子选择和因子量化方法

1）影响因子选择

影响科学研究产业的空间布局的因素，总体上可分为经济、空间、科技、人文4类。各因素在产业空间变化的过程中起到不同作用，因子的作用程度也随着区域的变化而不同，针对杭州市科学研究产业空间布局的现状，本研究选取了19个二级因子对科研产业的空间布局进行模拟：①经济因素：人口密度、商业密度、武林中心影响力、钱江中心影响力、新房地价；②空间因素：高速出入口远近、火车站远近、主干道数量、公交站点密度、风景区远近、文娱设施密度、副城中心影响力；③科技因素：通信产业空间布局、技术服务产业布局、大学创新影响力、科技园区远近；④人文因素：是否为建成区、开发区影响力、历史街区远近。

2）因子量化方法

在用统计学方法评价区域影响因子的过程中，影响因子必须在空间上进行量化。许湘华等（2010）用每个因子的影响面积除以总面积来得到指标值；吴一洲等（2010）对各因子的密度、缓冲区等进行赋值，继而进行栅格叠加得到指标值。本研究在部分因子已有等级划分的情况下，针对各个街道采用已有的划分等级作为指标值；为使部分强调远空间距离的因子的作用在模型中得到充分体现，同时利用点距离运算，得出每个街道对某一因子的平均距离作为指标值。具体空间处理方法见表7-6所列。

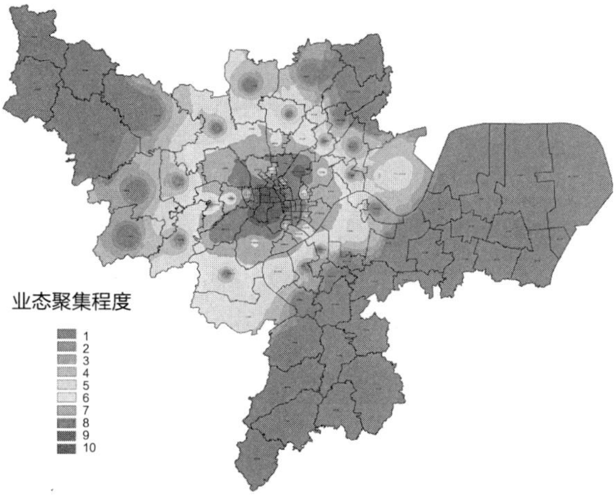

图7-6 2003年科学研究产业空间布局

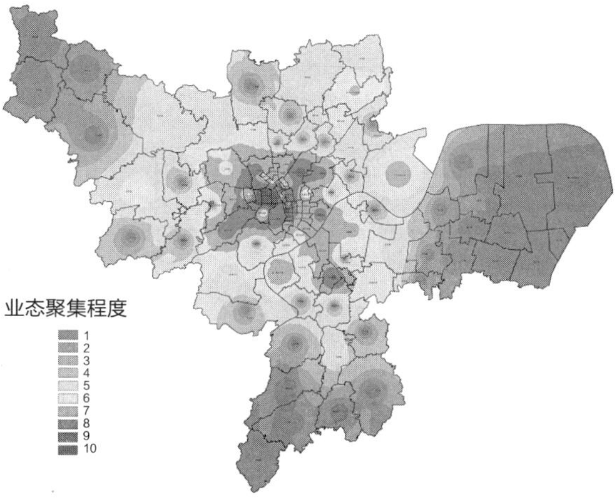

图7-7 2013年科学研究产业空间布局

各因子空间处理方法 表7-6

一级因素	二级因子	数据获取方法
经济因素	人口密度	人口数/街道面积
	商业密度	商业用地面积/街道面积
	武林中心影响力	空间点平均距离
	钱江中心影响力	空间点平均距离
	新房地价	新房成交价格
空间因素	高速出入口远近	空间点平均距离
	火车站远近	空间点平均距离
	主干道数量	各街道内主干道条数
	公交站点密度	公交站点数/街道面积
	风景区远近	空间点平均距离
	文娱设施密度	文娱设施个数/街道面积
	副城中心影响力	空间点平均距离
科技因素	通信产业空间布局	通信产业企业数/街道面积
	技术服务产业布局	技术服务企业数/街道面积
	大学创新影响力	空间点平均距离
	科技园区远近	空间点平均距离
人文因素	是否为建成区	城市建成面积/各栅格面积
	开发区影响力	空间点平均距离
	历史街区远近	空间点平均距离

2. 科研服务业空间转型的影响因素研究

1）多元线性回归模型

在实际社会经济问题中，一个变量往往受到多个变量的影响，如写字楼的空间布局，不仅受到各区域的人口密度、商业密度等因素的影响，还受诸如城市传统中心区位、金融机构布局等因素的影响。

多元线性回归模型的一般形式为：

$$\hat{Y}=\beta_0+\beta_1X_1+\beta_2X_2+\beta_3X_3+\cdots+\beta_nX_n+\mu \quad (1)$$

其中X_n（n=1，2，3…）为自变量，即：X_1=人口密度因子；X_2=商业密度因子；X_3=武林中心影响力因子等；β_n（n=1，2，3…）为回归系数；μ为随机误差项。

2）模型运用

初步分析发现部分所选变量与因变量呈相关关系，通过将自变量进行回归分析，发现多元线性回归模型拟合程度好于其他模型。

首先利用2003年和2013年杭州各街道的科学研究产业的企业数量，在ArcGIS中分析其变化，然后运用GIS技术对各影响因素进行空间化处理，使用重分类功能与点距离计算功能，将得到的数据库代入SPSS的多元线性回归模型中进行回归。在剔除部分不显著的因子后，保留的因子是：公交站点密度、高速出入口远近、火车站远近、钱江中心影响力、武林中心影响力、历史街区远近和商业密度，从而使整个模型的拟合程度达到最好。表7–7、表7–8显示了2次线性回归模型的分析结果，包括相关系数、标准误差、T值检验、P值（显著水平）等。从表7–7中可以看出，部分因子的显著水平呈现出极不显著的情况，剔除后的保留变量的显著性达到比较好的效果，均在95%的置信区内显著。

所有变量显著性　　表7–7

模型		非标准化系数		标准化系数	t检验	显著性
X_n	自变量	偏相关系数	标准误差	相关系数		
	常数项	−0.955	4.882	—	−0.196	0.845
X_1	人口密度	−0.312	0.413	−0.211	−0.757	0.452
X_2	主干道数量	0.076	0.093	0.105	0.815	0.417
X_3	是否为建成区	0.763	1.148	0.122	0.664	0.508
X_4	副城中心影响力	−0.001	0.001	−1.952	−0.821	0.414
X_5	公交站点密度	1.224	0.619	0.554	1.977	0.052
X_6	大学创新影响力	0.001	0.001	1.630	0.644	0.522

续表

模型		非标准化系数		标准化系数	t检验	显著性
X_n	自变量	偏相关系数	标准误差	相关系数		
X_7	风景区远近	0.000	0.000	0.249	0.168	0.867
X_8	高速出入口远近	−0.001	0.001	−4.481	−2.102	0.039
X_9	火车站远近	0.002	0.001	6.224	2.189	0.032
X_{10}	钱江中心影响力	−0.001	0.000	−3.834	−2.053	0.044
X_{11}	武林中心影响力	0.003	0.001	11.616	2.620	0.011
X_{12}	新房地价	0.000	0.000	0.134	0.429	0.669
X_{13}	科技园区远近	0.000	0.001	−1.112	−0.418	0.677
X_{14}	历史街区远近	−0.002	0.002	−7.563	−1.147	0.255
X_{15}	文娱设施密度	0.338	0.355	0.128	0.952	0.344
X_{16}	商业密度	0.096	0.066	0.234	1.463	0.148
X_{17}	技术服务产业布局	−0.816	0.829	−0.485	−0.984	0.328
X_{18}	开发区影响力	−0.125	0.311	−0.082	−0.403	0.688
X_{19}	通信产业空间布局	0.786	0.711	0.623	1.105	0.273

保留变量显著性 表7-8

模型		非标准化系数		标准化系数	t检验	显著性
X_n	自变量	偏相关系数	标准误差	相关系数		
	常数项	2.007	1.505	—	1.334	0.186
X_1	公交站点密度	0.904	0.449	0.409	2.014	0.047
X_2	高速出入口远近	−0.001	0.000	−4.719	−4.784	0.000
X_3	火车站远近	0.001	0.000	3.709	3.741	0.000
X_4	钱江中心影响力	−0.001	0.000	−2.962	−2.560	0.012
X_5	武林中心影响力	0.003	0.001	10.837	5.082	0.000
X_6	历史街区远近	−0.002	0.000	−6.110	−3.378	0.001
X_7	商业密度	0.126	0.050	0.307	2.542	0.013

3）结果解释

（1）根据模型相关系数，影响科学研究产业空间布局最直接的因素是：与武林中心距离、与历史街区距离、与高速出入口距离、与火车站距离及与钱江中心距离。其中武林中心、钱江中心与火车站变量代表了科学研究产业在空间上存在向某一极核聚拢或远离的特征；距离历史街区远近则说明一些间接影响因子也会产生很明显的效果；距离高速出入口远近则是通过影响交通条件间接起到影响。以上结果说明，各因素互为作用，自变量不论影响能力的大小，在一定程度上都会对科研产业的空间布局产生影响。

（2）在空间布局上，公交站点密度、商业密度均呈现空间正相关特征与空间聚集特征。根据模型结果，公交站点密度、商业密度越大，产业集中程度越高。公交站点密度、商业密度、与高速出入口距离三者说明了产业对于区位的选择，注重交通与商业办公的便利性。

（3）火车站远近、武林中心影响力呈现空间负相关特征。杭州的城市布局中，火车站位于城市的中心，武林中心则是长期以来城市发展的重要极核，金融、商务、物流等产业在此类区域大量聚集，而科研产业向此类地块聚集的趋势并不明显，反而在空间上呈现出脱离城市传统主中心的特征。

（4）人口密度、主干道数量、大学创新影响力、科技园区远近、开发区影响力等因素经过模型分析并未呈现显著的相关性。此说明杭州的科学研究产业的区位选择并不注重城市的传统中心与否，或是主干道的交通便利与否。几个因素还说明了当前的大学、科技园区、开发区的空间布局并未达到产学研一体化的预期效果。

4）结论

（1）本研究通过多元线性回归模型分析，发现公共交通条件、交通便利程度、商业环境与城市中心的变迁、历史文化氛围，尤其是城市中心变迁与历史文化氛围对科学研究产业的空间布局有着最显著的影响。本研究通过点距离测算、空间密度分析得到各自变量的值，在更广的学科领域结合多种方法，研究各因素影响产业布局的方式与程度。由于杭州目前的城市空间布局仍处在快速变动时期，空间上传统区域的集聚效应仍然比较明显。

（2）当前杭州科技园区实际使用率不高以及产业空间分布特征充分说明杭州在产业进步、园区发展、周边配套服务建设三者间的矛盾日益突出，有效组织与建设科技园区势在必行。建议政府或是科研管理服务组织在本研究线性回归模型分析的结果上，运用政策或是引导性手段，加强对各种具有强烈显著性的因素的调控，尤其要加强引导科学研究产业周边的商业用地建设与文化氛围营造，同时顺应产业外扩的趋势，按实际需求布置科技园区、开发区，充分提高土地利用效率。

（3）城市各产业的空间变化与因子的相关程度，取决于各种基础数据资料的详细程度。由于难以获取2003年杭州市范围内各因子的空间统计资料，尚无法进行更深入更全面的研究。同时，由于论文中所选取的新房地价、人口密度等基础数据，均为某一时间内的静态数据，若能够获得此类因素的时序数据来分析空间产业的集聚效应，得出的动态变化关系则更具说服力，这也是该研究方向未来亟须解决的一个问题。

（4）本研究基于一部分原因，在未来有待进一步提高计算精度。由于产业变化是一个相当复杂的过程，难免有影响因素没有考虑或是因为技术原因难以进行量化（如传统观念、不同时期政策影响等），这势必在一定程度上影响了模型的构建；同时由于数据的可获得性原因，部分指标的选取仅以街道为单位，分辨率较低，降低了模型的精度；此外如何运用本研究得出的成果用于下一步产业发展的预测，仍有待进一步的研究与探讨，这要求首先找到一种可行的方法能够科学精确地预测未来不同时期各因子的变化，从而代入模型对不同时期产业的动态发展进行预测。总体而言，运用多元线性回归模型进行空间产业变化分析操作简单，解释性较强，准确率较高。

7.2.6 小结与建议

1. 小结

1）杭州信息服务业集聚明显，差异大

杭州信息服务业发展迅速，在服务业中处于领先位置，园区集聚效应不断显现。总体来说，杭州信息服务业空间集聚程度高，受外力影响大，区域分布差异大，其中西湖区，高新区，拱墅区集中程度最大，比较优势明显。

2）杭州信息服务业空间分布向多中心演化

杭州信息服务业空间演化由单中心向多中心发展趋势，由2003年以翠苑街道为主的单中心发展到翠苑、浦沿以及下沙、九堡街道的多中心模式，且各地区产业密度差距逐渐缩小。

3）地理区位、交通条件、经济成本、政府政策、内部竞争是影响杭州信息服务业发展空间演化的主要因素

其中地理区位因素会促使杭州信息服务业向区域中心集聚，交通条件、经济成本对产业有拉动作用，政策能引导产业布局，内部竞争则能防止产业过饱和化。

2. 建议

1）企业层面

信息服务业是一个对周边环境依赖较大的产业，企业在选址时应以周边环境为首要考量对象，结合杭州几大产业园的建设进行集聚发展。与此同时，企业也要兼顾自身的企业竞争力，作出适当的抉择，自身竞争力较强的企业可以选择在相对市中心地块发展，竞争力稍弱的则应选择离市中心较远的、企业成本较低的地块。

2）政策层面

在产业格局“退二进三”的大背景下，信息服务业无疑是构成三产的重要产业之一。通过研究可以看出信息服务业仍多数集中于主城区，边缘区仍较少，这是国际城市的发展规律，这也说明这些地区信息服务业潜力大有可为。因此，政府可以依托杭州“一小时半交通圈”带来的便利，充分发挥边缘区沿城近市的

区位优势，鼓励企业找准突破口，切入当地信息服务业。其次，需要在全力推进“天堂硅谷”建设，努力打造“电子商务之都”的契机下，加大宣传和扶持力度。

3）规划层面

区位条件与交通环境对于信息服务业都有着极其重要的影响。在规划时，一方面，需要明确和优化城市中心区和郊区的有机联系及功能定位，充分发挥市区资源集聚、信息集中等优势，引导市区信息服务业企业抓住政府培育发展战略性新兴产业的有利契机；另一方面，需注重产业园区的选址与高校的联系，从而鼓励企业加强与科研院所的合作，形成“产、学、研、用”一体的产业链合作创新机制。

7.3 城市商务服务业空间演化格局分析：以杭州为例

7.3.1 商务服务业概述

租赁和商务服务业是生产性服务业的一个重要组成部分，主要是为生产、商务活动提供服务。商务服务业属于知识密集型行业，商务服务提供者与消费者对交易空间的依赖较小。

自20世纪80年代开始，全球产业结构在发达国家出现由“工业型经济”向“服务型经济”转型的总趋势，并向发展中国家扩展（汪永太，2007）。商务服务业成为促进经济发展的重要力量之一。加快发展商务服务业，积极开发新的服务渠道和服务产品，提高服务质量，降低服务成本，扩大服务消费规模，提高服务业的比重，可以有效减少经济增长对资源的消耗及对环境的负面影响，对于节约能源资源、提高资源利用效率具有重要意义（白洋，2009）。

我国十分重视服务业的发展，近年来一系列关于服务业发展的支持政策取得了明显成效，服务业的规模、结构和质量都有很大提升（白洋，2009）。杭州市也出台了《加快杭州现代服务业发展的若干意见》、《加快杭州现代服务业发展规划》，提出加快发展以大旅游产业、大文化产业、金融服务业、商贸与物流业、信息服务与软件业、中介服务业、房地产业、社区服务业为重点的现代服务业，推进杭州市现代服务业快速、高效、优质发展，优化大都市服务功能，进一步提升杭州市城市生活品质和城市综合竞争力。

本研究的主要研究对象是商务服务业。商务服务业属于现代服务业的范畴，是符合现代服务业要求的人力资本密集行业，也是高附加值行业，出现也比较晚，目前还没有统一的定义，一般以具体包括的行业来表达，但是也有一些具体的概念。如德雷耶尔（Drejer，2002）认为商务服务是专门解决企业在生产、组织和管理活动中的各种问题和各项任务的一系列活动，包括法律和技术服务、管理服务、市场服务、金融服务等（饶小琦，

2010)。而汪永太(2007)认为商务服务业是WTO关于服务贸易12大类分类中的一类，主要指在商业活动中涉及的服务交换活动，既包括个人消费的服务，也包括企业和政府消费的服务。本研究分析的商务服务业主要包括广告、信息咨询、会展、会计审计、知识产权、法律服务、企业投资管理以及租赁等在内的八个产业。

7.3.2 空间格局的研究思路

（1）本研究的基础数据为杭州市各街道的商务服务业数量，利用杭州市电信局出版的2003年、2013年的《杭州黄页》，分别选取企业管理、会计审计、法律、广告、信息咨询、会展、知识产权服务、租赁业8种商务服务业，将位于统计范围的各产业单位的地址、产业类型信息提取出来并建立数据库。

（2）基于上述过程中建立的数据库，利用ArcGIS软件进行空间分析。首先，在ArcGIS中导入杭州市街道分布图，每个街道的面域空间对应一个序号，该序号和数据库中各街道的序号一致。然后将各街道商务服务业的企业数量导入ArcGIS，计算每个街道的企业分布密度，得到2003年和2013年的商务服务业密度分布图（图7-8、图7-9）。

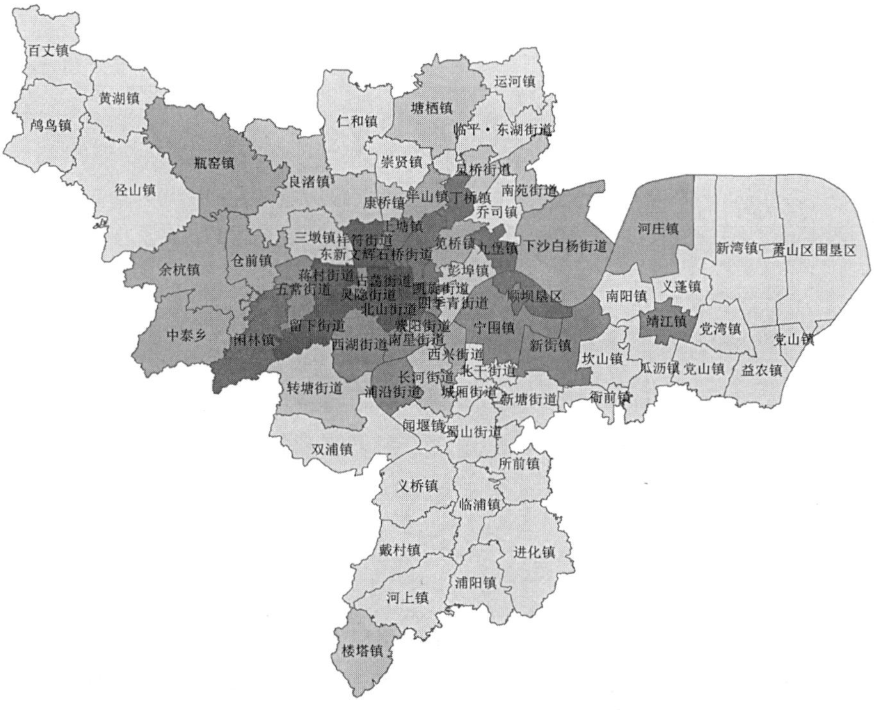

图7-8　2003年商务服务业密度分布图

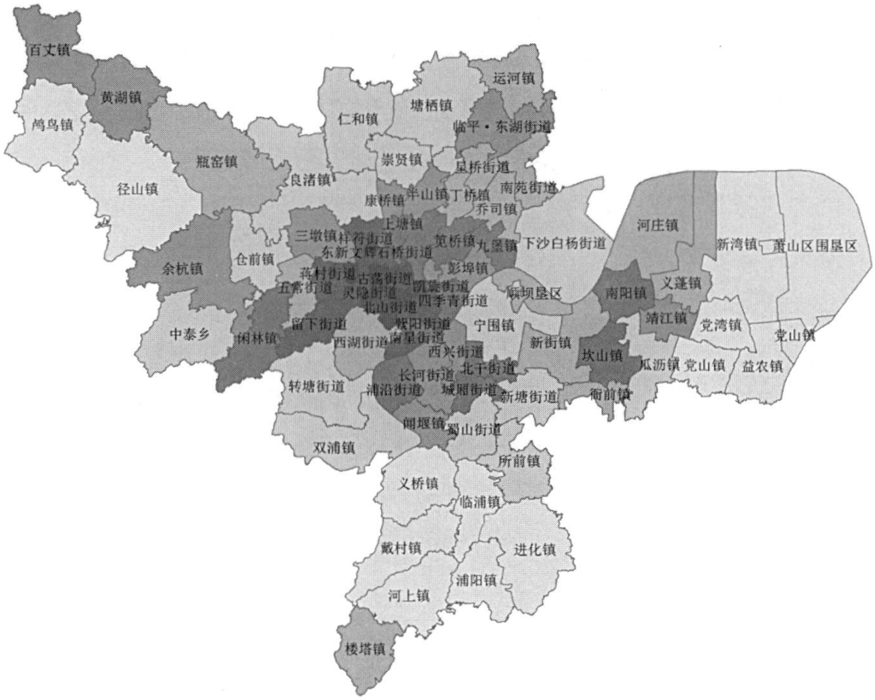

图7-9 2013年商务服务业密度分布图

采用集聚指数和扩散指数来描述杭州商务服务业的空间动态过程，该方法除了能体现单一的集聚或扩散过程，还能体现集聚和扩散是否同时存在的空间过程。希尔默（Shearmur）和阿尔韦涅（Alvergne）对巴黎商务服务业的空间研究中使用了该方法，引入用N_x%表达的一系列指标。N_x%表示x%的商务服务业所涉及的最小空间分布范围N，在这里N指街道数量。例如，5_{10}%指10%的商务服务业至少分布在5个街道中。N_x%系列指标包括N_{50}%、N_{90}%、N_{100}%和N_{100}%-N_{90}%。其中N_{50}%为集聚指数，衡量空间集聚度，N_{50}%的值越小，行业的聚集程度越高。N_{90}%和N_{100}%-N_{90}%2个指标为扩散指数，衡量空间的扩散性，与N_{50}%相反，这2个指标的N值越大，行业的分散程度就越高。

（3）采用回归模型对商务服务业空间转型的影响因素进行分析。

首先，参考国内外相关研究，得出表中的因素可能影响商务服务业的空间转型。影响因素共分为经济因素、科技因素、空间因素、人文因素4类。每一类进一步分为更具体的指标内容，通过密度、空间距离等将影响因素转化为可计算的数值，形成影响因素数据统计表（表7-9）。

影响因素数据统计表　　表7-9

因素类型	影响因素	因素类型	影响因素
经济因素	人口密度	空间因素	离高速出入口距离
	商业密度		离火车站距离
	离商圈距离		城市主干道条数
	离武林距离		公交站点密度
	离钱江距离		离景区距离
	地价		文化娱乐设施密度
科技因素	信息通信业密度		离次中心距离
	科研业密度	人文因素	是否在城市建成区
	离大学距离		是否为开发区
	是否为科技园区		离历史保护区距离

其次，将影响因素数据统计表导入SPSS，选择线性回归分析，依次用逐步法、向后法、向前法对影响因素进行筛选，得到3种筛选结果。综合对比3种筛选结果，用进入法进行手动筛选，每次剔除不合格的影响因素，直到所有影响因素的显著性指数均不大于0.05，同时方差小于0.06，方差分布符合正态分布，得到影响因素回归分析结果。

7.3.3 商务服务业空间格局演化

本研究的区域范围不是指整个杭州的行政区域，而是针对主杭州的8个区。以街道为研究单元，总共包括65个街道，29个镇。

1. 商务服务业分布格局

图7-8显示了2003年杭州市商务服务业密度的分布情况，呈现出外围向城市中心区集聚的空间结构，离集聚核心越近的商务服务业集聚程度越高。总体上看，基本可以分为3个层次。

第一层为天水街道和武林街道，是商务服务业密度最高的2个街道，也就是集聚核心，拥有的商服数量大约是整个杭州市的13%。同时，天水街道和武林街道也是杭州市中心的范围。第二层为杭州主城区范围的各街道，商务服务业密度适中，其中以长庆街道、米市巷街道、朝晖街道、潮鸣街道4个地方集中程度较高，他们也是离集聚核心最近的4个街道。

第三层为杭州绕城高速以外的外围空间，商务服务业的密度普遍较低，其中将近2/3的街道只拥有个位数的商服数量，商服相对较集中的是瓶窑镇、余杭镇、仓前镇、中泰乡和靖江镇。

图7-9显示了2013年杭州市商务服务业密度的分布情况，可以看出商务服务业在向郊区扩散，并在郊区重新集聚形成服务于郊区范围的商务中心。总体上，呈现出“集中式分散”的格局。同样将空间分为3层，与2003年比较而言，3层空间的分布范围发生了不同程度的变化。

第一层为武林街道，和2003年比少了天水街道，成为杭州商务服务业最大的集聚核心。第二层为郊区的集聚核心和武林街道周边，郊区的集聚核心主要有余杭镇、临平东湖街道、坎山镇、北干街道、南阳镇、楼塔镇、黄湖镇。第三层为主城区和郊区全范围内商务服务业分布较少的街道，这样的街道相比2003年少了一半，各街道的商务服务数量都有不同程度的增长。

2. 空间集聚动态

表7-10显示，2003年杭州市商务服务业的50%分布在10个街道中，2013年杭州商服的50%分布在18个街道中，2003年的集聚程度高于2013年。

图7-10和图7-11显示了50%的商务服务业在空间上的分布状况，从单极集聚转为多方集聚。首先，核心集聚区的范围在2003年的基础上向外扩大。2003年的集聚区以武林街道和天水街道为核心，并从核心向西主要沿天目山路跳跃式分布。2013年的核心集聚区在此基础上，仍然沿着天目山路向外扩大，并形成连续分布，同时向东也有所延伸。其次，在杭州外围形成跨越式的新集聚区，规模较大的有城北的临平东湖街道、城东的坎山镇、城南的浦沿街道和北干街道。

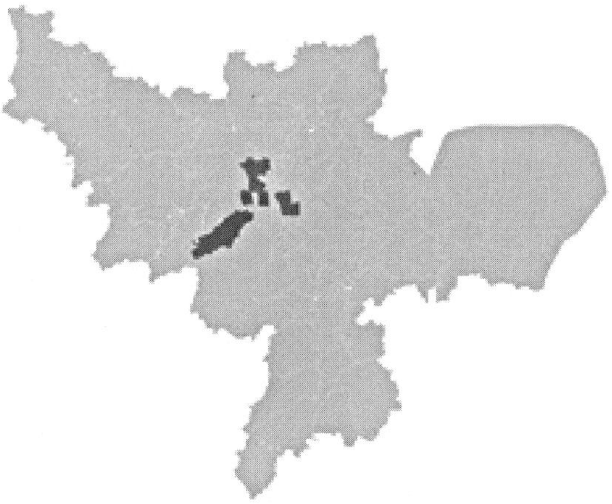

图7-10 2003年50%商务服务业分布范围

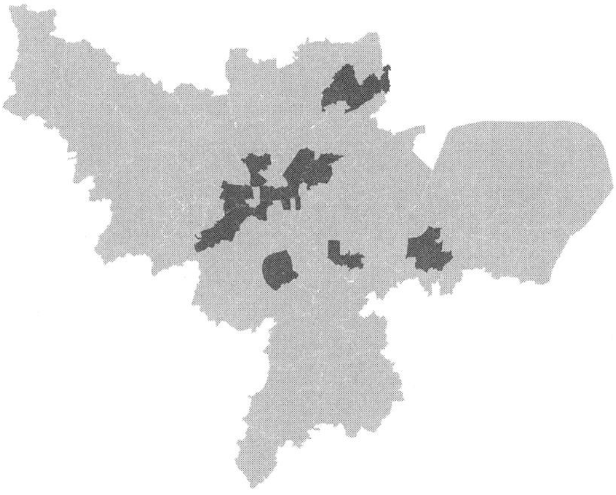

图7-11 2013年50%商务服务业分布范围

杭州商务服务业的集聚和扩散指数　　表7-10

年份	集聚指数	扩散指数		
	$N_{50}\%$	$N_{90}\%$	$N_{100}\%$	$N_{100}\%-N_{90}\%$
2003年	10	29	61	32
2013年	18	54	87	33

3. 空间扩散动态

表7-10显示，2013年的绝对扩散程度（$N_{90}\%$，$N_{100}\%$）高于2003年，但是相对扩散程度（$N_{100}\%-N_{90}\%$）变化不明显。相比2003年，2013年商务服务业的分布范围在向外扩散，通过图7-10和图7-11对比也可以看出。但是，扩散的同时还存在着集聚的过程，采用相对扩散指数衡量集聚和扩散同时作用后的扩散程度，2013年和2003年的相对扩散程度相当，没有太大差异。

对比图7-12和图7-13，2003年主要沿东西向扩散，并且扩散范围和2013年50%商务服务业分布的范围相近，即2013年的集聚区是在2003年扩散区的基础上成长起来。基于集聚效应的理论，这些集聚区进一步带动周边街道的商务服务业，从而在更大范围形成商务服务业，这个范围就是2013年的扩散范围。2013年的扩散范围不再限于东西方向，而是各个方向都有大程度的扩散。

对比图7-14和图7-15，明显看到2013年商务服务业的覆盖面积扩大。2003年涉及商务服务业的街道数约占杭州的65%，仅限于覆盖

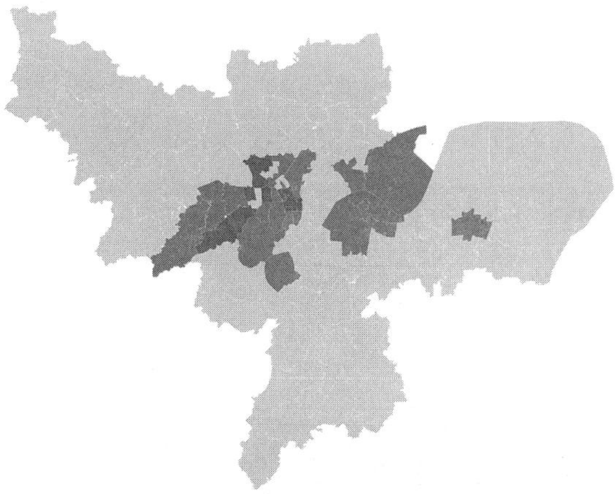

图7-12　2003年90%商务服务业分布范围

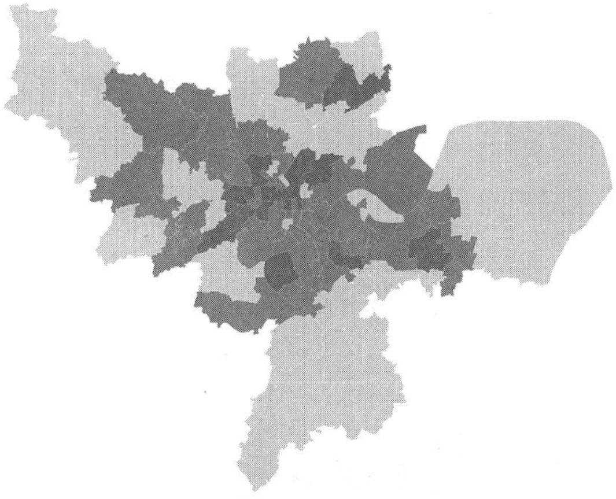

图7-13　2013年90%商务服务业分布范围

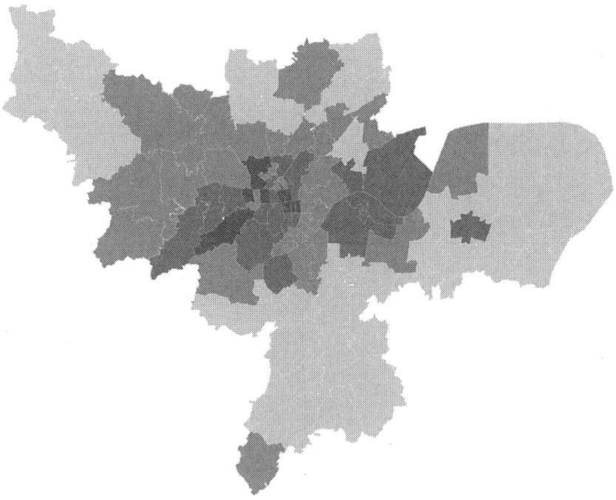

图7-14 2003年100%商务服务业分布范围

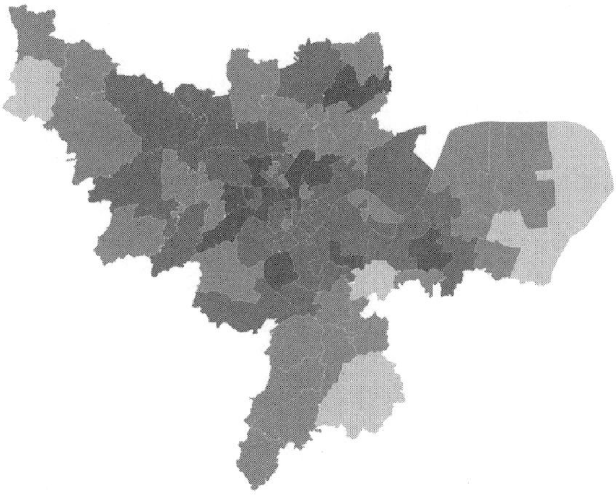

图7-15 2013年100%商务服务业分布范围

主城区。但2013年商服几乎覆盖整个杭州，涉及的街道数量达到93%，只有7个街道尚未有商务服务业，这7个街道都处于杭州的边缘。

7.3.4 商务服务业空间演化的影响因素

以商务服务业密度的变化作为因变量，各影响因子作为自变量，通过SPSS的线性回归过程对自变量进行筛选，依次用逐步法、向后法、向前法，得到3种影响因子的组合。综合3种结果用进入法进行筛选，每次剔除1个显著性指数不合理的影响因子，直到所有剩下的影响因子显著性都达到标准。最后得到表7-11中的筛选结果，说明商务服务业空间转型的影响因子为娱乐休闲用地密度、科研密度变化、开发区密度变化、大学距离、风景区距离、火车站距离、历史街区距离和杭州市中心武林商圈距离。图7-16和图7-17是回归检验结果，表明回归结果合理。

表7-11中，第2列为进入回归方程的自变量。第5列为自变量进行回归分析时的Beta值，一般情况下，*B*值越大，该自变量对因变量的贡献越大。第6列是针对每一个自变量前面的系数是否为零的假设和*t*检验值。第7列给出了检验结果，每个自变量的显著性指数都不大于0.05，说明自变量系数为零的可能性均不大于5%，即每个自变量都对因变量有贡献。

1. 郊区化与扩散——离武林商圈、西湖景区的距离

由SPSS分析得到的相关性分析数据来看，离武林商圈、西湖景区的距离与商务服务业的密度差是成正相关的。实际上风景区和商服的关联性比较低，但这里表现出距离风景区越远商服密度降低的趋势，是因为杭州有其景区上的特殊性，西湖景区正位于市中心，而武林商圈也处于市中心，市中心、武林商圈、西湖景区三者在空间上几乎重合，因此，可将这2个相关的因素结合起来解释。

影响因子相关系数表　　表7-11

模型		非标准化系数		标准系数	显著性检验	
		B	标准误差	试用版	*t*	*Sig.*
影响因子	（常量）	4.040	0.743		5.437	0.000
	娱乐休闲用地密度	-0.002	0.001	-0.308	-3.223	0.002
	科研密度变化	0.249	0.093	0.310	2.681	0.009
	开发区密度变化	0.418	0.100	0.428	4.174	0.000
	大学距离	0.000	0.000	1.545	1.991	0.050
	风景区距离	0.000	0.000	3.653	3.895	0.000
	火车站距离	0.000	0.000	1.922	3.643	0.000
	历史街区距离	-0.001	0.000	-18.211	-4.281	0.000
	武林商圈距离	0.001	0.000	14.608	4.338	0.000

注：因变量为商服密度变化。

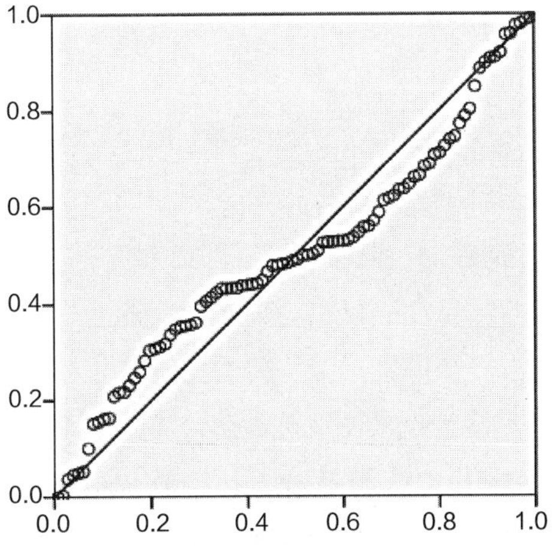

图7-16　P-P概率图（回归标准化的正态概率图）

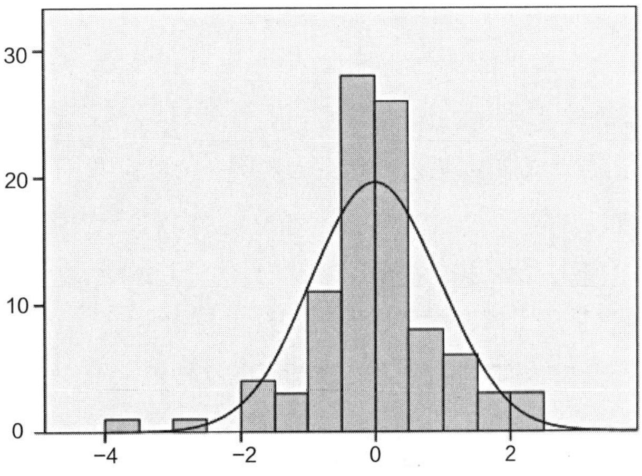

图7-17　残差直方图

以西方城市为对象的一系列研究表明，商务服务业在CBD区域内表现出高度的集聚性。近年来，商务服务业在西方城市也呈现出一定的空间重构趋势，从CBD区域向外围扩散。这与本研究所得到的数据达到了高度的一致，杭州武林商圈是一个典型的中央商务区（CBD），不管是2003年还是2013年，商务服务业在武林商圈都呈现出了一种高密度的聚集，然而2013年较之于2003年，武林商圈内部及周边是呈现密度降低的，而较远距离的街道则呈现了一定程度的密度升高的趋势。

2003年以来，杭州的郊区地区正处于不断地发展与扩张过程中，原本的中心的辐射范围已无法满足日益扩张的城区，导致了商务服务业的一个扩散，同时也带动了周边地区的发展，而周边地区的发展更加刺激了商务服务业的转移，这一过程形成了一个良性的循环，使得杭州城区的商务服务业能够很好地辐射到整个杭州城区。因此，从2003～2013年的商务服务业密度变化来看，距离市中心越远，商务服务业密度增加越多；距离市中心越近，密度反而呈现减少的趋势。

2. 交通枢纽发展引发的扩散——离火车站的距离

由分析结果可以看出，离火车站的距离与商业服务业的密度差呈现正相关，随着离火车站的距离越大，商业服务业的密度差越大。

交通枢纽对于地区之间的联系、地区和城市的发展起到重要的促进作用，形成交通枢纽需要具备良好的自然条件与地理位置和运输水平，城市经济发展达到一定的规模，需要发达的交通网络的支撑。而这也是商业服务业发展的必要条件。随着城市的发展，新的枢纽就会形成，而商业服务业也会随之转移扩散。

杭州火车站位于杭州上城区小营街道，邻近杭州市政府和杭州市中心，汇集了城市快速公交系统、轨道交通和各类车辆等多种交通方式，形成了一个大型的综合客运交通枢纽，也是杭州以前最重要的交通枢纽。而随着城市的建设，杭州新的交通枢纽陆续建设，如九堡客运中心站和正在建设的杭州火车东站，其中杭州火车东站未来将会成为杭州最大的交通枢纽，杭州的交通枢纽的重心正在逐渐向郊区转移，新的交通枢纽吸引了商业服务业的集聚，也使得原来的杭州火车站的商务服务业的集聚效果减弱，从而使商业服务业向外扩散。

3. 智力资源与集聚——离高校的距离

由相关数据分析结果看出，离高校的距离与商业服务业的密度差呈现负相关，也就是说，随着离高校的距离越小，商业服务业的密度差越大。

首先，高校提供了大量的智力资源，吸引各个行业的聚集，不仅仅是商业服务业，也包括了其他行业，很多的行业在其发展过程中也会吸引商业服务业的集聚，引发高校周边商业服务业的进一步集聚，并且智力资源越多越优质，对商务服务业的吸引力越强；其次，高校吸引了大量的人口，而人流是包括商业服务业在内的许多行业发展的基本要素，这是高校吸引商务服务业的主要原因。

1998年浙江省委、省政府制定了一系列的政策、法规，奠定了浙江建设“教育强省”的基础，其中最主要的措施之一就是建设一系列的高教园区，而作为浙江省高校教育改革的主要地区，浙江省政府在杭州陆续建设了滨江、小和山、下沙、浙大紫金港小区和萧山五大高教园区。再加上浙大玉泉校区等老校区的高校集聚区，杭州形成了高校分布的六大片区。下沙高教园区的高校资源最多，西湖北面的浙大老校区的高校资源最优，形成当时主要的2个智力资源集聚区。这2个区所涉及的下沙街道、灵隐街道、西溪街道、湖滨街道以及周边的翠苑街道、古荡街道、留下街道，都是商务服务业集聚程度较高的地方。随着其他高教园区的建设、发展逐渐成熟，到2013年，紫金港校区成为新的重要的高校资源区，带动商务服务业在该校区所在的三墩镇以及周边的文新街道、祥符街道集聚，滨江区与萧山区等高教园区周边的几个街道的商业服务业也有了明显的集聚。

4. 科技因素与互利共生——科研业密度

根据相关性数据分析，科研业密度差的变化与商务服务业的密度差变化成正相关。

在国际上商务服务业又具体细分为：专业性（包括咨询）服务、计算机及相关服务、研究与开发服务、不动产服务、设备租赁服务、展览管理等其他服务。依据国民经济行业分类标准（GB/T 4754—2002），商务服务业（含租赁业）主要包括以下10类：租赁业、企业管理服务、法律服务、咨询与调查、广告业、知识产权服务、职业中介服务、市场管理、旅行社、会展等其他商务服务。科研业包括：科学研究、技术服务和地质勘查业。

科研业作为产业链的前端，其发展涉及商务服务业中的企业管理服务、会计审计及税务服务、知识产权服务、办公服务等，与租赁与商务服务业的联系在于商务服务业的研究与开发服务。科研业的专业化程度不断提高，内部分工不断细化，更需要分工专业、功能强大的服务型企业来整合其技术和服务平台，由此产生对商务服务的需求。市场的供需强度决定商务服务业的发展程度，需求引导供给，供给创造需求（郭怀英，2010），因此商务服务业与科研业是相互促进、共同发展的关系。

5. 次中心与扩散再集聚——是否为开发区

杭州经济技术开发区是1993年4月经国务院批准设立的国家级开发区，距市中心仅18km，是杭州市的三大副城之一，是杭州市乃至浙江省发展现代制造业、外向型经济和高教科研的重要基地。由相关性分析数据来看，是否为经济开发区这一因素与商务服务业的密度差是成正相关的。这体现了近几年商务服务业从市中心开始扩散，并在开发区集聚。

如西方国家城市呈现的空间重构趋势，即从CBD区域向外围扩散，但这一过程并非无序地向外延伸，而是以“集中式的分散”（Concentrated Decentralization）或称之为“分散化的再集中”（Decentralized Re-concentration）的方式出现。作为知识密集型的商务服务业，在城市集聚有利于实现产业规模效应。如杭州的经济技术开发区作为杭州的副中心，引导工业、城市人口的转移与集聚，因而吸引商务服务业的集聚。2003~2013年，杭州经济技术开发区依旧是处在成长的阶段，越来越多的商务服务业向开发区聚集。

6. 历史文化因素与集聚——离历史保护区距离

由SPSS得出的相关数据分析结果可以看出，离历史保护区的距离与商业服务业的密度差呈现负相关，也就是说，随着离历史保护区的距离越小，商业服务业的密度差越大。需要说明的是，这里的历史保护区主要是指吴山及清河坊街周边、中河中路沿线的南宋史迹文物保护区和吴山民俗文化保护区等主要的历史文化地段。

当今历史保护街区开发改造过程中，旅游业开发是最为普遍的形式，这样的街区往往能吸引大量人流，形成较大的消费市场，从而吸引大量的服务业在保护区周边发展；另外，受到集聚经济作用的影响，也会带动周边地区的商业服务业的发展，形成较大的规模，从而具有更大的影响力吸引更多的产业集聚。

2008年《杭州西湖风景名胜区总体规划（2002—2020）》决定，根据文物古迹的不同性质、文化内涵和地域范围确立六大保护区，分别为北山街近代建筑历史保护区、南宋史迹文物保护区、佛教文化保护区、清文化保护区、吴山民俗文化保护区等。而其中吴山及清河坊街周边、中河中路沿线的南宋史迹文物保护区和吴山民俗文化保护区等主要的历史文化地段，是杭州作为旅游业集聚最为典型的历史保护地段，最具有代表性，也是我们研究的重点。在这一片区中最为突出的地段位于湖滨和清波2个街道，而这2个街道又是紧邻杭州商业服务业的中心与西湖景区，能迅速地吸引大量人流，发展速度快，集聚效应明显，商业服务业也大量集聚。

7.3.5 小结

本研究分析了杭州市在2003~2013年间，商务服务业的空间分布转型特征，并讨论引起空间分布转型的合理解释。通过GIS计算商务服务业在杭州各街道建成区的分布密度，发现经过了2003~2013年的10年发展，杭州商务服务业从单纯的空间集聚转为集聚与分散并存的空间结构。

首先，杭州商务服务业始终存在集聚的过程，集聚核心主要分布在市中心的武林街道及其周边。从2003~2013年，商务服务业在核心集聚区的密度有所下降，但集聚区的覆盖面在不断扩大，并从跳跃式分布转为连续的成片式分布。同时，在高校、历史保护区、开发区以及科研业密集的地方也形成了一定规模的商务服务业可以用集聚经济来解释，因为商务服务业本身是以中小型企业为主，占地面积小从而租金的压力不大，强调信息、市场的敏感度和智力资源。而在市中心、高校、历史保护区、开发区、科研业等地方形成集聚经济，有利于获得最新信息、市场份额以及智力资源。

其次，在部分集聚的过程中还存在广泛扩散的过程，表现出的情况是，杭州的商务服务业主要分布在市中心的武林街道，但在近郊，甚至离杭州主城较远的坎山镇、楼塔镇、黄湖镇等也形成了一定规模的商务服务业。2003年的覆盖范围基本在主城内，2013年的覆盖范围突破主城并广泛分布在郊区中，几乎覆盖全杭州。扩散的原因有两方面，一方面由于产业间的相关性，居住、工业、教育、科研等产业的郊区化，带动了商务服务业向郊区扩散。另一方面，2003~2013年间，杭州萧山副城、钱江新城、六组团建设等一系列城市建设促使杭州全城快速发展，尤其是郊区的城市化发展，产生大量新的商务服务业需求。

总的来说，目前杭州商务服务业的空间动态趋势为扩散中的集聚，在一定程度上与西方国家经历的CBD功能区的扩展有相似之处。虽然通过2003年和2013年的对比，表明杭州商服已出现了向郊区扩散的现象，但同时也存在强烈的集聚动力，毕竟目前扩散在郊区的商务服务业尚未形成成熟的集聚发展区。预测在近几年的发展中，仍然以扩散中的集聚为主要空间动态，郊区小规模的商务服务业将进一步集聚形成相对成熟的规模，进而形成若干次级CBD。

7.4 城市信息服务业空间演化格局分析：以杭州为例

7.4.1 信息服务业概述

信息传输、计算机服务和软件业定义：利用计算机和通信网络等现代科学技术对信息进行生产、收集、处理、加工、存储、传输、检索和利用，并以信息产品为社会提供服务的一切经济活动和关系的总称。以下简称信息服务业。

信息传输、计算机服务和软件业分类如图7-18所示。

世界经济正处于结构大调整时期，中国必须抓住这次机遇，完成经济结构转型和升级，实现可持续发展。目前国内是以扩大内需特别是增加居民消费需求为重点，以稳步推进城镇化为依托，优化产业结构（大力发展第三产业），努力使经济结构调整取得明显进展。而信息服务业作为第三产业中重要的组成部分也将成为国家大力发展的重要产业之一。

信息服务业已成为当今世界信息产业中发展最快，技术最活跃，增值效益最大的一个产业（杨燕，2008）。近年来，随着信息服务业在国民生产总值中比例不断提高，我国政府也出台了相关政策扶持信息服务业的发展。不过虽然我国信息服务业快速发展，增长率远高于经济平均增长率，但由于我国的信息服务业尚处于起步阶段，占信息产业市场的比例过小。

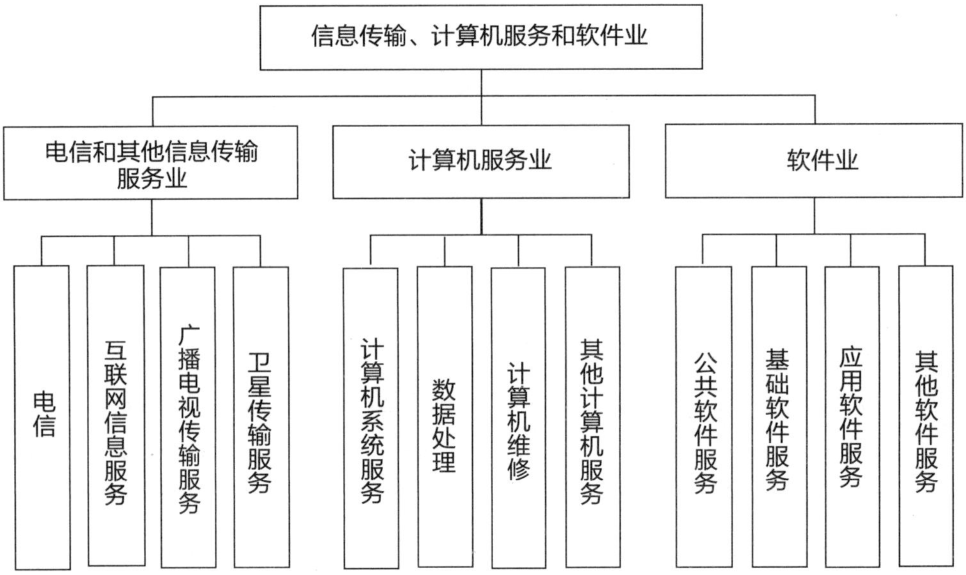

图7-18 信息服务业行业分类

近年来，杭州市围绕经济增长方式转变、经济结构调整和产业升级这一主题大力推进信息服务业发展，积极打造“中国电子商务之都”和“互联网经济强市”。推进信息化、工业化“两化融合”，分层次、有重点地推进软件与信息服务业发展，加强软件园区建设，加快软件与信息服务业结构转型升级，引导产业集聚，力争使信息服务业成为杭州现代服务业中规模最大、发展最快、活力最强的产业，为经济和社会发展提供有力支撑。一系列的政策推进了信息服务业的大力发展，可见信息服务业在杭州产业结构中的重要地位。

软件园区是信息服务业的主要平台。杭州自1997年开始规划设立软件园至今，已形成了包括高新软件园、东部软件园、数源软件园、西溪软件园、浙大科技园、节能科技园、东方科技园、拓峰科技园等一大批特色软件园区。其中，杭州高新软件园为科技部认定的国家火炬计划软件园。规模效应导致软件园区不断吸引优质同类企业入驻，成为产业的主要增长点。

以淘宝、网易、信雅达等为代表的产业龙头企业一直保持较快增长，并且带动了中小企业集中爆发式发展。2012年末，杭州市信息服务业收入超亿元的企业共有124家，实现主营业务收入935.53亿元，占产业收入比重达85.6%，增长32.5%，高于产业整体增速6.1个百分点。

7.4.2 信息服务业区位模式综述

关于信息服务业的空间布局的理论研究主

要包括中心地理论（Christaller，1933）、市场区位理论（Losch，1944），海港区位理论（Kautz，1934），中心地模型（Beckmann，1958），CBD理论（Hoyt，1939；Ullman，1945；Murphy，1954；Davies，1960），竞租理论（Alonso，1964）等，这些都已成为现代信息服务业空间布局的理论研究基础。

目前，国内外关于信息服务业影响因子的研究较多，主要影响因素有经济发展水平、城市化水平、政策因素、区域经济环境、交易因素、市场发育程度、人力资源丰度、知识外溢、信息生产要素、市场需求、竞争力指标、产业平均规模、产业联系外部性、同行业之间的合作与竞争等。

对于国外方面，杨艺等学者对美国、日本等信息服务业较发达的国家的现状及特点进行归纳，并总结了对我国的启示。而国内，熊励（2009）在分析国际上成功现代信息业融合创新的基础上，从区位指数等五个方面，对我国三大经济区域的信息服务业发展状况进行了定量分析。

总体来说，信息服务业集聚的演化，既受集聚区内在成本和利益因素变动的影响，也受到政府产业政策和城市空间布局政策的影响。从动态视角研究生产性服务业集聚演化更为复杂，目前的这些研究还未能深入揭示这种复杂的现象及其产生的内在机理和规律（王晓玉，2006）。

7.4.3 空间格局的研究思路

本研究基础数据来自《杭州市统计年鉴2012》、《杭州黄页2003》、《杭州黄页2013》以及8个区相关年份统计年鉴和经济年鉴。分别选取了交通运输、仓储和邮政业、信息服务业、金融业、租赁与商务服务业、科学研究、技术服务与地质勘查业5种生产性服务业的产业产值，就业人口数据以及信息服务业企业相关信息。

1. 研究方法

自19世纪马歇尔开始关注产业集聚现象以来，发展了多种衡量产业地理集中度与行业集中度的方法。中国学者多数采用行业集中度（*CR*）、区位熵（*LQ*）、空间基尼系数、赫芬达尔指数、EG指数、CAD指数等来测度中国制造业的产业集聚（梁琦，2003； 文玫，2004；路江涌、陶志刚，2006），少量结合ArcGIS软件进行空间分析（甄峰等，2008）。但各种方法都存在其局限性。综合考虑，本研究选取区位熵（*LQ*）、空间基尼系数、赫芬达尔系数、EG指数测算信息服务业的地理集中程度，并建立数据库，利用ArcGIS软件进行空间分析。

（1）空间基尼系数G是衡量产业空间集聚程度指标的一种，公式为：

$$G=\sum_{i=1}^{M}(s_i-x_i)^2$$

式中，x_i表示地区i就业人数占全市就业人数的比重，s_i表示地区i某产业就业人数占全市该产业总就业人数的比重。

（2）赫芬达尔指数H是哥伦比亚大学赫芬达尔提出的用来测算行业集中度的指标，公式为：

$$HHI=\sum_{i=1}^{N}(X_i/X)^2=\sum_{i=1}^{N}S_i^2$$

式中，X是市场的总规模，X_i是i企业的规模，$S_i=X_i/X$表示第i个企业的市场占有率，n是该产业内的企业数。

（3）EG指数是埃利森（Ellison）和格莱泽（Glaeser）1997年提出的，弥补空间基尼系数和赫芬达尔指数的不足提出的新的测量产业集聚程度的集聚指数。公式为：

$$\gamma=\frac{G-(1-\sum_i x_i^2)H}{(1-\sum_i x_i^2)(1-H)}=\frac{\sum_{i=1}^{M}(s_i-x_i)^2-(1-\sum_{i=1}^{M}X_i^2)\sum_{j=1}^{N}Z_j^2}{(1-\sum_{i=1}^{M}X_i^2)(1-\sum_{j=1}^{N}Z_j^2)}$$

G是基尼系数，H是赫芬达尔指数。该指标分为3个区间：第一个区间为$\gamma<0.02$，表明区域是分散的；第二个区间为$0.02<\gamma<0.05$，表明产业在该区域分布比较均匀；第三个区间为$\gamma>0.05$，表明在该区域产业集聚度比较高。

2. 研究框架（图7-19）

7.4.4 信息服务业空间格局演化

鉴于目前国内外对于信息服务业集聚的动态发展方面的研究仍然较少，本研究从静态与

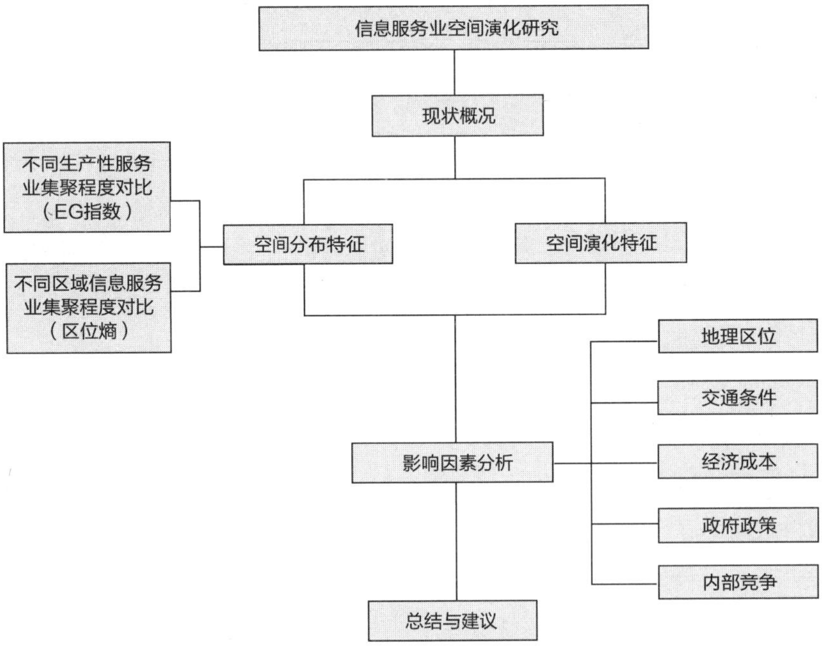

图7-19 研究框架

动态双重视角来研究杭州信息服务业集聚，并对其空间演化进行分析。不同于传统的研究方法，本研究是从空间层面对杭州信息服务业集聚演化情况进行研究，对比分析近十年来空间演化的结果，探究其空间演化的主要影响因素。

1. 空间分布现状对比分析

1）信息服务业空间集聚程度高

EG指数是为了解决空间基尼指数的失真，结合赫芬达尔指数（H），由埃利森和格莱泽（1997）提出的新的测算指标。由产业从业人口及企业规模计算得到。研究采用EG指数对产业的地理集中程度进行测算（表7-12），从测算结果上看，信息服务业的EG指数高达0.317，属集中分布且区域集聚程度高于其他生产性服务业。测算结果与企业空间分布统计结果相符。

杭州市生产性服务业各类集中指数　　表7-12

	G	H	EG指数γ
交通运输、仓储和邮政业	0.0690	0.0527	0.0313
信息传输、计算机服务和软件业	0.2931	0.0485	0.3169
金融业	0.2177	0.0250	0.2410
租赁与商务服务业	0.0175	0.0206	0.0003
科学研究、技术服务与地质勘查业	0.0936	0.0388	0.0759

2）产业空间集聚程度受自然条件和外溢作用影响大

在对产业空间集聚度测算指标中，指数G用来粗略表示产业地理分布情况，G>0时，表示该产业地理分布不均衡。但该指数不能判断这种非均衡是企业随机分布的结果还是真正意义上的集聚现象（刘惠敏，2007）。假定生产性服务业企业可以完全自由地选择区位，不存在任何的自然优势和外溢，则可以通过下式进行判断：

$$E(G)=(1-\sum_i x_i^2)H$$

如表7-13所示，每一类G值都比对应的（$1-\sum_i x_i^2$）H 值高，表明杭州市生产性服务业并不是随机分布的，真正意义的集聚现象普遍存在于各类生产性服务业。

简化的EG模型计算结果及
指数G中可归因于自然优势或外溢的比例　　表7-13

	G	$(1-\sum_i x_i^2)H$	$(1-\sum_i x_i^2)\gamma/G$
交通运输、仓储和邮政业	0.0690	0.0441	0.3797
信息传输、计算机服务和软件业	0.2931	0.0406	0.9054
金融业	0.2177	0.0209	0.9270
租赁与商务服务业	0.0175	0.0172	0.0133
科学研究、技术服务与地质勘查业	0.0936	0.0325	0.6794

在指数G中可归因于自然优势或外溢的比例可以通过$(1-\sum_i x_i^2)\gamma/G$计算求得。从上表中可看出，信息传输、计算机服务和软件业的地理集中很大程度上是聚集引导的结果，但企业随机分布对集中状态的影响也占一定比例（10%左右）。

2. 信息软件业空间演化研究

1）由单中心向多中心扩展

如图7-20和图7-21所示，2003年杭州市信息服务业主要分布在西湖、翠苑街道。而2013年，大部分地区有了较大的发展，除了之前的翠苑街道，还在萧山浦沿街道以及下沙、九堡街道处形成了2个副中心，实现了从单中心到多中心的转变。

2）各地区分布密度差距逐渐缩小

2003年杭州市信息服务业基本集中于西湖、翠苑街道附近，且密度极高，翠苑街道的密度达到了80.7个/km^2，远远超过3.5个/km^{2}的平均水平。2013年，翠苑街道的密度有所下降，降至46.2个/km^2，虽然依然远高于2.7个/km^{2}的平均水平，但差距已得到明显缩小。

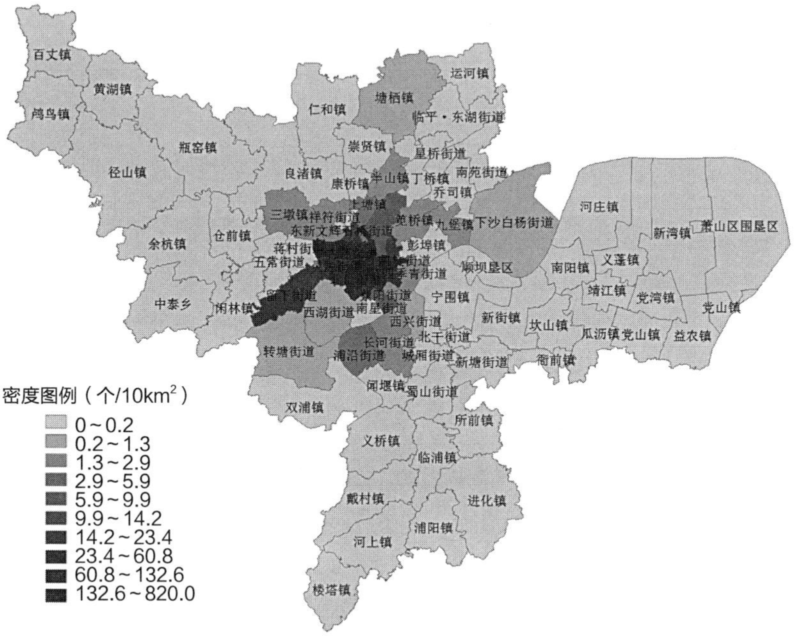

图7-20　2003年各街道信息服务业企业密度分布图

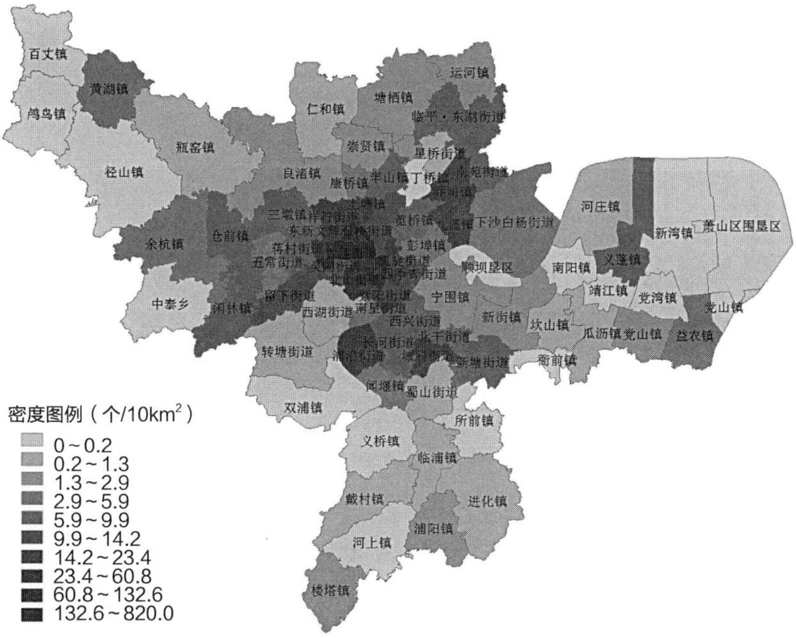

图7-21　2013年各街道信息服务业企业密度分布图

7.4.5 信息服务业空间演化的影响因素

目前主要国内学者对城市信息服务业空间演化影响的相关研究，见表7-14。

为研究影响信息服务业空间演化的影响因

相关文献研究概况　　表7-14

姓名（年份）	研究方法与区域	影响因素
申玉铭等（2007）	研究方法：相关分析、回归分析、聚类分析、Theil系数 区域：中国	经济发展水平、城市发展程度、市场发育程度、交通通信水平、经济全球化水平和人力资源丰度
刘惠敏（2007）	研究方法：EG指数 研究区域：北京	自然优势和外溢
彭兴国（2010）	研究方法：区位熵分析 区域：长株潭城市群	区域经济环境、交易费用、需求条件和创新系统，交通运输、仓储和邮政业发展水平
管驰明、高雅娜（2011）	研究方法：赫芬达尔指数、EG指数、空间基尼系数 区域：中国	工业产值、交通、知识外溢、信息
许晶晶（2011）	研究方法：钻石模型 区域：上海	生产要素、市场需求、科学产业技术、企业自身条件、机遇、政府政策
王龙（2010）	研究方法：资料调研、理论研究、数据查询、定性分析、定量分析、比较分析、钻石模型 区域：广州、上海	生产因素、需求条件、支持性产业、企业自身条件
曲敬军（2012）	研究方法：环境分析、SWOT分析 区域：烟台	基础设施、产业政策、产业基础、载体建设、人才培养
熊励（2009）	研究方法：区位指数分析法，K-spec指数分析法 区域：长三角地区，京津冀地区，泛珠三角地区	区位指数、区域分工指数、竞争力指标、科研投入和创新能力
宋静等（2011）	研究方法：KMO检验模型产率、研发投入占总产值比重之间相关性、巴特利特球度检验对数 区域：上海	市场占有率、产业劳动生产率、产业平均规模、职工平均工资
向鸿雁（2012年）	研究方法：①用产业集聚指标模型测量集聚度；②“钻石模型” 研究区域：广东	高级生产要素、市场需求、产业联系外部性、同业之间的合作与竞争、政府政策及机会
张勇（2012年）	研究方法：统计分析、对比分析、数学模型、回归分析 研究区域：全国	知识溢出、人力资本和城市化、信息技术发展、产业关联度、制度环境

素，本研究将2013年与2003年各街道信息服务业的差值作为因变量，将距离各大学平均距离、人口密度、距离各科技园平均距离、是否在建成区、娱乐休闲用地产业密度、商业用地产业总密度、距离各商圈平均距离、距武林商圈距离、距钱江开发区距离、房价、距高速出入口平均距离、距火车站距离、主干道条数、公交站密度、距景区平均距离、距次中心平均距离、距各文保区平均距离以及产业初始密度作为自变量，并对其进行逐步线性回归分析。经过SPSS软件计算分析，筛选出8项重要变量（表7-15），并在此基础上，结合产业发展情况，总结出以下几点影响因素。

影响因素逐步线性回归结果　　表7-15

模型因素	非标准化系数		标准系数	*t*	*Sig.*
	B	标准误差	试用版		
Zscore（距科技园）**	-1.645	0.671	-1.645	-2.450	0.016
Zscore（距离商圈）***	-1.506	0.546	-1.506	-2.758	0.007
Zscore（距武林）***	-4.035	0.897	-4.035	-4.497	0.000
Zscore（房价）***	-0.263	0.098	-.263	-2.684	0.009
Zscore（距高速出入口）***	2.135	0.633	2.135	3.371	0.001
Zscore（主干道条数）***	0.182	0.049	0.182	3.716	0.000
Zscore（距文保区）***	4.554	1.297	4.554	3.510	0.001
Zscore（初始密度）***	-0.990	.053	-0.990	-18.619	0.000

注：*在0.1的水平显著，**在0.05的水平显著，***在0.01的水平显著。
a. 因变量: Zscore（2013年与2003年各街道信息服务业的差值）。
b. 通过原点的线性回归。

1. 产业向外围扩散，形成次级集聚核

杭州的各大商圈正是杭州各区域的发展中心，而武林商圈更是目前杭州的城市主中心。本研究通过对企业距商圈平均距离以及距武林商圈距离的分析来研究空间区位对信息服务业空间演化的影响。根据回归分析可得，信息服务业企业增加量与距离商圈的距离以及距武林的距离均为负相关，其中距离商圈的距离的相关系数为-1.506， 在0.007的水平上显著，距离武林的距离的相关系数为-4.035,在1%的水平上显著。

自变量中，距离各商圈的平均距离以及距离武林商圈的距离与因变量皆呈负相关，说明杭州市信息服务业总体以武林为核心，向外逐渐减少，同时逐渐在各外围集聚。

2. 交通条件对产业的拉动作用

对于大部分企业而言，交通条件是企业选址的重要参考标准之一。本研究通过对企业距高速出入口平均距离以及地块内主干道数量的分析来研究交通对信息服务业空间演化的影响。从分析结果可以看出，信息服务业企业增加量与高速出入口的距离以及主干道条数的分布皆为正相关。其中距离高速出入口平均距离的相关系数为2.135， 在1%的水平上显著，地块内主干道条数的相关系数为0.182， 在1%的水平上显著。

其中，距高速出入口距离为正相关，即距离高速出入口越远，信息软件业企业增加量越大。说明信息服务业对外部交通的依赖程度不高。而主干道条数与两年企业数量差值亦为正相关，即地块内部主干道条数越多，信息服务业企业增加量越大， 说明城市内部交通越优越，越容易吸引企业集聚，这与其他大部分产业空间分布特点大致相同。

3. 租金成本对产业布局的推拉效应

对于不同区位信息服务业企业的经济成本，其差异主要反映在该区域的地价水平。本研究通过对各区域地价水平的分析来研究经济成本对信息服务业空间演化的影响。根据数据回归分析得出，房价与信息服务业企业增加量呈负相关，相关系数为-0.263，在1%的水平上显著。

结合区位与地价因素分析，就目前而言，信息服务业对地价是十分敏感的，地价越高，企业分布的密度增长越少。

4. 政府政策对产业布局的引导

科技园区与文保区的建立都由政府主导，而这些区域的出现对信息服务业企业的增长势必带来影响。本研究通过对企业距科技园平均距离以及距文保区平均距离的分析来研究政府政策对信息服务业空间演化的影响。回归分析中，距科技园距离与信息服务业企业增加量呈负相关，相关系数为-1.645，在1%的水平上显著，距文保区距离则呈正相关，相关系数为4.554，在1%的水平上显著。

从数据分析的结果来看，因变量与距科技园距离呈负相关，即距离科技园越近，信息服务业企业增加量越多。信息服务产业属于高新技术产业，而科技园的设立本质上就是为了新兴产业的集聚与规模效应。而与距文保区距离则呈正相关，说明距离文保区越近，企业增加量越少。一般而言，文保区处于老城区中心位置，这一区域土地饱和程度高，且政府对其周边区域有一定控制。

5. 内部竞争防止产业过饱和化

从回归分析得到的数据可以看出， 产业

初始密度与信息服务业企业增加量显著水平极高，且呈负相关，即某地块内部产业密度越大，企业增加量越少。信息服务业在2003～2013年有一个显著的变化，即翠苑街道在其他影响因素条件皆较为优越的情况下，却出现了较大幅度的负增长，这是由于产业内部竞争过大所导致的。因此，本研究通过对各地块产业初始密度的分析来研究产业内部竞争对服务业空间演化的影响。据回归分析显示，产业初始密度与信息服务业企业增加量呈负相关，相关系数为-0.990，在1%的水平上显著。

8

生产性服务业
空间绩效评价与机理研究

8.1 产业空间组织绩效评价指标体系

宁波市各片区产业空间组织水平评估的指标体系见表8-1。

宁波市各片区产业空间组织水平评估的指标体系 表8-1

指标分类		指标衡量方法、评估内容
一级指标	二级指标	
产业经济指标	产业种类指标	片区内产业种类
	金融机构指标	大型金融机构总数
	商业中心指标	大型超市或综合型卖场总数
	土地经济价值	片区内房价
产业服务指标	居住指标	人均居住面积
	公共服务指标	人均公共服务设施用地面积
	公共服务设施满意度	问卷调查
	科研院所指数	科研院所、学校数量，用地面积
	仓储、物流网点	物流服务点和仓储服务点
	机场、港口设施条件	现场调查、问卷调查
产业文化指标	历史巷道保留	现场调查
	历史建筑的更新利用	现场调查
	历史建筑与周边协调度	现场调查
	自然环境质量	问卷调查
产业空间指标	复合式开发程度	现场调查
	土地混合利用度	现场调查
	人均绿地享有指标	人均公园绿地
产业支撑指标	公共交通系统完善性	现场调查
	路网密度	现场调查
	道路顺畅度	现场调查
	就业人员规模指数	片区从业人口数占总人口的比例

8.2 中心城区产业空间评价单元划分：基于宁波案例

根据宁波中心城区产业与空间布局的现状，对中心城区的主导产业进行选择，涵盖临港产业、航运物流、金融商贸、行政商务、文化旅游、科教研发、生活居住几大方面。在空间结构上，现状已形成的区块有：三江口、东部新城发展核心片区，处于生长外拓阶段的北仑片区和镇海片区。随着人口增长远超预期，中心城拓展空间受限，工业扩张局部失控，交通拥挤不断加剧、生态环境日益严峻以及城市蔓延式发展等问题的凸显，城市发展呈现出向开放式多中心组团结构转变的趋势（图8-1）。根据宁波2030战略规划中对中部核心板块都市空间结构的确立，中部三江核心片以东部新城和三江口中心相互支撑形成两大主中心，镇海、北仑、梅山—春晓片区进一步优化提升。基于此，本研究根据都市区的空间结构与功能相对完整的原则，将宁波中心城区划分成若干片区，作为评价的基本单元（图8-2）。

三江核心片以现有三江口CBD区块（含历史文化区）与未来东部新城为两大中心，两大中心区中间的发展地块为江东西部发展块，成为两大区块的衔接、服务片区，北部江北—慈城片区形成集文化旅游、体育休闲和高端生活于一体的门户新区，同时与庄桥新区和镇海新区充分衔接，南部鄞州中心区成为南部新城的核心CBD，承担城市发展副中心的职能；滨海的春晓新城，成为宁波东部重要的商贸、服务中心，镇海—小港片区、北仑西部城区、北仑中心区以及大榭岛经济开发区、梅山保税区共同助力港航产业发展。

图8-1　宁波市区产业空间优化片区划分结构图

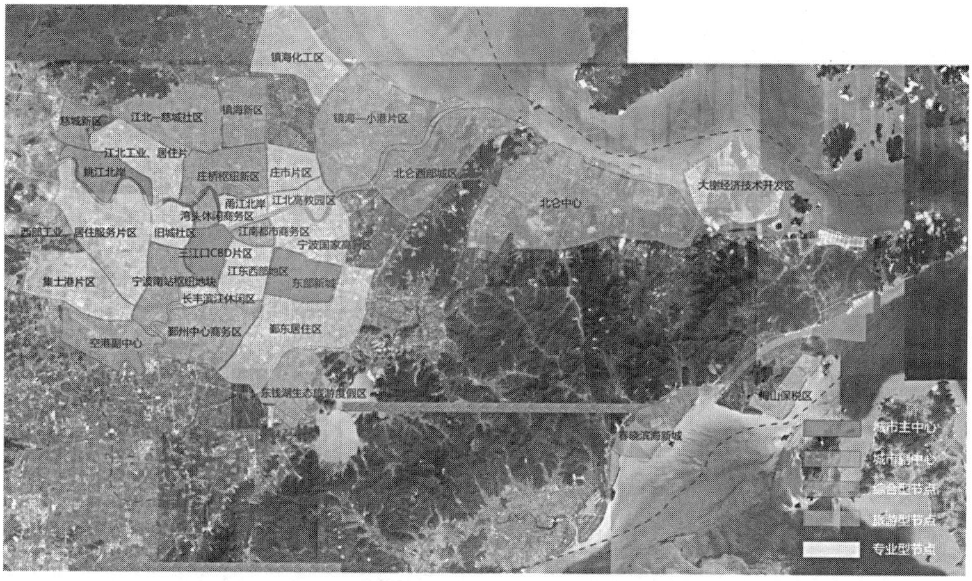

图8-2　宁波市区产业空间优化片区划分示意图

综合上述产业功能和空间发展的现状，对宁波市区产业空间组织区块进行划分。划分过程中，以提升片区产业特色，保留并利用自然和人文资源，强化片区产业集聚能力，提升产业层级，加大片区产业空间容量为原则，对市区范围内的重点区块进行划分（表8-2）。

宁波市区产业空间评价片区划分及其产业引导方向　　表8-2

层级	区块	功能定位
城市主中心	三江口CBD片区	商务、商贸、金融服务为主的城市核心功能区
	东部新城	发展行政商务、科研教育等第三产业的城市新中心
城市副中心	春晓滨海新城	以旅游、休闲、居住、商务为主导的区域性现代化新城
	镇海—小港片区	以临港产业、大宗物资物流、贸易和信息管理为基础，结合镇海老城的保护发展生活和服务配套功能的复合型功能片区
	北仑中心	以宁波经济技术开发区、北仑港集装箱物流运输为载体的港口功能区块
	鄞州中心商务区	经济、文化设施完善，以居住、商贸为主的片区功能中心
	空港副中心	栎社机场及其周围功能片区

续表

层级	区块	功能定位
综合型片区	镇海新区	以教育、科研、商务、居住为主要功能的城市功能区块
	庄桥枢纽新区	与镇海新区相结合，培育商贸商务、行政办公、滨水休闲、文化创意等中心职能
	慈城新区	建设门户地区的文化旅游、体育休闲和高端生活社区
	姚江北岸	居住、休闲复合片区
	湾头休闲商务区	集商务、旅游、娱乐、健身、居住等功能于一体的城市功能区块
	江南都市商务区	以都市商务、休闲、商业为主要功能的功能优化地块
	宁波南站枢纽地块	以南站枢纽为交通节点，建立为此服务的商业、商务功能区
旅游型片区	东钱湖生态旅游度假区	以东钱湖旅游资源为载体的旅游、度假功能片区
	江北—慈城社区	以保国寺景区为特色的集传统文化、自然生态于一体的旅游片区
专业型片区	梅山保税区	保税港区与自由贸易区
	大榭经济技术开发区	大型国际集装箱转运基地和港口经济贸易区
	镇海化工区	以镇海化工区为特色的产业片区
	庄市片区	以原有社区优化为主的居住片区
	江北高教园区	以宁波大学为龙头的高校功能区
	宁波国家高新区	以新能源、新材料、软件、光电为主导产业的科技中心
	鄞东居住区	以鄞州区居住及其配套服务为主的居住功能片区
	甬江北岸	以商业服务、居住为主的城市功能区
	江东西部地区	以原有社区优化、城市功能复合发展的拟功能片区
	长丰滨江休闲区	兼容商务、旅游等功能的综合性城市居住区块
	旧城社区	旧有社区优化区块
	江北工业、居住片	旧有社区优化区块
	西部工业、居住服务片区	旧有社区优化区块
	集士港片区	服装纺织、电子、汽配、新材料为主要产业的工业功能区

8.3 城市产业空间组织绩效评估结果分析

8.3.1 综合得分结果分析

1. 三江口CBD、南站枢纽地块、鄞州中心商务区、江东西部地区、旧城社区优势明显

通过对31个区块的产业、空间现状调查，对各项目进行综合评价，得出各片区的产业空间总体评价指数，从图8-3中可以看到，31个功能片区中，除三江口CBD、南站枢纽地块、鄞州中心商务区、江东西部地区以及旧城社区得分较高外，其余地块得分较为平均，但开发中的大榭经济技术开发区、慈城新区、春晓滨海新城以及镇海化工区得分普遍较低。

从发展阶段来看，三江口CBD区块、南站枢纽区块以及江东西部地区开发较早，各项设施比较完善、产业种类比较丰富，因此这些片区发育程度较高，能够提供较好的产业服务、营造更为优质的产业空间，由于经历的开发时间较长，土地的复合式开发程度也较高。

从功能定位上来看，三江口CBD（城市主中心）与鄞州中心区（城市副中心）都是片区的中心，因此，对于产业发展的要素支撑更为完备。

从上述两方面来看，这些片区或由于经历了较长的发展阶段或由于功能定位升级的需求，产业种类趋于多样，开发程度也更高（表8-3）。

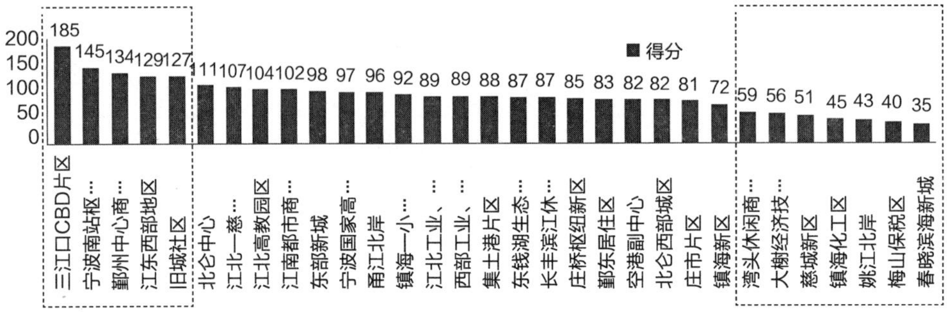

图8-3 各片区综合得分汇总比较

部分二级指标比较 表8-3

片区	产业种类指标	公共交通完善性	复合式开发程度
三江口CBD片区	10	10	10
南站枢纽片区	7	6	7
江东西部地区	7	8	7
鄞州中心区	8	4	9

综合这些片区的特点，可以发现，这几个区块在空间上多集中在三江口周边，在产业指标上，产业经济指标普遍偏高，可见经济发展水平较高，土地价值较高。但可以同时看到，这些区块在产业服务指标的机场港口设施条件和产业支撑指标的道路顺畅度上得分普遍较低（表8-4）。

以商业中心指数为例，三江口CBD片区商业中心用地面积占全部用地面积的6.62%，鄞州中心商务区为4.24%，宁波南站枢纽地块为5.12%，江东西部地区为3.76%。这些片区商业中心的用地面积较大，土地的商业经济价值较高。

此外，在调研的样本中，三江口CBD片区有金融保险机构75家，鄞州中心商务区有金融机构41家，宁波南站枢纽地块有50家，江东西部地区有26家，仅这4个片区的金融机构数就占所有金融机构数的58.36%。

四大片区产业经济指标 表8-4

片区	产业经济指标				
	产业种类指标	金融机构指标	商业中心指标	土地经济价值	
				商业	居住
三江口CBD片区	10	10.0	10	10	10
鄞州中心商务区	8	7.5	6	5	8
宁波南站枢纽地块	7	3.5	8	7	10
江东西部地区	7	10.0	6	9	10

因此，可以认为，这些片区发展水平较高，但在发展中或由于没有有效利用空港资源（如鄞州中心商务区）或由于与重要的交通枢纽距离较远导致与区域的联系不够紧密。同时，由于中心的集聚作用，过多要素进入这些区域导致集聚不经济，带来片区拥挤、设施不足的问题，中心区应当开始关注设施的同步建设以及中心区发展中的向外疏解。

2. 城市副中心与综合型片区间差异较大，呈现地域空间差异

由于城市副中心承担着更为多元的城市职能，进行着更为复杂的城市活动，容纳更为多样的城市人群，因此，各项产业、空间的整体情况较好，得分较高（图8-4、图8-5）。

对外围得分较低的区域进行分析。从空间

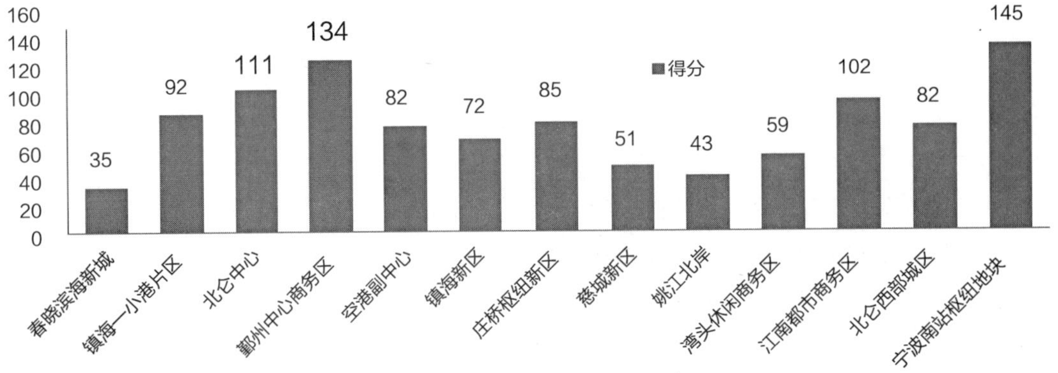

图8-4 城市副中心与综合型片区综合得分

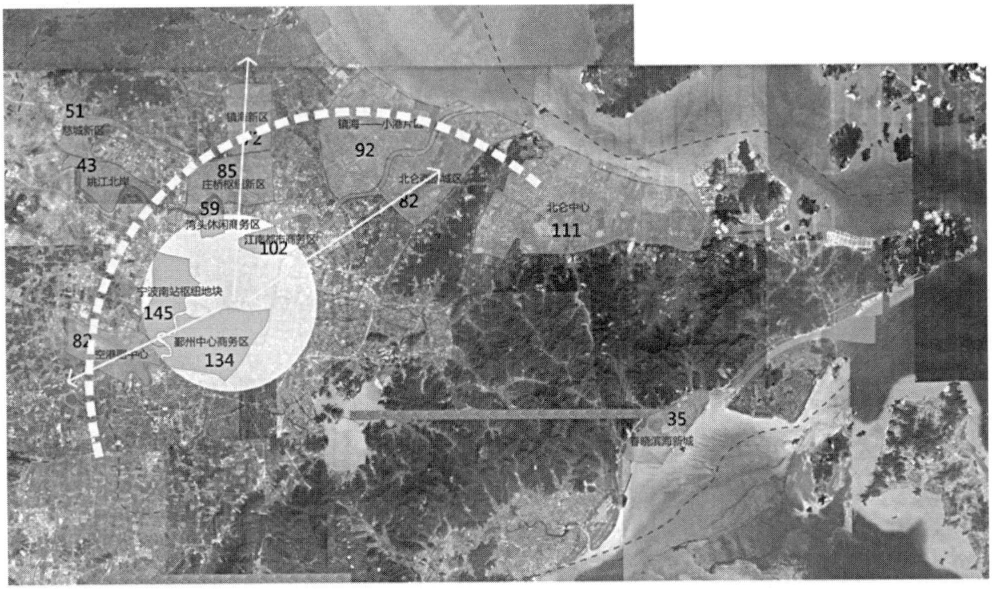

图8-5 城市副中心与综合型片区得分的空间分布

上来看，得分较高的地区多分布在老城区周边，得分依次向外递减，距离三江口10km的姚江北岸地区、14km的慈城新区以及30km的春晓滨海新城得分最低。这可以从产业支撑指标上得出解释（表8-5）。

一方面由于这些片区与城市核心间有一定

得分较低的综合型节点产业支撑指标得分　　表8-5

片区	产业支撑指标			
	公共交通系统完善性	路网密度	道路顺畅度	就业人员规模指数
姚江北岸	1	1	10	1
慈城新区	2	4	7	1
春晓滨海新城	2	3	10	1

的距离，在道路设施、就业规模等项目上难以与老城核心区共享；另一方面，这些片区尚处发展初期，各方面设施水平都无法与核心区内部相比。也正因如此，除道路顺畅度得分较高外，其他支撑指标项目得分普遍偏低。

围绕三江片得分较高的区域首先在产业种类方面更为丰富，金融机构、商业中心相对完善，土地价值较高，其次在设施配套上更为完善。具体来看，这些片区首先具有土地混合利用程度较高的特点，且混合利用的协调程度较高；其次，这些片区具有较好的路网条件，大路与小路的比例基本维持1：2的关系，路网密度在2.0左右（除江南都市商务区略高）；另外，在产业服务指标和产业空间上，这些片区均较高。可见，良好的支撑体系建设，并提供业更为优质的服务，对片区的产业水平提高具有较强的推动作用。

但是，尽管这些片区综合水平相近，但在分项指标上具有一定的差异。如鄞州中心商务区的金融指标明显高于其他片区，是第二位的北仑中心、南站枢纽地块的2倍以上；而北仑中心区则在仓储、港口方面具有优势，为临港工业提供了更为完备的服务；产业文化上除南站枢纽地块得分较高外，其余片区都有历史建筑的更新保护以及协调度上的问题。

综上所述，宁波城市副中心与综合性服务节点具有较强的提升空间与发展潜力，这是由城市所处的发展阶段决定的。在外围片区建设的推进下，产业支撑项目的不足能够及时弥补，而发育程度相对较高的几个副中心能够顺应城市多中心结构的发展，继续保持其领先的地位，同时要注意将区位、文化上的短板加以提升，通过空间改造、设施建设进行优化。总体来看，各片区的优劣势较为明显，优化提升的方向明确。

3. 服务型与专业型片区间除个别外总体差异较小

从图8-6中看到，除梅山保税区、大榭经济技术开发区以及镇海化工区以外，其他片区的综合得分均在80分以上。这些片区多以旅游、工业、生活居住为主，下面对这3类分别进行比较。

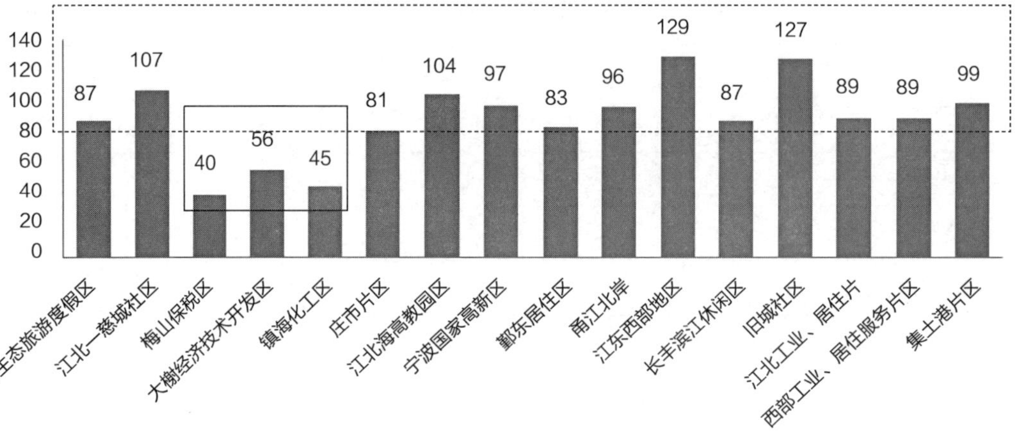

图8-6 服务型与专业型片区得分

旅游型的片区有东钱湖生态旅游度假区（87）、江北—慈城社区（107）。总体来看，旅游型片区的产业文化水平较高，这表明宁波现有的旅游片区在地域特色的挖掘和自然环境的塑造上具有一定优势。产业经济指标上，土地经济价值较高、金融商业指标偏低；公共服务设施及其满意度较高，区位及仓储网点得分不高；产业空间指标上，得分一般；产业支撑指标，道路顺畅度较高，就业人员规模指数较低。

工业型的片区有梅山保税区（40）、大榭经济技术开发区（56）、镇海化工区（45）、江北工业居住片（89）、西部工业居住服务区（89）、集士港片区（99）。其中梅山保税区、大榭经济技术开发区和镇海化工区在产业经济指标上明显偏低，而同时包含有居住功能的江北工业居住片、西部工业居住服务区和集士港片区该指标几乎高出2倍以上，这是由于单纯的工业功能使片区内的活动较为单一，人员构成同质，需求普遍趋同，而融入了居住功能后，由于功能的复合，使需求更为多元，产业涉及面更广。另外，这3个片区在产业空间指标上明显不如生活居住型片区高，复合式开发程度和人均绿地指标均较低，可见，在产业空间的构筑上，集约程度和人居品质都不高。长久的工业开发使片区发展过分关注于适宜工业制造业发展的厂区、港口建设，而忽略了现代服务业在片区内的作用。但是，这些片区在道路畅通度上具有明显优势。

生活居住型片区有庄市片区（81）、鄞东居住区（83）、甬江北岸（96）、江东西部地区（129）、长丰滨江休闲区（87）、旧城社区（127）。这些片区的得分明显较工业区高，因为居住片区的生活需求更为多样，人员结构更为复杂，要满足不同年龄、不同文化水平的人员需要，生活居住片区就必须营造复合型的服务体系。这些片区的产业种类几乎是工业片区的2倍，产业空间指标明显优于上述2类片区，这主要体现在土地混合利用的程度和人均绿地享有指标上。通过土地的混合开发利用，将居住、工作、商业等形式融合在一起，提高了土地效率也方便了市民的生活和消费。

此外，还有江北高教园区（104）和宁波国家高新区（97）未列入上述3类。这2个片区在产业空间指标上比较突出，处于所有专业型片区的前列，其中产生较大影响的是土地混合利用的协调度和人均绿地享有指标。由于这两大片区功能特色比较鲜明，但摒弃了以往单纯以教学科研为主的开发模式，而在其中引入了居住、休闲等功能，使片区的复合程度提高，在空间塑造中巧妙地将几类不同的空间进行竖向、水平、时间上的混合利用（如教学运动场地在夜晚向公众开放、街坊单元内部融入商业节点等），极大地提高了产业空间利用的有效性。

8.3.2 各类片区差异分析

根据对总体得分情况的评述，对各类功能片区进行产业空间组织的得分统计，通过等比换算，做成风玫瑰图（表8-6）。

城市主、副中心产业风玫瑰 表8-6

城市主中心	城市副中心
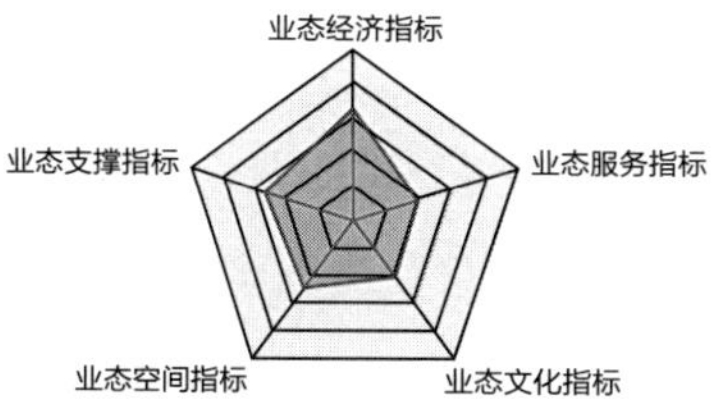	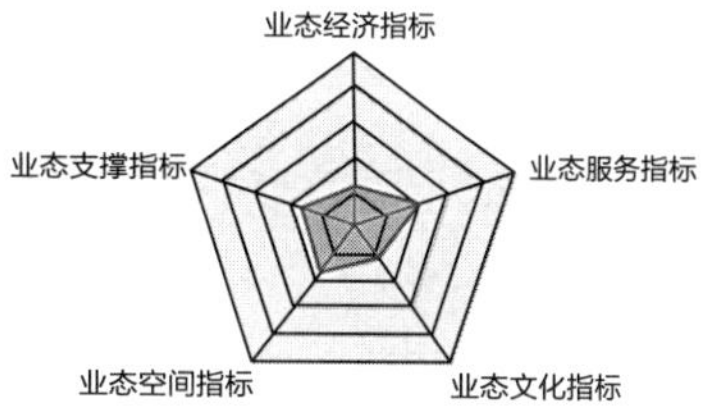
各项指标均具有明显优势，产业经济水平较高，产业支撑较为完善，产业空间需要优化，产业服务和文化指标有待提升	产业经济水平明显低于主中心，主中心极化效应明显，产业服务指标较好，产业文化水平明显偏低，需要投入相应的产业支撑

将上述指标折算成柱状图的形式进行比较（图8-7），在产业经济水平上，主中心优势明显，产业服务水平基本相当，产业空间与支撑指标副中心与主中心具有一定差距。从个体片区的角度来看，城市主中心在发展中经济优势明显，产业服务和产业文化所有欠缺；城市副中心在产业发展中各项较为均衡，产业经济和产业文化有待提升。

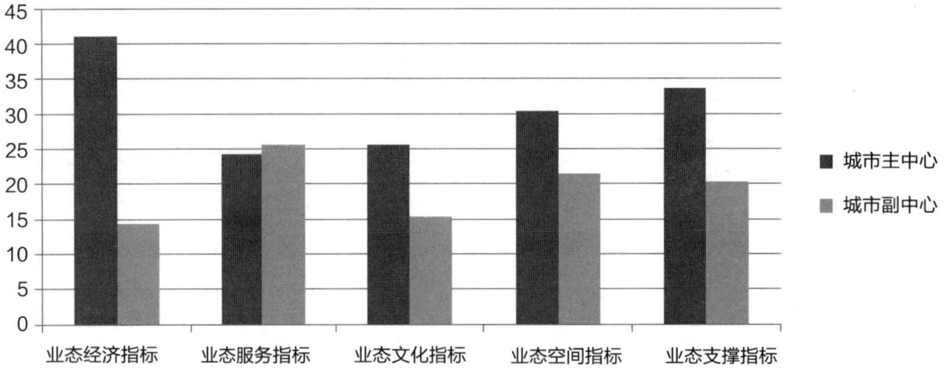

图8-7　城市主、副中心各项折算后指标对比

城市综合型片区、旅游型片区、专业型片区产业风玫瑰　　表8-7

综合型片区	旅游型片区	专业型片区
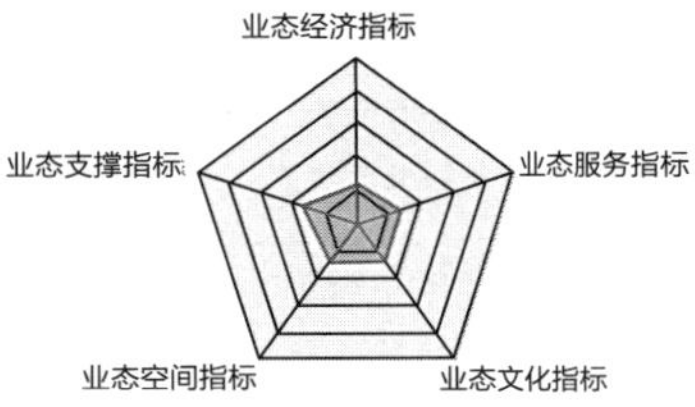	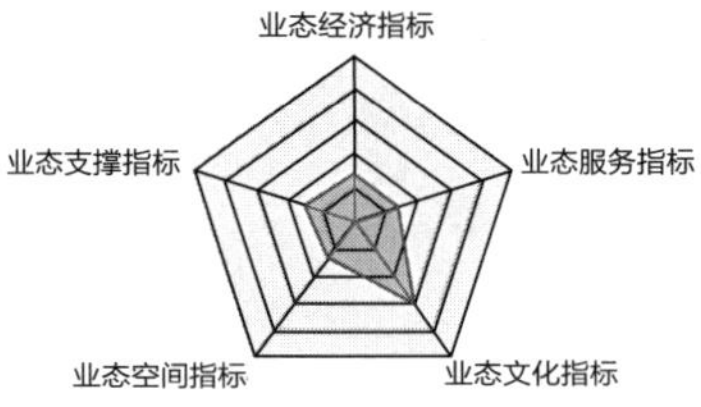	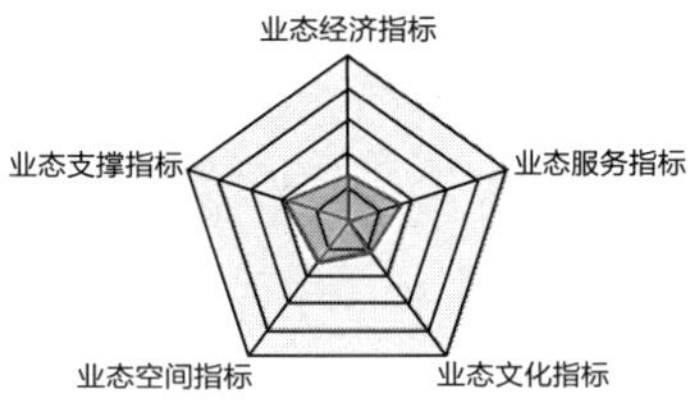
各项指标较为平均，产业服务明显不如城市主、副中心，但在产业支撑上较为完善	产业文化优势明显，其他指标较为平均	与综合型片区基本类似，产业文化水平较低

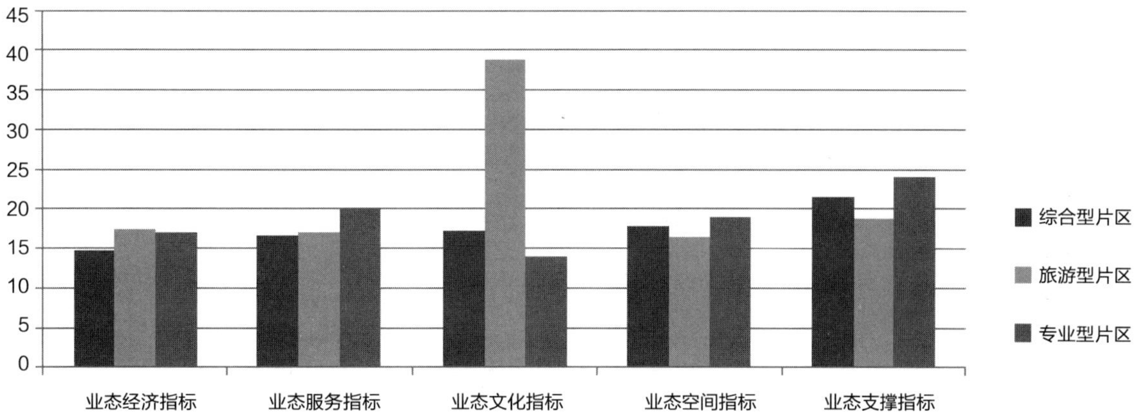

图8-8 城市综合型片区、旅游型片区、专业型片区各项折算后指标对比

这3个片区产业水平较为均匀，唯旅游型片区在产业文化水平上明显突出。其余指标，产业支撑项目略好，产业文化（除旅游型片区）略低，这些片区总体发展情况明显落后于主、副中心区。

从上述几个片区的风玫瑰图的比较中可以看出（表8-7），宁波的产业经济水平除主中心较高外，其他片区均较低，产业服务、产业空间和产业支撑项目较为均质，具有提升空间，产业文化水平除旅游型片区较高外，其余片区普遍较低（图8-8）。

因此，在宁波产业空间组织优化中，应当首先构筑产业经济共荣的发展局面，其次克服产业文化的短板，再逐步完善空间、服务和基础设施，保障城市产业发展的可持续性。

8.3.3 中心城区产业分析

1. 总量上零售业、餐饮业、居民个人服务业优势明显

从对31个片区的产业总量统计（图8-9、图8-10、表8-8）中看到，零售业、餐饮业和居民个人服务占据了极大的比重，零售业占总量的38.78%，餐饮业占17.71%，居民个人服务占14.57%，总量达到所有产业的71.06%。

根据宁波市区2011年生产总值的构成，2011年批发零售总额占第三产业经济总量的24.2%，住宿餐饮占4.34%，居民服务和其他服务业占1.85%。

由于研究的31个区块基本覆盖宁波市区，可以认为，餐饮业和居民个人服务尽管产业比重较高，但经济效益不足。

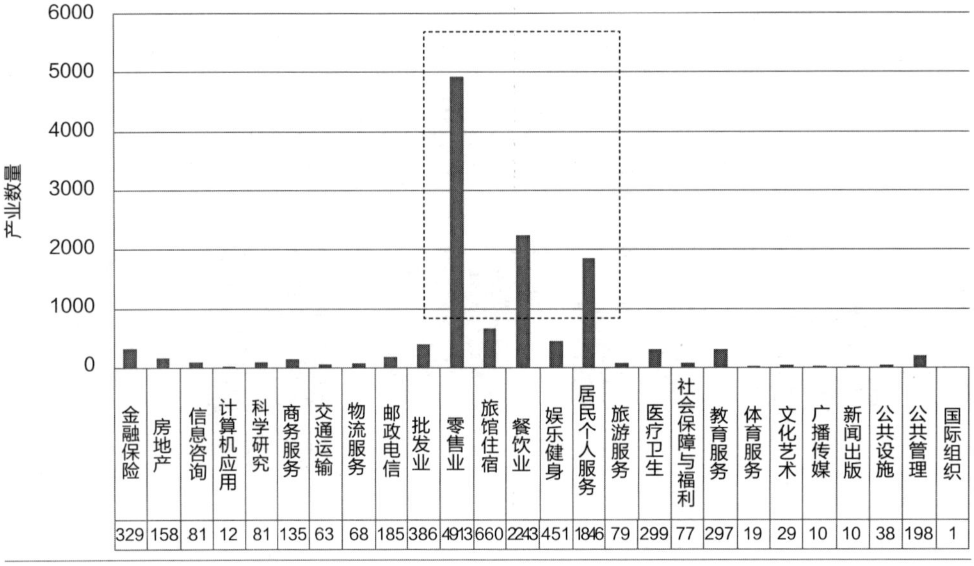

图8-9 31个片区产业抽样统计汇总表

宁波市区按产业划分的生产总值（2011年） 表8-8

指标	生产总值（万元）
宁波市生产总值	36218899
第一产业	577383
第二产业	19699962
工业	17732113
建筑业	1967849
第三产业	15941554
交通运输、仓储和邮政业	1960644
信息传输、计算机服务和软件业	504760
批发和零售业	3857947
住宿和餐饮业	691632

续表

指标	生产总值（万元）
金融业	3207728
房地产业	1627818
租赁和商务服务业	901851
科学研究、技术服务和地质勘查业	465796
水利、环境和公共设施管理业	103893
居民服务和其他服务业	295174
教育	740583
卫生、社会保障和社会福利业	485219
文化、体育和娱乐业	155366
公共管理和社会组织	943143

来源：《宁波统计年鉴2012》。

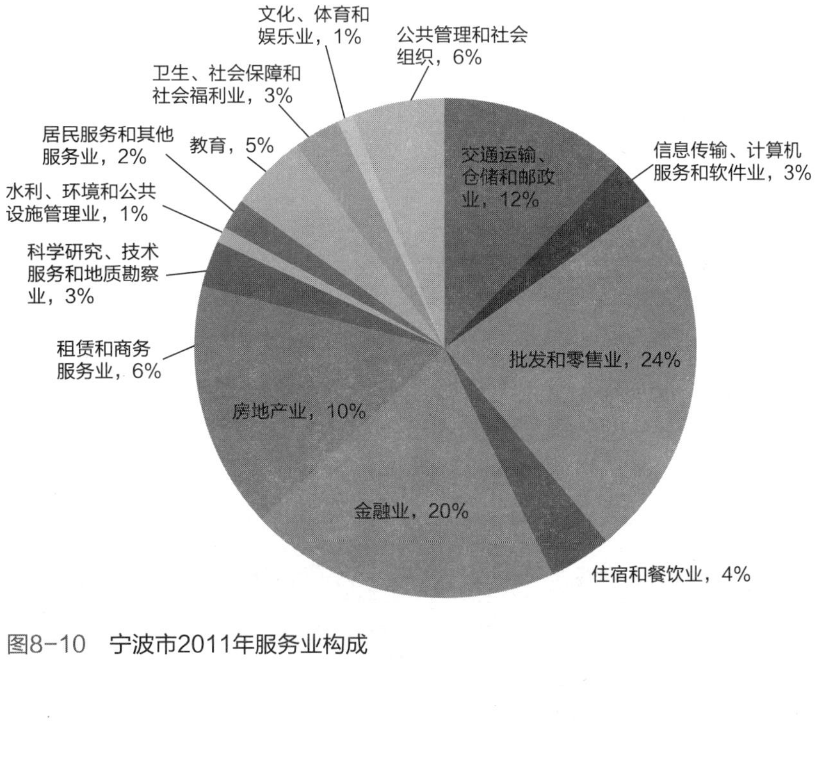

图8-10　宁波市2011年服务业构成

根据宁波产业竞争力的判断，宁波产业的国际化程度较低，2010年，宁波外企仅占企业总数的5%，深圳为宁波的2倍以上。因此，在优化过程中既要提升在产业竞争中优势项目的经济效益，同时也要加快宁波的国际化建设。

2. 主、副中心区集中了一半以上的企业数量

对上述五大片区的产业进行统计，可以看到，所有产业中，七大主、副中心占据了一半以上的产业，具体如下：金融保险51.06%，房地产53.80%，信息咨询49.38%，计算机66.67%，科学研究62.96%，商务服务36.30%，交通运输38.10%，物流服务55.88%，邮政电信49.73%，批发业32.38%，零售业51.31%，旅馆住宿58.18%，餐饮业53.23%，娱乐健身62.75%，居民个人服务47.94%，旅游服务72.15%，医疗卫生47.16%，社会保障与福利53.25%，教育服务44.78%，体育服务84.21%，文化艺术37.93%，广播传媒90.00%，新闻出版50.00%，公共设施68.42%，公共管理34.34%。

其中三江口片区所占数量将近七大主、副中心总量的四成，占39.39%，可见三江片区仍然是宁波城市发展的主要增长极。

3. 部分产业具有典型的空间集聚性

从26类产业的空间分布来看（表8-9），产业分布具有明显的空间集聚性：三江口CBD片区基本是各类产业的集聚区，其次为鄞州中心商务区、宁波南站枢纽地块、江东西部地区，主、副中心集聚作用明显；已经形成以三江片（三江口CBD片区、鄞州中心商务区、宁波南站枢纽地块、江东西部地区）、北仑片（北仑中心）、镇海片（镇海—小港片区）几大产业集聚中心，多中心结构显现；专业型片区（宁波国家高新区、空港副中心、长丰滨江休闲区、镇海新区）体现“专业化”。

26类产业的主要分布空间　　表8-9

产业	主要分布空间
金融保险	三江口CBD片区、北仑中心、鄞州中心商务区、宁波南站枢纽地块、宁波国家高新区、江东西部地区
房地产	三江口CBD片区、鄞州中心商务区、宁波南站枢纽地块、江东西部地区
信息咨询	三江口CBD片区、北仑中心、鄞州中心商务区、宁波南站枢纽地块、江东西部地区
计算机应用	三江口CBD片区、镇海—小港片区、鄞州中心商务区、鄞东居住区、江东西部地区
科学研究	三江口CBD片区、空港副中心、宁波南站枢纽地块、江东西部地区

续表

产业	主要分布空间
商务服务	三江口CBD片区、鄞州中心商务区、宁波南站枢纽地块、鄞东居住区、江东西部地区
交通运输	三江口CBD片区、镇海—小港片区、宁波南站枢纽地块、江东西部地区
物流服务	三江口CBD片区、北仑中心、鄞州中心商务区、宁波国家高新区、甬江北岸
邮政电信	三江口CBD片区、北仑中心、宁波南站枢纽地块、宁波国家高新区、江东西部地区、长丰滨江休闲区
批发业	甬江北岸、江东西部地区
零售业	三江口CBD片区、北仑中心、鄞州中心商务区、宁波南站枢纽地块
旅馆住宿	三江口CBD片区、北仑中心、空港副中心、宁波南站枢纽地块
餐饮业	三江口CBD片区、北仑中心、鄞州中心商务区、宁波南站枢纽地块
娱乐健身	三江口CBD片区、北仑中心、鄞州中心商务区、江东西部地区
居民个人服务	三江口CBD片区、鄞州中心商务区、宁波南站枢纽地块、宁波国家高新区、江东西部地区
旅游服务	三江口CBD片区
医疗卫生	三江口CBD片区、镇海—小港片区、北仑中心、宁波南站枢纽地块
社会保障与福利	三江口CBD片区、北仑中心、宁波南站枢纽地块、江东西部地区
教育服务	三江口CBD片区、北仑中心、鄞州中心商务区、宁波南站枢纽地块
体育服务	三江口CBD片区、北仑中心、鄞州中心商务区
文化艺术	三江口CBD片区、北仑中心、宁波南站枢纽地块、江东西部地区、旧城社区
广播传媒	三江口CBD片区、镇海—小港片区、北仑中心
新闻出版	三江口CBD片区、宁波南站枢纽地块、镇海化工区、宁波国家高新区、集士港片区
公共设施	三江口CBD片区、鄞州中心商务区、江东西部地区
公共管理	三江口CBD片区、宁波南站枢纽地块
国际组织	镇海新区

8.3.4 产业空间组织模式

综合前文对产业空间组织的评价，可以将宁波产业的空间组织模式划分成以下几种：

1．主、副中心集聚模式

主、副中心区无论在产业的数量还是空间分布上，都有着明显的集聚性，大致形成三江片、镇海片、北仑片三大片区，与宁波2030战略规划中设定的空间发展格局一致（图8-11）。

三江片在三江口CBD的吸引和南部地区（鄞州中心区）的快速发展下不断壮大，而东部新城的发展较之相对缓慢，使整个三江片的近期发展方向显现为以向南、向西发展为重点。近两年随着杭州湾跨海大桥建成，江北区块开始加速发展，但庄桥机场尚未搬迁，发展受到一定限制。同时三江片向西沿主要交通线蔓延发展较为明显。在西面交通线、南面鄞州CBD的吸引下，逐渐形成了几大产业发展极核：三江口CBD片区、鄞州中心商务区、宁波南站枢纽地块、江东西部地区。

北仑片空间扩张较快，为寻求新的发展空间，北仑区政府提出了“中提升、南加速、东拓展、西联动”的整体发展战略，进一步推动北仑的发展步伐，作为提升的北仑中部地区，居住、商务、商业功能基本集中在此。

镇海片在发展海铁联运，建设临港工业的同时，积极进行老城的改造与更新。目前已基本形成滨江生活区与滨海产业区两大片

图8-11 中部都市核心板块2030年空间发展示意图

区。尽管镇海片区内还存在较为严重的工业与居住混杂的格局，但土地的混合利用、复合化建设模式已经形成，在协调度上需要提升优化。

结合3个片区的现状评估与产业评价，这些主、副中心区依赖长时间的产业发展与功能混合，已经形成较为成熟的产业空间、配有完善的产业支撑和服务体系，且各自服务不同的片区，相互干扰、吸引较小，因此，产业空间组织评价较高，总体经济水平也较好。

但随着城市多中心网络化的建设，这些片区的一些问题也逐渐显现：人口、资源的集聚带来交通的拥挤，大规模的开发建设使城市的历史风貌受到较大的破坏，产业文化逐渐成为发展的短板。

2. 新区开发模式

调查的片区中，有部分片区尚处开发初期，产业空间格局尚未形成，如慈城新区、春晓滨海新城、梅山保税区、空港副中心、庄桥枢纽新区、东部新城。

这些片区（除开发较少的春晓滨海新城和梅山保税区）基本处于所有片区的中段水平，是城市未来发展的方向：2008年2月，国家批准设立宁波梅山保税港区，梅山岛保税港区的建设工作进展迅速，同时滨海新城的建设使得北仑的发展重心逐步东移；杭州湾跨海大桥的建设为江北片带来了机遇；航空枢纽是宁波国际化建设的基本保障，空港副中心将成为机场周边的建设重点。

尽管由于发展阶段上的原因，这些新区产业发育程度不如已经形成的几大极核，但它们可以从中心区现阶段发展出现的问题中汲取经验，保留产业支撑和产业空间塑造上的优势，在新区建设中，避免道路设施不足、开发复合度不高的问题，同时注重服务体系的完整性，吸纳不同专业背景的人才就业，为新区开发增添人气。

3. 专业分工模式

这类片区主要是以旅游、工业定位的专门片区，这类片区功能明确，产业发展具有鲜明的特色。

旅游片区有东钱湖生态旅游度假区和江北—慈城片区，通过旅游区的建设，对自然资源和历史文化资源的保护，这些片区的产业文化水平较高，但由于远离中心，难以与中心共享基本设施，产业支撑和服务不足，而且处于景区，产业开发受到整体风貌协调的制约，产业空间的开发强度不高，因此，产业经济水平一般。

工业片区以第二产业为主导，配备一定数量的服务业，因此，总体得分较低。由于三江片工业用地呈现中心向外围转移的发展趋势，使得工业片区基本集中在镇海、北仑和集士港。

镇海化工区凭借多年来的发展积累，继续深化石化和临港工业。北仑片大型临港工业用地布局基本完成，受空间资源的约束，东片区的工业用地发展较为缓慢，而梅山保税港区的建设将有效推动东片区的产业发展。

工业片区的优化主要在土地的混合利用和产业种类的多样化，可以适当增加居住、商业配套，提升产业服务水平，推进工业片区的综合服务能力。

4. 社区混合模式

一些老城居住组团在城市开发过程中通过产业混合，充分利用原有的服务设施，推进城市产业空间组织，主要有鄞东居住区、甬江北岸、江东西部地区、长丰滨江休闲区、旧城社区。这些片区总体发展水平较好，有一定的发展基础。从现状看，海曙、江东两区发展较为完善，基础设施及配套设施齐全，居住环境比较成熟。

如鄞州区自2000年以来新建了大量的住宅楼盘，特别是在万达广场等大型商业服务设施的带动下，住房开发建设势头迅猛。鄞州区新增的居住用地主要分布在鄞州中心区及鄞西组团。目前鄞州中心区的居住用地配套相对完善，呈逐步向南扩展的趋势。鄞西组团的居住用地则呈散点状布局，配套设施相对缺乏。

因此，产业空间组织优化中，要继续关注配套设施的推进，同时，在宁波城市历史文化保护较差的现状下，这些老城居住组团的更新利用应当注意保护一些自然、历史元素，使产业发展更具特色。

8.4 企业区位选择机理

企业区位就是企业作为经济行为主体活动产生的经济空间场，归根结底应该是基于要素禀赋的经济区位，是企业的重要资源，服务于企业目标，具有内生性、信息浓缩型、相对刚性、差异性以及唯一性和相对垄断性5个基本特征。

8.4.1 研究的基本思路

本研究以杭州为例主要运用以下技术路线进行研究（图8-12）:

（1）总结归类：通过广泛查阅城市中心绩效研究的已有成果，对各类服务业区位分布研究进行分类研究，总结归纳出不同类型服务业的相关特征，为进一步深入研究做准备。

（2）文献资料：围绕所要解决的问题，查找相应理论及资料文献。需要查阅的范围为服务业空间分布的国内外现状资料以及相关的理论、经验及实例介绍。

（3）数据分析：通过对现状多中心的评估，分析多中心发展机制。

（4）策略优化：通过对不同类型服务业进行纵横对比，为提出杭州城市中心服务业发展策略提供依据。

8.4.2 企业区位影响要素

企业区位选择对企业自身的增长和壮大，对区域经济的发展具有战略性意义。企业是区域经济发展的微观基础和主体，支撑

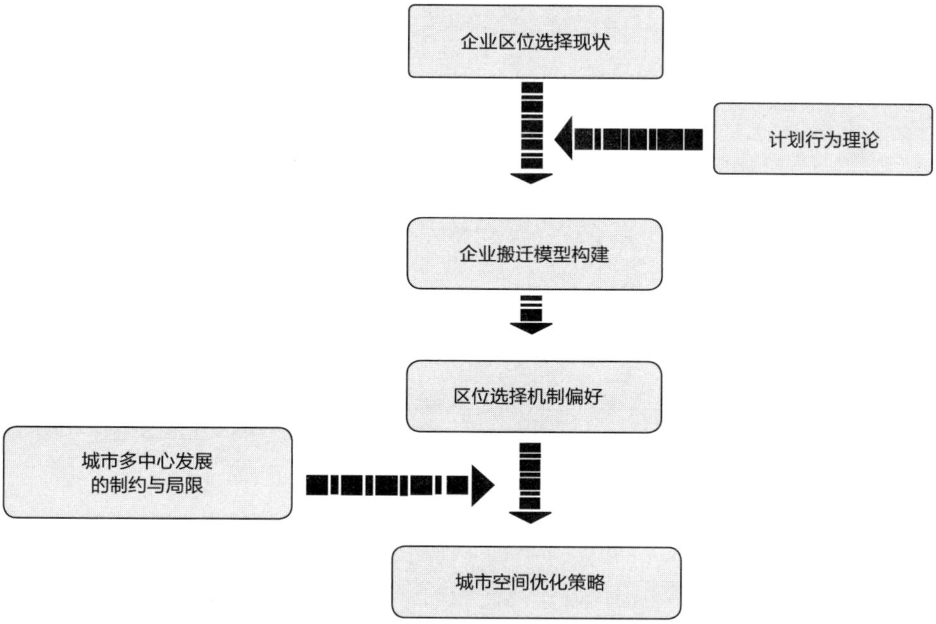

图8-12 研究的技术路线图

着一个地区的经济发展。虽然政府可以通过一系列政策引导和限制企业的区位选择，但是在市场经济条件下，企业是经济运行的主体，也应该是区位选择的主体，这是现代企业制度和市场配置资源的必然要求。企业为了达到经济利益最大化，平衡自身需要和约束条件来选择最佳区位，决策出最优的投资、经营的地理位置（刘静，2009）。而企业区位选择的目的主要有以下几种：实现企业费用最小；企业利润最大化；占有更大市场份额；决定企业发展后劲的要素禀赋。与传统企业区位选择一般只是单个工厂在一定的区域范围内进行不同，现代的企业区位选择还应包括企业的各种空间形态、各个发展阶段的空间布局和空间组织结构等。企业在不同的发展阶段的选择区位的要求也不同，但企业经济区域的选择总是企业区位选择研究的重点。

1. 企业与周边环境

作为开放系统的企业与周边环境的关系很重要，如图8-13所示。

2. 企业区位选择要素体系

企业在不同的发展阶段，区位选择要素也不同。以1983年和2003年美国影响其企业区位选择的主要因素变化为例，见表8-10所列。

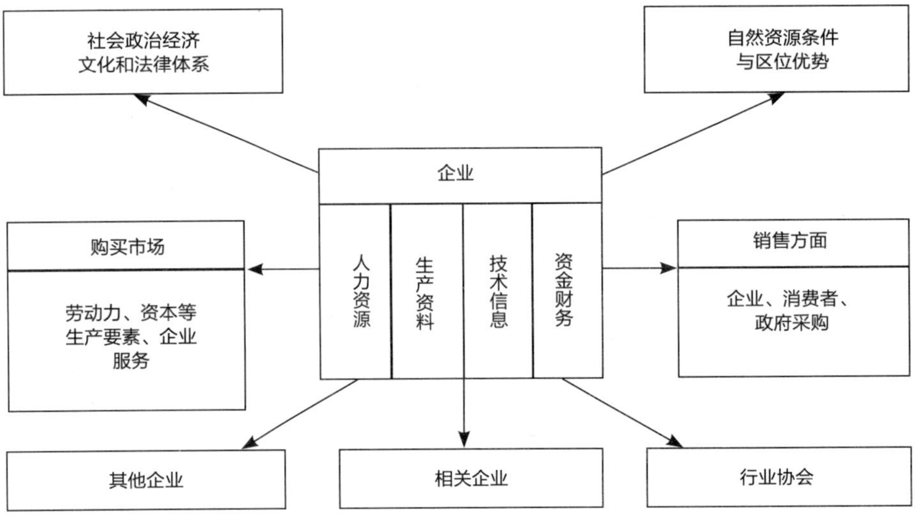

图8-13　企业与周边环境关系
来源：陈山秀. 区域经济理论[M].北京：商务印书馆，2003.

1983年和2003年美国影响其企业区位选择的主要因素变化　　表8-10

2003年	1983年
接近消费者和顾客	环境方面的考虑
接近州际高速公路	劳动力供应和质量
较低的房地产价格	公用设施的可得性
熟练工人的供应	交通，尤其是高速公路
能与政府官员保持较好的联系	向农村和郊区扩散
较低的工资水平	社区对工业的态度
合理稳定的设施收费率	低成本融资
较低的生活费用	土地的供应与费用
较低的营业税	市场
文化和娱乐设施	税收

来源：魏后凯. 区位决策[M].广州：广东经济出版社，2004.

学者巴森特和赫克特（1990）根据对加拿大技术三角地区的研究，提出区位选择的10个新的最重要因素，分别是：①熟练劳动力的可得性；②与企业创始人生活、出生、受教育地点的接近性；③靠近高校；④靠近消费者；⑤运输网络的便捷性；⑥土地的可用性；⑦工资水平；⑧原料供给地的接近性；⑨土地成本；⑩社会与文化氛围。

我国区域经济学家郝寿义从新企业区位的定义出发，认为企业区位影响要素包括以下6个方面：①资源要素禀赋及土地资本性投入；②经济行为主体行为；③分工、专业化水平；④人力、技术影响；⑤信息网络；⑥制度。

总结世界经济一体化和跨国经营的趋势，考虑对区位经济主体的企业区位决策的影响能力，重新构造企业区位选择要素体系，为区位决策综合考虑服务。

首先，按区位选择要素构成划分为自然要素、经济要素、政治要素与法律要素和历史文化要素；按区位理论研究内容划分为传统的企业区位选择要素和现代的区位选择要素；按区位选择主体的影响能力划分为客观条件要素和主观影响要素；具体决策时重点考虑成本要素、市场要素和制度要素。企业区位选择要素体系构成及传统区位选择要素与现代区位选择要素的关系具体如图8-14所示（刘静，2011）。

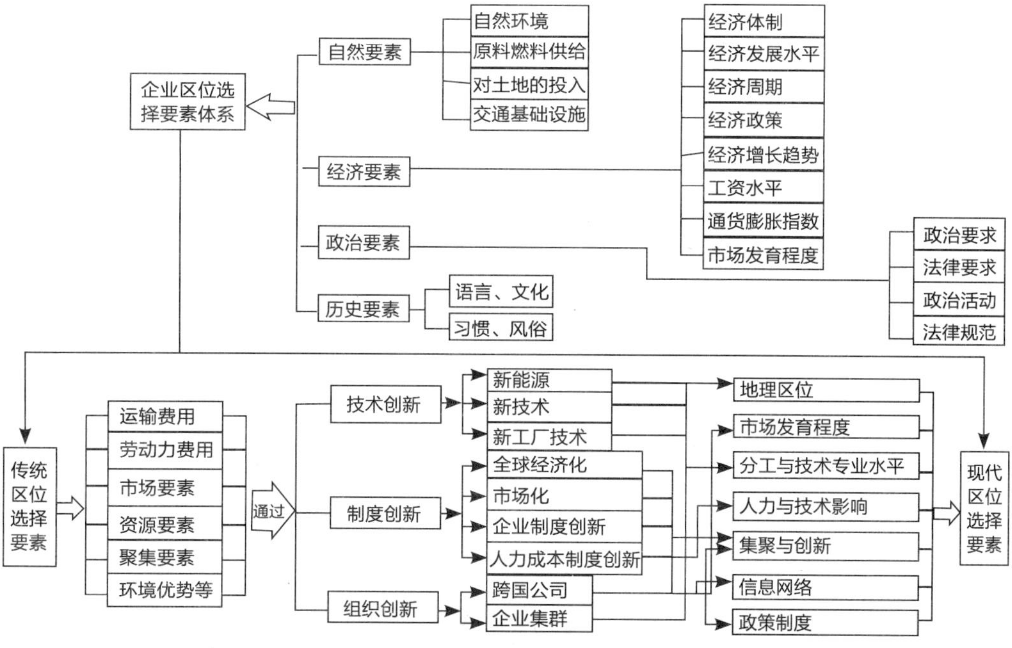

图8-14　**传统区位选择要素向现代区位选择要素转变**
来源：刘静. 创新对企业区位选择影响研究[M]. 北京：经济科学出版社，2011.

8.4.3 分析理论与模型构建

1. 计划行为理论

计划行为理论在理性行为理论（Ajzen& Fishbein，1980）的基础上进行了延伸，是目前最为广泛运用的行为理论。

理性行为理论（TRA）的假设的前提是，人们的行为是有理性的，各种行为发生前要进行信息加工、分析和合理的思考，一系列的理由决定了人们实施行为的动机（杨廷忠等，2002）（图8-15）。

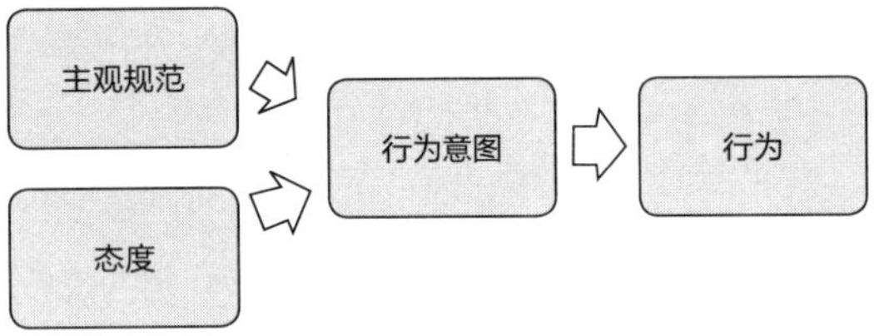

图8-15 **理性行为理论的结构图**

理性行为理论用态度和主观规范来解释行为意象，而行为意象是行为的唯一解释。但是后来越来越多的实证研究中，态度对行为意向的解释并没有达到理想的状态。在理论上仅仅使用“态度”这一个中介变量来解释对行为意向的影响在实证分析中与令人满意的结果之间还是存在不足。

艾森（Ajzen）认为理性计划理论能够解释纯粹依靠意志完成的行为，但此模型只能解释依靠行为意向就能完成的比较简单的行为（张海微，2008）。为此，艾森提出一个针对行为不完全受意志控制的行为理论模型，即计划行为理论模型（TPB）。计划行为理论在理性行为理论模型的基础上，增加了一个重要变量——感知行为控制。即在计划行为理论中，行为意向主要受到3个内生的心理变量包括态度、主观规范和行为控制认知的影响（李华敏，2007）（图8-16）。

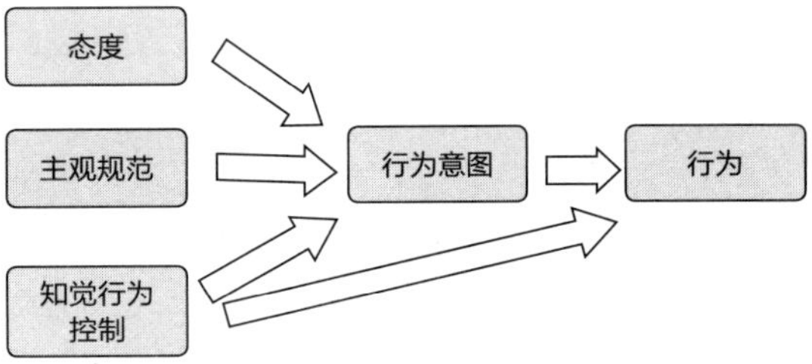

图8-16 **计划行为理论的结构图**

态度是在特定环境下针对某一个问题的稳定的倾向，这个倾向可以通过对这个问题的思考方式、感觉方式和行为方式反映出来，它由感知（信念、知识和理解）、情感（喜欢和不喜欢）和行为（参与）等3个维度构成。这3个维度之间的关系是不确定的，其关系的强度会受到一系列的因素的影响。

感知行为控制是个体对特定行为难易程度的感知。由于较强的意向和感知行为能提高行为的可能性，因此将感知行为控制作为行为的预测变量之一。感知行为控制是实际控制的反映，是对实际控制的近似测量，感知行为控制会直接影响到行为的完成。行为难度越低就越有可能有意向去完成它，所以在行为计划模型中感知行为控制作为决定行为意向的第三个重要变量（张海微，2008）。

根据艾森的计划行为理论，人的行为是由

行为意图和知觉行为控制两方面影响促成的，而行为意图是由态度、主观规范、知觉行为控制3个维度影响而成的（刘琳，2005）。但在运用计划行为理论对未知行为进行预测时，发现3个维度，一个中间变量的理论模型不能很好地预测结果。

安尼蒂奇和康纳（Annitage & Conner，2001）的分析，意向对行为的方差解释率在19%~38%之间，态度和主观规范可以解释意向33%~50%，行为控制认知将对行为意向的解释能力又提高了5%~12%（李华敏，2007）。这说明尽管计划行为理论可以解释部分行为意图的形成，并具有一定的应用价值，但由态度、主观规范、行为控制认知3个维度影响的行为意向和行为仍有相当一部分行为意图没有得到解释，而且这个缺口比较大，这主要是由于研究方法和变量不完善导致的（曲英，2007）。

故在本研究中，对企业区位选址偏好的研究，运用计划行为理论的理论框架，同时结合企业自身条件等变量，以提高分析模型的可信度、准确度。研究中，除了企业产业度、主观规范及知觉行为控制外，还增加了企业自身基本状况、企业发展信心及企业现处区位情况3个新变量。

其中，企业自身基本状况包括企业所从事的产业类型，企业规模，企业职工构成等因子，对企业的未来发展的方向及规模有一定的相关性，不同企业类型对企业选址有一定的影响。企业现状所处区位条件与企业是否搬迁及选址有较大的相关性，若企业所处区位让企业内部人员及客户都感到较为满意，这企业搬迁的可能性较小，而现状区位就是企业的理想区位，即其他同类型企业的理想选址；反之，若企业对现状存有较多不满，则企业会在可能的情况下选择搬迁，并选择某些区位因素较好的选址。

故根据以上多方面考量，基于计划行为理论列出对企业搬迁及选址有关的影响因子（表8-11）。

企业搬迁意愿及选址的影响因子 表8-11

现状影响因素	企业基本情况	企业现状所处区位
		企业从事产业类型
		企业职工规模
		企业职工平均年龄
		企业职工平均文化程度
		企业职工是否以本地人为主
		企业发展是否产学研结合

续表

现状影响因素	企业发展信心	企业现状成本变化
	企业区位现状	现状房产/租金价格
		现状上下班交通便捷
		现状出差商旅便捷
		现状相关产业情况
		现状服务配套情况
		现状自然环境
		现状治安情况
计划行为理论	态度	改善房产/租金价格
		改善上下班交通便捷
		改善出差商旅便捷
		改善相关产业情况
		改善服务配套情况
		改善自然环境
		改善治安情况
	主观规范	职工对企业搬迁选址的赞同度
		客户对企业搬迁选址的赞同度
		伙伴对企业搬迁选址的赞同度
	知觉行为控制	是否有足够的经济实力支撑企业搬迁
		是否有足够的空余时间支撑企业搬迁
		是否对企业未来选址的地区有充分的了解

对企业搬迁意愿及选址的影响因子研究一共有6个维度，28项影响因子，从多方面多角度的综合分析企业搬迁及选址的编号。根据问卷结果，将6个维度的28项影响因子在进行数据可信度分析、相关性分析及主成分分析后，筛选影响程度较大，显著性较明显的影响因子进行多元线性回归分析，得出企业对搬迁及选址选择的偏好及权重。

线性回归模型公式为：

$$Y=b_1X_1+b_2X_2+\cdots+b_kX_k$$

2. 数据量化指标

对企业的问卷根据上节提到的6个维度28项因子进行设计，并根据不同因子类型进行赋分。各项因子得分情况除企业基本情况外，各项因子赋分根据计划行为理论常用的5分法，即最高分5分，最低分1分的赋分范围（表8-12）。

28项因子类型的赋分　　表8-12

项目			分值
现状影响素	企业基本情况	企业现状所处区位	城市副中心：1；城市主中心：2
		企业从事产业类型	科研计算机：1；金融办公地产：2；邮电物流信息咨询：3；其他服务业：4
		企业职工规模	100人以上：1；50~100人：2；50人以下：3
		企业职工平均年龄	25岁以下：1；26~35岁：2；36~45岁：3；46~55岁：4；55岁以上：5
		企业职工平均文化程度	初中：1；高中或中专：2；大专或大学：3；研究生以上：4
		企业职工是否以本地人为主	是：1；不是：2
		企业发展是否产学研结合	没有合作：1；少量合作：2；经常合作：3
	企业发展信心	企业现状成本变化	快速上升：1；较快上升：2；稳定：3；较快下降：4；快速下降：5
	企业区位现状	现状房产/租金价格	很满意：1；较满意：2；一般：3；不满意：4；很不满意：5
		现状上下班交通便捷	很满意：1；较满意：2；一般：3；不满意：4；很不满意：5
		现状出差商旅便捷	很满意：1；较满意：2；一般：3；不满意：4；很不满意：5
		现状相关产业情况	很满意：1；较满意：2；一般：3；不满意：4；很不满意：5
		现状服务配套情况	很满意：1；较满意：2；一般：3；不满意：4；很不满意：5
		现状自然环境	很满意：1；较满意：2；一般：3；不满意：4；很不满意：5
		现状治安情况	很满意：1；较满意：2；一般：3；不满意：4；很不满意：5

续表

项目			分值
计划行为理论	态度	改善房产/租金价格	比现在更差：1；未改善：2；一样：3；改善：4；极大改善：5
		改善上下班交通便捷	比现在更差：1；未改善：2；一样：3；改善：4；极大改善：5
		改善出差商旅便捷	比现在更差：1；未改善：2；一样：3；改善：4；极大改善：5
		改善相关产业情况	比现在更差：1；未改善：2；一样：3；改善：4；极大改善：5
		改善服务配套情况	比现在更差：1；未改善：2；一样：3；改善：4；极大改善：5
		改善自然环境	比现在更差：1；未改善：2；一样：3；改善：4；极大改善：5
		改善治安情况	比现在更差：1；未改善：2；一样：3；改善：4；极大改善：5
	主观规范	职工对企业搬迁选址的赞同度	完全不同意：1；可能不同意：2；不确定：3；基本同意：4；完全同意：5
		客户对企业搬迁选址的赞同度	完全不同意：1；可能不同意：2；不确定：3；基本同意：4；完全同意：5
		伙伴对企业搬迁选址的赞同度	完全不同意：1；可能不同意：2；不确定：3；基本同意：4；完全同意：5
	知觉行为控制	是否有足够的经济实力支撑企业搬迁	完全不同意：1；可能不同意：2；不确定：3；基本同意：4；完全同意：5
		是否有足够的空余时间支撑企业搬迁	完全不同意：1；可能不同意：2；不确定：3；基本同意：4；完全同意：5
		是否对企业未来选址的地区有充分的了解	完全不同意：1；可能不同意：2；不确定：3；基本同意：4；完全同意：5

8.4.4 模型计算结果及分析

本研究在杭州和宁波的城市主中心、副中心和组团中心的第三产业企业发放问卷250份，收回问卷246份，其中信息齐全，可作统计分析使用的问卷200份，有效率80%。收回问卷根据上节提出的量化统计方法统计，并对其进行可信度分析、相关性分析、主成分分析及多元线性回归。

1. 可信度分析

利用SPSS对问卷所得的28项数据进行可信度分析，克朗巴哈系数（Cronbach's Alpha）值为0.619，标准化项的克朗巴哈系数值为0.604。分析表明，问卷可信度于0.5～0.7之间，是较为常见的可信度范围，属于很可信。同时，Hotelling 的 T 平方检验结果中，属于非常显著，且各项间均值不等。对问卷结果的可信度分析是后续研究的前提工作，只有当问卷结果的可信度较高时，研究利用问卷数据进行后续的分析研究才是有实际意义的。

2. 相关性分析

对问卷数据进行相关性分析，采用Pearson系数和Kendall 2种相关性系数表示分析结果，见表8-13和表8-14所列。

相关性系数　表8-13

		Pearson系数	Kendall 的 tau_b
企业基本情况	企业区位	-0.124	-0.143*
	产业	0.153*	0.135*
	职工规模	0.039	0.058
	平均年龄	0.031	0.042
	文化程度	-0.194**	-0.168*
	是否以本地人为主	-0.126	-0.106
	产学研结合	0.045	0.025
企业发展信心	现状成本变化	0.113	0.072
企业区位现状	现状房产/租金价格	0.115	0.09
	现状上下班交通便捷	0.059	0.047

续表

		Pearson系数	Kendall 的 tau_b
企业区位现状	现状出差商旅便捷	0.074	0.05
	现状相关产业情况	0.115	0.112
	现状服务配套情况	0.179*	0.142*
	现状自然环境	0.073	0.057
	现状治安情况	0.138	0.096
态度	改善房产/租金价格	0.186**	0.195**
	改善上下班交通便捷	0.058	0.045
	改善出差商旅便捷	0.046	0.027
	改善相关产业情况	0.102	0.102
	改善服务配套情况	0.04	0.05
	改善自然环境	-0.025	-0.022
	改善治安情况	0.041	0.07
主观规范	职工赞同	0.129	0.162*
	客户赞同	-0.032	0.017
	伙伴赞同	0.052	0.062
知觉行为控制	经济实力	0.296**	0.312**
	时间实力	0.300**	0.302**
	全面了解	0.233**	0.227**

注：* 在 0.05的水平（双侧）显著，** 在0.01的水平（双侧）显著。

相关性系数 表8-14

模型		模型一	模型二	模型三	模型四	模型五	模型六	模型七	模型八	模型九
企业基本情况	企业区位	-0.091*	-0.081	-0.100*	-0.088	-0.075	-0.097*	—	—	
	产业	0.207**	0.210**	0.167*	0.249**	0.255***	0.209**	—	—	0.183*
	职工规模	0.096	0.097	0.041	0.092	0.160*	0.119	—	—	
	平均年龄	-0.035	0.028	-0.037	-0.011	0.014	-0.016	—	—	
	文化程度	-0.334**	-0.359***	-0.326**	-0.228*	-0.342***	-0.327**	—	—	-0.329***
	是否以本地人为主	-0.212**	-0.230**	-0.220**	-0.208**	-0.156*	-0.204**	—	—	-0.202**
	产学研结合	0.106	0.110	0.077	0.134*	0.128*	0.114	—	—	
信心	现状成本变化	0.147	0.186*	0.122	0.143	0.159*	—	0.140	—	0.169*
企业区位现状	现状房产/租金价格	0.050	0.064	0.097	0.068	—	0.546***	0.084	—	0.242**
	现状上下班交通便捷	0.113	0.056	0.117	0.085	—	0.247	0.086	—	
	现状出差商旅便捷	-0.009	0.103	-0.004	-0.023	—	0.181	-0.118	—	
	现状相关产业情况	-0.093	-0.090	-0.063	-0.141	—	0.187	-0.076	—	

续表

模型		模型一	模型二	模型三	模型四	模型五	模型六	模型七	模型八	模型九
企业区位现状	现状服务配套情况	0.108	0.061	0.129	0.135	—	−0.526*	0.239	—	
	现状自然环境	−0.144	−0.101	−0.173	−0.136	—	−0.087	−0.143	—	
	现状治安情况	0.233**	0.208*	0.221*	0.255**	—	0.226**	0.167	—	
态度	改善房产/租金价格	0.214**	0.301***	0.273**	—	0.453**	0.019	0.171	0.238**	0.202**
	改善上下班交通便捷	0.028	0.143	0.015	—	0.232	−0.144	−0.134	−0.167	
	改善出差商旅便捷	−0.164	−0.192	−0.238	—	0.267	0.414	−0.005	0.062	
	改善相关产业情况	0.465*	0.454*	0.431	—	0.278	−0.055	0.463*	0.445*	0.259*
	改善服务配套情况	−0.118	−0.240	−0.116	—	−0.634**	−0.121	−0.166	−0.032	
	改善自然环境	−0.120	−0.088	−0.183	—	−0.090	−0.042	−0.295*	−0.153	
	改善治安情况	−0.036	0.111	−0.007	—	0.239**	0.020	−0.016	−0.163	

续表

模型		模型一	模型二	模型三	模型四	模型五	模型六	模型七	模型八	模型九
主观规范	职工赞同	0.207	0.386	—	0.617***	0.008	0.121	0.206	0.308	
	客户赞同	−0.560**	−0.825***	—	0.284*	−0.106	−0.018	−0.481*	−0.515*	
	伙伴赞同	−0.074	0.623**	—	0.119	0.448*	−0.066	−0.138	−0.124	−0.463**
知觉行为控制	经济实力	0.553***	—	0.391**	0.296	−0.101	0.114	0.559***	0.488**	0.569***
	时间实力	0.223	—	0.239	−0.569**	−0.018	−0.121	0.251	0.264	0.304**
	全面了解	0.173	—	0.078	−0.142	−0.187	0.238**	0.142	0.269	

注：*在0.1的水平显著，**在0.05的水平显著，***在0.01的水平显著。

根据相关性分析结果，研究的28项因素中，仅有小部分因素有较好的显著性，大部分因子与企业是否搬迁没有显著的相关关系。

此外，影响因子的相关性系数都较低，仅在知觉行为控制方便的相关性系数在0.2~0.3之间，其余各项影响因子的相关性系数均普遍偏低。这说明在企业是否搬迁和区位选址的问题上，需综合考虑多项影响，并不存在某种最为主要的或是具有决定性的影响因素。从企业的自身条件到未来区位的发展条件，再到企业经营伙伴、客户、职工的态度，各方面对企业选址都有不同程度的影响。

综合Pearson系数和Kendall的tau_b系数，企业区位、企业产业类型、企业职工文化程度、现状服务配套设施情况、未来区位的租金价格、企业对搬迁区位的了解程度、经济实力和时间宽裕度，这8项影响因子有较好的显著性，表明这8项影响因素对企业搬迁及选址有显著的相关性，但相关的程度较弱。

3. 多元线性回归

运用SPSS对问卷结果进行多元线性回归，无常数项，置信区间为90%，对多个模型进行回归。综合9个回归模型结果可以看出，企业基本情况中的企业所从事的产业类型，企业平均文化程度，企业职工是否以本地人为主，企业区位现状所处区位的治安情况，态度中的未来区位租金价格，主观规范中的客户和工作伙伴对未来区位的满意度，知觉行为控制中的企业是否有搬迁经济实力7项因子对企业是否搬迁有显著性影响，且影响程度较大。

（1）企业基本情况

在企业基本情况的7项因子中，企业从事的产业类型、企业职员平均文化程度和是否以本地人为主是在回归结果中对企业是否搬迁具有显著性影响的，且与企业职工规模、职工平均年龄和企业是否与高校合作3项的影响程度有较大的差距，该3项因子对企业搬迁与否的影响程度较大。

根据多元线性模型的数学公式可知，企业职工平均文化程度和是否是本地人2项因子与企业搬迁的可能性呈反比，即企业文化程度越高，或者职工中本地人的比例越高，企业搬迁的可能性越小；而企业从事产业类型方面，生产型服务业较消费型服务业在企业区位上更为稳定。企业基本情况中的其他4项均无统计学意义，对企业是否搬迁无规律性的影响。

（2）企业发展信心

根据问卷中企业主管对企业自身发展期望的结果，进行多元线性回归时，回归结果无统计学意义，即对企业是否搬迁有着不同的影响，难以进行归纳。

（3）企业区位现状

在企业区位现状的7项影响因子中，仅有现状治安状况在多元线性模型回归中具有显著性，对企业是否迁移有较稳定且明显的影响。其他6项影响因子的回归系数均不具有统计学意义，即对企业是否搬迁无明显且稳定的影响。

现状出差便捷程度和现状服务配套情况虽然在多个模型回归中没有较好的显著性特征，但其回归系数也较大，可以理解为该两项影响因子虽然在大量样本中对企业是否搬迁未起到相对稳定的影响，但可以看出其影响程度较大。

（4）态度

根据计划行为理论中五要素之一的态度进行问卷调查，线性回归结果发现7项影响因子仅未来区位的租金价格具有较好的显著性，此外未来区位的相关产业情况大部分有较好的显著性。而其他5项因子仅在少有的模型中出现显著性较好的情况，故在态度方面，这5项影响因子在统计学上是无意义的，即对企业是否搬迁和区位选择无稳定的影响。

根据模型回归后的系数，企业未来区位租金和相关产业情况的系数明显大于其他5项因子的系数，这说明计划行为理论中态度所包含的未来区位租金价格和相关产业情况对企业搬迁的可能性及区位选择有较稳定和明显的影响。

（5）主观规范

主观规范也是计划行为理论的五要素之一，问卷中分了3项影响因子。其中企业主要客户是否赞同搬迁的统计回归结果有较好的显著性，而其他两项在不同的模型中出现不具有统计意义的显著性。

回归结果中，客户对企业搬迁的赞同度越高，则企业搬迁的可能性越大，且客户对企业是否搬迁和选址有较大的影响作用。

（6）知觉行为控制

在知觉行为控制方面的三项问卷调查中，企业是否有经济实力完成企业搬迁的回归结果有较好的显著性，而是否有足够的时间搬迁和是否对未来区位有全面的了解回归结果相对较差。

企业的经济实力越强，企业搬迁的可能性也越大，这与我们平时理解的结果相一致，且企业是否有经济实力进行搬迁对企业是否搬迁起到较大的影响作用。

（7）线性回归模型

通过多次调试模型，筛选具有较好显著性的影响因子，建立多元线性回归公式。

企业搬迁意愿=0.104×产业类型-0.170×企业职工平均文化水平-0.184×职工是否以本地人为主+0.101×现状成本变化+0.128×现状地租价格+0.088×改善租金价格+0.103×改善相关产业情况-0.183×伙伴是否赞同企业搬迁+0.230×企业搬迁的经济实力+0.128×企业搬迁充裕的时间

从以上线性方程式可知，企业的搬迁意愿主要与产业类型、企业职工平均水平、职工中本地人的比例、现状成本变化、现状租金情况、搬迁后的租金情况、搬迁后区域的相关产业情况、生意伙伴对企业选址的赞同度、企业搬迁的经济实力及充裕的时间，10个因子影响较大。其中企业职工平均文化程度、企业职工中本地人的比例、生意伙伴是否赞同企业搬迁与企业是否搬迁成逆相关，即企业职工平均文化程度越高，企业职工中本地人的比例越高，或生意伙伴对企业搬迁的态度越满意，则企业搬迁的可能性越小，对企业现状所处的区位越满意。

根据多元线性回归的标准化系数可知（表8-15），企业搬迁的经济实力对企业搬迁

影响因子的回归结果　　表8-15

	影响因子	标准化系数
1	企业所从事的产业	0.183*
2	企业职工平均文化程度	-0.329***
3	企业职工中本地人比例	-0.202**
4	现状企业经营成本	0.169*
5	现状租金价格	0.242**
6	改善租金价格	0.202**
7	改善相关产业情况	0.259*
8	生意伙伴对搬迁的赞同度	-0.463**
9	企业搬迁的经济实力	0.569***
10	企业搬迁的时间充裕度	0.304**

注：*在0.1的水平显著，**在0.05的水平显著，***在0.01的水平显著。

与选址的影响最大（0.569），这说明企业搬迁与否的重要决定因子在于知觉行为控制中的企业经济实力，企业若无进行重新选址搬迁的经济实力，即使现状区位条件再差，未来区位的条件再好，企业搬迁的可能性也较小。企业职工平均文化程度（-0.329）和企业是否有充裕的时间搬迁（0.304）对企业是否搬迁和选址也有较大影响。

从企业基本情况、企业发展信心、企业现状区位、态度、主观规范和感知行为控制6方面分析对企业行为决策的影响。

综合9个回归模型结果可以看出，企业基本情况中的企业所从事的产业类型，企业平均文化程度，企业职工是否以本地人为主，企业区位现状所处区位的治安情况，态度中的未来区位租金价格，主观规范中的客户和工作伙伴对未来区位的满意度，知觉行为控制中的企业是否有搬迁经济实力7项因子对企业是否搬迁有显著性影响，且影响程度较大。

8.4.5 企业区位选择机理分析

SPSS中多元线性回归结果分析，主要有企业的产业类型（X_1）、企业职工的平均文化程度（X_2）、企业职工是否以本地人为主（X_3）、企业现状成本变化（X_4）、现状租金情况（X_5）、现状区位中企业的相关产业发展情况（X_6）、未来区位租金价格（X_7）、未来区位相关产业情况（X_8）、企业客户的赞同程度（X_9）、企业搬迁经济实力（X_{10}）和企业搬迁的时间充裕度（X_{11}）。

根据研究框架，上述11项影响企业选址搬迁的主要因素属于影响行为的5个方面，分别是企业基本情况（X_1、X_2、X_3），企业发展信心（X_4），企业区位现状（X_5、X_6），态度（X_7、X_8），主观规范（X_9）和知觉行为控制（X_{10}、X_{11}）（图8-17）。

根据上节线性回归结果，研究分析对企业决策产生影响的6个方面：企业基本情况、企业发展信心、企业现状区位、态度、主观规范和感知行为控制。在这6个方面中，企业基本情况与感知行为控制对企业决策有较大作用。在上文线性回归方程中，企业基本情况和感知行为控制分别有2项影响因子有较高的显著性，且影响因子的系数较大。其次是态度和主观规范，主观规范中的生意伙伴对企业决策满意度的影响系数较大，说明生意伙伴对企业搬迁选址具有较大影响。

1. 产业类型、服务范围影响企业搬迁及选址

从研究结果中看出，生产性服务业、高科技服务业选址相对稳定，企业产业影响因子的系数为0.183，即产业得分越高的产业越容易搬迁。生产性服务业的搬迁意愿较低与其主要客户群体、主要就业群体的范围相对较窄，个体特征较单一，且部分产业不需要面对面交流有关。特别是科研服务业、信息咨询业此类高科技相关产业的服务群体主要以高科技产业有关，企业职工的文化程度要求也相对较高，所以此类产业主要集中于高校园区和高新技术园周边，企业地址相对稳定。根据企业职工平均文化程度影响因子的系数为-0.329，即文化

程度越高的企业搬迁概率越小。金融业、商务服务业的选址规律也类似于高科技服务业，主要选择在资金流动频率较高，经济活动较活跃的城市经济发展中心地区，有助于形成聚集效益。而消费性服务业和社会性服务业的服务群体较广，涉及各阶层的消费者；企业主要基层职工的入职门槛相对较低，所以企业选址的灵活性较大，选址局限较小，搬迁的意愿较强烈。

2. 聚集效应对企业选址意义重大

根据研究，企业搬迁选址的影响因子——改善相关产业情况系数为0.259，并有较好的显著性。这表明，企业选址的重要考虑因素为地区相关产业发展情况。

服务业聚集的地区会促使更多企业进入，使聚集规模扩大，特别是生产性服务业。生产性服务业有高投入、高风险、不确定性等特点，以寻求集聚经济的效应，最终导致了生产性服务业区位的高度空间集中化现象。

生产性服务业专业化集聚、多样性集聚及其规模与城市经济增长之间具有长期的动态均衡关系，且生产性服务业专业化集聚与多样化集聚对经济增长的单向因果关系，生产性服务业多样化而非专业化集聚促进了城市经济增长。表明生产性服务业的多样性集聚比专业化集聚更有利于厂商之间的技术溢出及劳动生产率的提高（宋志刚等，2012）。

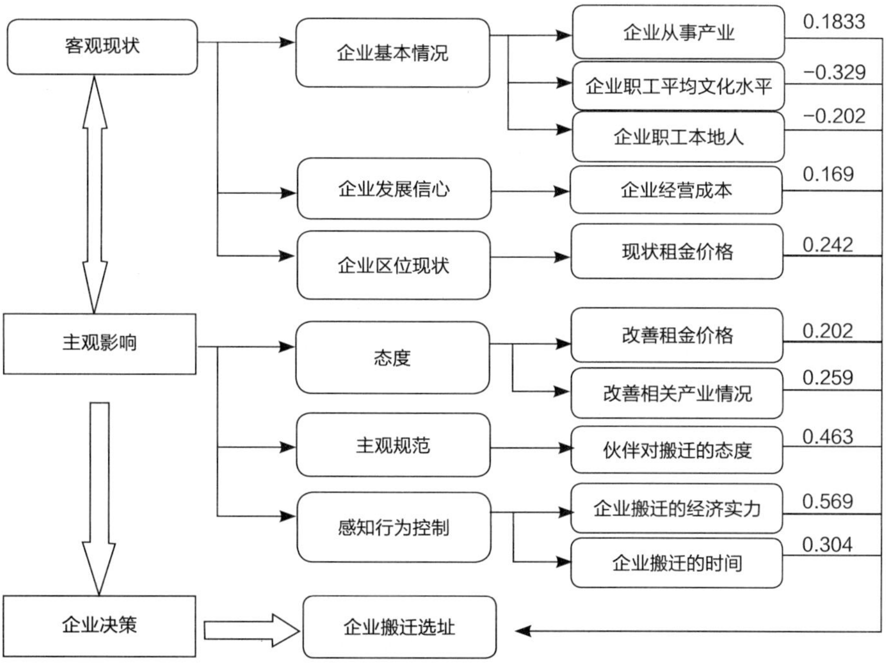

图8−17　影响企业选址搬迁的主要因素

波特（2000）指出产业集聚效应可以在3个方面影响企业发展：首先，产业集聚提升了企业或产业的生产力；其次，增加创新能力，并促进企业生产力的提高；最后，还有利于新企业的诞生和产业集聚规模的扩大（赵祥，2009）。

产业集聚通过将区域经济增长所需的技术、人力、资本、市场环境等因素集中和优化，并在集聚效应的相互作用下，推动区域经济的增长、产业集聚的发展。既有利于企业获取关键资源，又降低了企业的生产经营成本，提高了劳动生产效率，使企业的竞争力得到了提高，最终导致企业市场份额和经营规模的扩大，促进了企业的快速成长发展（孔凡兵等，2011）。

3. 经营成本及服务配套对企业选址有较大作用

企业的生存之本是企业的收益情况，因此在增加企业效益的同时，企业主管部门对企业经营成本进行一定的控制。企业的经营成本指企业从事主要业务活动而发生的成本。当企业认为经营成本不断快速增长时，企业在不影响企业效益的情况下，寻找相对地租价格较低的区位，即改善地租价格，以降低企业经营成本。根据研究发现，企业现状区位的租金价格和企业新选址租金价格对企业搬迁都有明显影响，其系数分别是0.242和0.202。当企业对现状租金越满意，新选址地租价格对现状越无改善的时候，企业有较大概率不选择搬迁。

区位的服务配套设施对企业的选址也至关重要。现状服务配套设施越好，便于企业进行日常办公活动，也便于企业职工平时生活娱乐的区位，可以吸引企业不断入驻，并保持区域活力。有活力的办公区位是企业选址的重要条件之一。

众所周知，基本服务配套较好的办公区域往往集中在城市中心地区。根据竞租理论，城市中心地区的地租价格是最高的。企业在选址过程中，特别是服务业对地租较为敏感，而中小型企业对租金的承受力有限，故在中小型企业的选址过程中，租金价格比区位周边服务配套更为重要。所以在企业选址搬迁的过程中，服务配套设施的改善是选址决策中低于租金成本改善的条件。

4. 企业客观发展现状制约企业重新选址

多个模型的多元线性回归结果可知，企业客户的赞同度及企业合作伙伴的赞同度对企业是否重新选址有明显的相关性，且企业客户的赞同度对企业抉择影响较大。这与我们平时生活经验相吻合，企业发展需要兼顾维持老客户及拓展新客户两方面。若企业选址在潜在客户市场不明显，且老客户亦不支持的地区，不利于企业发展。

同样的，企业是否有足够的经济实力（0.569）和时间（0.304）去处理解决企业搬迁，对企业最终是否会执行搬迁有较大影响。对企业而言，虽然可能存在最优区位，但因受经济实力、时间的影响，往往大部分企业只能选择较优区位。

9

城市生产性服务业空间规模与布局优化

9.1 城市产业规模预测理论与方法：以宁波为例

9.1.1 城市产业规模预测的相关理论依据

由于公共配置类产业，如教育、医疗等在城市规划的规范中有十分具体的配置标准，因此本研究着重关注经营性产业，主要对写字楼、商业产业和酒店地产进行规模预测。其中，写字楼指企业、事业、机关、团体等单位使用的各类办公用房；商业产业指零售企业为满足不同消费需求而设立经营的百货店、超级市场、便利店、仓储式商场、专卖店、购物中心等；酒店地产包括传统意义上为大众提供住宿、饮食与服务的宾馆，也包括近年来兴起的以住宅立项，可按普通住宅模式销售，并经由专业的酒店管理公司统一运营来获取投资收益的一种产业。

理论方面，本研究主要从房地产理论、消费者购买行为理论和预测理论3个方面来阐述。房地产理论是对各类产业普遍适用的基础性理论，市场理论、供求理论与价格理论是规模预测的核心支撑，周期理论、宏观调控理论与泡沫理论是判定预测环境的关键依据。购买行为理论根据行为主体的不同分为一般购买行为理论与组织购买行为理论，它从消费者行为决策的角度分析需求方的购买行为过程，进而厘清影响消费者决策的相关因素。预测理论主要包括预测内容和预测方法两部分，重在为规模预测奠定方法论基础。

1. 房地产理论

（1）房地产市场理论、供求理论与价格理论

房地产供给和需求是房地产市场构成的两大要素，二者之间存在均衡与非均衡两种状态。根据价格与市场供求的关系，房地产价格主要取决于需求。市场经济下，影响房地产市场需求的因素主要有：国民经济发展状况、城市居民收入水平和消费结构、城市化水平和家庭结构、房地产价格、国家法律政策以及消费者未来预期；影响房地产供给的因素主要有：房地产市场价格、土地价格和城市土地的数量、资金供应量和利率、税收政策、建筑成本、房地产开发商对未来的预期等。房地产价格主要由土地价格和土地使用费、房地产开发经营成本、房地产开发税费以及房地产开发利润等构成。影响房地产价格形成的具体因素包括房地产内在因素（包括房屋品质、区位等）、宏观经济因素、社会因素（包括人口与城市化、文化因素、家庭结构等）、行政与政治因素（法律、政策、规划等）、周边环境因素等（迟令峰，2010）。

（2）房地产周期理论、宏观调控理论与泡沫理论

在市场经济体制下，房地产业发展过程呈现扩张与收缩交替循环的周期性。房地产业周期波动呈上升期和下降期或扩张期和收缩期两大阶段。具体又分为繁荣阶段、衰退阶段、萧条阶段和复苏与增长阶段。房地产宏观调控是指政府通过经济的、法律的，并辅以计划的、行政的政策手段和市场机制，

对房地产行业的经济运行进行的宏观调节和控制。在社会主义市场经济条件下，房地产经济宏观调控的根本目的是为了确保房地产业健康运行，并与其他产业协调发展，促进国民经济持续稳定增长（迟令峰，2010）。房地产泡沫是源于供给和需求的总量与结构性矛盾，它产生的原因主要包括：①非理性预期；②土地资源的稀缺性；③投机性需求和“聚堆效应”；④大量投机资本的存在；⑤信息不对称引起价格背离价值。

小结：本研究关注的写字楼、商业产业与酒店地产作为整个房地产市场的子市场，也同样具有地区性、供给调节滞后性、竞争的不充分性、投机性、资源稀缺性等特点。这决定了它们比普通商品在供给上弹性更低，价格水平更依赖于市场需求，且受预期及投资、投机资本的影响更大，易产生价格泡沫。因此，3类产业的规模预测要重点考虑市场需求面的影响，包括消费者的真实需求与投机需求，同时为了避免或消除泡沫化，必须以供给面为约束手段来提高预测的科学性与合理性。具体地，供给面以宏观调控理论为主要理论指导，考虑政府宏观调控与城市规划对土地投放量、金融政策、税收政策等行业环境因素的影响；并在更基础的周期理论下，结合市场经济的一般性周期与房地产周期，探讨社会经济大环境对产业规模的影响。

2. 消费者购买行为理论

（1）一般购买行为理论

购买行为是在一定的购买需求、购买动机条件下，消费者做出的反应（毕群，1998）。它的基本模式是需求动机行为模式（图9-1）。

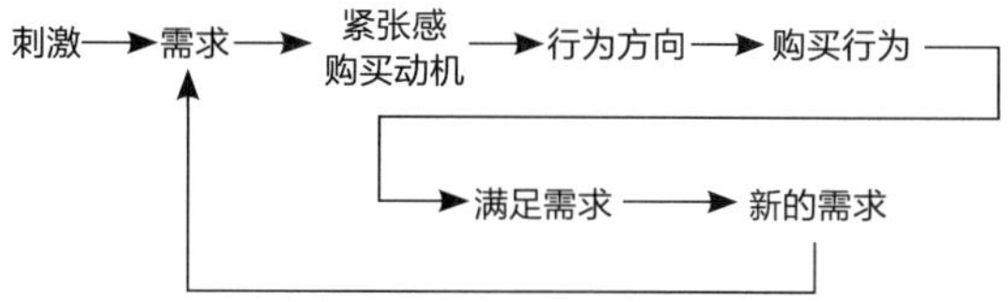

图9-1　需求动机行为模式

中国的消费者主要从个人来源（亲友、同事、邻居等的个人传播）、经验来源（消费者经验、记忆）、企业及中间商的商品展示和电视等主要媒体来源获取信息。在形成购买倾向和购买决策的过程中，各种外部环境和内部因素发生特定的影响。外部影响因素主要包括经济因素、文化因素、社会因素、体制因素和企业的市场营销手段。内部因素主要包括心理因素、个人因素（年龄、职业、个性、生活方式等）（毕群，1998）。

（2）组织购买行为理论

谢斯（Sheth）于1973年提出工业购买行为模型，总结了影响组织购买行为的各类因素。以写字楼为例，写字楼的购买者主要以第三产业为主，但也有一些工业、制造类、能源化工类公司的总部或营销、财务等功能部门，行业分布范围比较广。企业一般基于以下原因，如新进入一个市场、续租、业务扩张、企业重组或业务调整等而产生对写字楼的需求并产生购买行为。因此，写字楼客户从来源上大致可以分为存量客户和增量客户两类（王玉涛，2007）。基于公司房地产管理理论和组织购买行为理论，王玉涛（2007）构建了用于研究高端写字楼组织购买行为的一般模型（图9-2）。该模型假定能通过对组织购买者的内部组织因素、外部组织特征等因素的观察和统计分析，预测其购买写字楼的行为规律；高端写字楼的购买过程，还受到企业战略、信息来源、个体背景和购后体验等因素的影响。

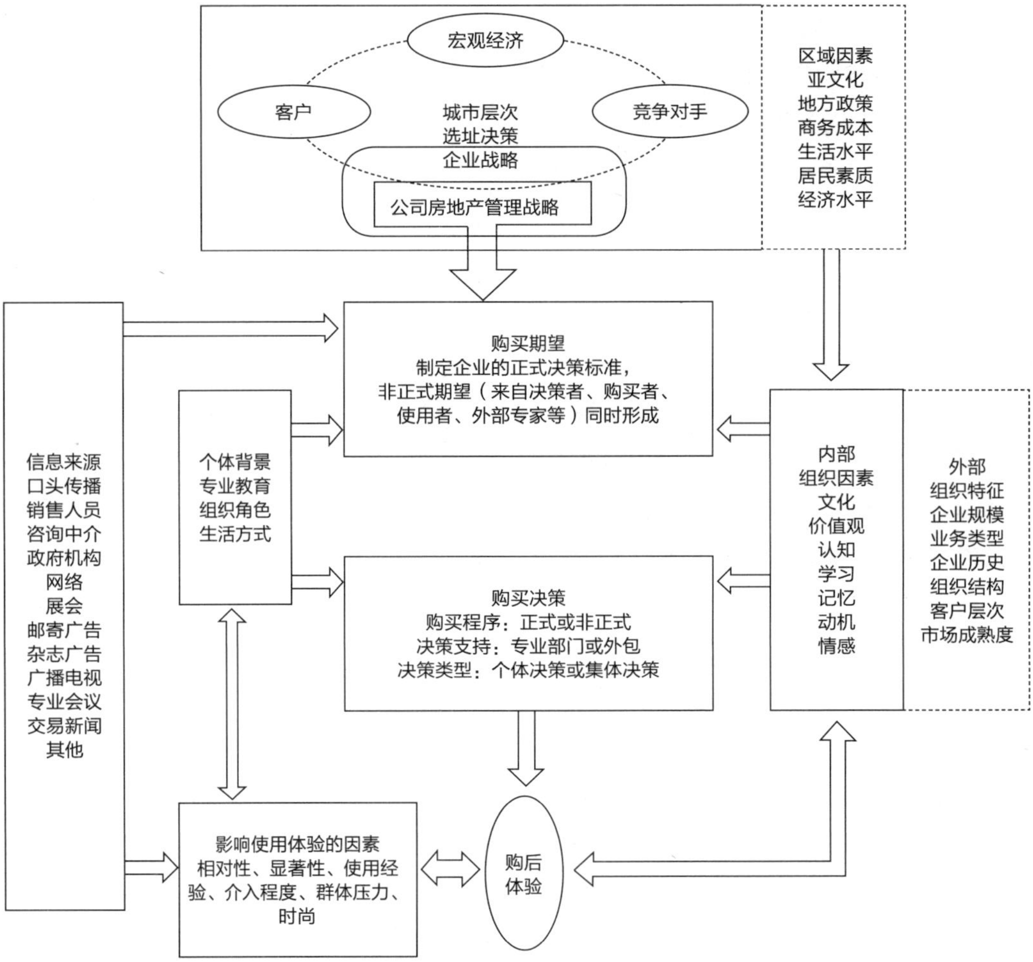

图9-2 高端写字楼的组织购买行为模型
来源：王玉涛. 高端写字楼的组织购买行为模型及实证研究[D].上海：同济大学, 2007.

9.1.2 基于经济社会指标的产业规模影响分析

本研究将产业规模的影响因素分为一般性因素与针对性因素两部分。其中，一般性因素以前述的相关理论为基础，重在分析对各类产业普遍适用的外部环境因素（包括社会经济、宏观政策、城市规划、自然条件与突发事件）、内部市场与产业因素（包括供求关系和价格水平、产业状况和土地市场）以及主体行为因素（包括消费者与开发商）；针对性因素重在结合写字楼、商业产业和酒店地产的自身特点，分析归纳对其有特殊影响力的因素。并由此对所有因素进行指标化处理，为后期的模型预测构建可操作的变量体系作准备（如表9-1）。

1. 一般性影响因素分析

1）外部环境因素

（1）社会经济。

经济发展水平较高的地区，产业发展迅速，人民收入水平和消费水平较高，因此城市居民对商品房的需求呈现多元化，商品房价格较高，对房屋质量的要求也较高。同时，从投资方面来看，开发商更倾向于经济发达的地区，对其的房地产投资额也更大（迟令峰，2010）。

（2）宏观政策。

根据社会经济形势的变化，政府制定相关政策措施来引导房地产市场的发展（迟令峰，2010）。总体上，以刺激房地产消费为主导的调控政策会加大商品房需求，相反，当政府收紧放贷甚至限购时，房地产供需双方都会受到大力打压。

（3）城市规划。

城市规划是一定时期内城市发展的蓝图，是城市建设和管理的依据，因此它对房地产市场的发展能够起到引导和控制作用（迟令峰，2010）。由于办公楼、商业产业和酒店地产的规划用地常常以商业用地的性质一起出让，因此采用3类产业的综合指标——商业服务及公共管理与公共服务用地占比和容积率控制来表示城市规划。

（4）自然条件与突发事件。

重大事件和重大项目对一个城市形象的提升有重大意义，能带动相关区域房地产市场的发展。如北京奥运场馆的落成直接抬高了周边地段的商品房价格，而汶川地震等自然灾害则会带来城市重建。本研究采用每年的自然景区及历史建筑数量和虚拟变量是否发生了刺激商品房消费的突发事件来表示自然条件与突发事件的影响。

2）内部市场与产业因素

（1）供求关系与价格水平。

房地产市场的供求关系和价格水平是影响产业规模的核心因素。本研究以平均销售价格和平均租金表示价格水平，以销售面积和出租面积表示3类产业的市场需求，以空置面积、完成投资额、待售面积和新开工面积表示市场供给。

（2）产业状况。

房地产业发展状况对商品房供给数量、质量和后期服务品质以及消费者的信心与预期等有直接影响，因此良好的产业发展态势标志着商品房较高的供给水平与需求量。本研究选取国有资金占房地产开发投资额比重，房地产开发企业数量，一、二级开发企业占比，资产负债率，年度前十大品牌价值房地产企业数量，自筹资金占投资额来源比重来表示房地产业的整体水平。

（3）土地市场。

土地市场作为房地产市场的源头，主要受土地价格和土地市场的开放程度与政策优惠程度影响。本研究以商服及公共管理与公共服务用地投放量、土地开发投资额和土地均价来表示土地市场状况。

3）主体行为因素

根据中国城市消费者购买行为模型，消费者主体搜索、购买、评价和选择的行为过程决定了其最终的购买决策，因此会直接影响需求量。本研究选取年度前十大品牌价值房地产企业数量和一、二级开发企业占比来表示。心理预期与行为习惯由消费者自身特点决定，以虚拟变量宏观调控是否以抑制商品房消费为主旨来表示心理预期与行为习惯的影响。

2. 针对性影响因素分析

1）写字楼：以第三产业需求为主

写字楼是信息和知识的集散、加工与再创造活动的工作场所。写字楼产品本身成为开发企业口碑相传、品牌效应与客户来源的重要渠道，市场需求的累积在此形成。因此，写字楼规模预测要突出第三产业、城市地理区位、城市经济集聚程度、基础配套设施的影响。具体是，采用第三产业增加值、第三产业就业人数和第三产业企业数量来表示第三产业发展水平，城市的区位与集聚经济影响以第三产业增加值占比来表示，基础配套设施与关系密切性以年末国际互联网用户数和客运量来表示。

2）商业产业：受总体消费力主导

本研究以批发和零售贸易业零售总额表示实际消费力，以金融机构存款余额和城镇居民可支配收入来表示城市的潜在消费力，以外商直接投资占开发投资额比重和贸易进出口总额表示对外贸易整体状况与房地产投资的对外吸引力，以旅游总收入和国内旅游总人数表示外来游客消费力（理论上两者的共线性较高，但考虑到旅游总收入中属于酒店地产的份额较大，因此增加国内旅游总人数）。

3）酒店地产：旅游经济与本地餐饮消费影响大

在概念上，酒店地产包括以住宅立项的新产业，但由于宁波的自然环境条件并没有突出优势，城市建设与定位也不以休闲娱乐为主基调，因此酒店地产在功能上以传统的宾馆、旅社等为主，受旅游经济与本地餐饮消费以及交通设施状况的影响最大，具体以旅游总收入、住宿和餐饮业零售总额和客运量表示。

小结：综合一般性影响因素与针对性影响因素分析，将产业规模影响因素与指标化处理汇总为表9-1。其中，主体行为因素采用了与宏观政策、产业状况（部分）相同的指标来衡量， 旅游经济与外来游客消费力的指标也相同，本地居民消费力与社会经济状况、第三产业发展状况与社会经济、基础配套设施与交通设施在指标选取上也有交叠。在后文的规模预测中，这些相同的指标将不被重复选取。

产业规模影响因素汇总及其指标化处理　　表9-1

产业规模影响因素			指标化处理
一般影响因素	外部环境因素	社会经济	GDP总量、社会消费品零售总额、城镇居民可支配收入、常住人口、城市化水平、第三产业增加值
		宏观政策	宏观调控是否以抑制商品房消费为主旨
		城市规划	商服及公共管理与公共服务用地占比、容积率控制
		自然条件与突发事件	自然景区及历史建筑数量、是否发生了刺激商品房消费的突发事件
	内部市场因素	供求关系与价格水平	平均销售价格、平均租金、空置面积、完成投资额、销售面积、出租面积、前一年度待售面积、新开工面积
		产业状况	国有资金占房地产开发投资额比重，房地产开发企业数量，一、二级开发企业占比，资产负债率，年度前十大品牌价值企业数量，自筹资金占投资额来源比重
		土地市场	商服及公共管理与公共服务用地投放量、土地开发投资额、土地均价
	主体行为因素	心理预期与行为习惯	宏观调控是否以抑制商品房消费为主旨
		产品宣传力度与营销手段	年度前十大品牌价值企业数量，一、二级开发企业占比
针对性影响因素	写字楼	第三产业发展状况	第三产业增加值、第三产业就业人数、第三产业企业数量
		城市区位与经济集聚程度	第三产业增加值占比
		基础配套设施	年末国际互联网用户数、客运量
	商业产业	本地居民消费力	金融机构存款余额、城镇居民可支配收入、批发和零售贸易业零售总额
		外来游客消费力	旅游总收入、国内旅游总人数
		市场开放程度	外商直接投资占开发投资额比重、贸易进出口总额
	酒店地产	旅游经济	旅游总收入、住宿和餐饮业零售总额
		本地餐饮消费	
		交通设施	客运量

9.1.3 基于动态供求关系的产业规模影响分析

1. 空置率与产业规模的理论及实证关系

当市场空置率偏离正常水平时，市场合理的价格水平与供求关系会受到冲击。美国有关写字楼空置率—租金关系的研究证实了房地产供求与价格之间的关系。

假定过量的供需会引起商业房地产市场租金变化，以实际的空置率与自然空置率的偏差来衡量过量的供给和需求。当前，租金与写字楼空置量之间存在显著的数量关系，空置量对实际租金（剔除了通货膨胀因素）会产生影响，自然空置率会随着时间而明显上升。因此，当写字楼市场走强时，过低的空置率会导致租金或价格的升高，市场需求旺盛；而当市场疲软、出现过高的空置率时，租金或价格会降低，市场呈现出供给过大的问题。并且，在通货膨胀的情况下，过高或过低的空置量对名义和实际的租金与价格都会造成影响（程立福，2007）。

2. 现状空置率分析

根据本次调研的情况，调查中232幢商务楼的平均入住率约为53.1%。其中空置的商务楼占36.5%；入驻率80%以上的占46.7%，可知宁波市商务楼的整体空置率较高。而单幢商务楼的低空置率与高空置率的商务楼比重远高于中间段，呈现两端大、中间小的“M”形分布（朱雁，2013）。根据《中国房地产统计年鉴》，2000~2010年宁波市写字楼与商业营业用房的空置面积如图9-3所示（其中2000年、2002年的数据未统计，由线性插值法处理得到；商业营业用房包括商业产业与酒店地产）。总体上，写字楼与商业营业用房的空置面积在2004年达到历史低点，之后呈现逐年增加的趋势。

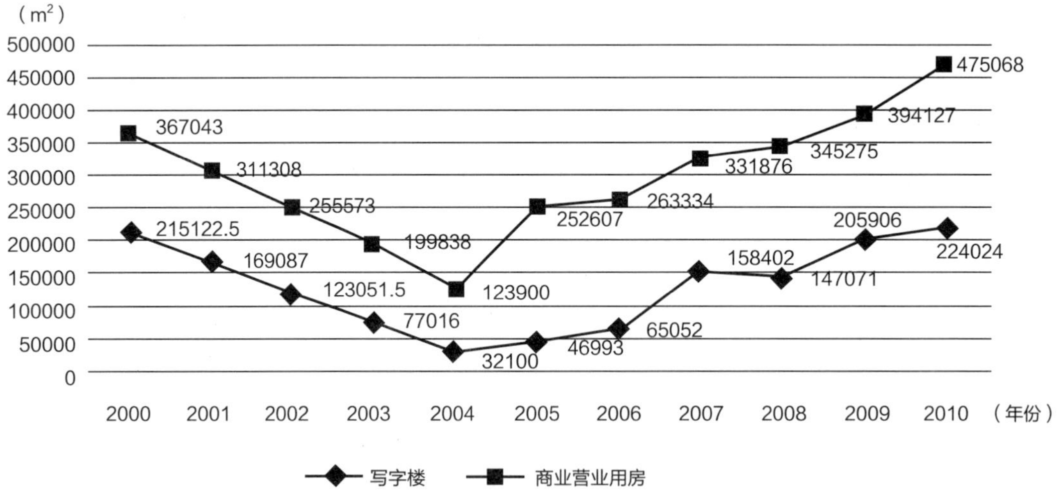

图9-3 2000~2010年写字楼与商业营业用房空置面积

3. 写字楼产业供需情况分析

宁波全市近年办公商业用地出让量大、市场需求不稳定、空置面积不断攀升，再加上总体经济状况低迷的现实压力，预计写字楼等产业未来潜在供应量大，短期内供大于求的局面难以改善（表9-2、表9-3、图9-4）。①商服用地出让近三年持续高位，2009～2011年商务用地年均供应量达365万m^2，超过2007年和2008年的新增总量。以3年的建设周期来计算，未来的潜在供应量将达到1094.9万m^2。②办公商业用地成交量赶超杭广深，2009年至今，宁波全市办公商业用地成交量达1415.95万m^2，超过杭州（1323.72万m^2）、广州（1119.08万m^2）和深圳（136.49万m^2）；同时也是主要大中城市中唯一一个在2009～2011年间成交量一直处于增长的城市。③市场实质吸纳能力有限，据统计，2000～2010年办公楼、商业营业用房的销售（出租）面积变动较大，需求不稳定，空置面积呈不断上升的态势，空置面积基本保持不断上升的态势，办公与商业年均增长3.61%和5.84%，未来投资投机需求有持续高涨的可能；此外，市场对商业营业用房的需求大于办公楼，平均年销售（出租）面积之比为1.74：1（图9-5）。④相关经济活动受金融危机负面影响有所回落。2005～2010年全市第三产业增加值等指标整体持续上涨，但在全球金融危机的影响下，2008年、2009年国内批发零售贸易额、住宿餐饮营业收入与对外进出口总额分别出现10.57%、57.93%与10.36%的下滑，批发贸易单位减少了150余家（朱雁，2013），实体经济受创势必在一定程度上降低消费者的购买力（表9-4）。

2001～2011年宁波市土地供应情况　　表9-2

年份	供应量（万m^2）			供地类型（万m^2）				商服占新增	商服比住宅
	合计	新增	存量	工矿仓储	商服	住宅	其他		
2001年	2875	2568.8	306.2	1554.4	58.5	323.1	939	2.28%	18.11%
2002年	4673.8	4128.3	545.5	2357	83.8	589.1	1643.9	2.03%	14.23%
2003年	7122.4	6778.5	343.9	4240.6	267.7	975.9	1638.2	3.95%	27.43%
2004年	3985.3	3540.4	444.9	2165.9	166	658.2	995.2	4.69%	25.22%
2005年	4990.1	4093.5	896.6	1700.8	172.6	523.2	2593.6	4.22%	32.99%
2006年	4083.9	2228.2	1855.7	2620.1	168.3	637.4	658.1	7.55%	26.40%
2007年	4248.8	3388.9	860	1923.2	183.7	525.1	1616.9	5.42%	34.98%
2008年	2613.8	1855.4	758.4	1239.8	148.6	500.6	724.8	8.01%	29.68%

续表

年份	供应量（万m²）			供地类型（万m²）				商服占新增	商服比住宅
	合计	新增	存量	工矿仓储	商服	住宅	其他		
2009年	2819.7	1898.3	921.4	879.6	376.3	911	652.9	19.82%	41.31%
2010年	4784.6	3187.7	1596.9	1161	349.3	1355.9	1918.4	10.96%	25.76%
2011年	5850.8	3398.5	2452.3	2234.4	369.3	1396	1264.7	10.87%	26.45%
2009～2011年合计	13455.1	8484.5	4970.6	4275.0	1094.9	3662.9	3836.0	12.90%	29.89%

来源：朱雁．写字楼分布与利用特征及其与服务业发展的联动关系[D]．杭州：浙江大学，2013.

2001年至2012年7月全国主要大中城市土地成交面积（单位：万m²）　表9-3

	宁波	杭州	上海	南京	广州	深圳	北京	大连	青岛
2001年	/	/	/	/	/	80.31	/	/	/
2002年	/	1.52	/	/	7.28	78.77	/	16.57	/
2003年	2.19	70.22	259.15	147.20	0.81	199.34	73.46	18.15	16.41
2004年	32.64	111.61	166.17	67.68	7.70	111.81	275.86	16.11	10.48
2005年	21.45	100.41	352.05	185.58	26.48	37.51	138.96	14.62	64.04
2006年	165.43	207.92	431.87	264.34	124.76	78.70	468.18	52.15	145.37
2007年	140.15	378.52	381.13	353.26	332.36	11.90	623.68	45.08	118.55
2008年	150.78	252.45	364.79	240.53	49.62	50.63	472.32	148.27	147.48
2009年	277.11	405.18	352.34	226.35	648.08	20.25	830.99	209.81	395.63
2010年	481.30	454.51	597.36	198.11	293.61	27.54	1083.82	745.48	945.15
2011年	520.07	386.07	512.61	370.00	138.02	83.03	729.69	179.24	489.37
2012年（1～7月）	137.47	77.97	116.79	108.06	39.36	5.68	193.55	103.97	724.75
2009年至2012年7月	1415.95	1323.72	1579.10	902.52	1119.08	136.49	2838.05	1238.50	2554.90

来源：各年度《中国房地产统计年鉴》。

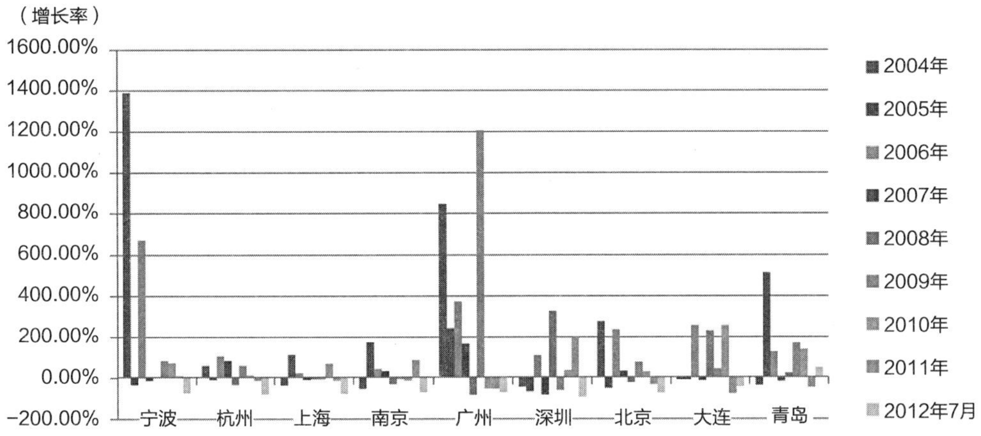

图9-4 2004年至2012年7月全国主要大中城市土地成交面积的年增长情况比较

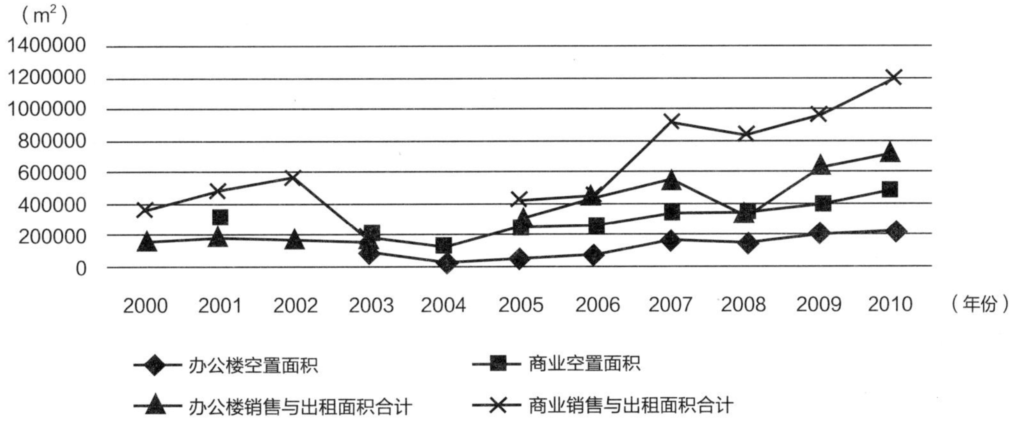

图9-5 2000~2010年宁波市办公楼与商业营业用房各类面积变化
来源：各年度《中国房地产统计年鉴》。

2005~2010年宁波市贸易状况 表9-4

年份	第三产业增加值（万元）	限额以上批发贸易业单位数（个）	限额以上零售贸易业单位数（个）	批发零售贸易业销售总额（万元）	住宿餐饮业单位数（个）	住宿餐饮业营业总收入（万元）	港口货物吞吐量（万t）	进出口贸易总额（万美元）
2005	9755906	376	/	36675597	241	914902	26881	3349427
2006	11515469	413	163	41633255	265	1164417	30969	4221188

续表

年份	第三产业增加值（万元）	限额以上批发贸易业单位数（个）	限额以上零售贸易业单位数（个）	批发零售贸易业销售总额（万元）	住宿餐饮业单位数（个）	住宿餐饮业营业总收入（万元）	港口货物吞吐量（万t）	进出口贸易总额（万美元）
2007	13846283	422	174	45375678	273	1332557	34519	5649909
2008	15888946	1491	440	40578647	377	560588	36185	6784036
2009	17836273	1343	481	54330930	360	1787002	38385	6081275
2010	20731818	1584	521	75065955	386	1998337	41217	8290424

来源：根据各年度宁波统计年鉴整理。

9.1.4 基于微观主体需求的产业规模影响分析

1. 满意度与产业规模的理论及实证关系

理论上，满意度越高的产业服务，其产业的现状规模越接近最优规模。而最优规模是以平均服务质量为基础的，服务质量越好的产业，其最优规模很可能越小，因为单个工作人员的服务水平较高，其可满足的顾客需求也较大。通常，在一定时期内，由于产业的科学技术水平基本不变，产业服务的平均质量或水平不会出现大幅提升，顾客满意度主要取决于产业规模与顾客需求之间的匹配。因此，在短期内，满意度可以作为产业规模预测的一个重要衡量指标来考虑。同时，目前尚没有出现关于满意度与产业规模的实证研究，因此没有这方面的经验性数据可作参考。

2. 现状满意度分析

本研究主要采用随机抽样调查的方式来获得居民与企业2类主体的现状满意度数据，一共收集到居民问卷700份，其中有效问卷627份；企业问卷450份，其中有效问卷392份。内容上，问卷具体询问的是居民与企业对各项服务的满意程度评价，包括满意、一般与不满意3档。

调查结果显示，目前总体上写字楼产业的平均满意比率①最低，居民为31%，企业为27.8%；酒店地产的平均满意比率最高，居民为38.1%，企业为36.3%；商业产业居中，居民与企业的平均满意比率分别为36.5%和30.1%。对各项服务的满意与一般比率进行求和得到，写字楼的平均满意与一般比率也同样最低（居民89%，企业88.7%），商业产业

① 根据本研究定义的3类产业，商业产业的满意度统计包括批发服务于零售购物；酒店地产包括旅馆住宿与餐饮酒店；其他都属于写字楼产业，有银行保险、房地产、信息咨询、电脑服务、科研服务等。

次之（居民90.3%，企业88.2%），酒店地产最高（居民92.4%，企业88.6%）。因此，未来市场对写字楼产业的改善需求最大，其次是商业产业，酒店地产的改善需求最小。具体的调查结果如图9-6，图9-7所示。

考虑到满意度是调查对象对各产业在质与量两个层面上的综合评价，而未来产业规模主要是一个量的维度上的预测，因此，本研究进一步考察各产业历年来的产值情况。由各年《宁波统计年鉴》数据可知，近年来写字楼产业的产值占第三产业总产值的比重呈现下降的总体趋势，酒店产业与商业产业的比重都表现出上升的总体趋势（表9-5）。综合满意度与3类产业对应的产业产值结构比重，分析得到：未来市场的写字楼需求最大，商业与酒店地产的需求相对较小。

2005～2010年3类产业对应的产业产值占第三产业总产值的比重（单位：%）

表9-5

产业类型	2005年	2006年	2007年	2008年	2009年	2010年
商业产业	22.07	21.87	21.89	22.62	22.80	24.17
酒店产业	3.92	3.85	3.67	3.74	4.47	4.61
写字楼产业	74.01	74.28	74.45	73.64	72.73	71.22

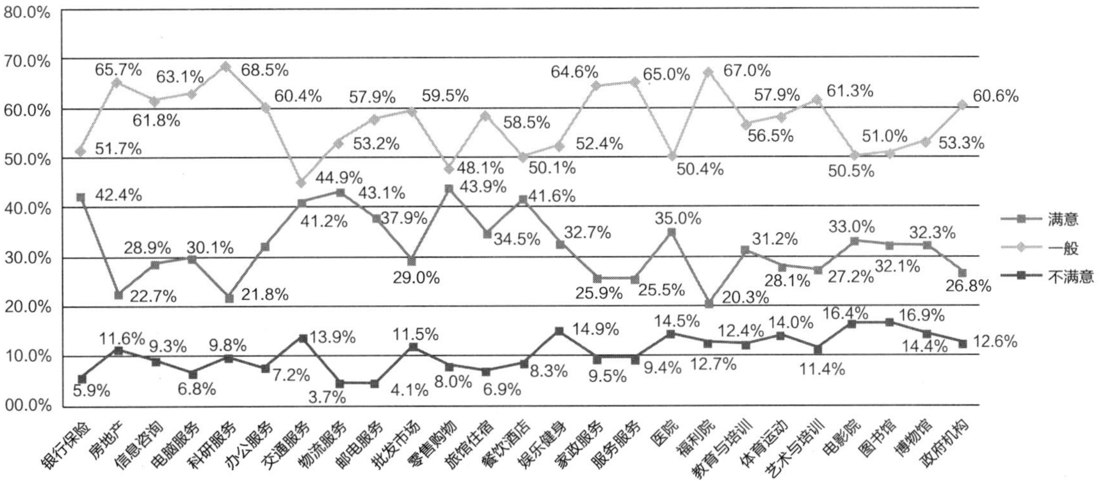

图9-6 居民满意度分布

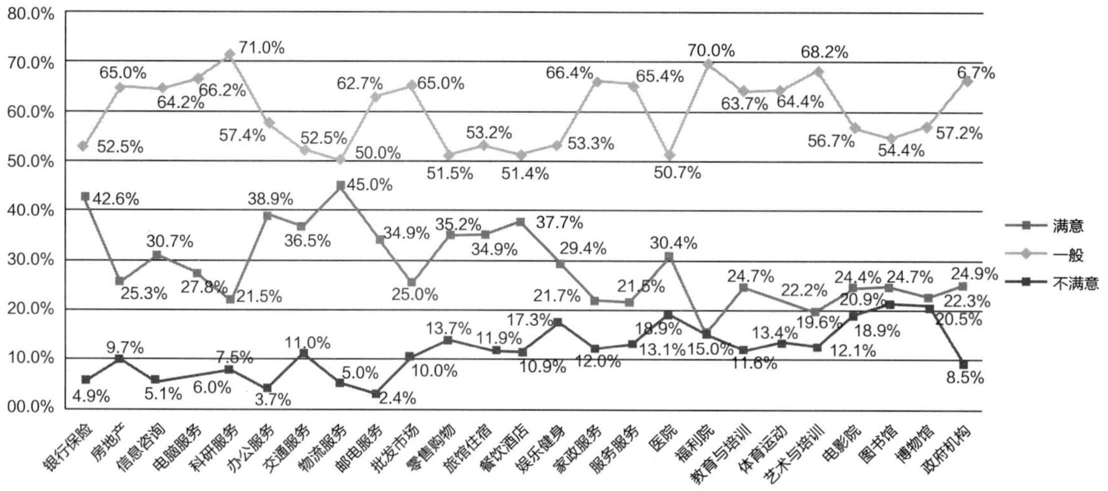

图9-7　企业满意度分布

9.1.5　城市产业规模的预测模型构建

1. 自变量与因变量的选取

1）因变量的选取

本研究以办公楼与商业营业用房各自的年度销售面积与出租面积总和来表示市场需求，即模型因变量。由于统计口径上的商业营业用房包括商业产业与酒店地产两种产业，因此，在实际处理中，先预测商业营业用房的未来规模，再按年度土地投放的结构配比来计算得到商业产业与酒店地产各自的规模。

2）自变量的选取

①表中相同的指标将不予重复选用为自变量，商业营业用房模型的自变量包括商业产业与酒店地产两部分的指标。②考虑跨期连续数据的可获得性，选取2000~2010年数据来进行模型拟合，剔除商服及公共管理与公共服务用地占比、平均租金、前一年度待售面积、商服及公共管理与公共服务用地投放量、土地均价、第三产业就业人数和第三产业企业数量7个指标。同时，由于批发和零售贸易业零售总额与住宿和餐饮业零售总额之和几乎等于社会消费品零售总额，所以商业营业用房的自变量中剔除社会消费品零售总额。③确定各指标的实际选用数据。本研究所采用的数据主要来源于《宁波统计年鉴》与《中国房地产统计年鉴》；由于缺少常住人口的跨期统计，本研究以户籍人口代替；是否发生了刺激商品房消费的突发事件以2008年奥运会来衡量， 即2008年为“1”，其余年份均为“0”；宏观政策的实施对市场整体需求而言带有滞后性，因此政策环境虚拟变量要结合前一年的政策环境与实际的调控效果来综合考虑；考虑到某些变量多年来的实际变化不大、在区域乃至更大范围内的市场竞争力提高并不明显，可予以忽略，因此剔除容积率控制、自然景区及历史建筑数量、年度前十大品牌价值房地产企业数量。④采用线性

插值法补全剩余自变量中缺失的个别年份，共处理了以下10个指标（缺失并予以补充的年份见括号内）：写字楼与商业营业用房空置面积（2000、2002），写字楼与商业营业用房出租面积（2004），国有资金占房地产开发投资额比重（2000、2001），房地产开发企业数量（2004），一、二级开发企业占比（2004），资产负债率（2004、2008），土地开发投资额（2010），外商直接投资占开发投资额比重（2000、2004）。⑤根据最后剩余指标的相关性检验结果，指标间存在严重的多重共线性，因此后面将采用逐步回归来解决这一问题，并找出对因变量影响最大的一系列指标，达到准确预测的目的。具体，写字楼与商业营业用房的自变量与因变量选取见表9-6所列。

写字楼与商业营业用房预测模型的自变量与因变量汇总　　表9-6

<table>
<tr><th></th><th>因变量</th><th>自变量</th></tr>
<tr><td rowspan="2">写字楼</td><td rowspan="2">写字楼年销售面积与出租面积总和$DMAND_O$（m^2）</td><td>社会消费品零售总额（亿元）、写字楼平均销售价格（元/m^2）、写字楼空置面积（m^2）、写字楼完成投资额（万元）、写字楼新开工面积（万m^2）、第三产业增加值占比（%）、年末国际互联网用户数（户）</td></tr>
<tr><td rowspan="2">GDP总量（亿元），城镇居民可支配收入（元），户籍人口（万人），城市化水平（%），第三产业增加值（亿元），宏观调控是否以抑制商品房消费为主旨（0/1），是否发生了刺激商品房消费的突发事件（0/1），国有资金占房地产开发投资额比重（%），房地产开发企业数量（个），一、二级开发企业占比（%），资产负债率（%），自筹资金占投资额来源比重（%），土地开发投资额（万元），客运量（万人次）</td></tr>
<tr><td rowspan="2">商业营业用房</td><td rowspan="2">商业营业用房年销售面积与出租面积总和$DMAND_C$（m^2）</td></tr>
<tr><td>商业营业用房平均销售价格（元/m^2）、商业营业用房空置面积（m^2）、商业营业用房完成投资额（万元）、商业营业用房新开工面积（万m^2）、金融机构存款余额（亿元）、批发和零售贸易业零售总额（万元）、旅游总收入（亿元）、国内旅游总人数（万人）、外商直接投资占开发投资额比重（%）、贸易进出口总额（亿美元）、住宿和餐饮业零售总额（万元）</td></tr>
</table>

注：中间的自变量为两类产业模型共有的自变量。

2. 基于逐步回归的写字楼与商业营业用房模型构建与拟合

运用SPSS软件对写字楼与商业营业用房模型分别进行逐步回归拟合。写字楼模型最终保留了一、二级房地产企业占比，土地开发投资额，国有资金占房地产开发投资额比重，宏观调控是否以抑制商品房消费为主旨和第三产业增加值占比5个指标；F统计量为165.522，模型整体显著；同时R^2也较高，证明拟合效果较好。商业营业用房模型最终保留了旅游总收入、批发和零售贸易业零售总额、土地开发投资额、国有资金占房地产开发投资额比重、金融机构存款余额5个指标；F统计量为388.188，模型也整体显著；同时R^2为0.997，拟合效果也较好。具体见表9-7。写字楼与商业营业用房的模型如下：

$DMAND_{O}=-38296.731+9378251.998x_1+3.726x_2-441325.177x_3-24098.272x_4-1287609.593x_5$

$DMAND_{C}=532654.239+18206.926x_6-0.555x_7-5.335x_2-1126992.110x_3-215.129x_8$

拟合结果证明，房地产业状况（尤其是房地产企业实力与房地产市场化程度）、土地市场、城市宏观政策环境与第三产业占比对写字楼需求的影响最大；旅游经济、批发与零售业、土地市场、房地产市场化程度和居民存款对商业营业用房需求的影响最大。虽然各自变量的系数情况与理论预计的结果不符（很可能由于可获得的数据跨期短，经济变量在短期内的整体趋势不明显所致），如第三产业增加值占比越高反而会降低写字楼需求等，但模型整体的拟合效果都很好，完全可以用于后期的预测（表9-7）。

模型拟合结果汇总 表9-7

写字楼需求量			商业营业用房需求量		
	系数	t检验值		系数	t检验值
常量	-38296.731	-1.108	常量	532654.239	8.257
一、二级房地产企业占比x_1	9378251.998	15.439	旅游总收入x_6	18206.926	20.289
土地开发投资额x_2	3.726	6.065	批发和零售贸易业零售总额x_7	-0.555	-12.652
国有资金占房地产开发投资额比重x_3	-441325.177	-2.652	土地开发投资额x_2	-5.335	-5.446
宏观调控是否以抑制商品房消费为主旨x_4	-24098.272	-1.430	固有资金占房地产开发投资额比重x_3	-1126992.110	-6.091
第三产业增加值占比x_5	-1287609.593	-1.290	金融机构存款余额x_8	-215.129	-5.213
F统计量为165.522，R^2为0.994			F统计量为388.188，R^2为0.997		

3. 自变量预测

假设各自变量关于时间的变化符合普通线性函数、幂函数或指数函数形式，以此对各自变量进行简单的趋势外推，并选取拟合效果最佳的模型来预测2012～2016年的各自变量值。但对于虚拟变量宏观调控是否以抑制商品房消费为主旨，用经验结合房地产市场周期来判断其未来取值。模型拟合结果与各自变量预测值见表9-8。

2012～2016年自变量预测结果　　表9-8

因子	2012年	2013年	2014年	2015年	2016年	模型
x_1	0.1287	0.1379	0.1478	0.1584	0.1697	y=0.049$e^{0.069x}$
x_2	52990	54246	55502	56758	58014	y=1256x+35406
x_3	0.14	0.144	0.148	0.152	0.156	y=0.004x+0.088
x_4	1	1	1	0	0	/
x_5	0.4115	0.4132	0.4148	0.4163	0.4178	y=0.346$x^{0.064}$
x_6	851.4171	1006.166	1189.041	1405.154	1660.547	y=69.54$e^{0.167x}$
x_7	20148849	23503449	27416559	31981166	37305739	y=2000000$e^{0.154x}$
x_8	13712.4	16748.36	20456.49	24985.61	30517.5	y=682.7$e^{0.2x}$

4. 3类产业规模预测

将自变量预测值代入前文所得的2个模型中，求得2012～2016的写字楼与商业营业用房规模，见表9-9所列。

根据2011年宁波市城镇土地利用情况，中心城区商务金融用地与其他商服用地总和

写字楼与商业营业用房规模预测结果（单位：m^2） 表9-9

类型	2012年	2013年	2014年	2015年	2016年
写字楼	750824.9	837797.6	931056.6	1055126	1162270
商业营业用房	1461316	1752679	2101557	2517403	3010904

（主要的写字楼用地）占全市同类用地的59%，中心城区批发零售用地与住宿餐饮用地总和（主要的商业营业用房用地）占全市同类用地的51%。同时，由现状土地利用强度可知，中心城区产业的综合容积率约为1.0，明显高于比全市的0.71。因此，目前中心城区写字楼与商业营业用房的建筑规模占全市总规模的比重分别在59%和51%之上。而"十二五"期间重点建设的商贸流通业项目的平均容积率约为2.45，可见预测期内中心城区的容积率将有较大涨幅，并很可能拉大与全市平均水平之间的差距，这反映在建筑面积上即为预测期内中心城区的产业建筑规模占全市的比重会比目前更大。因此，本研究在59%和51%的基础上，对预测期内的建筑面积结构比上调2个百分点，得到未来中心城区的写字楼与商业营业用房规模约分别为全市总规模的61%和53%。

同样根据2011年宁波市城镇土地利用情况，全市与中心城区的住宿餐饮用地（主要的酒店用地）占各自住宿餐饮用地与批发零售用地总和（主要的商业营业用房用地）的比重分别为24%与33%。考虑到现实中酒店用地的容积率通常略高于商业营业用房，因此反映在建筑面积上，目前全市与中心城区的酒店地产建筑面积占商业营业用房总建筑面积的比重分别高于24%与33%。因此，对两者上调1个百分点作为预测期内的酒店建筑规模占比，即未来全市与中心城区的酒店地产建筑面积占各自商业营业用房总面积的比重分别为25%与34%。

由此，进一步根据前文所得的全市写字楼与商业营业用房的规模预测值，最终得到2012~2016年全市与中心城区3类产业的建筑面积年增量，具体见表9-10所列。总体上，预测期内全市的产业新增总量约为1600万m^2（包括写字楼480万m^2、商业产业840万m^2、酒店地产280万m^2），中心城区约950万m^2（包括写字楼340万m^2、商业产业400万m^2、酒店地产210万m^2）。

9.1.6 城市产业规模的预测方案与比选

上述的规模预测主要建立在常态的市场

2012～2016年宁波全市与中心城区的产业建筑面积年增量预测结果（单位：m^2）

表9-10

年份	全市			中心城区		
	写字楼	商业产业	酒店地产	写字楼	商业产业	酒店地产
2012	750824.9	1095987.0	365329.1	458003.2	511168.4	263329.2
2013	837797.6	1314509.0	438169.7	511056.6	613087.1	315832.8
2014	931056.6	1576168.0	525389.4	567944.5	735124.8	378700.7
2015	1055126.0	188052.0	629350.8	643627.0	880587.7	453636.1
2016	1162270.0	2258178.0	752726.1	708984.0	1053214.0	542565.0
小计	4737075.0	8294882.0	2764961.0	3298160.0	3868733.0	1992984.0
合计	15796918.0			9159877.0		

与政策环境发展趋势基础上，考虑到不同的经济社会发展背景对市场需求的影响差距，本研究进一步提出悲观与乐观2个修正方案，旨在提高预测的科学性与参考价值。具体的操作方法为：基于不同方案下市场动态供求关系与微观主体需求的变化，对各自变量进行系数修正，代入修正后的自变量预测值，得到预测期内各方案的产业规模需求。

1. 低增长方案：考虑市场宏观调控与后经济危机的影响

悲观方案中，国家依然执行严格的宏观调控政策，以抑制过热的房地产开发与投资，因此预测期内的政策变量全部取1；在调控的作用下，开发商的资金链吃紧，土地开发投资额将比正常情况下有所减少；加上全球后经济危机对房地产上下游产业的不利影响，行业整合、并购的情形会更为普遍（尤其是中小型房地产企业），相反，国有企业资金相对充足的现实将提高国有资金在总投资额中的占比；同时，金融危机对实体经济的影响，社会总体消费力下降，旅游总收入与批发零售贸易总额下降。因此，本研究对上述变量进行系数修正，而一、二级企业占比，第三产业增加值占比与金融机构存款余额暂不作修正，具体各自变量的修正系数与修正后的预测值见表9-11所列。

低增长方案下的自变量修正与预测结果　　表9-11

	2012年	2013年	2014年	2015年	2016年	修正系数
x_1	0.1287	0.1379	0.1478	0.1584	0.1697	1.0
x_2	47691	48821.4	49951.8	51082.2	52212.6	0.9
x_3	0.154	0.1584	0.1628	0.1672	0.1716	1.1
x_4	1	1	1	1	1	/
x_5	0.4115	0.4132	0.4148	0.4163	0.4178	1.0
x_6	766.27539	905.5494	1070.137	1264.639	1494.492	0.9
x_7	18133964.1	21153104	24674903	28783049	33575165	0.9
x_8	13712.4	16748.36	20456.49	24985.61	30517.5	1.0
写字楼	724467.2704	810828.3	903882.9	1003631	1109944	/
商业营业用房	1041900.315	1237917	1471235	1747157	2071403	/

2. 高增长方案：考虑跨越式发展

高增长方案中，社会经济跨越式发展，房地产业的政策环境相对宽松，因此预测期后3年的政策变量取0；政府支持房地产开发与房地产消费，市场需求旺盛，土地开发投资额上升；同时，产业规模加大，国有资金在总投资额中的占比会比正常情况下有所下降；产业快速发展提高了总体的服务水平，一、二级企业占比上升；跨越式发展必以社会总体消费力增大为基础，旅游总收入与批发零售贸易总额上升；第三产业增加值占比上升。因此，本研究对上述变量进行修正，而金融机构存款余额暂不做修正，具体各自变量的修正系数与修正后的预测值见表9-12所列。

3. 预测方案汇总

对悲观与乐观方案采用同样的结构比分配来确定宁波市中心与酒店地产的规模需求，3个方案汇总见表9-13所列。总体上，正常情况下预测期内全市的产业新增总量约为1600万m^2，中心城区约950万m^2；低增长方案下全市的产业新增总量约为1200万m^2，中心城区约650万m^2；高方案下全市的产业新增总量约为2000万m^2，中心城区约1100万m^2。

高增长方案下的自变量修正与预测结果　　表9-12

	2012年	2013年	2014年	2015年	2016年	修正系数
x_1	0.14157	0.15169	0.16258	0.17424	0.18667	1.1
x_2	58289	59670.6	61052.2	62433.8	63815.4	1.1
x_3	0.126	0.1296	0.1332	0.1368	0.1404	0.9
x_4	1	1	0	0	0	/
x_5	0.45265	0.45452	0.45628	0.45793	0.45958	1.1
x_6	936.55881	1106.783	1307.945	1545.669	1826.602	1.1
x_7	22163733.9	25853794	30158215	35179283	41036313	1.1
x_8	13712.4	16748.36	20456.49	24985.61	30517.5	1.0
写字楼	844025.4918	940084.6	1067605	1178390	1296396	/
商业营业用房	1880731.152	2267449	2731892	3287655	3950418	/

3种方案预测结果汇总（单位：m^2）　　表9-13

		全市			市中心		
		写字楼	商业产业	酒店地产	写字楼	商业产业	酒店地产
正常	2012年	750824.9	1095987.0	365329.1	458003.2	511168.4	263329.2
	2013年	837797.6	1314509.0	438169.7	511056.6	613087.1	315832.8
	2014年	931056.6	1576168.0	525389.4	567944.5	735124.8	378700.7
	2015年	1055126.0	1888052.0	629350.8	643627.0	880587.7	453636.1
	2016年	1162270.0	2258178.0	752726.1	708984.8	1053214.0	542565.0
	小计	4737075.0	8294882.0	2764961.0	3298160.0	3868733.0	1992984.0
	合计	15796918.0			9159877.0		

续表

		全市			市中心		
		写字楼	商业产业	酒店地产	写字楼	商业产业	酒店地产
低增长	2012年	724467.3	781425.2	260475.1	441925.0	364456.7	187750.4
	2013年	810828.3	928437.5	309479.2	494605.3	433023.3	223072.6
	2014年	903882.9	1103426.2	367808.7	551368.5	514638.0	265116.5
	2015年	1003630.9	1310368.0	436789.3	612214.9	611155.6	314837.7
	2016年	1109943.8	1553552.2	517850.7	677065.7	724576.8	373266.8
	小计	4552753.2	5677209.2	1892403.1	2777179.4	2647850.4	1364044.1
	合计	12122365.5			6789074.0		
高增长	2012年	844025.5	1410548.4	470182.8	514855.5	657879.8	338907.8
	2013年	940084.6	1700586.6	566862.2	573451.6	793153.6	408594.3
	2014年	1067605.0	2048918.7	682972.9	651239.0	955615.7	492286.9
	2015年	1178389.9	2465741.0	821913.7	718817.8	1150021.6	592435.4
	2016年	1296396.1	2962813.8	987604.6	790801.6	1381856.4	711865.4
	小计	5326501.1	10588608.4	3529536.1	3249165.6	4938527.0	2544089.6
	合计	19444645.6			10731782.3		

根据2011年宁波市土地利用现状，市中心商服用地面积约占公共设施用地的50%，“十二五”期间宁波市中心规划新增公共设施用地2482.65hm^2，因此预测期内市中心规划的新增商服用地规模约1250hm^2。考虑到未来城市容积率的提高（尤其是“十二五”期间重点建设的商贸流通业项目的平均容积率约为2.45），本研究预估市中心容积率将由目前的1.0上升至1.2，由此得到预测期内市中心新增产业总规模约为1500万m^2。与本研究的预测结果作比较发现，该新增总量高于高增长方案下的市中心预测结果1100万m^2。运用同样的方法比较中心城区及全市的远期规划与预测结果可得：无论是全市还是中心城区层面，“十二五”规划确定的公共设施用地总量略显偏高，而近远期规划总量明显偏低（具体见表9-14所列）。

"十二五"规划、近远期规划及预测结果比较　　表9-14

范围	预测期限	公共设施用地（万m^2）	现状商服用地占比（%）	容积率预估	产业总规模（万m^2）
全市	远期（2011~2020年）	1532.8	35%	1.0	536.48
	预测结果（2012~2016年）	/	/	/	1200~2000
中心城区	远期（2011~2020年）	766.4	50%	1.3	498.16
	"十二五"（2011~2015年）	2482.65		1.2	1489.59
	预测结果（2012~2016年）	/	/	/	650-1100

9.2 城市产业空间布局模型的理论依据

都市产业的理论基础解释了不同产业在空间上的不同需求规律，虽然现实城市发展过程中，每个城市的产业分布都表现出不同的特点，但其背后的空间区位需求和发展的内在规律是一致的。因而，对宁波现代都市产业中重点产业的空间区位理论进行研究，系统梳理其中的布局影响因素，是构建布局模型的基础。

都市产业（主要指服务业）区位的相关研究，可以追溯到1885年经济学家劳恩哈特（Launhardt）关于区位与市场地域之间关系的研究。在1933年，克里斯泰勒创立了中心地理论，这标志着服务业区位理论研究进入全新时期。20世纪50年代以后，服务业区位研究体系日趋完善，研究方法与技术手段数量化和模型化更加普及，理论发展与社会发展同步，研究越来越多样化，微观化和人本化，研究主要集中于生产性服务业中的办公区位、分配性服务业中的零售业区位、消费性服务业中的居住区位及社会性服务业中的公共服务设施等领域的空间特征、区位选择、功能布局、总体分布结构等方面，并且越来越关注信息技术对服务业区位的影响。

9.2.1 经典服务业区位理论

1. 中心地理论

1933年，德国地理学家克里斯泰勒在《南德的中心地》中提创立了基于城市等级规模及其空间秩序的中心地理论体系。中心地的等级规模划分主要根据中心地向周围腹地提供货物和服务的范围（任英华，2010），因此它被认为是服务业区位论的经典基础理论。克里斯泰勒认为每一个服务中心地都有特定的供给范围，范围的最大极限称为货物供给的上限，提供货物的商店能够获正常利润所需要的最低限度的消费者范围称为供给的下限。当上限和下限相等时，服务型企业在该区位获得正常利润；当下限小于上限时，企业在该区位获得超额利润；当上限小于下限时，企业在该区位无利可图。

克里斯泰勒认为，中心地是向周围地区提供货物和服务如银行、贸易、咨询、行政、文化等的地理中心，并且也是与外部联系的商业集散地。克里斯泰勒运用演绎法来研究服务中心的等级秩序，根据中心地对周围地区供给货物和服务的范围将其划分为等级不同的中心地体系，按照市场、交通、行政原则划分为3大影响因子，又将中心地分为组织结构和空间形态不同的三角形聚落体系和六边形市场地域体系（图9-8）。可见，服务业面向的市场，支撑其发展的交通条件，以及相关管理和服务配套是服务业发展的3大基础影响因子。

1940年经济学家廖什（August Losch）出版了《经济区位论》，他基于利润最大原则将区位选择与产品销售范围联系起来进行区位选择中的市场作用研究，他认为产品的价格随距离变化而变化，而商品的需求基本决定于商品的价格。以一系列假设为条件，推导出单一产品的需求圆锥体，六边形市场区和多种商品的市场竞争网络，以及在交通运输网影响下的“廖什经济景观”（图9-9）。

1958年，美国地理学者贝里和加里森（Berry&Garrison）论述了中心地的等级性、商品的供给范围和中心职能的成立过程，提出了中心职能在中心地布局成立的最低限度人口——“门槛人口”，并首次采用计量手段研究中心地。他们进一步从动态角度分析，随着中心地规模扩大，中心职能增加，每个中心职能得到超额利润的可能性就会减少；而随着中心地人口增加，市场区域规模扩大，各中心职能因规模经济而扩大，最终趋于适当规模。“廖什经济景观”和“门槛人口”理论说明了服务业集聚中心具有一定的辐射规模，当超出该规模时，将会出现新的中心，也即是多中心形态，而“门槛人口”同时也说明新区发展之初，

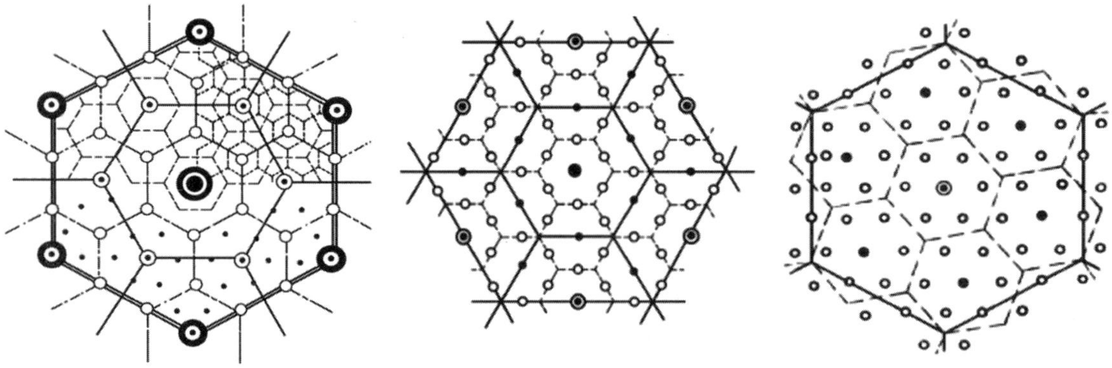

图9-8 K=3的中心地系统市场原则（左），K=4的中心地系统交通原则（中）与K=7的中心地系统行政原则（右）

在尚未达到一定人口规模时，服务业依靠其自身是难以发展的。因而，在布局中要考虑区域的人口分布和服务设施的辐射范围，合理规划多中心的规模。

2. 区位选择理论

阿隆索在1964年提出竞租理论，根据各类经济活动对距市中心不同距离的地点所能或所愿意承担的最高租金来确定这些经济活动的位置。零售商业付租能力较强，所以靠近市中心位置，随后依次是办公楼、工业、居住和农业，由市中心向郊区逐步递减（任英华，2010），城市产业结构呈同心圆模式（图9-10）。

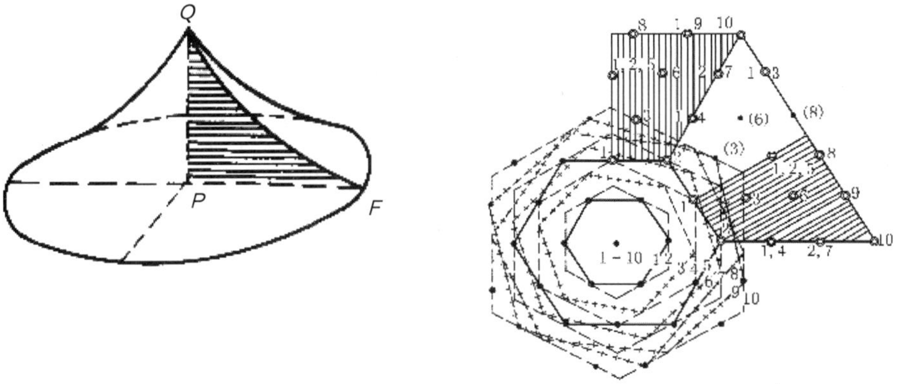

图9-9 单一货物的需求圆锥（左）与六边形市场区和市场（右）

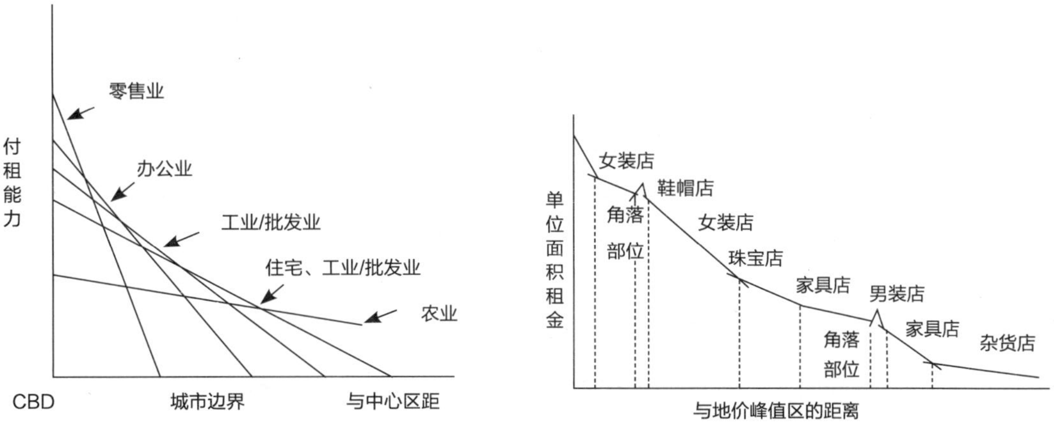

图9-10 城市内部用地类型与地租距离衰减曲线图

阿尔弗雷德·韦伯（Alfred Weber）在《工业区位论》中系统地阐述了聚集经济理论。聚集是企业在空间上的一种生产力的布局形式。城市内部的服务业在空间上的集聚，主要是为了获得信息的快速交流，合作的便利性和业务的互补性，创新性和人才等，形成规模效应，降低交易成本，提高交易效率。服务业在城市内部的聚集可以分为3类：①聚集利益指向，即为降低交易成本，获得外部经济效应，减小不确定性的风险而集聚；②劳动力指向性，即为了共享高密度人才库和智力库而聚集；③信息区位指向，即为方便快捷地获得信息，使企业做出快速反应。

3. 消费行为地理理论

西方国家关于消费者行为研究已经比较成熟。早期有麦凯（Mackay）的“智能图”和“活动空间”的研究，以及波特（Potter，1981）的“消费者知觉、行为与零售区位模型”等。行为地理学家沃尔珀特（Wolpert）认为，消费者的决策受信息完备程度和信息利用水平的制约，以及个人的行为偏好、性格、习俗等非理性因素的影响，现实世界的决策者不是区位论假定的经济人，而是接近于满意人。服务性产业使用者的行为决策一般经历“环境—认知—决策—选择空间—行为活动”的过程。因此，行为目标不是最佳化，而是最大满足化，这也说明各类服务业在城市中的区位一般无法达到理论中的理想条件，只能是在综合多种因素后的折中选择结果。

4. 三大古典城市结构理论

1939年霍伊特（Hoyt）在修订同心圆模式的基础上提出了基于城市交通导向的扇形模型，根据交通敏感度配置各功能空间。1945年哈里斯（Harris）和乌尔曼（Ulman）提出了较为精细和具有弹性的多核模型，并首次明确在城市规模日益壮大的情况下，存在次要经济胞体（次级服务中心）。三大城市空间结构理论从城市土地利用的空间布局角度出发，指出中心商业区是办公、旅馆、剧院和大型零售等服务设施高度集中的地方，同时还提出了郊区商业中心、批发业空间布局、不同类型住宅区的分布等问题（方远平、闫小培，2008）。三大城市空间结构理论是指导多中心城市空间发展的经典理论，大都市的空间结构虽各不相同，但都能抽象成类似以下3种概念结构（图9-11）。

5. 中心商务区理论（CBD理论）

20世纪50年代，墨菲（Murphy）、万斯（Vance）和爱泼斯坦（Epstein）经过对美国9个城市CBD的研究得出，地价不同是造成CBD中商务活动和产业分布差异的主要原因，CBD内的产业遵循圈层分布的基本规律：第一圈层是分配性服务业，是零售业建筑集中区，以大型百货商场和高档购物商店为主，它们围绕着PLVI①分布；第二圈层是生产性服务业，其底层为金融业、高层为

① 地价峰值区，为CBD内核中心，在此中心商务活动设施的密度指数和高度指数达到最高点。

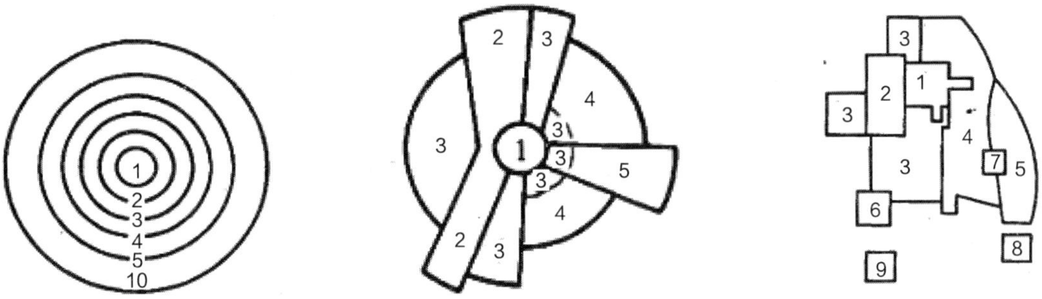

（*a*）伯吉斯同心圆模式　（*b*）霍伊特扇形模式　（*c*）哈里斯和乌尔曼多中心模式

1—中心商务区；2—零售业、轻工业；3—低级住宅区；4—中级住宅区；5—高级住宅区；6—重工业区；7—外围商务地区；8—外围居住区；9—外围工业区；10—通勤区

图9-11　三大古典城市空间结构模式

办公机构的多层或高层复合建筑集中区；第三圈层以办公机构、酒店业为主；第四圈层以批发、运输类产业为主，如汽车维修厂、家私城、专业市场、物流基地等需要大面积土地的产业。

9.2.2　三大类现代服务业区位理论

服务业区位研究是在20世纪50～60年代开始兴起，每一类型服务业均有一个集中研究的核心领域，生产性服务业关注办公活动区位，分配性服务业关注零售商业区位，消费性服务业关注住宅区位，社会性服务业关注公共设施区位。通过对国内外服务业区位研究文献的分析与概括，按照不同服务业类型，研究总结了以下 3 种主要的服务业分布区位规律。

1. 生产性服务业

生产性服务业一般指产品作为中间投入到最终产品生产过程，而非直接提供最终消费品的行业，主要包括金融、保险、房地产、事务所（法律、会计、审计）、信息咨询和代理业、计算机综合服务、科学研究与综合技术服务等部门，不仅具有服务产品的无形性、不可存储性、生产与消费的同时性，而且还表现在中间投入性、经济关联性、人力与知识的传送体、服务外包、空间集聚等特性。

生产性服务业区位研究兴起于20世纪60年代末，该研究的核心领域起源于对办公活动区位的研究。其中办公室区位均衡理论是从厂商活动的接触形态、接触次数、接触成本等分析都市内办公区位，总体上看由于信息技术的发展，办公区位决策的任意性不断增加。20世纪90年代以来，人们越来越关注信息技术条件下城市内部的新型服务业如信息产业、总部办公、银行业、会展中心等区位研究。

国内外研究表明，大都市生产性服务业的选址区位因素包括：基础设施条件、政策与制度环境、集聚（顾客临近、专业服务临近、创新临近）、信息技术、可达性与声誉、面对面接触等。现代生产性服务业总体区位特征具有强烈的中心性倾向，高级生产服务对“面对面接触”的依赖十分强烈，更加聚集在大都市的CBD核心区，而一般接触则为信息技术所取代，部分生产性服务业由于租金、通勤成本上升和企业扩展需要等因素开始出现由中心区向次区域中心和郊区中心扩散趋势（空间选择性扩散理论）。

2. 分配性服务业

分配性服务业又称流通服务业，是联系各个产业部门的辅助性服务部门，是各种生产要素在空间上流通的具体形式，是区域之间联系的重要方式（林锡艺，1999），主要包括零售、批发、交通运输、仓储、物流和邮电通信等。分配性服务业行业性质差异较大，因此对区位的选择差别也比较明显。20世纪50年代，贝里和加里森（Berry&Garrison，1958）提出中心、地带和专业功能区3种商业地域结构形态，并在之后的研究中根据消费者行为特征将芝加哥各商业中心分为4个等级：CBD、区域中心、社区中心、邻里中心。20世纪80年代以后，贝里和帕尔（Berry&Parr，1988）考虑人口特征、消费者行为和服务人口3方面因素，将中心地与周围地区的职业结构、人口密度、教育水平和收入等联系起来，得出中心地层次的改进模型（方远平等，2008）。英国学者波特（Potter，1981）对零售业的区位类型和商业区关联的性质进行分析，得出零售产业类型的区位影响因子主要包含区位、易接近性、功能性质、形态、规模、发展周期和社会经济属性等。

3. 消费性服务业

消费性服务业是指直接为个体消费者提供最终消费服务（产品）的部门，包括酒店住宿、餐饮、旅游服务、娱乐休闲、居民服务和个人服务等，不同消费者的需求多样性和差异性决定消费性服务业的复杂性。

对消费性服务业最早的研究主要集中在住宅区位领域。沈晴（QingShen，2000）认为信息技术通过替代出行而影响人们的出行方式，导致住宅区位的弹性化和灵活化。彼得等（Petter、Carolyn&Geoffrey，2002）研究认为特殊区位的休闲和就业导致均衡的集聚，消费者根据对休闲娱乐的偏爱而选择住宅区位。

关于酒店宾馆业的区位选择国内外研究不多，已有的研究表明该产业区位选择是周边社会空间、物质空间和产业空间等共同影响的结果。台湾学者曾国雄（2001）等通过研究得出其区位一般在扩展的商业中心，地铁交叉口或者是新城政治和管理中心。赵新民（2002）等指出市场、交通、环境、消费者、租金、商业密集度等是影响餐饮业选址的重要因素。高档的宾馆住宿业选择要注意交通条件、环境状况、顾客阶层和喜好等，大、中型宾馆住宿业选择流动人口密度、商务旅游等活动，普通宾馆住宿业应该接近居民小区等。

9.3 城市服务业布局优化的基本原则

9.3.1 以国际经验为借鉴，遵循产业布局区位的客观规律

根据国内外城市服务产业的相关区位理论，对城市产业的空间演变进行分析，对照近几年城市空间结构转型与产业转型的关系，重点提取影响各类服务业容量分布的关键因素，提出现阶段城市产业空间优化的方案与策略。

9.3.2 以供需平衡为基点，预测未来都市产业的开发容量

对城市经济社会现状进行调研，判断目前城市所处的发展阶段，分析未来一段时间内城市社会、经济、人口发展趋势状况，预测不同产业的空间容量。通过对国内外文献资料的回顾和梳理，总结出城市在不同发展阶段对不同产业的实际需求，以此来确定城市近、远期的不同产业的需求规模。

9.3.3 以相关规划为参照，构建与政府战略相耦合的方案

通过详细了解居民以及各级政府对城市产业的未来发展设想，解读与城市产业发展相关的现实依据，如城市土地利用总体规划、城市总体规划、各产业规划等，一方面吸收相关规划中对产业布局的战略思想，使研究能够与相关规划进行衔接与呼应，从而建立起与城市用地布局、基础设施、开放空间等空间发展战略的对应关系；另一方面，通过研究对相关规划中对城市产业布局的内容进行修正与完善，将理论研究与实证分析结合，为城市产业布局与优化提供科学依据。

在城市产业空间分布现状数据和产业容量预测结果的基础上，在中心城区层面提出城市产业布局与优化的思路，并通过对不同类型服务业的影响因素体系的分析，统筹考虑城市发展战略以及各相关规划，借助AHP分析法和GIS空间分析法对城市产业布局方案进行模拟和比较，选择综合效用最大的方案，力求构建的城市现代都市产业开发总容量与分区容量。并根据产业比例关系、都市区空间演化规律，以及政府相关战略布局，提出中心城市各个片区的优化策略引导方向。

9.4 城市产业布局优化的影响因子：以宁波为例

9.4.1 生产性服务业布局优化的影响因子

生产性服务业是指产品作为中间投入到最终产品生产过程，而非直接提供最终消费品的行业。生产性服务业主要包括金融、保险、房地产、事务所（法律、会计、审计）信息咨询与代理业（广告代理、信息咨询与

市场研究）、计算机综合服务、科学研究与综合技术服务等部门。生产性服务业的区位选择一般有很强的中心性要求，大都集聚布局在城市CBD内部和城市次中心，要求有良好的通达性和信息流通的便利性，但具体到各个行业又有细微差别。

生产性服务业的区位选择影响因子的分析以金融保险及办公业为例。金融保险等办公活动是关于信息搜集、处理信息的服务业，影响其区位选择的主要因子有（图9-12）：

（1）信息技术因素。区位选择一般要求布局在信息区位优越、信息交换十分频繁的城市中心商务区（CBD）内部，有利于办公企业快速地获取信息、交换信息和传递信息。从信息网络和空间集聚看，宁波的写字楼主要集中在三江口区域和鄞州南部商务区（图9-13）。这2个地块是宁波信息网络最密集，信息交换最频繁，信息区位条件最优越的地块。在靠近三江口2km的范围内集中分布了宁波近40%的写字楼；宁波南部商务区位于宁波南部的鄞州新城区核心区块，是目前宁波最大的中央商务集聚区，正在成为宁波市最具有活力的高端商务经济集聚区，其建成将带来大量人才、资金和信息的集聚，成为以企业总部和商务办公为主，以商业、物流、文化、金融、信息等服务业相配套的现代经济商务中心。这些区域将是未来宁波信息技术最为发达的区域，也是生产性服务业集聚强度最高的区域。

（2）商务活动集聚因素。办公活动集聚便于公司总部高层决策人员之间的面对面频繁接触，以进行信息交流与业务合作、制定发展战略等，办公活动的聚集还可以共同获得金融保险业、房地产业等相关资金、融资的支持，并在办公场所规模扩大等方面得到房地产业的支持。该因子难以直接进行度量，主要采用宁波当前写字楼的空间分布密度进行表示（图9-14）。

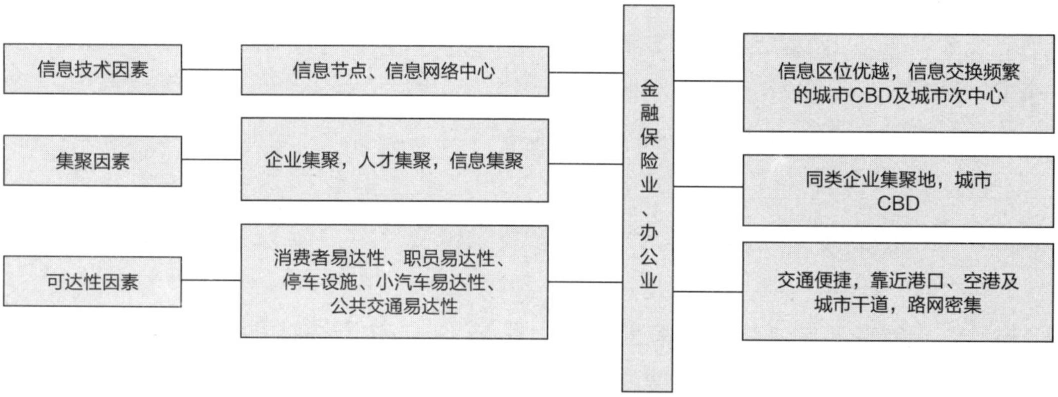

图9-12　生产性服务业区位选择因子结构图

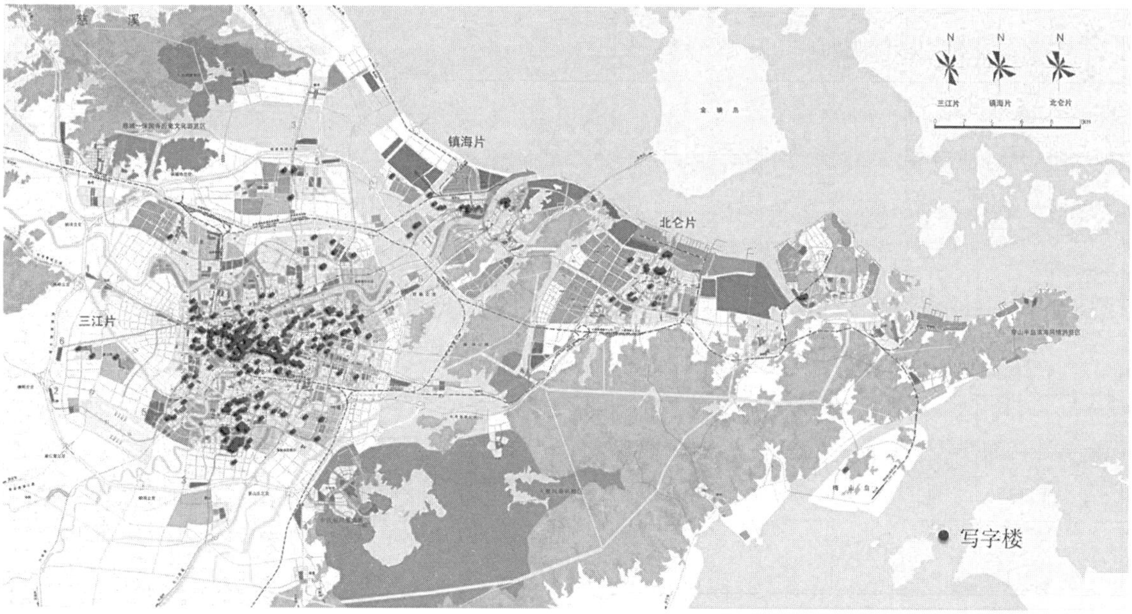

图9-13　宁波中心城区写字楼空间分布图

图9-14　宁波市区产业活动集聚密度分析图

（3）可达性。商务办公活动要求高度的可达性，以保证顾客与职员的出入方便。其中包括消费者易达性、职员易达性、停车设施、小汽车易达性、公共交通易达性。从可达性来看，宁波中心城区基本建成了“内环—中环”二环、“通途路—世纪大道”二轴路网系统工程，全面开工建设11条绕城高速连接线工程，建成庆丰桥、长丰桥、青林湾大桥、外滩大桥、湾头大桥等五座跨江大桥，加快推进明州大桥等工程。根据未来宁波的交通规划（图9-15），在GIS的空间分析中，采用缓冲区模型进行分析，得到未来宁波中心城区的可达性分析图（图9-16）。

9.4.2 分配性服务业布局优化的影响因子

分配性服务业又称流通服务业，是联系各个产业部门的辅助性服务部门，起着第一产业、第二产业与最终消费者之间联系的作用，是各种生产要素在空间上流通的具体形式，是区域之间联系的重要方式，追求最大利润是其根本的目的，而区位选择主要体现在对最大市场范围和最大服务规模的追求。按照所依托的不同基础设施，可分为交通运输（公路、铁路、水运、航空等）、仓储、物流、邮电通信业、批发业和零售业等。分配性服务业内部差异十分明显，不同行业、其特性和区位因素、选择模式差别明显。

1. 仓储物流业布局影响因子

以仓储物流业为例，这类服务业与交通设施结合十分密切，其生产流程包括装卸、运输、储存、保管等环节，而且量大物重，因此节省运输成本是必须考虑的因素。区位选择的要求有以下四个方面（图9-17）：

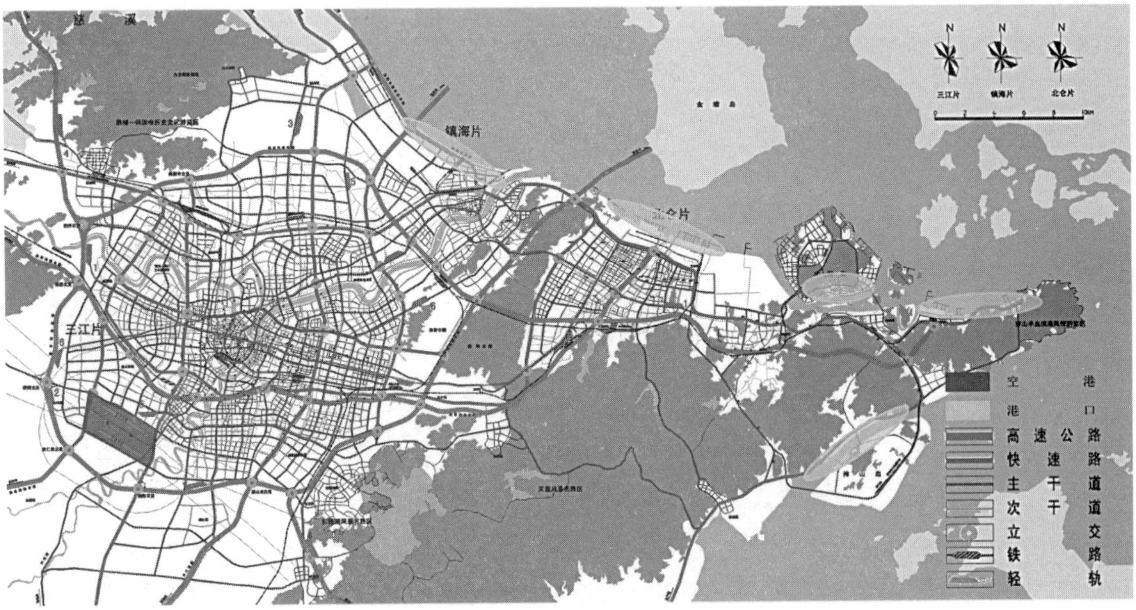

图9-15 宁波市交通路网总体规划（2001—2020）

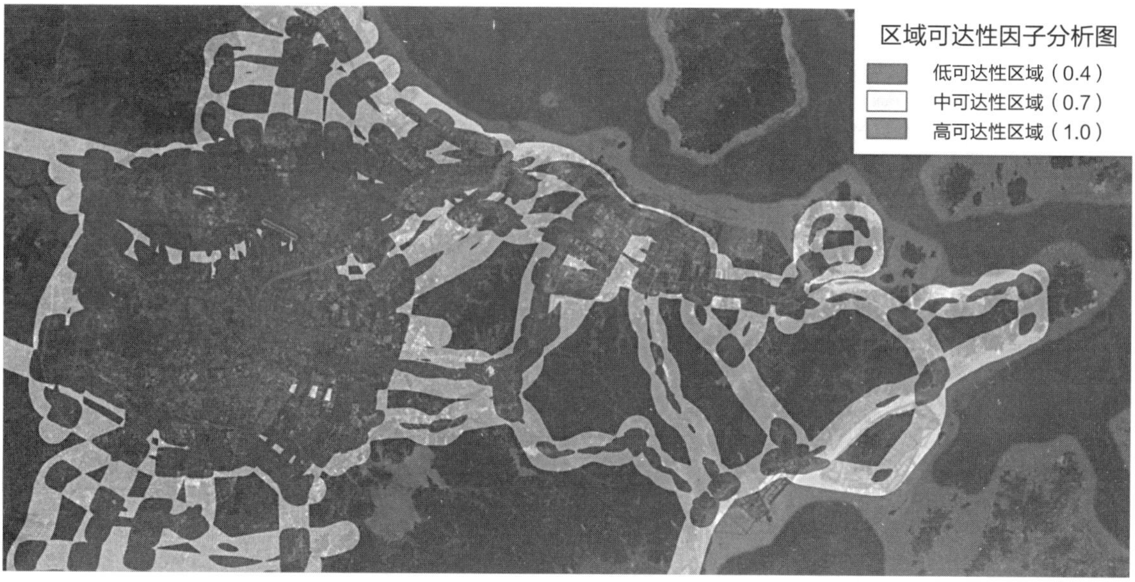

图9-16 宁波中心城区交通可达性分析图

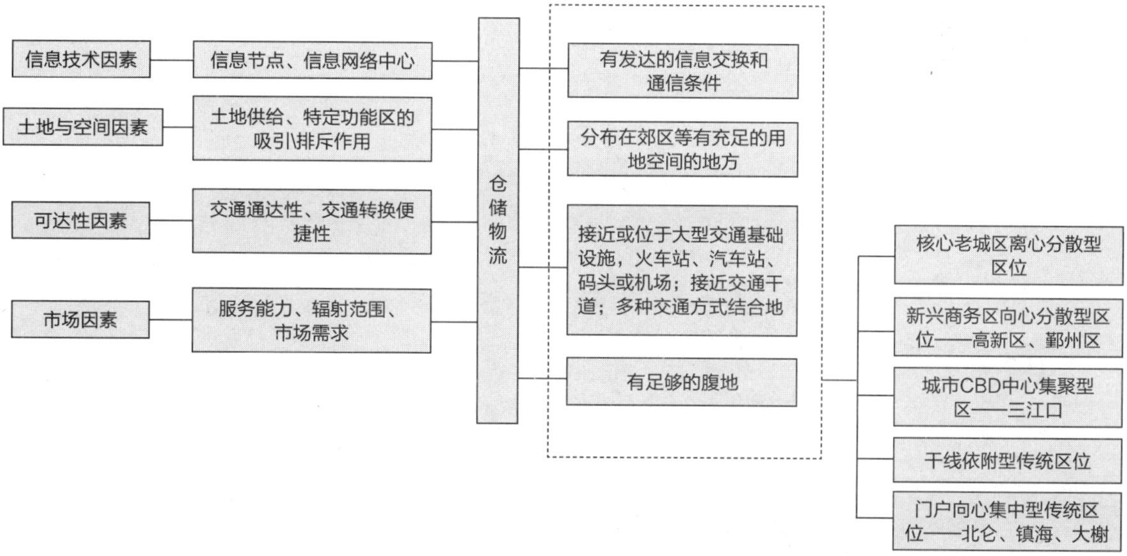

图9-17 仓储物流业区位选择因子

1）可达性因素

接近或位于大型交通基础设施，火车站、汽车站、码头或机场，以保证高度通达性；离交通干道的距离，所在交通网络的通达性；交通转换的方便程度。根据宁波市“十二五”交通规划，宁波市区将建成14个陆运车站，16个高速交通枢纽，地铁1号线也将在2014年投入试运营。围绕车站、码头和机场等大型枢纽可以发展大型的现代物流业及相关的配套生产性服务业（图9-18～图9-21）。

2）土地与空间因素

充足的用地是物流仓储业发展的必需条件，交通运输仓储物流等服务业一般都有大型的仓库和停车、装卸转运场所，占地面积很大，要求有足够的用地空间才能保证其发展的需求。宁波“十二五”物流规划提出“空间布局合理、物流功能主导、物流企业集聚、选址规模适当”原则，规划建设4个国际物流基地，1个城市配送物流基地以及3个综合物流基地，而这些物流基地的选址在空间上既基于仓储物流用地的设计，是未来仓储物流业的一级中心（图9-22）。

3）信息技术因素

发达的信息交换和通信条件是物流系统运行的必要条件，信息技术的广泛应用加速了不同环节之间的信息交换、业务往来、合同的签订等，大大提高了物流运输的生产效率，有力促进了经济的发展。写字楼作为商业总部的交流中心和信息中心，往往更多贸易的往来依托于写字楼完成，写字楼的密度即代表了信息交往的频繁程度与重要程度。

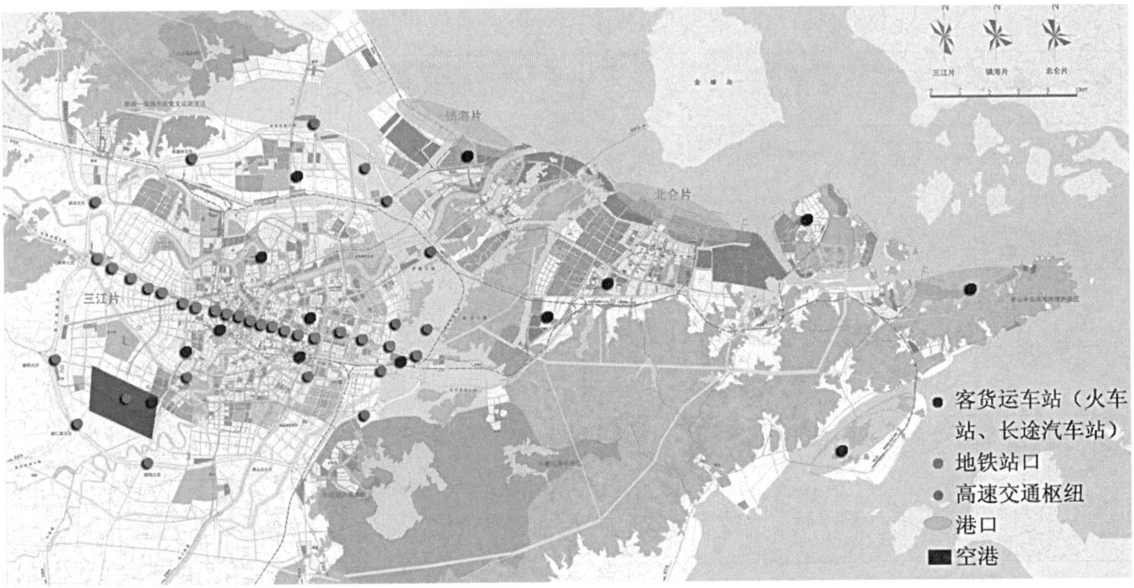

图9-18　宁波中心城区大型交通枢纽分布图

图9-19 宁波中心城区常规交通枢纽影响密度图

图9-20 宁波中心城区门户枢纽影响密度图

图9-21　宁波中心城区物流中心影响密度图

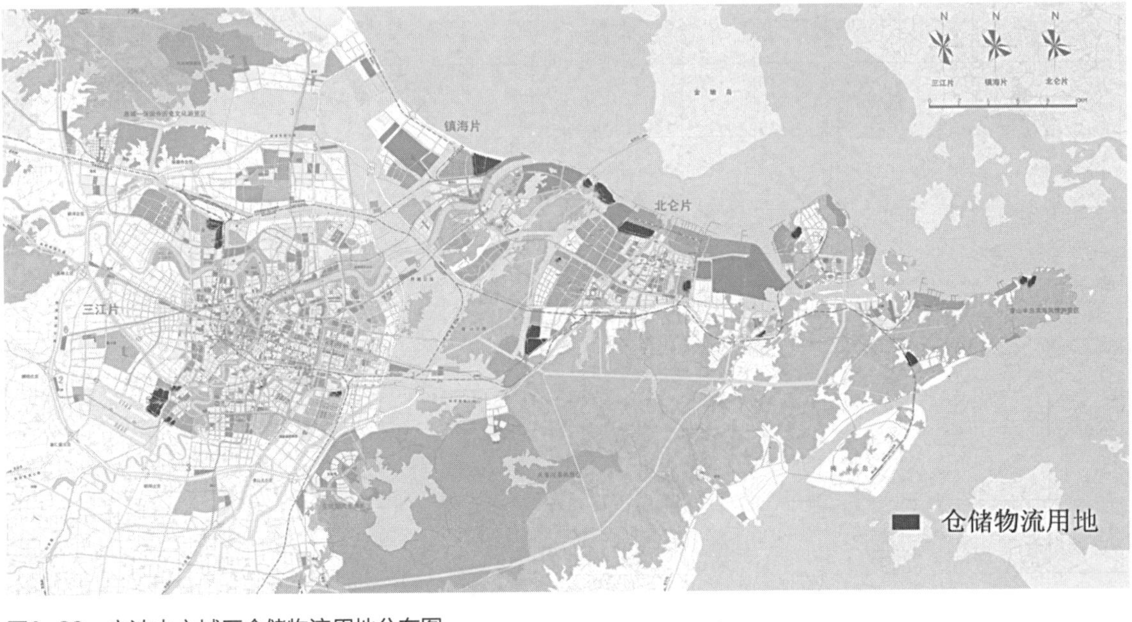

图9-22　宁波中心城区仓储物流用地分布图

4）市场因素

物流仓储业发展需要足够的市场需求，即所谓的腹地指向性，大型交通基础设施一般具有较大的服务能力，辐射范围大，包括整个城市在内甚至更广，因此要求有足够的市场需求才能保证其运营并营利。根据宁波市“十二五”物流业发展规划，宁波将建成5个大型的物流仓储基地（图9-23），名称及其功能定位见表9-15。

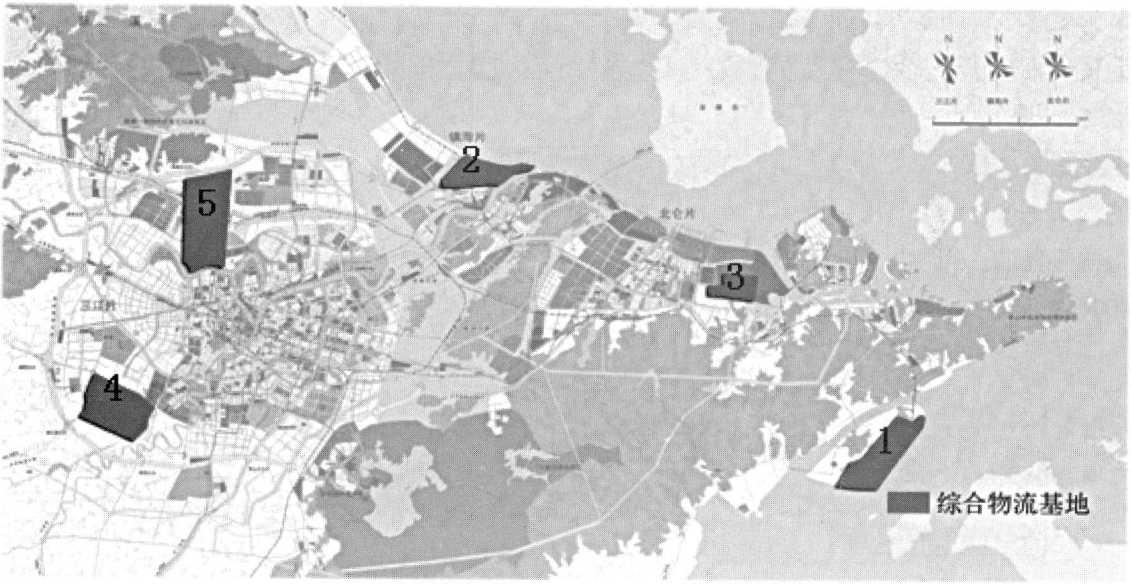

图9-23　宁波大型综合物流基地分布图

宁波大型物流仓储基地名称及其定位　　表9-15

编号	大型物流仓储基地	功能定位
1	梅山保税港区物流中心	以集装箱运输和转口贸易为重点
2	镇海大宗货物海铁联运物流枢纽港	依托液化品交易市场、煤炭交易市场、钢材交易市场、木材交易市场
3	宁波经济技术开发区现代国际物流园	集聚国际仓储、国际分拨配送、生产服务等于一体
4	宁波空港国际物流园	集保税物流、流通加工、增值服务、口岸通关等为一体
5	宁波陆港物流中心	集公铁运输、生产服务和城市配送于一体

2. 零售业布局影响因子

零售业是分配性服务业的重要组成部分。对于市级中心零售业，最重要的是中心性要求，其要求大规模、高等级、多人口以及更大的服务范围来保证其营利性。次要的要求是可达性，中心商务区便利的交通条件可满足这一交通条件。第三是优美的环境、具有特色空间和充足的停车设施等。对于区级零售业，可达性仍然是其区位选择的主要考虑因素，其次才是商业的集聚氛围和足够的人口来保证其营利的目的。对于居住区一级的零售业，可达性、微观环境等是影响其布局的要素。 其空间布局的影响因子如图9-24所示。

1）经济性

经济性是指把零售业布局在一个尽可能提高单位获利水平的区位上，将租金或地价做到与零售价格的相对平衡，而且业主可以很容易轻松地接近消费群体。以经济性为例，宁波市区地价的统计学分析范围定位为宁波市三江片向外扩展的一个区域，其商业地价的地域分异规律明显，不仅原来的中心城区及老的城市建成区地价较高，而且整个城市往东发展和江北区往北发展，海曙区往西发展，以及鄞州区往西南发展带来的商业用地地价变化也很明显（图9-25、图9-26）。

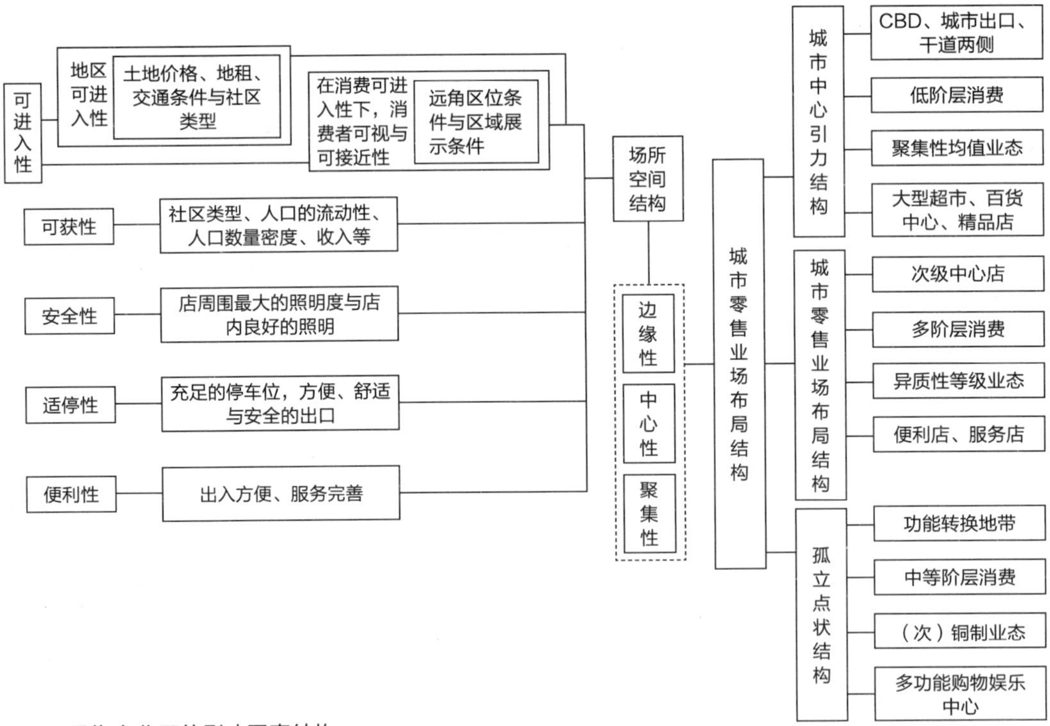

图9-24　零售产业区位影响因素结构

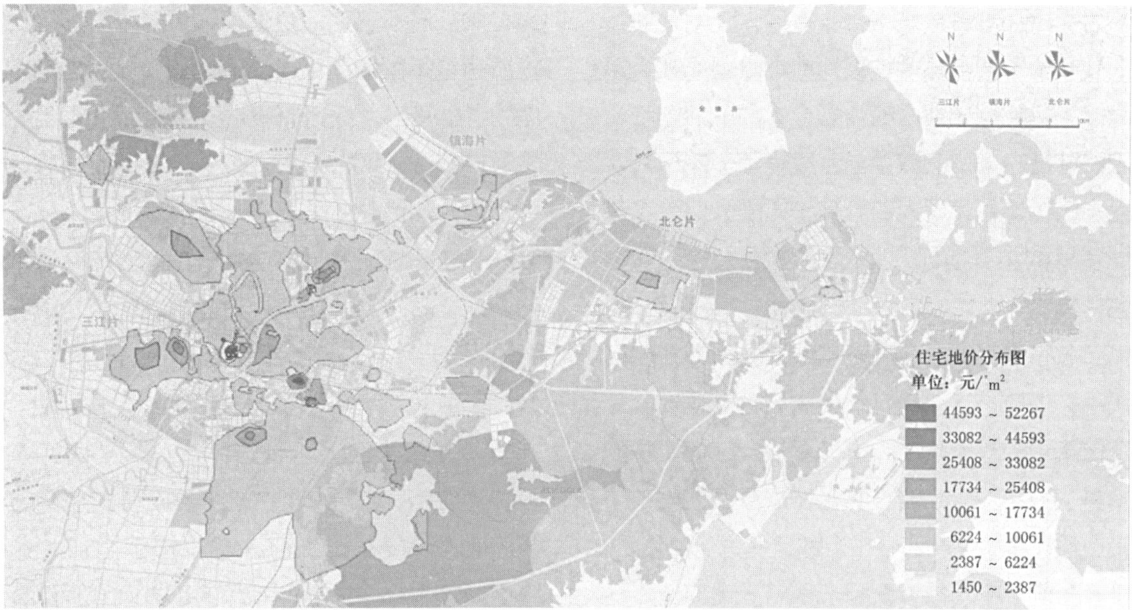

图9-25　宁波住宅用地价格分析图

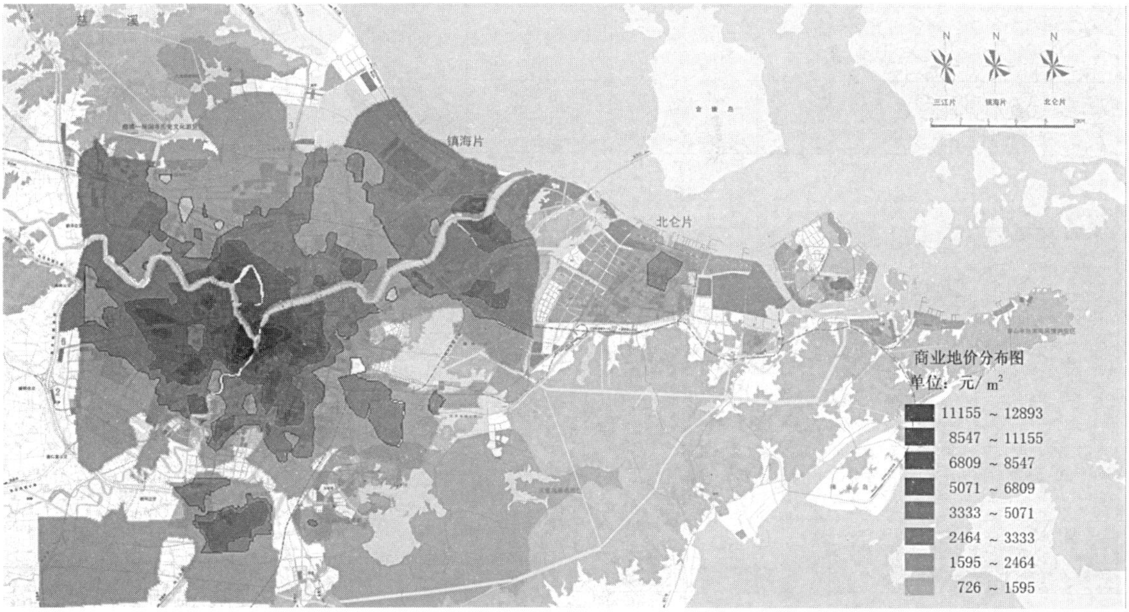

图9-26　宁波商业用地价格分析图

2）可获得性

零售业的可获得性受到地理距离和社会距离的影响，比如社区的类型、人口的流动性、人群特征、人口的数量与密度等等。本研究认为人口密度是表现人口分布和衡量人口分布区域差异的主要指标， 人口密度最大的是海曙区，其次为江东区，江北，鄞州、镇海、北仑人口分布密度大致在同一范围之内。在各自区块中，海曙、江东、江北的人口分布呈现向三江口集中的趋势，鄞州镇海呈现向江流集中的趋势（图9-27）。结合各自区域内的产业分布，人口往往集中在产业分布合理且多样化区域。

3）空间文化符号性与消费行为文化

零售业是开放的商业，有其自身的文化意义，象征着新的社会价值。人们对不同零售业场所有着不同的历史传承的认知习惯。现代新型的零售产业，还能够体现一定的自我价值与个性。宁波中心城计划形成8个区域商业中心，分别为鄞州商业中心、东部新城区商业中心、江北原庄桥地段商业中心、江东七里甸商业中心、北仑新碶商业中心、骆驼商业中心、镇海老城区商业中心、江北洪塘商业中心。形成9个商业集聚区，其中海曙3处，江东、江北各2处，鄞州、北仑各1处。同时宁波中心城规划30条重点商业街，其中综合商业街7条，特色商业街23条（表9-16、图9-28、图9-29）。这些区域是未来宁波商业开发的重点区域，具有最高的产业空间密度。

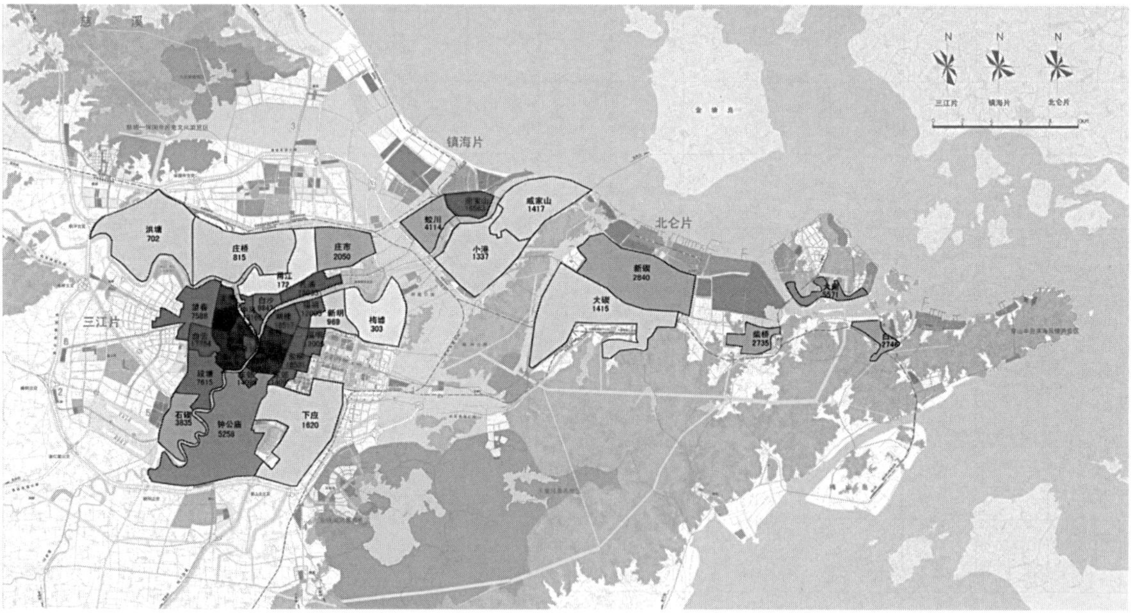

图9-27 宁波市区人口密度分布图

宁波市重点商业街及其功能定位汇总表　　表9-16

性质	名称	功能特色
综合商业街	中山路综合商业街	集购物、文化、游览、休闲、观赏于一体的多功能综合性商业街
	药行街—百丈路综合商业街	高档综合商务商业
	东部新城区综合商务商业街	高档综合商务商业
	鄞州首南路综合商业街	综合商业
	东部新城区商业街	综合商业
	江北原庄桥地段商业中心商业街	综合商业
	骆驼综合商业街	综合商业
特色商业街	城隍庙休闲步行街区	宁波“老字号”商业、饮食小吃、特色小商品
	开明服饰、美容商业街	服饰、美容、发艺
	鼓楼步行商业街区	音像制品、字画陶艺、钱币古玩、文化书籍、工艺旅游品
	环月湖特色商业街	婚纱摄影、风味餐馆、酒吧
	海曙永丰路—和义路文化休闲特色街	图书休闲、滨水旅游、文化吧、休闲广场、特色餐饮
	鄞奉路商贸商业、文化休闲特色街	商贸商业、文化休闲
	彩虹北路—箕漕街特色街	娱乐、餐饮
	滨江大道旅游休闲商业街	艺术吧、酒吧、茶室、旅游工艺品、图书城
	江东南路休闲文化特色街	特色餐饮、艺术吧、酒吧、茶室，集购物、餐饮、娱乐、旅游为一体
	市科技园区高科技产品特色街	高科技产品展览、销售、电脑、网络IT产品
	外滩历史文化街区	外文书店、乐器店、西餐店、音乐酒吧、咖啡馆、时尚屋、旅游工艺品、历史书籍
	姚江文化长廊休闲商业街	休闲茶室、咖啡吧、酒吧
	湾头商业旅游特色街	特色购物、旅游文化、滨水休闲、康体娱乐
	日湖特色商业街	工艺品、餐饮、精品
	下白沙路水产餐饮特色街	海鲜特色餐饮、海味专卖店

续表

性质	名称	功能特色
特色商业街	东部新城区滨水休闲特色街	休闲茶座、咖啡座、音乐酒廊、吧文化
	学士路文化产品特色街	体育文化、电子数码产品
	滨江路餐饮休闲特色街	特色餐饮、美食、咖啡茶室、休闲吧
	鄞州服装、服饰特色街	中、高档品牌服装、服饰
	鄞州嵩江路特色商业街	服装、服饰、酒吧咖啡馆、特色餐饮、生活服务设施
	镇海滨江路—西街—南大街特色街	文化休闲、中档服装、服饰、特色餐饮、中档小商品
	北仑华山路服饰街	中档服装、服饰
	北仑东河路特色街	中档服装、服饰、餐饮、休闲娱乐

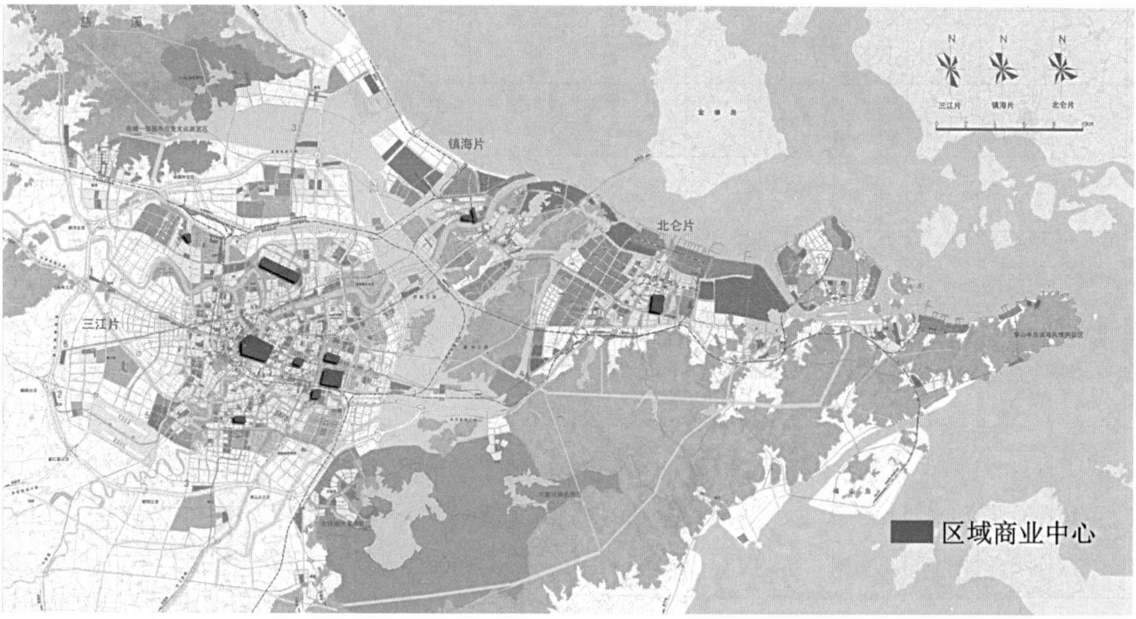

图9-28 宁波中心城市区商业中心分布图

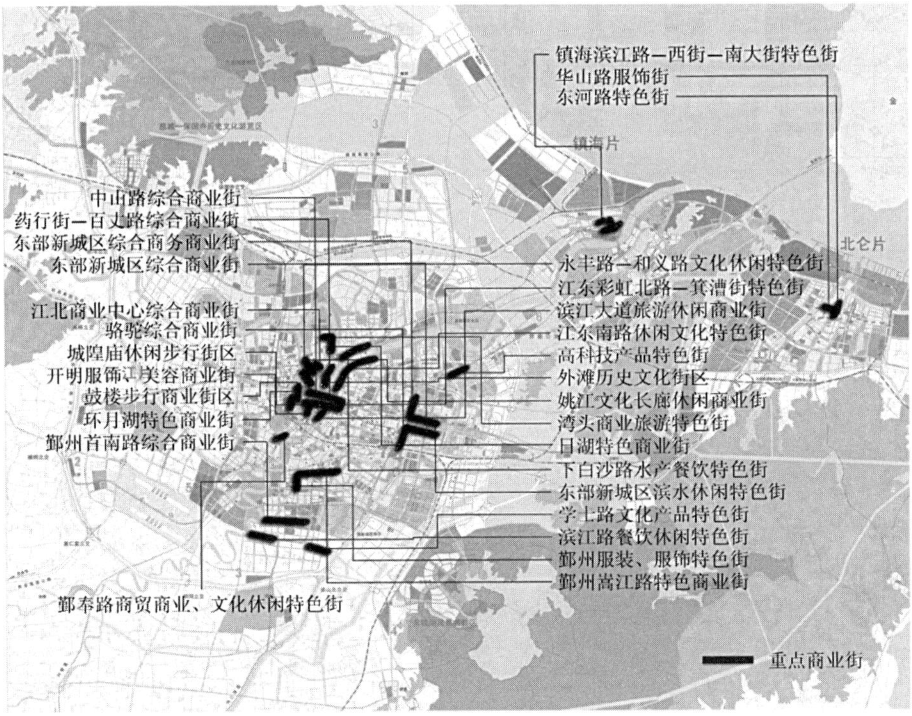

图9-29 宁波中心城区重点商业街分布图

另外，其他相关的影响因素如下：

（1）安全性。安全性是城市任何一个行业从事良好经营生产的基本属性，特别对于利润有着特殊敏感性的购物中心、沿街店铺来说尤为重要。

（2）区位的适停性。停车场的舒适、方便和安全是吸引客流的重要手段，也客观上决定了零售业经营的规模与品质。

（3）操作的便利性。顾客操作便利是零售业所应具备的最基本功能，在商品和服务的提供上让顾客感到方便。比如在空间上进出的方便，相关服务的完善等等，以便让人们花费更少的时间。

（4）地方社会空间性。零售业受地方区域的影响很大，反映了城市不同的阶层、个体、群体的亚文化类型消费特性。一定的社会阶层聚集必然对应不同的消费场所。在社会结构不断转变、零售业不断完善的现今，出现了适合不同消费阶层的零售产业。

以上4个因素也是影响零售业较重要的客观、主观影响因子，宁波都市各功能区块内不同等级的零售场所结合不同区域的相关特征，呈现出不同状态，因缺乏微观数据，本研究不能在此层面上作进一步的研究。

9.4.3 消费性服务业布局优化的影响因子

消费性服务业是指直接为个体消费者提供最终消费服务（产品）的部门。根据其所满足的个人不同方面的需求，可以分为旅馆住宿业、餐饮业、旅游服务业、娱乐与休闲服务业、居民服务业和个人服务业等。旅馆住宿服务业作为消费性服务业的一种典型，它能满足非常住个人（非本地居民和旅游者）“住”的基本需要，即为旅行者提供住宿及其相关服务的旅馆住宿服务业，如城市宾馆、酒店、旅馆和招待所等。城市高档酒店的功能不仅仅提供住宿餐饮，而且具备娱乐、商务和会议等综合功能，尤其近年来随着城市生产性服务业的迅速发展，越来越多的城市高档酒店由单一的住宿餐饮、娱乐功能向国际会议、商务功能方向发展。规模较小、等级较低的旅馆服务企业一般以提供住宿餐饮和娱乐等基本服务为主；而更低一级的旅馆服务如各类招待所、小旅馆等功能与设施则更为单一。

旅馆住宿服务业的影响因子主要包括市场因素、交通因素、设施因素、景观因素、文化因素和政策因素（图9-30）。这些因素的具体分析如下：

（1）市场因素。在城市中，不同效益的商业部门对地价或地租的承受能力是不同的，通过对成本效益的分析从而选择最适合本单位的地段。单位所处地段的人口密度，收入水平直接决定了消费性单位所提供的服务档次与价格，而消费的习惯与偏好也是影响选择的重要因素之一。这里选择人口密度分布作为宾馆住宿业的市场影响因素的表征指标（图9-31）。

（2）交通因素。其原理是交通便捷处有利于宾馆的营销与持久经营，位处于交通干道附近或大型公共交通枢纽地区附近的宾馆能够更直接向市场和顾客提供服务，而市场和顾客可在这一过程中提前考虑交通和时间成本。旅馆、宾馆除了布置在交通干道周边的同时，港口、机场、车站等枢纽周围也是宾馆住宿业的理想发展区域。具体见前述关于道路交通系统、大型交通枢纽的分析图（图9-15，图9-16，图9-18～图9-23）。

（3）设施因素。关联产业尤其是公共服务业与旅馆住宿业呈现出不可分割的互补共进关系，从宁波市区公共设施分布图中（图9-32）可以很直观地看出，沿江沿河、围绕交通干道是大型公共服务业分布的主要特征，而星状红点则代表了位于居民区的中小型公共服务业，也在侧面上反映了旅馆住宿业最适宜布置的区位。

（4）景观因素。在宏观环境层面上来，消费者追求更好的心理感受、满足感，因此景观条件较好的区域更适宜于酒店宾馆业的发展。此外，风景旅游区由于游客较为密集，因此也是宾馆酒店相对集中发展的区域。在景观因素方面，宁波市的公共绿地主要集中在三江两岸、鄞州新城和东钱湖西岸。以甬江、余姚江、奉化江为城市绿轴，以区域自然绿色空间为背景，结合各组团内水系、山体和重要名胜古迹形成城市绿地景观体系（图9-33）。

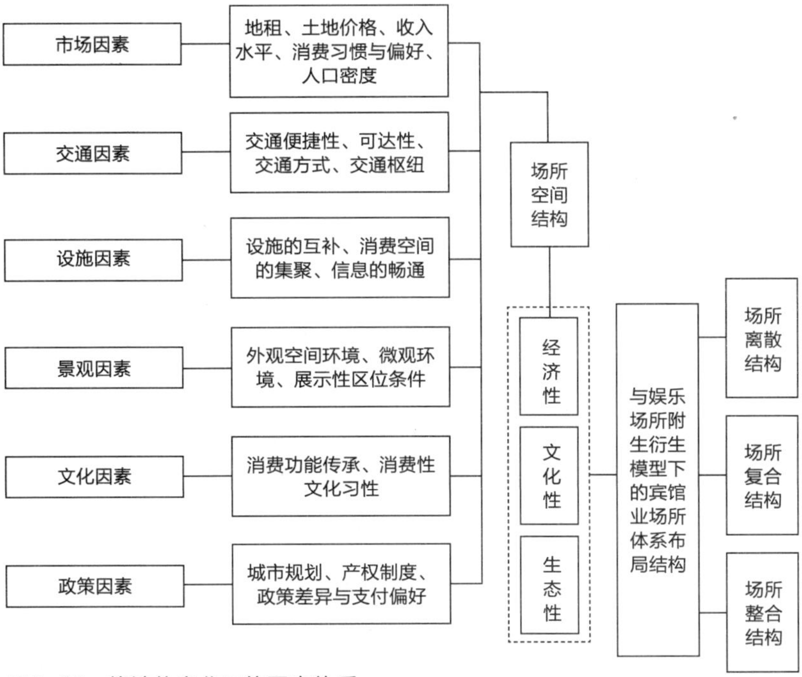

图9-30 旅馆住宿业区位因素体系

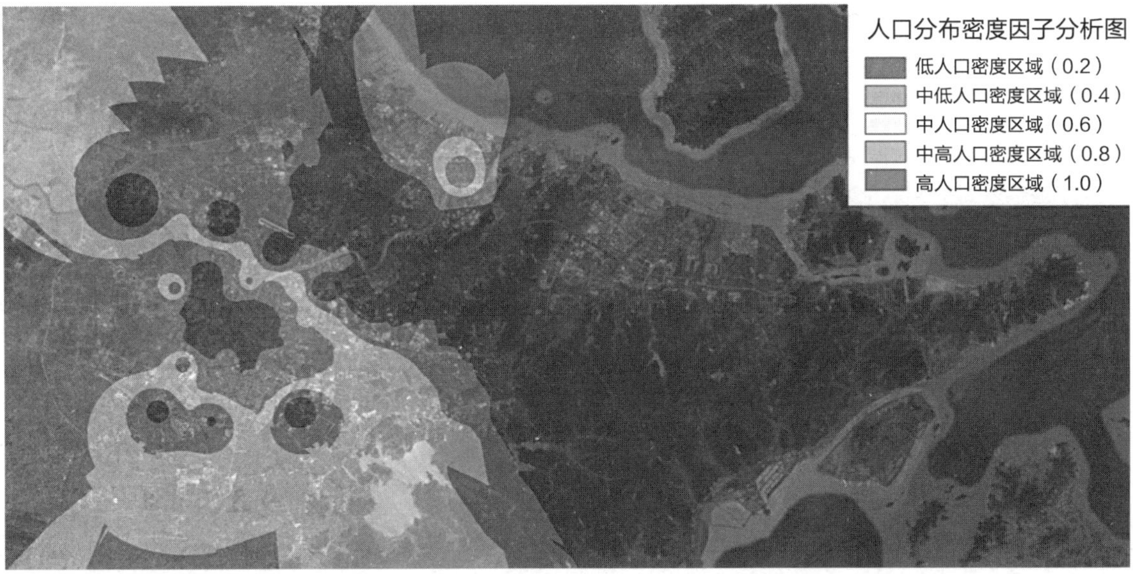

图9-31 宁波中心城区人口密度分析图

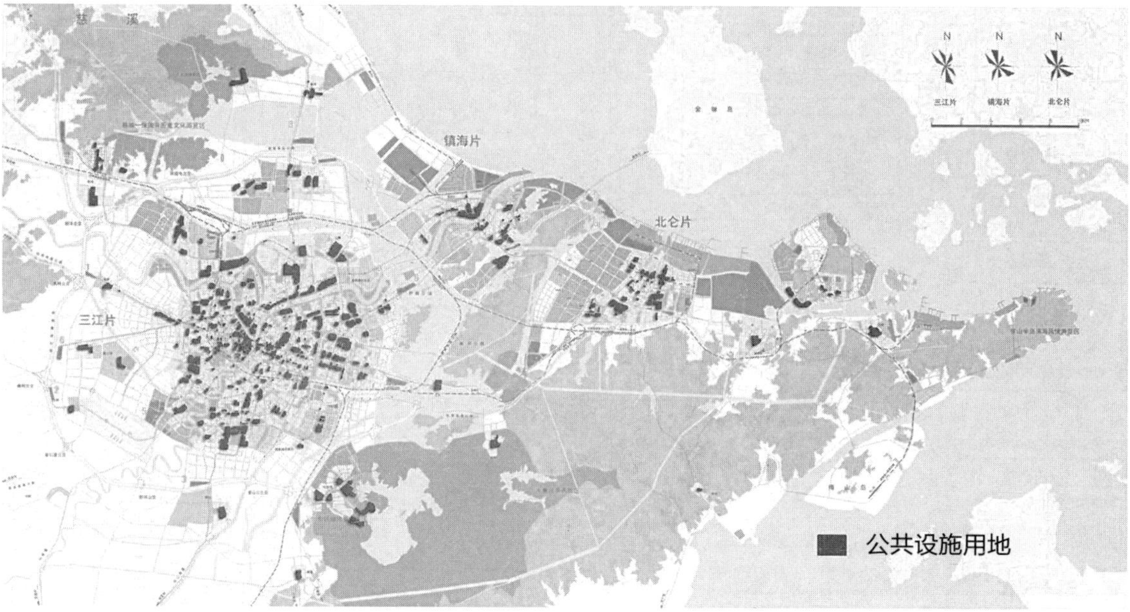

图9-32 宁波市区公共设施用地分布图

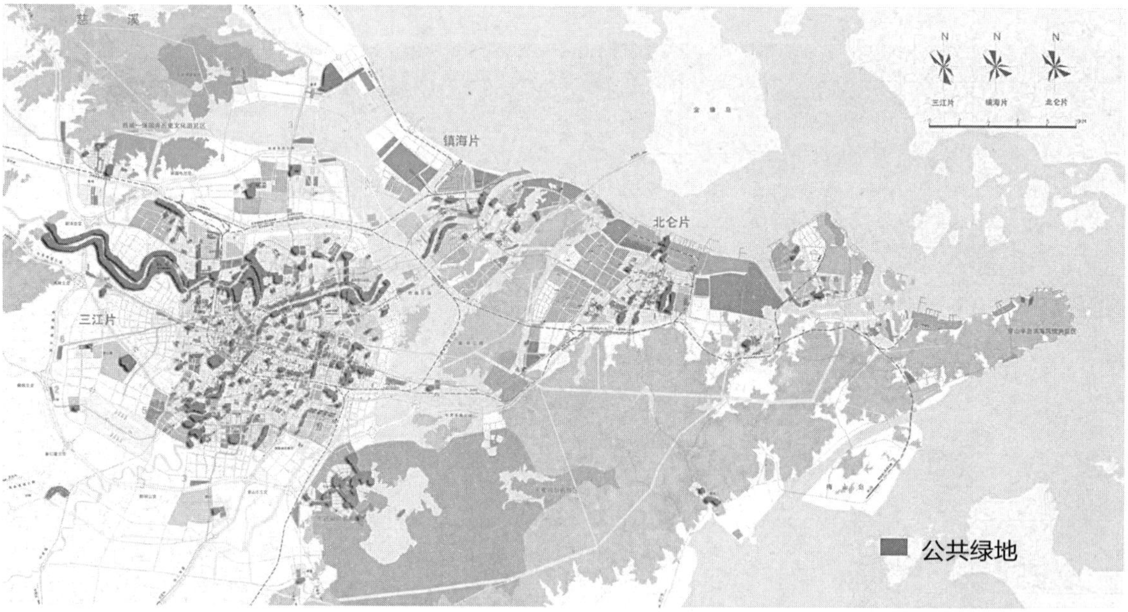

图9-33 宁波市区公共绿地分布图

（5）文化因素。城市历史文化遗产往往也是城市具有代表性的旅游节点。有些历史街区通过更新改造等方式，其功能得到了新的发展，有些也被改造成旅馆，如丽江古城的历史建筑中旅馆的功能非常突出。本研究选取宁波较为著名的历史街区来表现文化因素。宁波目前根据其历史、文化、艺术价值划分，共有8个历史街区（图9-34）。

（6）政策因素。城市规划对于宾馆的布局是一个强制性的外部因素，企业经过实际调查和实证分析后，得出最优的模型。政策因素所带来的明显变化可反映在公共中心布局与重点发展的功能片区上（图9-35），本研究选取宁波中心城区的宏观空间结构来表征政策因素，在政府规划的功能片区内则具有相对的发展优势。

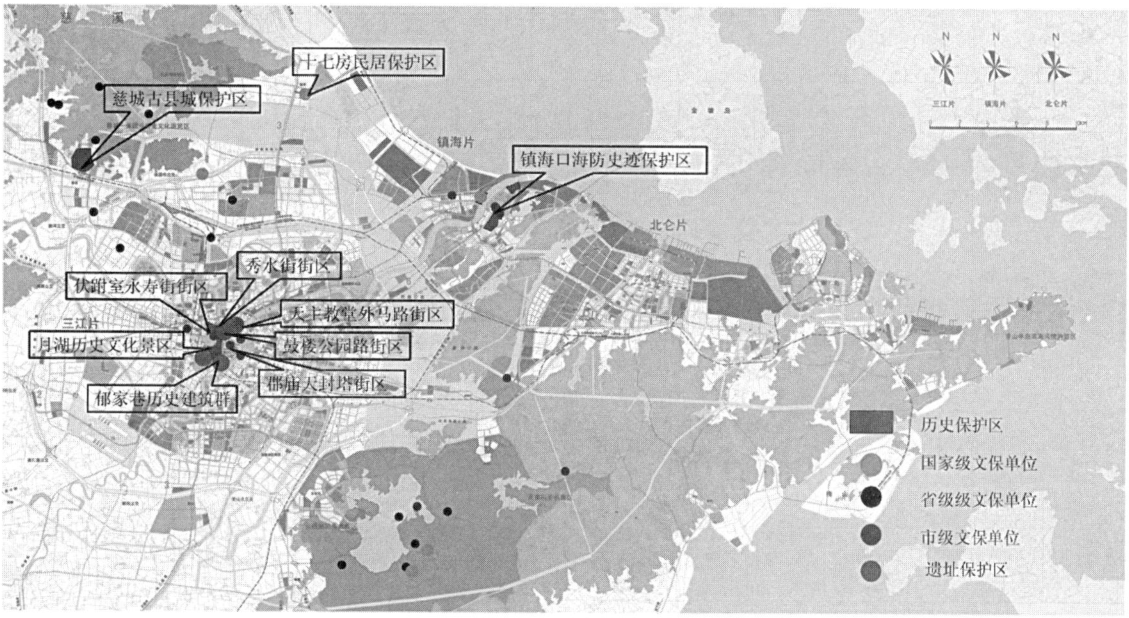

图9-34　宁波市区历史保护区、文保单位分布图

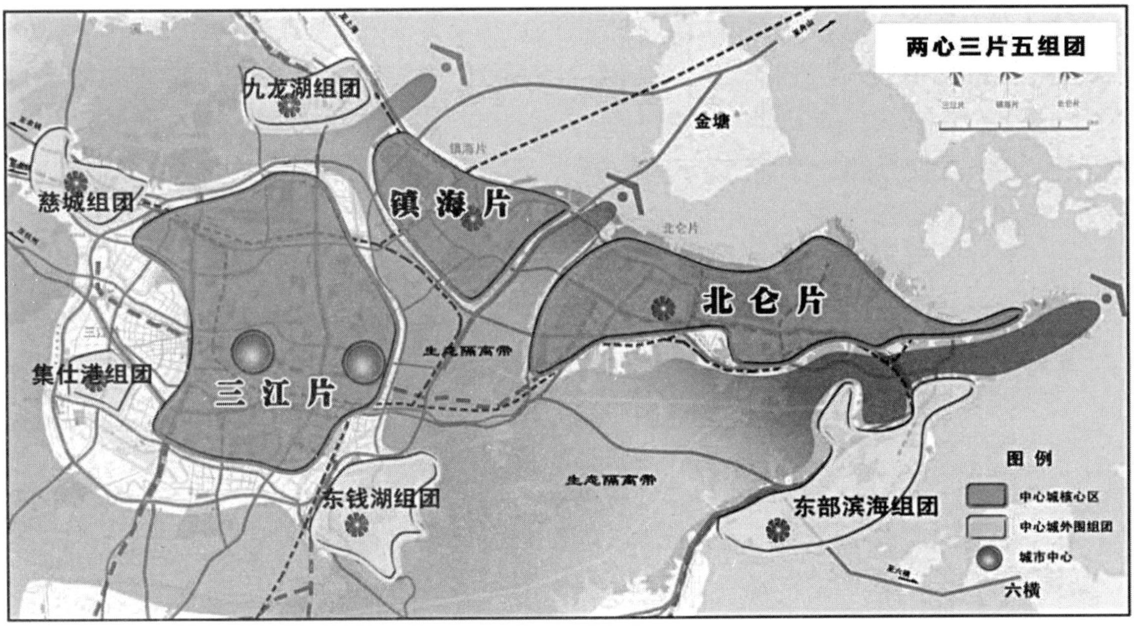

图9-35 宁波中心城区空间结构图

9.5 城市服务业布局优化的空间模型：以宁波为例

9.5.1 服务业布局优化模型的基本原理

1. GIS空间分析技术

空间分析根据作用的数据性质不同，可以分为：①基于空间图形数据的分析运算；②基于非空间属性的数据运算；③空间和非空间数据的联合运算。GIS地理信息系统集成了多学科的最新技术，是进行空间分析的强大工具，对地理信息，特别是隐含信息的提取、表现和传输是GIS地理信息系统区别于一般信息系统的主要功能特征。空间分析的基础是地理空间数据库，需借助包括各种几何的逻辑运算、数理统计分析，代数运算等数学手段（张文君，2002）。本研究采用GIS空间分析技术，基于建立的宁波都市地理信息数据库，包含了调研收集的人口分布、企业分布、公共设施、绿地等各种信息，借助GIS平台，结合不同产业的空间布局影响因素理论，可以实现在空间维度上进行不同类别数据的计算，改变了传统产业空间布局定性成分偏多的弊端，实现空间层面的定量分析，为产业布局提供科学依据。

2. 空间叠加分析模型

叠加分析是地理信息系统领域提取空间隐含信息的手段之一。该方法源于传统的透明材料叠加，即将来自不同数据源的图纸绘于透明纸上，在透光桌上将其叠放，然后用笔勾勒和提取有用信息（靳宏昌，2005）。本研究利用地理信息系统的叠加分析，将宁波的相关主题层（人口密度、企业密度、交通可达性等产业布局的影响因素）组成的数据层面，进行叠加计算操作，实现综合分析多个影响因素的目的，对在多种因素影响下的不同产业的空间最适宜区位进行识别。

3. 缓冲区分析模型

邻近度（Proximity）用于描述地理空间中2个地物距离相近的程度。例如交通或河流沿线的地物有特殊的地位，公共设施（车站、商场、学校、医院等）的服务半径，历史街区等重要区域的辐射和影响范围等，都可以归为邻近度问题。缓冲区分析是解决邻近度问题的空间分析模型（图9-36）。所谓缓冲区就是地理空间目标的一种影响范围或服务范围（黄伟朵，2006）。

4. 空间密度分析模型

密度分析主要分为点密度分析、线密度分析和核密度分析。点密度分析模型用于计算每个输出栅格像元周围的点要素的密度。从概念上讲，每个栅格像元中心的周围都定义了一个邻域，将邻域内点的数量相加，然后除以邻域面积，即得到点要素的密度（蒋海英，2012）。本研究中利用点密度分析了宁波都市核心区内的写字楼企业空间集聚指数、人口分布密度、地价空间分布等影响因素。

线密度分析模型用于计算每个输出栅格像元邻域内的线状要素的密度，密度的计量单位为长度单位/面积单位。从概念上讲，使用搜索半径以各个栅格像元中心为圆心绘制一个圆。每条线上落入该圆内的部分的长度与计算字段值相乘。对这些数值进行求和，然后将所得的总和除以圆面积（蒋海英，2012）。图9-37对此概念进行了说明：图中显示的是栅格像元与其圆形邻域。线L_1和L_2表示各条线上落入圆内部分的长度。相应的population字段值分别为V_1和V_2。因此：$Density=(L_1\times V_1)+(L_2\times V_2)/(\text{area of circle})$（冯志新等，2014）。本研究利用线密度分析模型对宁波历史街区、绿道等线性空间影响因素进行了分析。

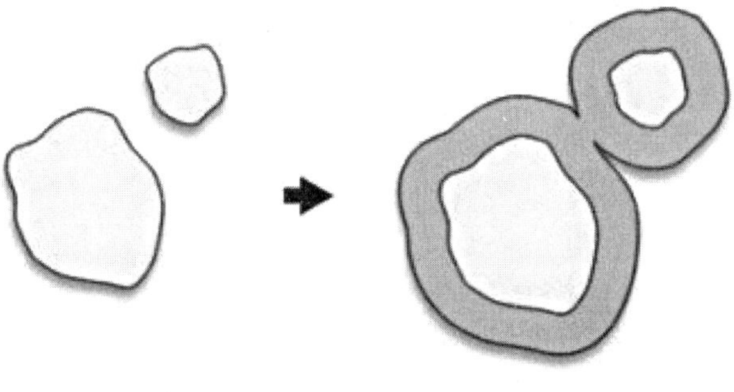

图9-36　缓冲区分析模型示意图

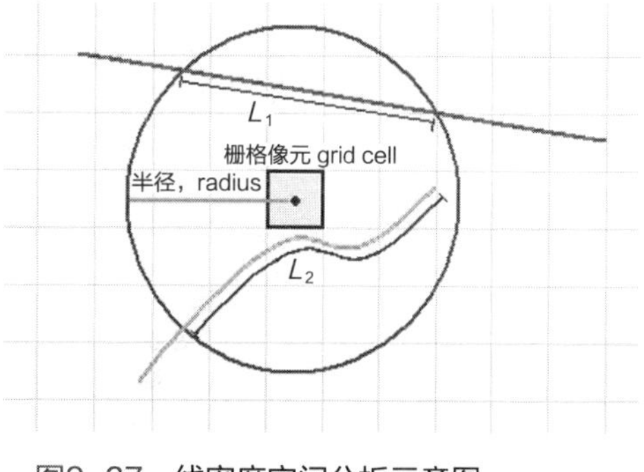

图9-37　线密度空间分析示意图

9.5.2 服务业布局与优化模型构建的技术路线

影响都市功能区块产业布局的因素有很多，通过GIS的空间分析功能可以将各个因素在空间上同时进行考虑，从而增加了产业优化与布局的客观性与科学性，使分析结果更为精确。此次研究通过对不同产业的区位影响因素进行分析，根据各因素对都市功能区块空间分布影响的机制和重要性的不同分别通过权重的配置加以考虑，在GIS平台上建立城市功能区块分布密度模型，实现多因素空间分析，以最优化配置为原则对各影响因素进行科学的叠加分析，最终推导出城市功能区块布局的合理方案。GIS平台下的城市功能区块空间分布模型分析过程遵循图9-38所示流程。

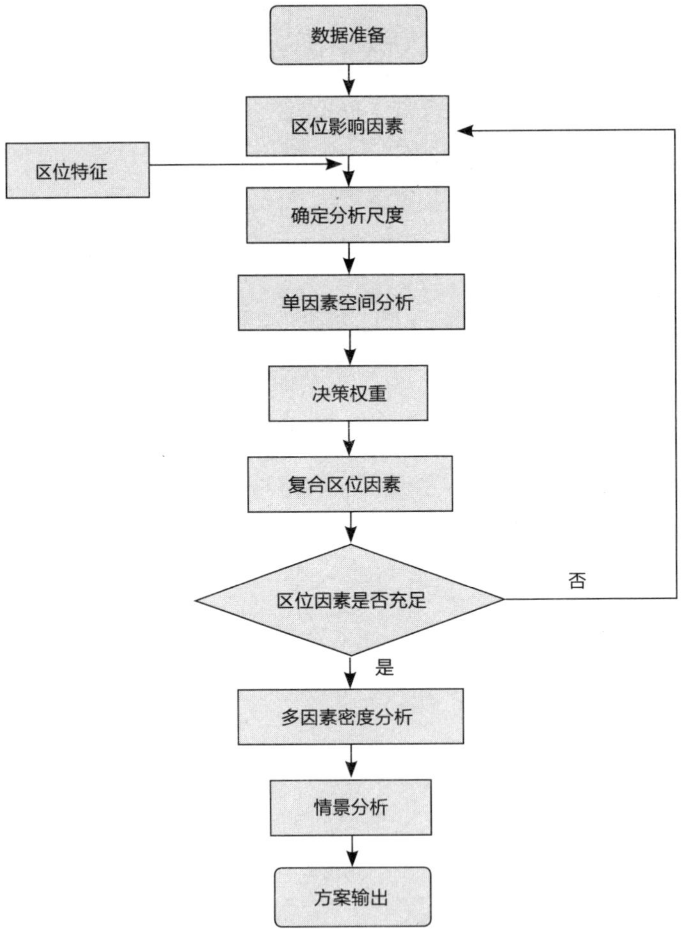

图9-38 都市功能区块产业分布密度分析流程图

9.5.3 服务业布局与优化的区位影响因素体系

本研究已经初步确立了各产业布局的区位影响因素指标体系，其中包含了一级指标与二级指标。而后续的不同产业的布局模型是由相应的关键区位影响因素构成的，不同的因素对产业区位又有不同的影响机制和影响程度，在空间分析中采用不同的表征变量进行解释，具体见表9-17所列。

根据上述影响因素体系，根据对宁波的实地调研获得的信息，构建各个影响因素的空间密度分布图，如图9-39所示。

产业布局与优化的区位影响因素体系汇总表　　表9-17

一级因素	二级因素	影响等级	区位效用	影响机制	布局因子	模型表征变量
区位可达性	道路便捷度	高可达性区域	1	反映交通成本的基本指标，通过改变可行性可以提高使用者的交易效率，交通条件越好，密集程度越大	城市交通系统结构	基于密度模型的道路网分布密度
		中可达性区域	0.7			
		低可达性区域	0.4			
交通辐射	门户枢纽	门户枢纽一级辐射影响范围	1	公共交通设施的分布是重要的结构性因素，交通网密度大的地区，并不一定最为便利，还取决于交通网的机构，区域性的交通枢纽设施周边更容易形成办公集聚区	港口、空港、客货运车站、高速互通口、地铁出入口	基于缓冲区模型的与枢纽的空间距离
		门户枢纽二级辐射影响范围	0.5			
	常规枢纽	常规枢纽一级辐射影响范围	1			
		常规枢纽二级辐射影响范围	0.5			
商圈结构	市级商业中心	市级商业中心一级辐射	1	商业是消费性服务业的主导产业，也是生产性服务业的重要配套产业，企业更趋向于选择相关配套完善的区域	区域商业中心、重点规划商业街	基于缓冲区模型的与各类商圈的距离
		市级商业中心二级辐射	0.5			
	重点商业街	重点商业街一级辐射	1			
		重点商业街二级辐射	0.5			

续表

一级因素	二级因素	影响等级	区位效用	影响机制	布局因子	模型表征变量
信息集聚	信息集聚密度梯度	高聚集度区域	1	经济活动在空间上的接近而产生的收益的增加、成本的节约以及带来的诸如人力、信息、知识等各种资源的利用效率提高等	写字楼分布	基于密度模型的商务办公楼分布密度
		中高聚集度区域	0.8			
		中聚集度区域	0.6			
		中低聚集度区域	0.4			
		低聚集度区域	0.2			
人口分布密度	居住人口密度梯度	高人口密度区域	1	人口既是各类服务业的使用者，也是各类服务的主要对象，一定规模和密度的人口是各类服务业形成并集聚的必要条件	人口密度分布	基于空间插值模型的人口分布密度
		中高人口密度区域	0.8			
		中人口密度区域	0.6			
		中低人口密度区域	0.4			
		低人口密度区域	0.2			
仓储物流	重点物流中心	物流中心一级辐射影响范围	1	交通运输仓储物流等服务业一般都有大型的仓库和停车、装卸转运场所，占地面积很大，要求有足够的用地空间才能保证其发展的需求	重点物流基地	基于缓冲区模型的与物流中心的距离
		物流中心二级辐射影响范围	0.5			
创新环境	创新核心（高校、研究机构）	创新核心二级辐射影响范围	1	生产性服务业企业倾向于接近信息源和信息基础设施，接近信息技术的创新源	高校与科研中心	基于缓冲区模型的与科研院校的距离
		创新核心一级辐射影响范围	0.5			
土地价格	商业地价	高地价区域	1	土地价格客观上反映了周边各类服务结构的完整度，也是大量服务业集聚对土地价值产生的必然结果	商业用地地价分布	基于地统计学和GIS的对商业地价的空间分布特征
		中高地价区域	0.8			
		中地价区域	0.6			
		中低地价区域	0.4			
		低地价区域	0.2			

续表

一级因素	二级因素	影响等级	区位效用	影响机制	布局因子	模型表征变量
土地价格	居住地价	高地价区域	1	居住地价代表了区域在城市中的重要程度，更高的地价是高收入人群的会聚的反映，一定规模与收入等级的人群是众多服务业赖以存在的基础	居住用地地价分布	基于统计学和GIS的对居住地价的空间分布特征
		中高地价区域	0.8			
		中地价区域	0.6			
		中低地价区域	0.4			
		低地价区域	0.2			
区域环境质量	公共绿地空间密度梯度	高环境优越度区域	1	公共空间、公共绿地等环境条件会影响土地价值，各类服务业的集聚要求相对较高的环境质量	城市公共绿地空间分布	基于密度模型的公共绿地空间分布
		中高环境优越度区域	0.8			
		中环境优越度区域	0.6			
		中低环境优越度区域	0.4			
		低环境优越度区域	0.2			
城市服务业布局	公共服务空间密度梯度	高服务优越度区域	1	规划与政策对某些区域加以重点发展，相关的支撑条件与倾向性政策可吸引更多种类与数量的服务业集聚	城市公共服务空间分布	基于密度模型的公共服务空间分布
		中高服务优越度区域	0.8			
		中服务优越度区域	0.6			
		中低服务优越度区域	0.4			
		低服务优越度区域	0.2			
历史文化传承	历史街区密度梯度	高聚集度区域	1	现代城市消费服务业的发展，离不开一定的历史惯性与消费者的习俗传承，城市中特定的消费功能区往往由历史文化所决定	历史街区分布	基于缓冲区模型的与历史街区的距离
		中聚集度区域	0.7			
		低聚集度区域	0.4			
规划引导	组团片区划分	三大片区	1	规划对某些区域进行重点地扶植与培养，相关的支持政策将促进片区发展，吸引产业集聚	组团空间分布	基于总体规划的对片区、组团的空间分布
		五大组团	0.5			

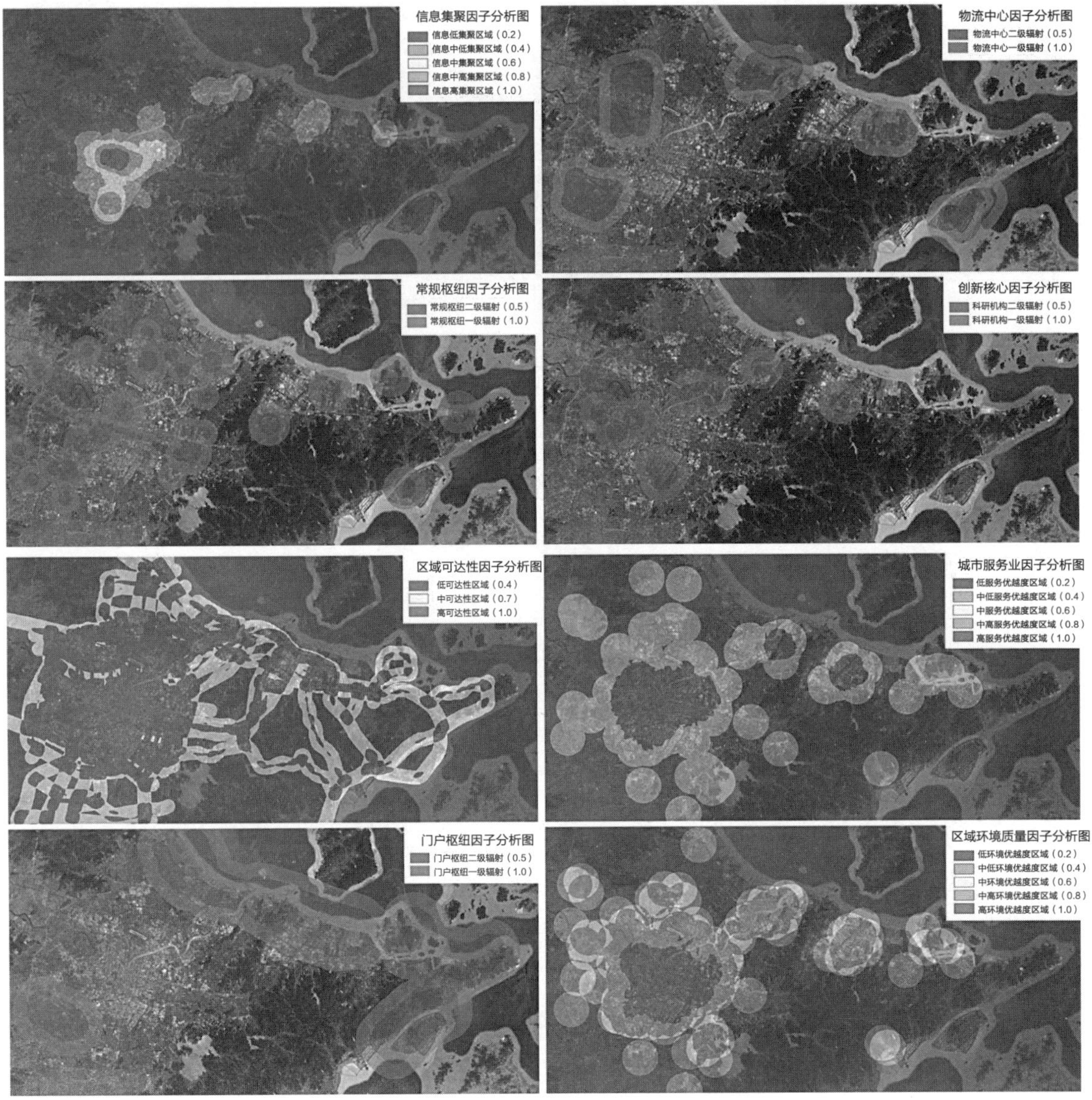

图9-39　各个影响因素的空间密度分布图（一）

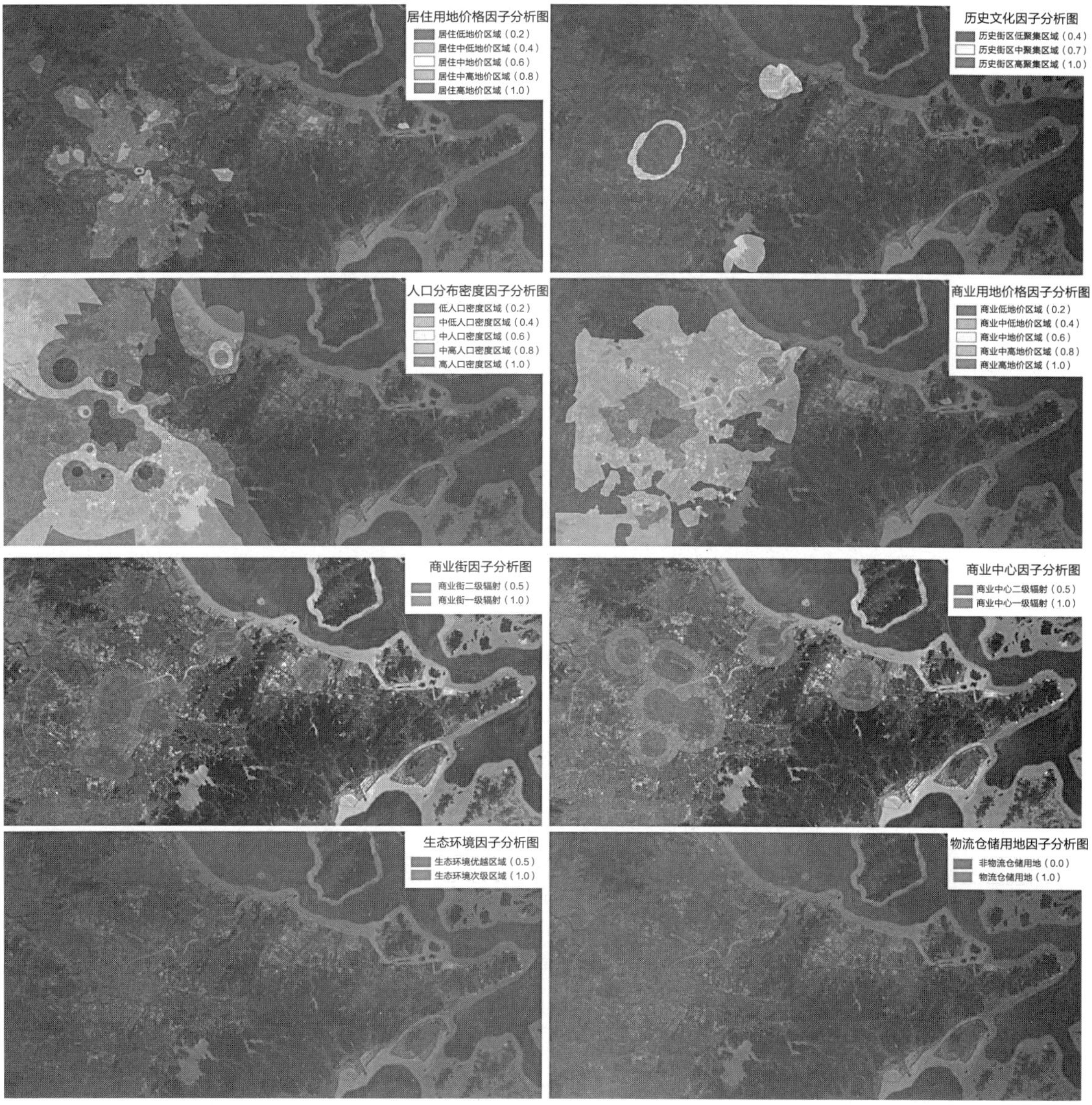

图9-39　各个影响因素的空间密度分布图（二）

9.6 城市产业空间布局优化方案：以宁波为例

9.6.1 GIS-SCENARIO方案模拟技术介绍

GIS-SCENARIO，即基于GIS平台的方案规划辅助决策技术，是一种将方案规划和GIS空间定量分析相结合的规划方法，其核心思路就是在GIS空间分析平台上，综合考虑与规划相关的各种影响要素，并将这些要素在空间上定量化，然后根据方案规划的理念，针对不同的规划目标，借助空间定量分析模型生成多个模拟方案，通过方案的比较与评价，起到辅助规划决策的目的，以增强规划编制中的理性程度。

方案规划（Scenario Planning）产生于第二次世界大战之后不久，当时是一种想象竞争对手可能会采取的措施，以准备相应战略的军事规划方法。近年来，该方法已在其他研究领域被广泛应用，是一种在复杂的、不确定的外部环境中分析问题、制定战略的有效方法，在空间规划中试图构造切实可行的未来发展模式。在城市产业空间布局中，模拟方案（Scenario）指的是一个城市选择哪种产业空间分布模式。空间规划区别于一般战略规划的重要特征是其空间依赖性，是要素空间配置目标指向的技术，除了方案中不确定因素的定量化外，还需要对其进行空间上的表达与分析，而GIS技术正是为其提供了一种精确的空间定量分析途径，能将空间规划中的各种分析模型（如密度分析、梯度分析和空间相关分析等）应用到规划中。

在宁波的产业优化与布局模型分析中，GIS-SCENARIO分析框架（图9-40）包括以下几方面的内容：①从宁波现代都市发展背景出发，对城市总体发展战略进行初步认识；②通过理论与规律的把握，综合考虑多元主体的利益格局（企业与居民对于产业发展的意愿），根据产业布局原则对目标进行分解，即制定模拟方案的研究目标；③识别布局中的关键影响因素与事件，引导与控制相结合；④根据不同的方案目标，基于AHP法建立决策矩阵，确定其发生概率，即不同影响因素的不确定性强度（权重）；⑤在GIS空间分析平台上生成模拟方案；⑥通过效用分析对方案进行评估与选择；⑦生成具体的产业优化与布局战略。

9.6.2 布局与优化模型的多目标决策方法

AHP层次结构组织是把系统问题条理化、层次化，构造出一个层次分析的结构模型（表9-18）。在产业布局模型中，复杂问题被分解，根据宁波现代都市产业优化与布局的分析需要，指标体系共分为3层：最高层为产业空间分布总体密度，第二层为相应的产业布局分析维度，下面又包含若干个具体的影响因素。

在多属性决策中，首先要构建判断矩阵。在2个因素相互比较时，需要有定量的标度。用两两比较的方法确定权重，通常按1～9比例标度（即9级标度法）给影响因子对目标影响的相对重要性程度赋值。

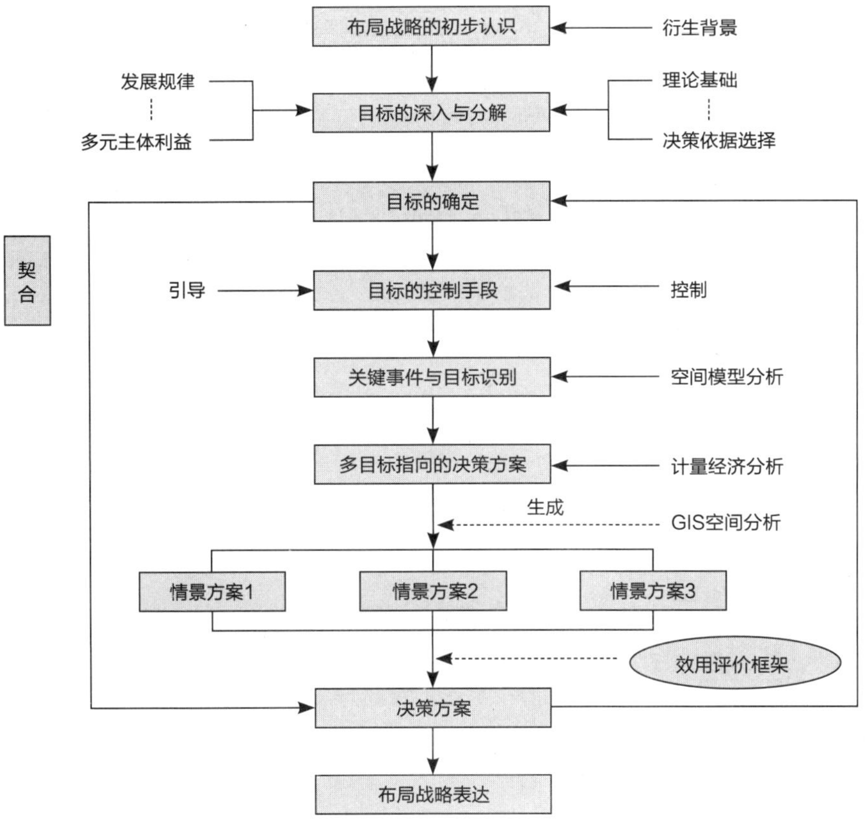

图9-40　GIS-SCENARIO分析框架

AHP判断标度的分类　　表9-18

标度	含义
1	2个元素相比，具有同样重要性
3	2个元素相比，前者比后者稍重要
5	2个元素相比，前者比后者明显重要
7	2个元素相比，前者比后者强烈重要
9	2个元素相比，前者比后者极端重要
2，4，6，8	上述相邻判断的中间值
倒数	若元素 i 与 j 的重要性之比为 a_{ij}，那么元素 j 与元素 i 重要性之比为 $a_{ji}=1/a_{ij}$

资料来源：周林. 中小型制造企业物流管理信息系统的研究与开发[D].成都：四川大学, 2005。

标度的判断值可以根据调研数据、统计资料以及专家意见综合权衡后得出。此步骤关系到计算结果的可信度和有效度，是AHP应用过程中的关键。

利用方根法计算因素的相对权重值，具体步骤如下：

（1）计算判断矩阵每一行元素的乘积，$M_i=\pi b_{ij}$（i=1，2，...，n）；

（2）计算M_i的n次方根，$W_i=\sqrt[n]{M_i}$（i=1，2，...，n）；

（3）将向量W_i=［W_1，W_2，W_3，...，W_n］^{T}归一化，$W_i=W_i/\Sigma W_i$（i=1，2，...，n）；

（4）计算最大特征值$\lambda max=\Sigma_{i=1}^{n}\frac{(BW)_i}{nW_i}$，$B$为判断矩阵；$W_i$为归一化后的向量。

根据AHP原理利用矩阵的一致性（Consistency Ratio,CR）加以判断检验。当一致性比例因子CR<0.1时，则判断矩阵的一致性可接受；当CR≥0.1时，应适当修改判断矩阵。CR的计算如下：

$$CR=\frac{C_i}{R_i}\quad C_i=\frac{\lambda max-n}{n-1}$$

式中：C_i为计算一致性指标；λ max为矩阵的最大特征根；n为矩阵阶数；R_i为平均随机一致性指标。通过前述研究，将各类因素进行组合分层，构建出宁波都市产业空间布局模型，在空间布局中，基于该框架根据不同目标进行决策方案的确定与模拟。

9.6.3 产业布局优化的空间模型原理

本研究采用的方案规划（Scenario Planning）的方法对宁波商务办公产业的空间容量分配进行研究。基于第三部分对于不同的方案目标，采用AHP法，选择多位专家进行打分评判，最终综合生成各产业不同的布局模型参数，模拟未来不同产业的总容量分布方案，并借助GIS空间分析中的栅格叠加模型，基于现状产业的分布密度，通过空间运算模型计算，生成相应产业开发增量的密度空间分布模拟方案，最后基于前面预测的总体开发容量，进行分片区的分配，最终确定不同产业的空间容量分配方案。

9.6.4 商务办公产业容量布局模拟方案

从宁波现状商务办公产业分布来看，主要还是集中在以三江口和鄞州商务区为核心的内圈层范围内，而现状的规模等级结构与成熟的发达国家城市相关发展经验（金字塔和阶梯状的分布特征）进行对比来看，主要存在的问题是外围区域的发展相对滞后，如空港、海港、客运交通枢纽等重要城市功能节点上发展较少，而这些区域在国外发达城市或国内先进城市中，往往是发展商务办公业的理想区域。由于外围发展不足，高度集中在中心区，造成了商务办公行业分布混杂、专业化特征不明显、交通与城市环境品质提高缓慢等衍生问题。因而宁波城市商务办公产业容量分配的关键是对现状核心区容量的控制和对外围容量发展的引导，注重对新中心（东部新城）和其他次级中心（如其他功能区块）所在区域的容量分配。通过对生产性服务业容量空间分布的影响因素进行分析，确定容量空间分布的主次合理关系，进而对其进行空间分配（图9-41~图9-44）。

9.6.5 零售商业产业容量布局模拟方案

宁波零售商业产业由于其自身特征，各种因素对商业区位的影响程度也与商务办公产业布局不同，从其本身的特点来看，集聚与效益是主要因素，即商业趋向于在一定区域内迅速集聚，产生规模效应，而这些区域往往是由于历史或交通的优势，演化成商业中心。美国学者兰姆（Richard F. Lamb）通过对40个城市的商业的实证研究归纳总结出城市中的商业中心主要有6种集聚模式：商务中心区商业、汽车引导扩展区商业、混合用地商业、高速公路入口引导型商业、铁路引导型商业及郊区商业带；此外，在历史文化特色较为浓郁的区域也适合适度发展商业。综上所述，城市商务中心的集聚效应（接近人口分布中心）、历史文化特色区域、交通节点辐射以及外围商业商务中心是影响商业空间分布的主要因素。本研究同样利用GIS空间分析平台与AHP法构建了宁波城市零售商业产业的因素权重与模拟方案（图9-45~图9-48）。

9.6.6 宾馆住宿产业容量布局模拟方案

从现状分析中可以看出，宁波中心城区现有酒店宾馆的选址大多符合交通便利性、成本经济性、配套设施充分的要求，与城市整体的“单中心”为主的功能结构相吻合。然而与宁波未来多中心网络化现代都市的发展目标相对比，其酒店宾馆产业的发展体现出空间局部错位问题，主要是在风景旅游和休闲度假区域分布不足，同时不同档次的酒店产业集中在市中心虽然为顾客提供了多种选择，但同时也导致了同质竞争的弊端。因此，在宾馆住宿业开发的空间容量引导中，未来更应注重与景区的结合，强化包括自然景观旅游区和历史人文旅游区的宾馆住宿功能（图9-49~图9-52）。

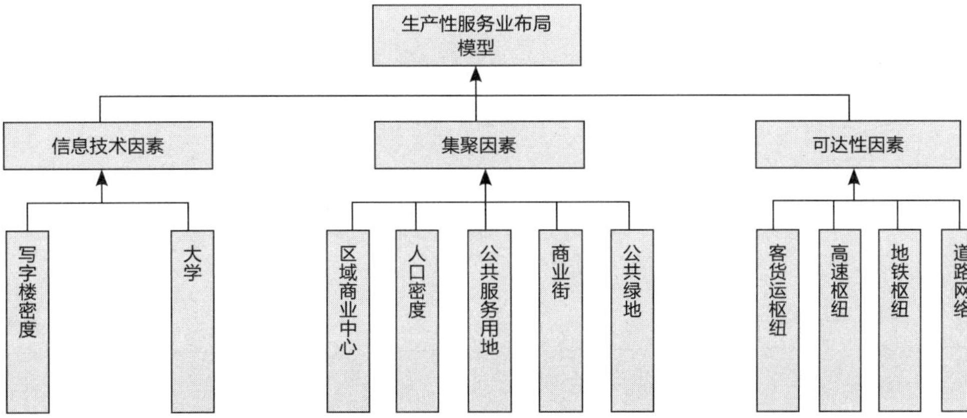

图9-41 商务办公产业的空间布局因素模型

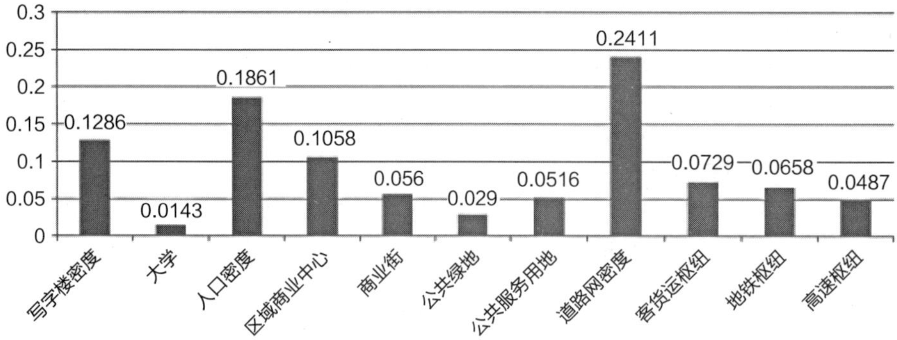

图9-42 商务办公产业的空间布局因素权重方案

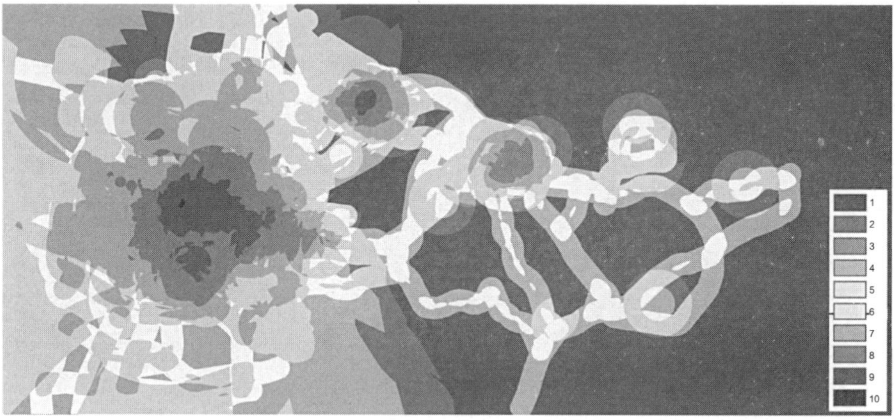

图9-43 商务办公产业总体容量的分布模拟方案

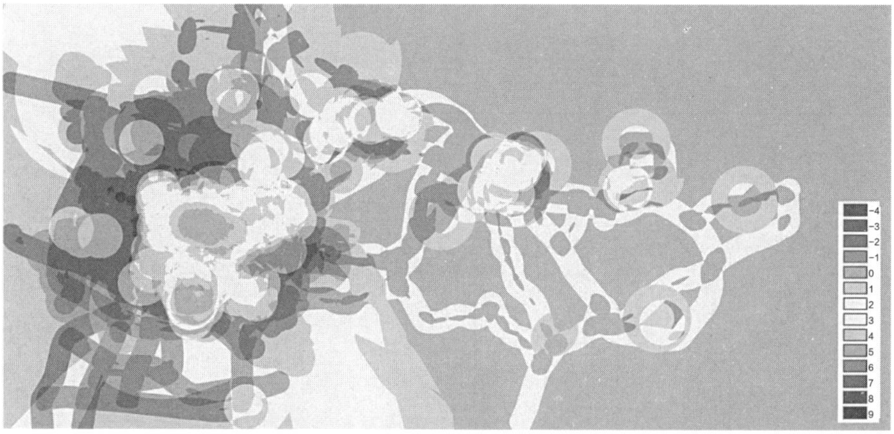

图9-44 商务办公产业容量增量的分布模拟方案

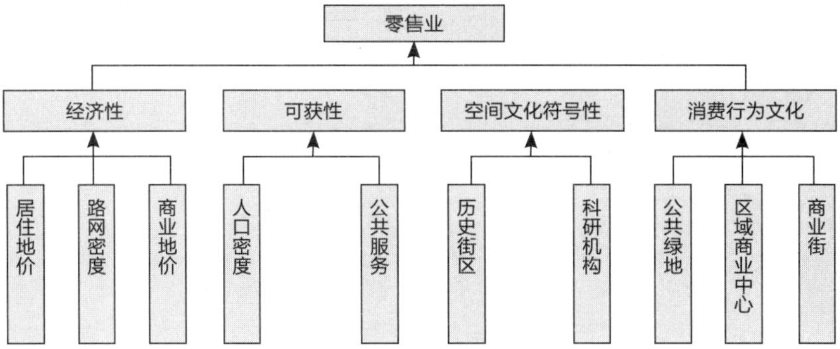

图9-45　零售商业产业的空间布局因素模型

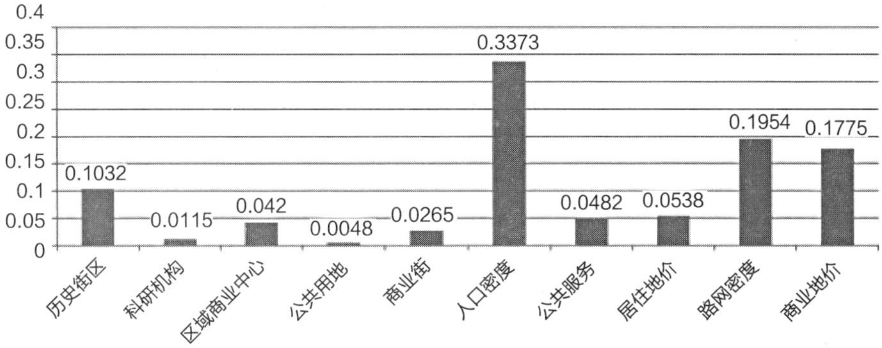

图9-46　零售商业产业的空间布局因素权重方案

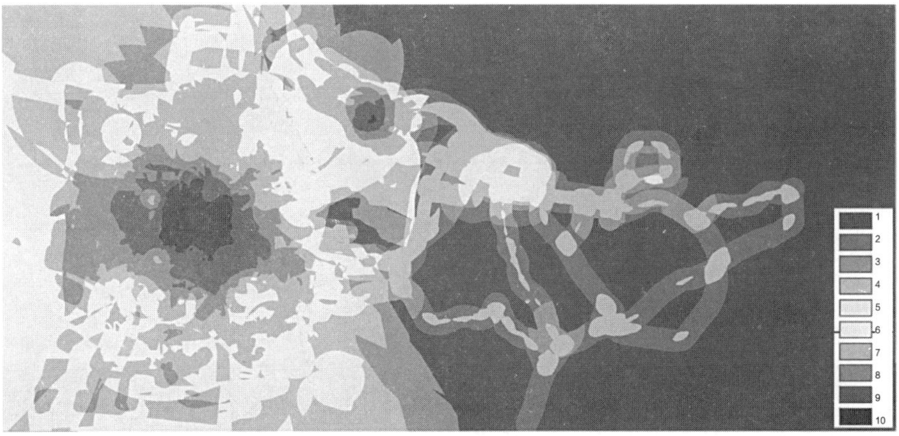

图9-47　零售商业产业总体容量的分布模拟方案

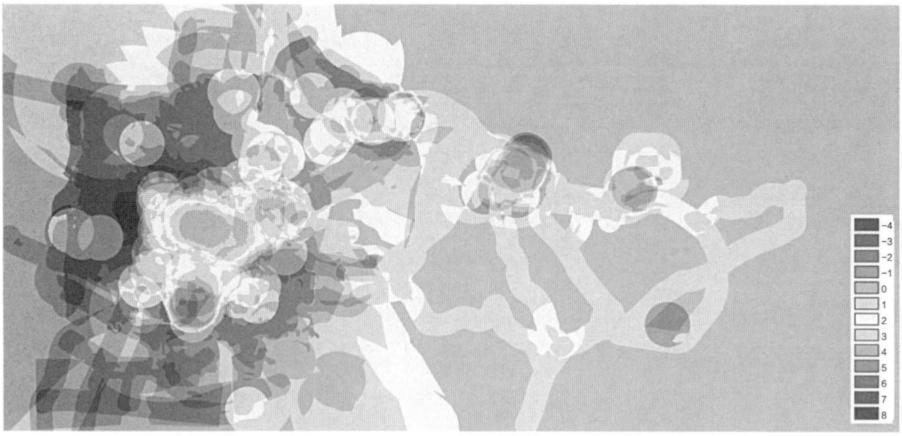

图9-48　零售商业产业容量增量的分布模拟方案

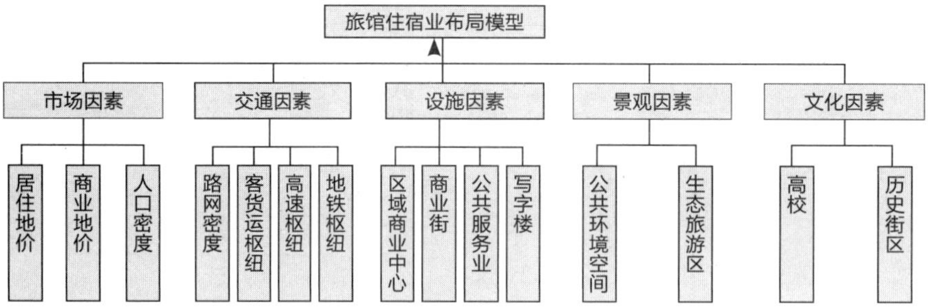

图9-49　宾馆住宿产业的空间布局因素模型

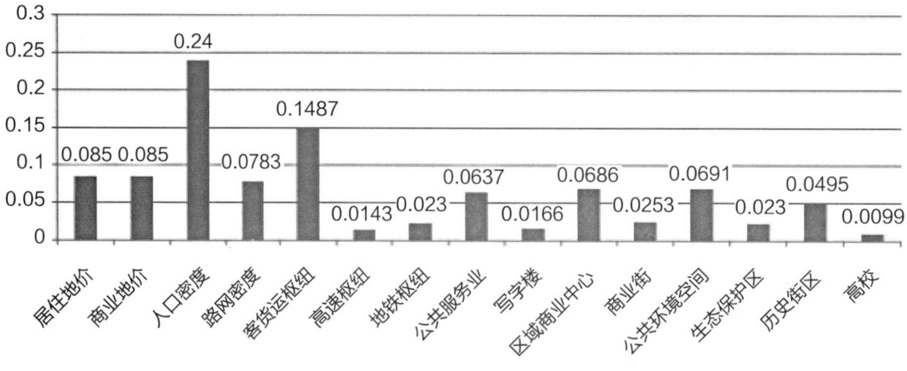

图9-50　宾馆住宿产业的空间布局因素权重方案

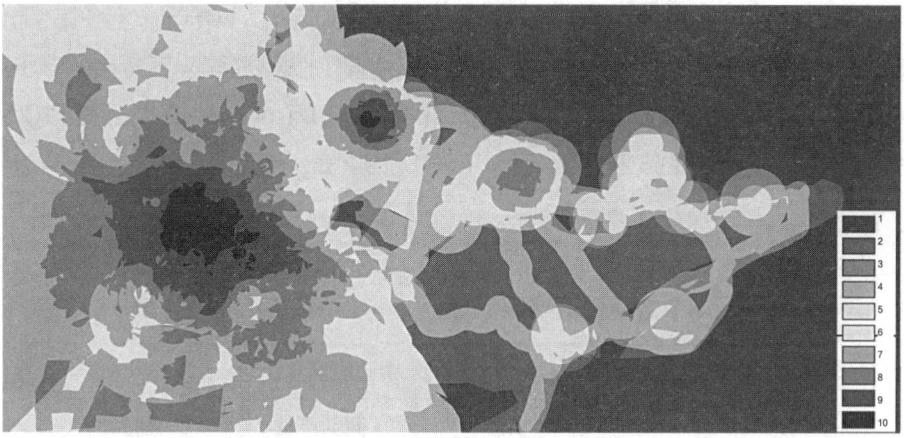

图9-51 宾馆住宿产业总体容量的分布模拟方案

图9-52 宾馆住宿产业容量增量的分布模拟方案

9.7 城市产业容量分配与优化策略分区

9.7.1 三类产业近期空间容量分配模拟方案汇总

通过分析房地产理论和消费者购买行为理论等理论基础，反复筛选拟合的自变量和因变量，构建出宁波写字楼、商业和酒店产业的逐步回归模型，经过模型计算，最终得到2012~2016年全市与中心城区三类产业的建筑面积年增量。对悲观与乐观方案采用同样的结构比分配来确定宁波市中心与酒店地产的规模需求。总体上，正常情况下预测期内全市的产业新增总量约为1600万m^2，中心城区约950万m^2；低增长情况（悲观方案）下全市的产业新增总量约为1200万m^2，中心城区约650万m^2；高增长情况（乐观方案）下全市的产业新增总量约为2000万m^2，中心城区约1100万m^2（表9-19、表9-20）。

3个方案预测结果汇总　　表9-19

方案类型	年份	中心城区（m^2）		
		写字楼	商业产业	酒店地产
常规方案		3298160	3868733	1992984
合计	2012~2016年	9159877		
低增长方案		2777180	2647850	1364044
合计	2012~2016年	6789074		
高增长方案		3249166	4938527	2544090
合计	2012~2016年	10731782		

宁波市区三类产业近期空间开发容量分配汇总表　　表9-20

区块	商务办公业（m^2）	旅馆住宿业（m^2）	零售商业（m^2）
鄞东居住区	161864	77821	202837
宁波国家高新区	152223	47487	119041
东部新城	265440	91780	277169
空港副中心	71532	61281	90091
集士港片区	89231	75742	138310
宁波南站枢纽地块	188614	40375	228109
江东西部地区	52307	47904	56239
长丰滨江休闲区	10201	60198	30794

续表

区块	商务办公业（m^2）	旅馆住宿业（m^2）	零售商业（m^2）
三江口CBD片区	119227	62750	34436
慈城新区	10250	62176	28427
湾头休闲商务区	39853	65152	78199
甬江北岸	108575	56125	144613
江北高教园区	15866	63379	30586
庄市片区	60788	62759	57372
镇海—小港片区	130715	70213	176013
北仑西部新区	93250	65539	117147
镇海化工区	48784	65287	67163
镇海新区	77570	71217	105883
大榭经济技术开发区	38241	67362	20905
北仑中心	275983	0	141973
梅山保税区	0	65391	0
春晓滨海新城	292	68179	7156
庄桥枢纽新区	312132	87704	396137
江北工业、居住片	147695	79139	204446
姚江北岸	69022	80146	112115
江北—慈城社区	111261	74052	159223
江南都市商务区	122278	91869	197512
旧城社区	99332	56860	176959
西部工业、居住服务片区	102778	77034	171263
东钱湖生态旅游度假区	96423	72944	149950

该分配结果与宁波现代都市建设行动纲要中的项目开发数据进行比较，存在较大差距，其中主要原因如下：①研究探讨的是理想状态下（空间完全均衡发展情况）的开发量分布方案，而实际发展过程中往往是依托重点区域发展的，因而该方案相较于现实的开发量，会显得偏低；②该方案按照总体规划确定的用地空间结构进行分配，没有考虑城市区块发展的时序性，同时分配的开发容量是近期的规模，因此规模总体上偏低；③该分配规模是按照目前宁波的现状容积率进行换算，预估宁波中心城区近期末的平均容积率会从目前的1.0上升到1.2，但从《行动纲要》的项目计划中看，容积率大都高于2，有些甚至达到6以上，因而在换算建筑面积时会有一定误差。

针对以上情况，研究对分配方案进行了修正：①参考宁波“十二五”规划和《行动纲要》考虑区块建设的近期时序，中远期区块不参与容量分配；②考虑商办项目高容积率的因素，适当提升平均容积率指标，由1.2提升至2.0。修正后的方案见表9–21所列。

宁波市区3类产业空间开发容量分配汇总表　　表9–21

区块	商务办公业（m^2）	旅馆住宿业（m^2）	零售商业（m^2）
鄞东居住区	中远期区块		
宁波国家高新区	500496	139781	386921
东部新城	899479	270157	929628
空港副中心	216134	180384	287561
集士港片区	278506	222948	453054
宁波南站枢纽地块	628739	118846	761251
江东西部地区	148384	141008	171378
长丰滨江休闲区	0	177195	84047
三江口CBD片区	384213	184708	96546
慈城新区	172	183017	75925
湾头休闲商务区	104494	191777	246747
甬江北岸	346675	165206	474683

注：此为研究方案与实际开发量无关联

续表

区块	商务办公业（m^2）	旅馆住宿业（m^2）	零售商业（m^2）
江北高教园区	中远期区块		
庄市片区	178272	184732	175265
镇海—小港片区	424699	206674	582453
北仑西部新区	中远期区块		
镇海化工区	中远期区块		
镇海新区	237411	209629	341760
大榭经济技术开发区	中远期区块		
北仑中心	中远期区块		
梅山保税区	61096	182796	0
春晓滨海新城	163283	214154	144442
庄桥枢纽新区	中远期区块		
江北工业、居住片	中远期区块		
姚江北岸	207288	235912	363149
江北—慈城社区	356142	217974	524827
江南都市商务区	394968	270419	656238
旧城社区	中远期区块		
西部工业、居住服务片区	中远期区块		
东钱湖生态旅游度假区	303851	214714	493000

注：此为研究方案与实际开发量无关联

9.7.2 三类产业分区分类优化引导策略

从国际上发达国家的相关经验来看，不同城市片区的产业与功能结构一般会经历“单一低端→中端专业化→复合高端”这样一个过程，宁波现状功能片区的产业结构的问题主要是核心区品质型文化休闲产业不足，而外围区则是配套服务型产业建设滞后，特别是次级中心城市区块的功能体系不完善。这也说明宁波中心城市核心片区的功能形态发展正处在从中端专业化向复合高端转型阶段，次级圈层则由单一低端向着中端专业化形态演进，因此现阶段产业优化的关键：①对现状主中心区域的功能优化；②对外围次中心区域的功能完善与提升；③促进东部新城中心的集聚能力建设；④对郊区的基础性服务功能的供给。

通过宏观层面对宁波现状产业空间分布现状的分析、宁波都市功能区块功能定位与产业引导类型的研究，以及对3类重点产业空间容量的模型分配，针对存在的产业结构与功能组织问题，本研究针对宁波中心城区各个功能片区提出相应的产业引导建议（图9-53）。

（1）结构优化型区块：对现状发展较成熟，各类产业与功能集聚混合程度大，存量建设用地少，需要通过内部功能结构的优化来提高区块发展的能级与品质，主要包括三江口CBD区块。

（2）整合提升型区块：指现状建成区已经有一定规模，但各类产业空间分布较为分散与无序，缺乏具有综合服务能力的区域，需要对现状服务产业与功能进行整合，完善服务功能体系，促进形成具有综合服务功能的片区级中心，主要包括鄞州中心商务区、南站枢纽地块、旧城社区、宁波国家高新区等。

（3）配套建设型区块：指现状处于部分发展区域，功能较为单一，只具有某几方面核心功能（或产业），但缺乏与之相配套的服务产业与功能，需要进行相关配套设施的建设来完善该片区的服务功能体系，主要包括东钱湖生态旅游度假区、庄市片区、庄桥枢纽新区、

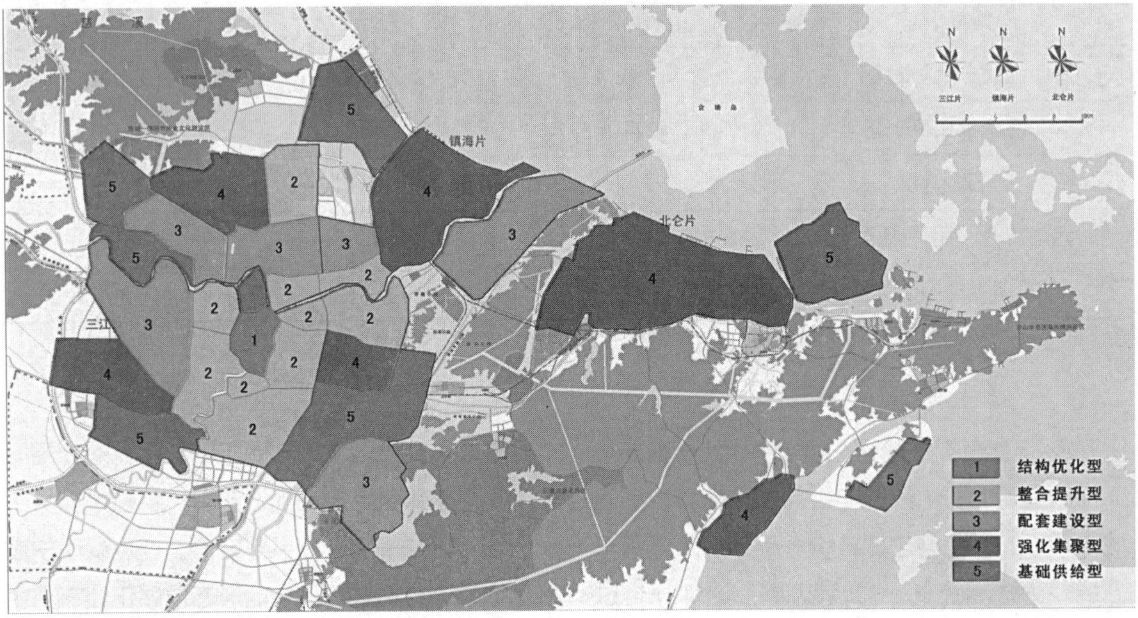

图9-53 宁波都市产业优化空间策略分区图

江北工业居住片、西部工业居住服务片区等。

（4）强化集聚型区块：指未来的城市空间结构的重要核心，但现状以新开发公建区、居住区、城中村、工业仓储用地等无序混杂的区块，各类用地分散发展，以点状服务业为主，需要对产业功能体系和空间区位进行引导，重点是提升服务功能完善性，加快人口与产业集聚速度，主要包括东部新城、集士港片区、江北慈城社区、镇海—小港片区、北仑中心片区等。

（5）基础供给型区块：指现状以工业、物流仓储用地和城中村、农用地等为主，基本无上规模的服务业集聚区域，需加强基础性服务产业的供给与主导功能建设，满足基本的日常工作与生活需要，主要包括镇海化工区、慈城新区、空港副中心、鄞东居住区等。

同时，对宁波中心城市各个区块的产业体系建设完成的时序提出了引导性建议，建设时序安排的主要原则如下：

（1）与宁波城市轨道交通综合枢纽建设时序相匹配；

（2）与城市空间的演化和扩散过程相匹配；

（3）优先发展城市主次中心区的区块，再向外围梯度推进；

（4）优先发展区域型商圈与高校辐射范围内的片区；

（5）优先发展邻近生态及景观资源的旅游型片区。

具体见表9-22所列。

区块建设时序提出的引导性建议　　表9-22

层级	区块	片区优化类型	建设时序
城市主中心	三江口CBD片区	结构优化型区块	近期
	东部新城	强化集聚型区块	近期
城市副中心	春晓滨海新城	强化集聚型区块	中期
	镇海—小港片区	强化集聚型区块	近期
	北仑中心	强化集聚型区块	中期
	鄞州中心商务区	整合提升型区块	近期
	空港副中心	基础供给型区块	中期
综合型片区	镇海新区	整合提升型区块	近期
	庄桥枢纽新区	配套建设型区块	远期

续表

层级	区块	片区优化类型	建设时序
综合型片区	慈城新区	基础供给型区块	中期
	姚江北岸	基础供给型区块	中期
	湾头休闲商务区	基础供给型区块	中期
	江南都市商务区	整合提升型区块	近期
	宁波南站枢纽地块	整合提升型区块	近期
	北仑西部城区	配套建设型区块	远期
旅游型片区	东钱湖生态旅游度假区	配套建设型区块	近期
	江北一慈城社区	强化集聚型区块	中期
专业型片区	梅山保税区	基础供给型区块	远期
	大榭经济技术开发区	基础供给型区块	中期
	镇海化工区	基础供给型区块	远期
	庄市片区	配套建设型区块	中期
	江北高教园区	整合提升型区块	中期
	宁波国家高新区	整合提升型区块	近期
	鄞东居住区	基础供给型区块	远期
	甬江北岸	整合提升型区块	中期
	江东西部地区	整合提升型区块	近期
	长丰滨江休闲区	整合提升型区块	近期
	旧城社区	整合提升型区块	中期
	江北工业、居住片	配套建设型区块	中期
	西部工业、居住服务片区	配套建设型区块	中期
	集士港片区	强化集聚型区块	近期

10

城市生产性服务业空间绩效优化的策略体系

10.1 生产性服务业绩效优化的理念转型

生产性服务业发展理念的创新，首先是要跳出生产性服务业看生产性服务业，把人的发展和软环境建设放在更加突出的地位；其次是要跳出城市看城市，把城市生产性服务业的发展嵌入到更大区域的发展框架中去。

（1）当人类进化到后现代社会， 城市进入后工业社会，城市发展定位必然要从工业化阶段的经济学定位或生态学定位发展为现代的社会学定位，即以人为本的定位，建立起城市发展与人的需求相协调的机制。 引导规划建设、功能配置和政策制定等，围绕“人”的主体地位展开。生产性服务业的发展也概不能例外，必须围绕人的多样性需求创新生产性服务业发展模式。通过思想突围和理念创新建立合作包容的新型社会关系，塑造多种文化共存和认同的城市模式。在接纳精英移民的同时也能够充分顾忌到非精英移民的生活环境建设和文化需求。国内各大城市在大量外来人口涌入的背景下，这些外来人口对城市的发展做出了贡献，真正融入城市的诉求也日益强烈，他们期望在社会中能够得到认可，并能够享受到城市的各项公共服务设施。在未来的城市，能够享有市民的权利将成为众多城市接纳外来人口，兼容并包地吸纳外来文化， 真正促进人口融合、社会融合的标志。坚持把最有利的空间惠及人类和生命体，城市建设放弃虚伪和虚荣的花架子，为不同群体追求自由和幸福创造最基本的空间。

（2）当城市经济发展进入工业化后期，城市结构正从资本密集型向技术和知识密集型快速转型。随着技术和生产方式的全球化，愈来愈使人与自然景观相分离，纯粹自然景观的基础作用渐趋衰微。在后工业社会，文化景观更能提升城市活力，它能以一种更加可持续和更有竞争力的方式修复和再造城市产业新的发展空间。因为文化景观更能赋予一种价值象征属性，文化景观与社会活动的关系就不再只是阻隔和成本的关系。由于文化景观的价值象征深深地根植于人的心灵空间，他们对文化景观空间的适应就不只是一种经济利益最大化的问题。同时，他们会通过各种正式或非正式组织结合成为一个更大的体现特定价值象征的统一的社会体系。事实上，人类以场地文化感知为基础认识区域，以邻里文化感应为不同尺度划分的景观类型和区域，或者说不同的人群会以此来寻找适合自身的文化感应邻里区。因此，以文化的名义复兴城市，重塑不同的文化景观环境，来适应不同层次、不同类型生产性服务业主体的需求，是促进生产性服务业发展的重要路径。

（3）从城市产业走向区域产业。要深入分析城市—区域乃至全球层面之间的关系，将各种相关的政策参数， 如交通发展、文化传统、产业结构、人才分布等进行城市—区域之间的关联分析，从而制定推进城市产业发展的策略。要帮助不同的利益主体理解城市—区域不同维度的内在联系、将要采取的可能的战略以及在何处他们的行动能够符合更大的地区发展的图景。高端生产性服务业要跳出城市，考虑服务于更大范围内的都市圈以及周边的地区甚至更大区域层面。

（4）无论是新古典经济学认为的是分工导致的集群，还是新经济地理学认为的是因果累积循环效应所产生的报酬递增导致了集群，生产性服务业都日益呈现出明显的集群发展趋势。国内很多城市生产性服务业发展存在着经济分散，产业社会化程度低，空间布局不合理，技术含量不高等问题，这给构筑区域性生产性服务业带来很大的制约和阻碍。目前需要尽快改革体制机制弊端，打破条块分割和区域封锁，实现专业化、规模化和集群化的分工合作。

10.2 生产性服务业绩效优化的空间开发策略

充分利用城市棕地的再开发来增加建设土地增量以满足办公空间的需求，符合城市集约发展的趋势。存量土地的更新开发要避免“遍地开花”，应专注于少数有竞争力的关键位置，如基于城市中心的位置，现有的“线形”办公发展的方向的位置等。选择合适的区位以及加强办公环境，包括配套设施、服务、无障碍、安全性等方面的建设来提高办公区的吸引力。此外，寻求多种类型、大小和费用的办公场所来满足各方面包括中小型企业的需求。

另一方面，政府应制定政策以支持混合开发措施的推广。如伦敦的经济增长在很大程度上依赖一个有效的劳动力市场，而庞大的劳动力市场又需要充足的住房供应来维持它。缺少住房，特别是保障性住房，已经是伦敦雇主面临的关键问题之一。因此，在大量办公集聚的地区，应注重土地功能混合开发，尤其是居住功能的开发。

10.3 生产性服务业绩效优化的空间组织策略

10.3.1 因地制宜，合理发展，强化联系，优势互补

（1）生产性服务业在区域中的分布是不均衡的。一般来说，层级较高的生产性服务业和企业总部集聚在核心城市，而较低层级的生产性服务业和企业分支则集中在较小城市，与核心城市相配套。因此，在区域层面的生产性服务业规划要着眼于各城市之间的衔接和配合，促进跨行政区域的生产性服务业集群发展，提高整体竞争力。

（2）各城市或地区的发展条件存在差异，如沿海地区比内陆地区有着更大的优势。因此，各县市应根据现有的条件，因地制宜，加强生产性服务业优势产业的快速发展。同时，积极发展与其周边主要城市制造业相匹配的特色生产性服务业，或积极发展与主要溢出城市生产性服务业相适应的制造业，提高生产性服务业的专业化集聚水平，加深城市间生产性服务业与经济增长的空间协同效应。发挥各地区的比较优势，发挥政府部门或协会的纽带作用，引领跨区域协调发展。各县市应强化相互之间的联系，形成生产性服务业产业集群，积极吸纳现代科学技术的新成果，提升产业层次。

10.3.2 企业空间经济网络（networks）的优化和集聚发展

一方面，企业网络是经济组织发展的高级形态，是市场组织分工的高级形态，在形式上表现为各个企业节点保持一定强度的持续联系，它改变了以往企业完全竞争的形态，使企业之间竞争与合作并存。另一方面，企业网络能够极大限度地深化分工，使得社会生产率得到了显著提高。企业网络作为一种新兴企业空间组织形式，它的演化具有较强的地域空间效应。以企业网络为主体的经济组织对应着层次更丰富的空间结构，次级核心更多。利用经济全球化的力量和基于企业网络的区域发展战略优化地域空间结构应成为政府空间经济政策的触发点。

波特在其竞争优势理论中指出，产业集群（Cluster）能够提高生产率，促使企业不断创新，促进新企业的诞生和企业的衍生，是国际竞争优势产业的一个共同特征（刘静，2010）。因此，要通过空间的适度集聚，推动生产性服务业集群式发展；通过生产性服务业产业集聚，形成环境优势与规模效应，从而实现生产性服务业总量和质量上的突破，加快推进生产性服务业的发展。生产性服务业集聚区是生产性服务业发展的主要载体，应积极引导、合理规划，积极推进生产性服务业集聚区和产业基地建设，使之成为吸引项目的新平台。

在推进生产性服务业集聚区发展的规划建设过程中，首先要对其合理规划、科学布局，与城市整体规划相一致，有重点有层次地向前推进。其次，应根据区域特色进行合理的功能定位，在地方政府的主要作用下进行有序与有重点地推进。最后，要重视生产性服务业集聚区的整体规划，实现生产性服务业集聚区域与其他城市功能区域的适当分开而又能有机结合，从而能够更好地服务于其他行业和其他产业，也能更方便地得到其他行业和产业的支持。在实施过程中，利用市场机制的资源配置功能，引导区域内和区域间生产性服务业的良性竞争（刘晓博，2011）。

而对于企业自身来讲，企业应根据自身的特点和企业发展目标，选择恰当的企业集群类型进行发展。根据产业性质，企业集群可分为3类：传统产业集群、高科技产业集群和一般资本与技术结合型的产业集群。企业集群发展使区域按劳动分工形成专业化产业区，通过劳

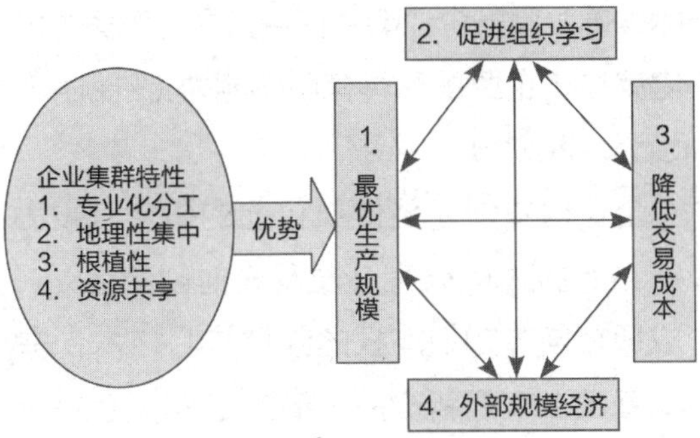

图10-1　企业集群的区位选择优势

来源：刘巨钦. 企业集群成长机理与竞争优势培育[M]. 北京：中国财政经济出版社, 2007

动分工，提高生产力，降低生产成本。资源共享，放大“乘数效应”，企业自身提高也有利于带动区域经济发展。企业集群十多种要素、多种主体、多种联系协同形成的一个竞争集合体，培育了创新和技术进步的产业环境，如图10-1所示。

10.3.3 “产业链接发展”与“互动平台”建设

产业链是产业分工分化的结果，是与工业经济时代的迂回化的间接经济方式相联系的，是指由多个相互链接的产业所构成的完整的链条。一般而言，迂回化程度越高，产业链的链条越长，意味着产业分化越深，专业化程度越高，单位产品的生产成本就越低，从而产生出“迂回经济效益”。生产性服务业是为其他产品或服务生产而存在的中间投入环节，其发挥的微观积极作用和宏观经济影响，有助于促进产业集聚、工业化和经济增长。通过生产性服务业，人力资本和知识资本的积累日益专业化，与迂回生产表现为一个不断发展的经济（郑吉昌，2004）。

生产性服务业与制造业之间具有互为因果、相互促进的影响关系。两者互动发展，既要加强产业融合以提升产业链综合功能和竞争能力，也要注重培育具有紧密上下游合作的优势产业集群（邱灵，2013）。在实现生产性服务业发展的过程中，充分发挥其对制造业转型升级的促进作用。最终形成制造业与生产性服务业的互动机制，促使两者相互作用、相互依赖、共同发展。另一方面，全面考虑生产性服务业发展的区域差异性、行业异质性、空间关联性和时间波动性，将产业价值链作空间的优化分配，要积极引导更多的具有协同效应的产业在一定区域集聚，使产业链传递通道更畅通，使产业链整体创造的价值远远超过各单独企业所创价值的集合。现代都市产业功能引导要遵循产业链发展规律，将产业发展理念从主导产业竞争转向产业链竞争转变，基于功能区块的主导产业链，向前和向后延伸发展，促进产业的高附加值化、规模化和互动化。

此外，从要素的集聚效应来看，生产性服务业集聚具有明显的技术溢出效应。生产性服务业集聚的技术溢出效应不仅有利于提升行业本身的生产效率，而且有利于营造良好的产业综合发展环境，促进制造业和整个地区经济的发展（韩峰等，2014）。由于现实中地区经济发展所需的生产性服务不仅来自本地区还来自邻近(更发达)地区的溢出效应，所以地区或城市在进行生产性服务业规划时应具备全局观念和统筹思想，考虑空间中其他地区或城市生产性服务业发展状况。落实在空间规划上，要加快跨区域的交通和通信等基础设施的建设以提高空间和信息可达性。在进行城市群等区域规划时，如确定城市群边界时，应考虑吸纳与现有中心城市有经济联系且直线距离在100km范围内的城市，以保证城市群空间技术溢出作用的充分发挥。此外，各地区、城市应该统筹考虑当地经济发展环境，因地制宜地安排经济活动空间分布和生产性服务业发展政策，如西部欠发达地区发展现代生产性服务业应更加注重专业化经营，打造与当地优势制造业或优势资源相匹配的专业化的生产性服务业集聚区。而东部和中部发达地区则需要在保证生产性服务业专业化规模的同时更加注重其多样化发展，通过构建形式多元产业间协同共进的生产性服务业集聚区来满足当地多样化产业发展的需要（韩峰等，2014）。

10.3.4 创新驱动的服务业发展“触媒”

近百年世界产业发展的历史表明，技术创新是一个从研究开发到产业化和商业化的过程，企业最贴近市场，在规模化和产业化方面具有优势，应成为技术创新的主体。发展生产性服务业，全面提高企业自主创新能力，是实现我国经济全面、持续、快速、协调、健康发展的关键。服务企业能否存活且具有竞争力的关键就在于企业是否具有创新能力（Hipp & Grupp，2005）。

企业自主创新是依靠企业的研究开发力量，进行技术的研究开发及其他创新活动，形成拥有自主知识产权的独特核心技术，并在此基础上实现新产品价值的过程，包括原始创新、集成创新和引进消化吸收再创新（沈家文，2008）。企业的技术创新是一个多因素相互作用的综合性活动，需要积极调动内外因素，主动创新、联合创新。从企业外部环境来看，创新活动离不开各种环境因素的相互作用和促进。企业要与企业周围或相关领域的大学、科研机构、政府及各种中介服务机构保持一种动态联系，尤其是“产、学、研、政”相结合，各种大学、研究机构富有技术创新的思想、思路，有最丰富的知识，最先进的技术和高水平的研究人员、科技人才；而政府在企业创新活动中具有不可替代的作用，政府是技术创新的倡导者、引领者，有时还是技术创新的赞助者、使用者和保护者。企业要积极与大学、研究机构及政府部门进行合作。加快建立以企业为主体、产学研相结合的技术创新体系。而产学研相结合，就是要整合资源，充分发挥科研机构和高等院校等在以企业为主体的技术创新体系中的作用（沈家文，2008）。

10.4 生产性服务业绩效优化的支撑条件策略

城市基础设施是城市赖以生存和发展的一般条件，决定着城市的承载能力并影响着城市社会经济的发展。城市基础设施建设是生产性服务业发展的有力保障，完备的配套设施是生产性服务业快速发展的重要支撑，交通基础设施的建设有利于强化各县市的联系； 文化教育、医疗卫生等配套设施的建设有利于吸引人才；通信、电力等配套设施的建设有利于制造业的聚集。因此，应重视城市基础设施的资金投入和建设完善，特别是交通、信息等对生产性服务业具有重要支撑作用的基础设施。

首先，建立一个完善、多维、高效的交通体系建设，不仅仅依靠轨道交通单个体系，更应重视不同类型网络化交通体系的系统间接驳，在“高速路、城市快速路、一级主干路、二级主干路、次干路和支路”的6级结构框架体系下，适时规划开通相应的公交线路；而公交站点和班车线路还应结合轨道交通站点设置；在公交站点周边规划建设人性化的慢行系统，构建“慢行—公交—轨道交通—公交—慢行”的通勤模式，形成“轨道交通—公交—班车—自行车/电动车—步行” 相结合的多层次通勤网络，实现东部新城与宁波不同区块之间以及区块内部联系效率的提升。未来的交通组织结构应由轨道交通和常规地面公交系统组成，并承担大比例的通勤量，除此之外，则应以邻里单元范围内的非机动车交通（公共自行车/自行车、电动车）和慢行系统为主，将各片区功能结构与交通组织网络在层次上形成良好对应性，2种组织结构形成紧密的耦合关系（图10-2）。

此外，良好的信息技术基础设施为金融、银行、保险、物流、知识密集型制造业的发展提供了重要条件，从而促进生产性服务业的迅速发展。在城市、区域甚至国家层面建立完备的信息基础设施，形成信息共享的竞争机制。

除了强化城市大型基础设施外，还应该对生活配套、景观等支撑条件进行完善。基于生活圈组织配套服务：改善教育、医疗、体育、文化等社会性服务产业的供给规模、分布均衡性和服务水平，通过全面的服务体系建设提升外围功能区块的“反磁力作用”，促进外围属地化就业。借鉴日本都市生活圈的层次体系配置产业，倡导“以人为中心”的公共服务供给模式（表10-1）。

基于各级生活圈与传统邻里概念，根据城市一般产业空间辐射范围的规律，在产业开发的空间策略上，提倡3种模式的结合：TOD模式（公共交通导向的土地开发模式）、SOD（公共设施导向的土地开发模式）和TND模式（传统邻里开发模式），坚持紧凑组团型的开发形态，以大运量公共交通作为联系纽带，生活圈为空间单元，构成社会性服务产业的基本空间组织结构。

建立合理、高效的土地供应与环境管制机制：

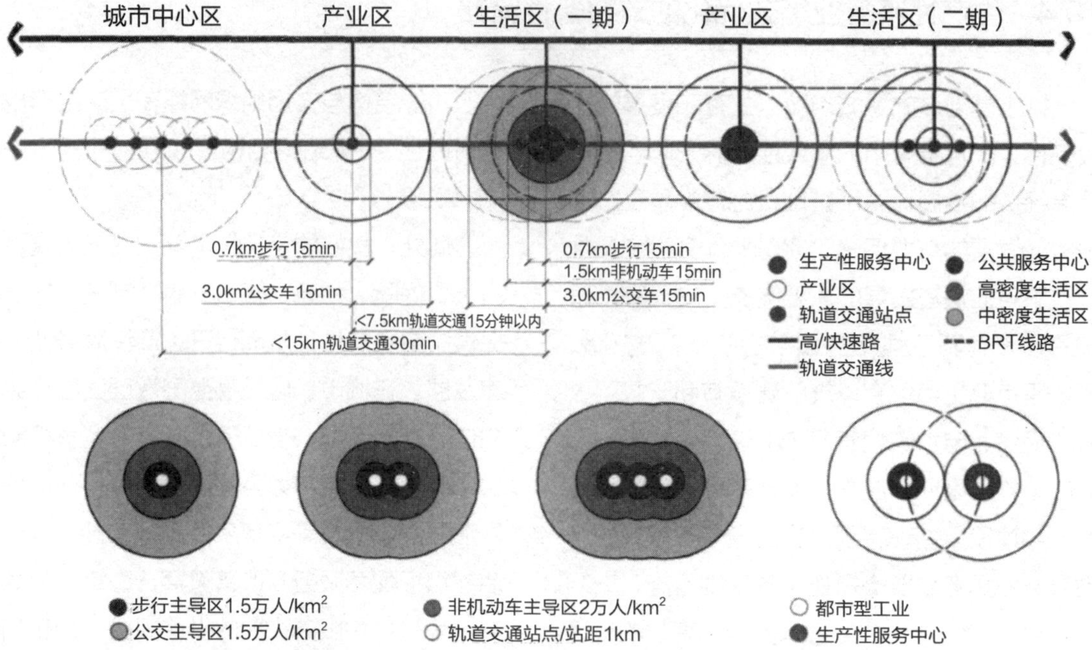

图10-2　多层次交通网络结构模式图

（1）建立集约型的用地强度考核体系。参考国际、国内各类城市发展用地的规模，并考虑不同产业发展的实际需要，研究制定城市用地弹性发展参照指标体系。基于参照指标制定市域各次区域用地强度考核体系，并将这一考核内容纳入政绩考核体系。用地强度考核体系可根据区域实际发展绩效作定期调整（如一年一定）。调整需具有合理的研究依据，并经过市人大、市政府批准。

（2）建立适度从紧、兼具弹性的建设用地供应体系。考虑日益紧缩的土地资源约束，必须根据市域总体发展战略对每一建设用地项目给予全面评价，对符合市域发展战略或具有重大意义和影响的建设项目可以给予优先但适度的用地供给。市域其他发展建设项目，一律按照法定规划要求给予相应用地，并规定建设强度和建成期限，严禁“圈地”行为。

（3）建立利益分享的产业集中区。为了满足因生态保护或其他市域战略需要而给予控制或有限发展的次区域的发展需求，可以在市域重点发展或促进发展的次区域设立利益分享的产业集中区，创新多种合作方式，实现共赢发展。

（4）实施环境管制的强制性规定。根据市域总体规划的战略需求，对涉及区域生态安

都市生活圈划分及公共服务设施配套标准　　表10-1

划分尺度	居民点基本生活圈	一次生活圈	二次生活圈	都市生活圈
空间界限	最大半径1km 最佳半径500m	最大半径3km 最佳半径1.5km	最大半径4km 最佳半径3km	15～20km
界定依据	以幼儿、老人徒步时间10～15min为界限	以小学生徒步时间半小时为界限,低年级学生以4km为界限	以中学生以上徒步时间30min，自行车30min为界限	以机动车行驶时间30min为界限
人口	500～1500人	4000～5000人	1万人以上	3万人以上
产业标准配置	儿童活动场、健身场地、文化活动室、老年活动室、居委会、小型运动场地、物业管理、家政服务、便利店、早餐供应点、回收站、其他街坊级服务产业等，尽量沿居住区周边或内部街道模式	设置初中、小学、幼儿园等基本教育机构，结合集中绿地布置基本的文化体育设施、管理设施和服务产业，如公共活动站、托老所、室外大型球场、文化广场、卫生服务点、商业餐饮产业包括菜市场、超市、餐饮（提供为老年人送餐上门的服务）等，尽量在小区中心的街坊成片组织或沿城市支路成街布置	中学、商场、大型超市、福利院、社区服务中心、公疗、康体服务中心、银行营业所、邮局、餐饮、专业商场、卫生服务中心、综合体育场、社区文化活动中心、综合健身馆、游泳池、证券营业所、保险营业所、行政管理、公交车首末站、其他服务产业，尽量在居住区中心的l～2个街坊内成片组织	融入城市整体功能体系，按照城市的标准进行配置

全的重点区域给予分类明确的强制性规定，严格按照相关管理条例，切实加强市域范围内的规划执法力度。

最后， 还应注重已建配套设施的资源整合。加快推进商品住房开发与投用，从根本上确保人口的引入。加大相关公共性较强的设施建设力度，尽可能将这些有利于人气集聚的项目开发进度提前，同步考虑布置保障房等刚性居住空间，进一步引导人口集聚。

此外，还要遵循市场规律的要求，建立均衡、补偿和增进的区域合作和利益协调机制，充分调动各方的积极性。要建立合理的利益共享机制，通过制定具体的财税、土地、公共设施、投融资等政策，促进产业发展和区域合作。完善利益平衡和补偿机制，合理分担基础设施和公共事业投资比例，产业布局调整、生态环境保护、土地等要素的调整配置要考虑利益补偿和平衡。

10.5 生产性服务业绩效优化的管理体制策略

10.5.1 层级管理机制——从“多层级”到“扁平化”

当前，都市发展中存在的区域竞争、空间失序、资源浪费等现象，除了本身规划建设决策方面的失误以外，更多是由于政府在管理过程中的体制机制因素造成的。采取简政分权的策略，可以极大地调动下级区县、乡镇的活力，形成多元主体齐头并进的发展格局，在短时期内迅速做大城市产业与空间规模，区县的财政自主权得到充分的发挥。但这种自下而上的发展模式可能导致空间的无序化和低效使用，影响整体发展和长远发展。

随着信息技术的不断发展，政府管理手段逐步改进，尤其是电子政务的推广应用，缩短了管理链条和命令流的传递时间，有助于减少政府层级，更利于政府政令畅通、管理效能的提升和行政成本的节约。政府层级结构“扁平化”成为一种政府结构发展的必然趋势。此外，对于城市功能区块的建设中一个强有力的统筹协调机构的缺位，建议对于服务业空间开发规模特别大、出于都市空间结构的关键节点和跨区域的功能区块管理，采用垂直型管理体制进行管理。

垂直型规划管理体制模式的特点是市级行政主管部门对派驻到各区的部门（即直属管理分局）实施全面领导，在这种模式中各派驻直属管理分局的地位与市级行政主管部门内部机关处室完全相同，而各区政府对派驻的直属管理分局工作开展干预较小，在对直属管理分局的影响力方面表现出比较明显的“市强区（县）弱”特点（卢道典、蔡喆，2012），建议成立城市商务产业的专门管理部门，实施垂直化管理。

10.5.2 绩效评估机制——从“内部控制”到“公众参与”

一般而言，绩效评估是一个组织如何达成以及是否达成目标的系统化的过程。对政府组织而言，绩效评估机制的建立，是对“结果导向”的强调，而非程序、规则导向。其主要内容和目的在于：①检查政府所提供的各种公共服务的质量；②考察政府运行方式对其所提供服务的影响；③向公众说明政府提供公共服务的表现，促使政府关注其服务和绩效的改进；④为中央政府的审计与监察提供信息与技术支持等（张成福等，2010）。

在都市建设管理过程中，绩效评估过程应更强调公民参与。政府为公众提供公共产品和公共服务，首要任务是实现确保社会公共利益，以满足公众需求。传统的金字塔式的等级结构把公众排斥在绩效评估系统之外，而公众往往掌握着政府所不具有的微观信息，不利于公共部门持续改进服务质量。从政府促进地方经济发展视角来看某些决策完全是正确的，但在决策过程中却忽视了微观主体的利益，从而造成了负面的群体性事件，都市空间组织与资源利用中的许多问题都与此类似。因此，政府绩效评估应以公民为中心，以公民满意为政府绩效的根本标准，评估过程应有公民的广泛参与。公民参与政府绩效评估过程主要有以下2种途径：①公民自发组织（或第三部门）、自主实施对政府绩效进行独立的评价；②公民介入政府绩效评估，通过“信息接收”（如接受顾客满意度调查等）和“决策分享”（如共同选择要评估的部门或项目、共同确定评估的内容和侧重点等）的方式来参与由政府部门发起的绩效评估活动（张成福等，2010）。对城市服务业的发展进行评估，并提出相应的需求及优化建设。

10.5.3 规划编制机制——从“多头矛盾”到“多规合一”

当前衔接尴尬的空间规划体系，主要体现为：同一级政府的各种规划法理依据参差不齐，规划对象边界交叉重叠，规划对象边界交叉重叠，规划技术标准缺乏衔接；而不同级政府的规划上下难以协调，目标不能完整落实，特别是跨越行政区的规划则更体现出区域战略矛盾等问题。这严重阻碍了政府借助空间规划来进一步提升发展效益的能力。特别是在公民社会和价值主体日趋多元化的情形下，混乱的空间规划体系使得地方政府在依法用地、城乡建设、环境保护、产业配套、设施配套、人口分布等综合性问题前捉襟见肘（图10-3）。如建设部批评全国183个城市提出建设“现代化国际大都市”的现象，认为这严重脱离实际，深究其因，正是由于全国城镇体系规划的缺位，使各城市分头盲动才会导致这样的局面。自20世纪90年代开始，我国已经认识到问题的严重性，开始对“两规衔接”进行探索，而“多规合一”则仍处于各地的自发尝试阶段，还未形成强有力的制度和程序性框架。

可以借鉴美国的“多规合一”理念，将各部门各层级的规划进行整合，在条件允许的情况下进行统一编制。①打破城乡二元分割，统筹城乡建设用地与非建设用地，统筹城乡发展和生态保护；②要打破部门分割，统一各项规划在空间上的分配；③要打破行政分割，共同解决水资源保护与利用、污水处理与排放、垃圾填埋和处理，跨区域道路、基础设施建设，以及功能布局的相互衔接等各行政主体无法独立解决的问题（严圣华，2010）；④要成立

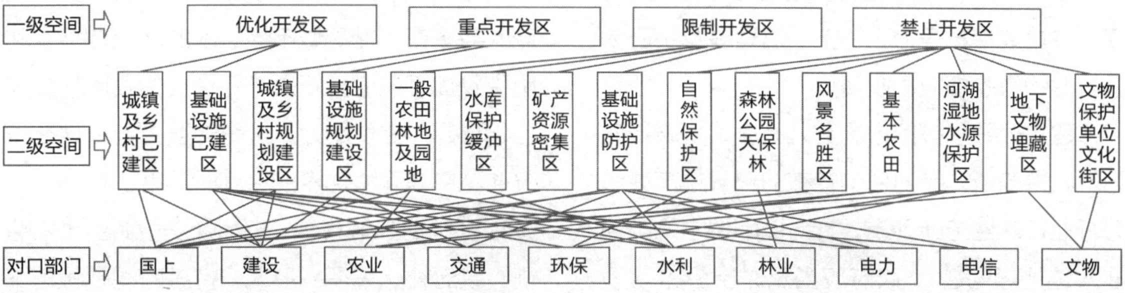

图10-3 中国空间规划编制中各政府部门职能的交叉重叠

能够负责这样模式下各项规划和具体事宜统筹协调的规划委员会，由相关部门人员、技术人员、公众代表等组成，委员会下根据需要可设专门小组来负责次区域事宜（王向东、刘卫东，2012）。将服务业布局规划融入整个顶层规划中，避免上下级之间的矛盾。

10.6 生产性服务业绩效优化的政策建议

市场在资源配置中起着主导作用，体现在产品或服务的需求，刺激供应，促进生产性服务业集群的形成和优化产业结构。然而，中国社会主义市场经济模式在塑造政治经济方面和通过国家政策导向来转化全球势力方面为各级政府留下较大的发挥余地。

10.6.1 提升政府效率，建立公平市场

简化行政审批手续和通关程序，减少过多的行政管制。①大力推广行政审批服务全程代理制，进一步完善“一个窗口受理、一站式审批、一条龙服务、一个窗口收费”的运行模式，不断提升“一站式服务”、“网络化服务”水平；②从减少行政性审批入手，积极探索用项目登记备案制逐步代替现有的审批制，对项目依照影响产业发展的重要性程度由专门人员进行筛查、快速反应，做到高效快速；③简化通关程序，进一步深化通关便利，促进跨境物流更有效，更具成本竞争力；④全面清理涉及生产性服务业的行政事业性收费。

建立公开平等的市场准入制度，打破行业的行政性垄断。针对目前存在的部分生产性服务行业行政性垄断严重，针对民间资本的市场准入过严等问题，政府应当及时出台松紧适度、规范透明、公平公正的行业准入标准以及相应政策，及时清理那些已经过时的、对生产性服务业发展起妨碍作用的法规和政策。对不同生产性服务业的进入门槛进行研究，制定各生产性服务业的合理条件，适当降低部分生产性服务业注册资本的最低限额，放宽生产性服务业准入条件。逐渐提高生产性服务业各行业各环节的市场化程度，积极引入和强化市场竞争机制。

10.6.2 加大财政支持，出台激励政策

加大财政支持，采取各类税收优惠政策是生产性服务业发展初期乃至快速发展期的重要激励措施。实行有针对性的税收优惠政策，尤其是要加大对科技研发、信息技术、教育、咨询等服务业以及金融、物流、文化创意等新兴服务业的财政投入和补贴。龙头企业是提升城市核心功能综合竞争力的重要抓手，因此，必须强化税收政策倾斜，以加速优质企业资源的流入与集聚，提高城市核心区的产业能级。利用税收优惠渠道为新兴产业企业的发展与壮大扫除障碍、提供助力。优惠力度主要表现在税收的减免幅度和优惠的持续时间上。其中，减免幅度包括降低税率、全额改差额征收、免征、政府补贴等多种形式，持续时间则长短不一。对于前一点所指明的主要优惠对象而言，

从加快企业引入上来讲，核心产业企业、龙头企业、新兴产业企业是需要大幅度税收减免政策支持的；中小企业由于数量多、需求旺，并不需要特别强调导入环节的优惠政策。从企业主体需求上来讲，新兴产业企业与中小企业由于自身资源有限，对抗外来冲击的能力还不足，是需要通过税收优惠来增加企业投资回报、提高综合运营能力的；龙头企业凭借自身较强的抗风险能力与长期的竞争力提升，客观上对税收优惠的需求势必没有前两者大；核心产业企业的情况则不一定。由此可见，优惠力度的把握因主体不同、诉求不同等都会发生改变，关键在于政府要综合考虑实行优惠的目的以及企业主体的现实情况，有的放矢地进行策略谋划。

优惠对象与力度的匹配，分为短期引入型和长期培育型。总体上，在提升新区核心功能导向下，城市新区较适宜发展2种类型的税收优惠策略：①短期引入型，主要针对龙头企业以及核心产业企业中发展较为成熟的个体。这2类企业是城市核心功能平台的引领者和主导者，自身综合竞争力强，并不需要政府的进一步培育，在短期内只要完成对这部分企业的引入工作即可。②长期培育型，主要针对新兴产业企业、中小企业以及核心产业企业中发展还不成熟的个体。这些企业对政府的依赖性更大，自身抗外力影响的能力还不够，但城市建设对他们未来的发展前景与影响力又极度看好，因此需要从政策层面优化其发展环境。

10.6.3 重视人才培养，积极引入人才

加强企业科技人才队伍建设，加快人才自由流动，实现人力资源的优化配置。①建立健全科学的人才资源开发和管理体制、评价体系和激励机制；②给予企业科技人才特殊待遇，制定和实施各类具有吸引力的政策来集聚人才；③在企业内实施激励政策，稳定和吸引科技人才，积极引导人才向企业流动。积极鼓励大学、科研院所以及政府部门的专家学者到企业任职；④制定和修改相应的法律法规，鼓励人才自由流动。应取消政府机关，事业单位和企业相互间的各类准入门槛，鼓励高级人才的双向自由流动，取消人为设置的流动障碍。要以高级人才的自由流动为动力，使人力资源得到最优的市场配置；⑤建立专门的人才资源储备库和交流中心，降低企业对所需人才的获得成本，提高企业吸引人才的效率。

人才的知识储备、专业化水平对生产性服务业的发展起着决定性作用。因此，要建立多层次的生产性服务业人才培训体系。加强对高等院校以及高职院校与生产性服务业相关专业学科建设的支撑力度；加强对其生产性服务业通用人才培养的财政资金和基础设施建设支持；加强教育实习基地建设，实现实习基地的校、企与政府三方合作共建，加快生产性服务业技能型人才的培养（刘晓博，2011）。此外，鼓励企业拓宽人才培养渠道，实施在职培训制度，政府从培训资金、培训项目、培训方式等方面给予支持。允许自主创新能力较强的企业及职能机构，采用自行建立、与知名科研机构

联合建立等方式，成立专业评审委员会，开展专业技术资格评审工作，更好地促进本地高素质专业人才的成长。

尤其要注重建立吸引海外人才的激励措施，吸引留学生回国创业。制定高端人才的专项引进政策：将人才引进战略聚焦在高端人才的引进和留住上。一方面加快人力资源产业园区建设，继续巩固和完善人力资源服务体系，建立全国乃至全世界范围内的人才储备与共享机制，奠定长期人才跟进基础。另一方面制定高层次、紧缺型和实用型人才的引进政策，通过设立企业年金、管理层持股、高管优化税收征收等激励机制，增强对高端人才的吸引力。确保人才专用房来源充足，建立提供人才调入、家属随迁、子女入学等相关服务的绿色通道。通过产学研结合，加强高端人才的培养与留住。

10.6.4 加强融资支持，优化市场配置

生产性服务业以中小企业为主，普遍存在融资难问题，应加强金融政策支持，拓宽融资渠道，尤其要鼓励国有商业银行创新金融产品，加快发展民营金融机构。此外，鼓励民营生产性服务业的发展，提高民间资本的比例，实现生产性服务业投资主体的多元化。主要通过对一些有碍于民营企业的歧视性政策的取缔，对具有行政垄断性质的行业进行产业组织体制等措施来引导民间资本的参与，推进生产性服务业的资源配置由政府为主向市场为主的转变。通过市场主体的多元化引入竞争机制，降低生产性服务业的供给成本和扩大市场供给。

10.6.5 鼓励自主创新，促进成果转化

政府要加大对科技创新和创新源头孵化建设的财政资金投入。加快信息基础设施的建设，全面提升信息基础设施水平，通过整体经济的信息化建设推动，带动生产性服务业发展。完善知识产权和专利制度，鼓励和帮助企业和科研组织申报，争取在生产性服务业的不同领域里形成具有自主知识产权的核心专利和技术标准以增强生产性服务业的竞争优势。重点扶持技术含量高、市场潜力大的龙头企业，鼓励其以专利和商标打造等为纽带进行区域内以及跨区域跨行业的兼并重组活动。

企业应加快技术研发和创新体系的培育，增强技术研发创新能力和技术产业转化能力。一方面，要完善企业技术创新机制和内部投资机制，有利于企业积极从事技术创新；另一方面，要加强与各类研究院所机构的合作，建立企业与高校研究机构各种形式的技术创新战略联盟，促进技术创新和技术转化和应用（刘晓博，2011）。

10.6.6 促进产业互动，形成链式发展

制造业是生产性服务业发展的基础和支撑，为其发展创造需求空间；生产性服务业是制造业提高专业化水平的关键，有利于降低中间服务成本，提升产品和企业竞争力（黄勇，2008）。虽然目前总体制造业的总量较大，但是其对生产性服务业的发展贡献并不高。因此，应顺应发展需求，更新发展理念，优化升级制造业内部产业结构，从而提高生产效率，积极主动地适应产业结构调整的新变化，充

分发挥制造业对生产性服务业的促进作用，实现生产性服务业与先进制造业联动发展的新格局。

促进制造业企业实行“主辅分离”，推动内置服务市场化、社会化，降低运营成本。增强制造业企业内部人力资源和业务整合的自主性，通过管理创新和业务流程改造，将企业发展重点转移到技术研发、市场拓展和品牌运作上，以核心竞争优势整合配套企业的服务供给能力，大力发展产业内部的专业化分工体系。将其他非核心的生产性服务环节剥离为社会化的专业服务。

对于外资制造业，有针对性地吸引关联性外资服务业进入，变单纯的制造业集聚为集成制造与服务功能的产业链集聚。鼓励规模大、信誉高、服务质量好的企业，实施跨地区、跨行业的兼并重组， 促进现代商务产业的集中化、大型化、组织化。建立信息共享平台，健全中介体系，推动相关企业间合作，实现社会化服务与制造环节的“无缝式对接”（吕政等，2006）。

10.6.7 强化绩效管理，构建评估机制

加强生产性服务业发展的绩效管理。从项目组织、资金使用、项目绩效、公共效益、社会响应等角度，按照“投入—过程—产出—效果—政策”的结构框架，建立生产性服务业发展的绩效评价和监测制度。 通过该制度的实施，鼓励先进，鞭策后进，预警预报未来，优化产业结构。

（1）适应生产性服务业发展的要求， 建立生产性服务业楼宇信息资料库。由有关职能部门负责收集生产性服务业楼宇的入租、 出售、退租、营业额、税收等基本信息，对楼宇和企业建立信息采集表、资料登记卡、楼宇分布图、电子信息库4个层面的档案，形成包括登记注册情况、经营情况、变化情况在内的全方位、即时性的信息资料系统，实现楼宇企业信息电子网络化和动态化管理。

（2）建立生产性服务业评价指标体系，科学评估各产业的发展程度。通过具体指标数据的收集和计算，对生产性服务业进行全面评估，以此实现进一步的提升发展。同时，针对处于不同发展阶段的企业，建立科学的梯度扶助机制，明确分类扶持政策。

（3）动态跟踪楼宇经济的进展情况， 准确了解和把握实际发展过程中的各方面状况，找出生产性服务业发展过程中的薄弱环节及存在的问题和不足，并提出对策和措施，为编制楼宇经济规划、总部经济规划等制定有关政策提供科学依据。

10.7 生产性服务业绩效优化的保障措施

10.7.1 加强组织领导和统筹协调

在楼宇（总部）经济领导小组的领导下，构建高效服务联动机制。市楼宇（总部）经济领导小组统筹协调城市楼宇经济发展，负责组

织制定楼宇经济发展重大政策、优势企业评价激励、企业信息发布及解决重大问题，协调和督促检查等相关工作；抓好规划落实，制定年度目标，切实加强对楼宇经济产业的规划和培育工作。同时，领导小组办公室负责具体推荐事宜，加大对各部门和城区的协调力度，建立完善市、区两级政府主要领导联系重点特色楼宇制度、成员联络制度、月度材料与信息报送制度、季度例会制度和年度考评考核制度等。牵头部门和各城区要进一步落实专人，明确责任，抓好发展楼宇经济产业的相关工作。各部门和城区在定期报送各自负责领域楼宇经济发展相关数据和工作进展的同时，要将楼宇经济的产业培育情况作为一个重要内容上报，由领导小组办公室汇总、整理后上报市委、市政府供决策参考。

建立完善楼宇（总部）经济规划体系。制定出台楼宇经济发展规划，明确全市楼宇经济的总体思路、发展目标、重点任务和功能分区。积极做好其与城市总体规划和相关产业规划的衔接工作，并强化规划的实施监督评估，确保规划目标任务落实到位。

推进重大项目的规划建设。在楼宇（总部）经济规划引领下，以重大项目为抓手，加强对市级楼宇经济重大项目的审核、审批和管理、监督，促进规划落地实施；加强对各县（市）、区在建项目、拟建项目的统筹安排，协调各县（市）、区楼宇经济项目规划建设用地指标。将楼宇经济规划细化为年度计划，提前系统安排重大项目的用地、布局与建设进度，保障重大项目建设实施。

10.7.2 强化事前评估与规划控制

在楼宇经济发展规划的指引下，和现代服务业集聚区的打造充分衔接，通过以点带面，引导全市楼宇经济向高端化、品牌化方向发展，提升楼宇经济整体水平。加强规划宣传和引导力度，避免同质化造成恶性竞争。在确定楼宇经济各发展重点区块的功能定位后，各区要在规划提出的楼宇经济重点发展产业基础上，对重点楼宇的产业进行深入研究。加强楼宇建设项目的前期研究，由市发改委牵头相关部门对拟建楼宇项目的经营产业、经济效益进行评估，帮助业主提前规划楼宇主要招商产业及定位。对已建成招商的楼宇，现有产业和规划定位不符的，应逐步予以调整（李龙，2012）。

10.7.3 明确政策导向与扶持体系

梳理和汇编已有的各类优惠政策，形成楼宇经济政策合力。力争在企业评价、重点领域扶持、财税、用地、人才等方面形成推动楼宇经济发展的政策体系。并将政策汇编发至招商一线人员、物业部门和开发企业，做到知晓政策、懂得政策和用好政策。此外，协调统筹区域间楼宇经济发展，协调城区间、区县（市）间楼宇资源转移过程中的利益分配。鼓励中心城区和县（市）以“区县结对”的方式，合作共建一些特色产业基地，依托各自资源优势，形成中心城区总部基地与郊县生产制造基地的有效对接。

加大各级财政扶持力度。整合现有财政扶

持资金，市级财政中安排专项资金，对企业总部评价、办公用房、人才引进、税收减免等予以支持。市级相关部门联合制定专项资金的管理办法与实施细则。此外，抓紧制定出台楼宇经济高端产业培育的专项政策，对成功引进国际知名品牌企业的管理机构（或招商机构）由政府给予一定的奖励，对经评价产生的优势企业实行重点激励政策，增强企业发展动力和品牌提升能力。引导关联企业在楼宇内集聚，特别是引进和培育关联性大、带动性强的大企业、大集团，打造一批集团总部楼、中介服务楼、文化创意楼、服务外包楼、金融楼、科研楼、信息科技楼等特色楼宇，走特色化、一体化道路。

10.7.4 实施专业招商与宣传引导

进一步办好楼宇专项招商活动，将楼宇招商作为招商引资工作的重点来抓。在楼宇招商工作中，应结合楼宇的功能定位实施专业化招商、产业链招商、产业招商。以一批重点楼宇和特色楼宇为重点对外推介招商。进一步完善楼宇招商组织体制，实现政府、中介、业主和物业四方联动，形成招商合力。重点培育一支专业招商队伍，提高专业化招商水平，加大针对性招商力度。加深与项目业主单位的沟通，全程参与招商工作，把好产业准入门槛，提升经营产业定位（李龙，2012）。

此外，还应该积极拓展宣传渠道。通过电视、互联网、报刊等多种媒体资源，大力宣传楼宇经济在全市经济社会发展中的地位和作用，提高全市对发展楼宇经济推动城市转型升级的认知；定期策划楼宇经济主题宣传活动，不定期举办重点楼宇经济集聚区落成仪式、重点项目签约仪式、知名企业落户典礼等宣传活动，积极宣传楼宇经济发展思路、重点方向及政策环境，展示楼宇经济发展成效和建设经验，不断增强城市发展楼宇经济的吸引力、知名度和影响力。

10.7.5 提升发展环境与配套水平

进一步提升楼宇的内外部环境建设。在外部环境建设上，一方面主要是改善交通环境的建设，包括停车场的扩容和生态化建设，道路交通设施的改造，商务区步行系统的完善等。另一方面，重视楼宇群的产业布局，合理调整周边产业，完善商务配套设施。在内部环境上，要提高楼宇的综合品质，提高其建设水平和软硬件环境，提高物业管理水平等。完善楼宇更新改造的技术标准，制定楼宇更新行动计划，改造一批楼宇为甲级写字楼和“5A智能大厦”，打造一批高品质、现代化、智能化的商务楼宇（李龙，2012）。

10.7.6 高效公共服务与经营管理

进一步强化政府服务功能，优化发展环境，既推进楼宇标准化管理，又积极提供个性化特色服务，打造楼宇服务品牌。首先，加强部门间的沟通和协调，加快设立重点楼宇工作对接网络，为楼宇业主和入驻企业提供政策咨询、工商、税务等综合性服务。创新政府公共服务机制，进一步发挥市行政服务中心作用，优化楼宇建设，更新项目审批流程，楼宇建设、更新项目一律进入“绿色通道”。完善政府与企业的联系沟通机制，实施重点企业对口服务，建立各级领导干部联系重点企业制度，加强与企业之间“点对点”沟通联系，项目业主可申请委托政府安排代办员实行免费全程代办服务。及时掌握企业需求，帮助企业解决一些实际问题。

其次，推动公共服务平台建设。加快推进电子政务建设，深入推进政务公开，为企业提供快速便捷的商务、法规和政策信息等各类资讯服务，建立企业参与政府重要决策咨询论证和重大工程规划建设的机制。创新经济集聚区开发建设模式和管理机制。探索成立集聚区开发建设有限公司或园区管委会，以保证园区各项开发建设工作的顺利推进，通过预留发展空间、增加土地出让附加条件等，使园区掌握一定的规划权、控制权和管理权，并持有一定比例的收益性物业，避免入驻企业在获得土地使用权后各自为政。加强对企业经营业务和办公用地的监督和管理，保证楼宇真正用于发展生产性服务业。

最后，引进管理水平高的物业公司，充分调动物业服务企业的积极性，适应楼宇管理综合服务的管理需求。出台楼宇管理导则，建立楼宇星级管理制度，明确星级楼宇评级标准，开展楼宇管理评级活动。完善服务平台，加快全市楼宇信息系统的开发和建设，实现楼宇规划、开发、建设、经营、管理的统一，全程服务和监管。

10.7.7 进行动态监测与分类考核

建立相关的统计指标体系和制度对城市楼宇经济的发展进行动态监测。市、区、县（市）要建立楼宇经济统计网络，配备楼宇经济统计专业人员，增强楼宇经济统计力量。重视对楼宇产业的相关统计指标研究，结合全市重点发展的楼宇经济产业，完善统计方法，设置相应统计指标。按照定量定性相结合的原则，由领导小组办公室牵头制定楼宇经济考核指标体系，完善考核办法，并纳入相关部门的考核体系。在考核指标体系中要纳入楼宇经济产业发展的相关内容，针对楼宇的发展特点实行分类考核。对于在培育楼宇经济重点产业的工作中有突出成绩的单位、城区，要按有关规定予以表彰奖励。

附 表

附表A 浙江省69个地区排名及综合主成分得分（2000年）

排名	F得分	排名	F得分	排名	F得分	排名	F得分
1杭州市区	11.224	19文成县	−0.112	37洞头县	−0.542	55海盐县	−0.863
2宁波市区	8.423	20富阳市	−0.122	38淳安县	−0.545	56宁海县	−0.866
3金华市区	3.018	21长兴县	−0.244	39建德市	−0.586	57云和县	−0.904
4温州市区	2.701	22海宁市	−0.254	40永康市	−0.589	58新昌县	−0.923
5绍兴市区	2.061	23乐清市	−0.265	41天台县	−0.593	59常山县	−0.929
6嘉兴市区	1.794	24青田县	−0.280	42临海市	−0.619	60景宁自治县	−0.956
7湖州市区	1.053	25平阳县	−0.287	43诸暨市	−0.628	61松阳县	−0.963
8衢州市区	0.943	26奉化市	−0.299	44德清县	−0.646	62龙游县	−0.982
9台州市区	0.811	27临安市	−0.310	45浦江县	−0.705	63三门县	−1.072
10义乌市	0.773	28上虞市	−0.332	46桐庐县	−0.708	64江山市	−1.075
11嵊泗县	0.681	29瑞安市	−0.355	47玉环县	−0.760	65象山县	−1.109
12舟山市区	0.457	30桐乡市	−0.424	48兰溪市	−0.795	66磐安县	−1.117
13慈溪市	0.244	31岱山县	−0.439	49安吉县	−0.834	67嵊州市	−1.200
14温岭市	0.109	32苍南县	−0.442	50武义县	−0.834	68遂昌县	−1.273
15丽水市区	0.073	33龙泉市	−0.448	51东阳市	−0.839	69开化县	−1.380
16绍兴县	0.072	34平湖市	−0.457	52仙居县	−0.848		
17余姚市	0.005	35庆元县	−0.493	53永嘉县	−0.848		
18嘉善县	−0.003	36泰顺县	−0.499	54缙云县	−0.854		

附表B 浙江省69个地区排名及综合主成分得分（2005年）

排名	F得分	排名	F得分	排名	F得分	排名	F得分
1杭州市区	11.316	19乐清市	0.540	37临海市	−0.469	55三门县	−1.247
2宁波市区	6.062	20湖州市区	0.504	38衢州市区	−0.522	56缙云县	−1.254
3温州市区	3.350	21金华市区	0.368	39嵊州市	−0.573	57青田县	−1.257
4嘉兴市区	2.116	22上虞市	0.323	40浦江县	−0.582	58龙泉市	−1.357
5绍兴市区	1.483	23瑞安市	0.303	41象山县	−0.583	59淳安县	−1.373
6台州市区	1.460	24舟山市区	0.257	42安吉县	−0.607	60仙居县	−1.381
7余姚市	1.411	25嵊泗县	0.228	43兰溪市	−0.609	61天台县	−1.402
8慈溪市	1.261	26新昌县	0.071	44平阳县	−0.650	62开化县	−1.468
9绍兴县	1.154	27永康市	0.042	45苍南县	−0.737	63磐安县	−1.547
10义乌市	1.121	28丽水市区	0.036	46永嘉县	−0.751	64洞头县	−1.635
11嘉善县	0.945	29临安市	0.036	47龙游县	−0.791	65庆元县	−1.689
12平湖市	0.924	30德清县	−0.053	48建德市	−0.815	66松阳县	−1.849
13诸暨市	0.771	31温岭市	−0.054	49遂昌县	−0.847	67泰顺县	−2.036
14富阳市	0.725	32宁海县	−0.267	50岱山县	−0.907	68文成县	−2.073
15海盐县	0.713	33东阳市	−0.303	51武义县	−0.909	69景宁自治县	−2.103
16海宁市	0.634	34奉化市	−0.306	52云和县	−1.163		
17桐乡市	0.592	35桐庐县	−0.327	53常山县	−1.191		
18玉环县	0.574	36长兴县	−0.391	54江山市	−1.238		

附表C　浙江省69个地区服务配套设施因子的综合得分（2008年）

地区	X1	X2	综合得分	综合排名	地区	X1	X2	综合得分	综合排名	地区	X1	X2	综合得分	综合排名
杭州市区	-0.10	5.29	2.03	1	嘉善县	-0.69	0.05	0.45	24	建德市	0.63	0.47	-0.22	47
宁波市区	-1.15	2.24	1.55	2	湖州市区	0.33	1.48	0.34	25	青田县	0.54	0.28	-0.24	48
上虞市	-1.39	0.10	0.91	3	义乌市	-0.52	-0.06	0.30	26	兰溪市	0.36	-0.35	-0.36	49
嵊州市	-1.07	0.51	0.86	4	富阳市	-0.35	0.17	0.28	27	玉环县	-0.21	-1.55	-0.44	50
诸暨市	-0.61	1.27	0.86	5	金华市区	0.40	1.30	0.24	28	淳安县	1.18	0.71	-0.47	51
平湖市	-0.90	0.69	0.82	6	磐安县	-0.75	-0.67	0.22	29	龙游县	0.86	0.05	-0.52	52
绍兴县	-1.17	0.02	0.75	7	象山县	-1.00	-1.08	0.22	30	瑞安市	0.55	-0.62	-0.57	53
奉化市	-1.40	-0.38	0.74	8	舟山市区	-0.75	-0.82	0.17	31	衢州市区	1.59	0.85	-0.68	54
新昌县	-1.30	-0.32	0.70	9	德清县	-0.25	-0.18	0.09	32	松阳县	0.91	-0.30	-0.68	55
余姚市	-1.24	-0.25	0.69	10	永嘉县	-0.12	0.02	0.08	33	遂昌县	1.14	0.00	-0.71	56
海宁市	-0.94	0.22	0.68	11	临安市	0.16	0.48	0.08	34	嵊泗县	0.10	-1.89	-0.76	57
天台县	-0.99	0.11	0.67	12	永康市	-0.29	-0.32	0.06	35	洞头县	0.15	-1.84	-0.78	58
嘉兴市区	-0.59	0.74	0.65	13	温岭市	-0.24	-0.26	0.05	36	平阳县	0.70	-1.01	-0.82	59
桐乡市	-0.54	0.83	0.65	14	缙云县	-0.06	-0.06	0.02	37	云和县	1.05	-0.70	-0.92	60
海盐县	-1.10	-0.16	0.63	15	桐庐县	-0.05	-0.05	0.01	38	景宁县	1.42	-0.24	-0.98	61
临海市	-0.71	0.42	0.60	16	浦江县	-0.46	-0.82	-0.02	39	苍南县	1.11	-0.82	-1.00	62
绍兴市区	-1.47	-0.88	0.59	17	乐清市	-0.17	-0.45	-0.06	40	文成县	0.96	-1.12	-1.02	63
慈溪市	-1.23	-0.52	0.58	18	丽水市区	0.26	0.24	-0.08	41	龙泉市	2.04	0.68	-1.03	64
东阳市	-0.47	0.68	0.55	19	长兴县	0.70	0.97	-0.08	42	江山市	2.03	0.19	-1.21	65
三门县	-1.11	-0.43	0.54	20	温州市区	0.27	0.03	-0.16	43	常山县	1.88	-0.16	-1.24	66
宁海县	-1.09	-0.44	0.53	21	武义县	0.09	-0.35	-0.19	44	开化县	2.10	-0.01	-1.32	67
台州市区	-0.48	0.55	0.50	22	安吉县	0.55	0.38	-0.20	45	泰顺县	1.74	-0.91	-1.43	68
仙居县	-0.66	0.16	0.47	23	岱山县	-0.72	-1.81	-0.22	46	庆元县	2.54	-0.38	-1.74	69

参考文献

[1] David Feinleib. 大数据云图 [M]. 盛阳燕译. 杭州：浙江人民出版社，2014.

[2] Douglas W. Hubbard. 数据化决策[M]. 邓洪涛译. 广州：世界图书出版，2014.

[3] 白洋. 把服务业发展提高到新水平 [N]. 经济日报，2009-04-14.

[4] 北京特华财经研究所课题组，王力. 北京金融街功能区建设发展面临的问题研究 [J]. 中国城市经济，2007（3）：68-75.

[5] 毕群. 中国城市消费者购买行为的模式研究 [J]. 管理教育学刊，1998（2）：12-17.

[6] 曹佳俊. 杭州市写字楼需求量预测实证研究 [D]. 杭州：浙江工业大学，2008.

[7] 常冬铭. 宁波市港口与城市互动关系研究 [D]. 北京：中国人民大学，2008.

[8] 陈建军，陈菁菁. 生产性服务业与制造业协调发展研究综述——基于产业及空间层面的解释 [J]. 社会科学战线，2011（9）：40-47.

[9] 陈前虎，吴一洲，郭敏燕. 杭州城市服务业及公共建筑的空间分布 [J]. 城市规划学刊，2010（6）：015.

[10] 陈仕权. 生产性服务业的分类，特点及作用 [J]. 郑州航空工业管理学院学报（社会科学版），2006，25（4）：191-193.

[11] 陈燕芬. 港珠区域分工与产业集聚机制的实证研究 [D]. 广州：广东外语外贸大学，2007.

[12] 陈殷，李金勇. 生产性服务业区位模式及影响机制研究 [J]. 上海经济研究，2004（7）：52-57.

[13] 陈钺. 亚太地区国际经济环境变化与中国的对外开放战略 [J]. 南开经济研究，1989（6）：22-26.

[14] 程立福. 广州写字楼自然空置率研究 [D]. 广州：广东工业大学，2007.

[15] 迟令峰. 济南市房地产市场发展及规模预测研究 [D]. 济南：山东师范大学，2010.

[16] 楚天骄. 城市转型中新加坡CBD的演化及其启示 [J]. 现代城市研究，2011（10）：35-41.

[17] 丛明珠，欧向军，赵清，等. 基于主成分分析法的江苏省土地利用综合分区研究 [J]. 地理研究，2008，27（3）：574-582.

[18] 崔慧霞. 空间结构转型与广东金融集聚机制 [J]. 南京财经大学学报，2011（6）：007.

[19] 崔亚红. 空港与区域经济发展研究 [D]. 广州：暨南大学，2009.

[20] 丁娟. 创新理论的发展演变 [J]. 现代经济探讨，2002（6）：27-29.

[21] 杜德斌，孙一飞，盛垒. 跨国公司在华R&D 机构的空间集聚研究 [J]. 世界地理研究，2010，19（3）：1-13.

[22] 段江岩. 生产性服务业发展的深圳模式比较及借鉴[D]. 天津: 天津商业大学, 2011.

[23] 方创琳. 中国工业战略产业系统发展研究[J]. 地理科学, 1995(05)118-127.

[24] 方明. 造就珠三角经济增长"新引擎"[J]. 中国投资, 2004(2): 37-42.

[25] 方远平, 毕斗斗, 闫小培. 西方流通服务业区位研究述评[J]. 商业研究, 2008(4): 199-202.

[26] 方远平, 闫小培, 毕斗斗, 等. 转型期广州市服务业区位演变及布局特征[J]. 经济地理, 2009, 29(3): 370-376.

[27] 方远平, 闫小培. 服务业区位论: 概念, 理论及研究框架[J]. 人文地理, 2008, 23(5): 12-16.

[28] 方远平, 闫小培. 大都市服务业区位理论与实证研究[M]. 北京: 商务印书馆, 2008.

[29] 冯德连, 葛文静. 国际金融中心成长机制新说: 轮式模型[J]. 财贸研究, 2004(1): 80-85.

[30] 冯锋, 王凯. 产业集群内知识转移的小世界网络模型分析[J]. 科学学与科学技术管理, 2007, 28(7): 88-91.

[31] 冯志新, 陈颖彪, 千庆兰, 等. 东莞市交通路网格局对城市空间扩张影响研究[J]. 地球信息科学学报 ISTIC, 2014(1).

[32] 高玉宏, 张丽娟, 李文亮, 等. 基于空间模型和 CA 的城市用地扩展模拟研究——以大庆市为例[J]. 地理科学, 2010(1): 723-727.

[33] 戈雪梅, 周安宁. 文化创意产业园区, 动漫产业空间集聚及其影响因子实证分析[J]. 商业时代, 2012(33): 118-120.

[34] 公晓晓. 西安市生产者服务业发展与空间布局研究[D]. 西安: 陕西师范大学, 2009.

[35] 顾朝林, 石楠, 等. 中国高新技术区综合发展评价[J]. 城市规划, 1998, 22(4): 21-24.

[36] 官莹, 管驰明, 周章. 经济功能演替下的城市空间结构演化——以深圳市为例[J]. 地域研究与开发, 2006, 25(1): 58-61.

[37] 管驰明, 徐爱华. 基于面板数据的长三角金融业集聚的动态研究[J]. 商业研究, 2010(7): 22-25.

[38] 郭怀英. 商务服务业的产业特性与驱动机制分析[J]. 中国经贸导刊, 2010(7): 24-26.

[39] 韩峰, 王琢卓, 阳立高. 生产性服务业集聚、空间技术溢出效应与经济增长[J]. 产业经济研究, 2014(2): 1-10.

[40] 郝寿义. 区域经济学原理[M]. 上海: 上海人民出版社, 2007: 85-87.

[41] 何丹, 谭会慧. "规划更美好的伦敦"——新一轮伦敦规划的评述及启示[J]. 国际城市规划, 2010(4): 79-84.

[42] 侯学钢. 上海办公楼空间规划影响因子的综合评价[J]. 上海城市规划, 1999(2): 003.

[43] 胡国晖，李丽．中部五城市金融集聚程度及影响因素比较研究 [J]． 西部金融，2013（1）：73-78.
[44] 胡霞，魏作磊．国外服务业区域发展理论研究述评 [J]．经济地理，2006，26（3）：427-430.
[45] 黄苏萍，朱咏．全球城市2030产业规划导向、发展举措及对上海的战略启示 [J]．2011（5）：11-18.
[46] 黄伟朵．基于 GIS 技术的省级公路管理信息系统研究 [D]． 杭州： 浙江大学，2006.
[47] 黄英伟． 完善香港联系汇率制度的探讨 [D]．广州：暨南大学，2003.
[48] 黄勇．加快浙江生产性服务业发展的若干研究 [J]．浙江树人大学学报，2008，8（5）.
[49] 吉亚辉，杨应德．中国生产性服务业集聚的空间统计分析 [J]． 地域研究与开发，2012，31（1）：1-5.
[50] 姜文亮，张晓通，李霖，等．基于 GIS 和空间逻辑回归模型的城市空间扩展预测——以深圳市龙岗区为例 [J]． 测绘科学，2008，33（4）：172-174.
[51] 姜文亮．基于 GIS 和空间 Logistic 模型的城市扩展预测——以深圳市龙岗区为例 [J]．经济地理，2007，27（5）：800-804.
[52] 姜煜华，甄峰，王春慧．楼宇经济空间布局的适宜性影响因子——以潍坊市奎文区为例 [J]．城市问题，2010（11）：56-60.
[53] 姜月娟． 浅析深圳 CBD 现状与发展策略 [J]．特区实践与理论，2011（4）：81-83.
[54] 蒋海英．GIS 支持下的四川省区域经济空间集聚研究 [D]．成都：四川师范大学，2012.
[55] 靳宏昌．基于 GIS 的山东省山洪灾害调查与防治研究 [D]． 南京： 河海大学，2005.
[56] 孔凡兵，王永仓，张志永．产业集聚效应与企业成长发展 [J]． 经济研究导则，2011（2）.
[57] 雷艳． 中西部城市生产性服务业集聚及其影响因素研究 [D]． 长沙： 湖南大学，2012.
[58] 李安． 长江三角洲区域产业竞争力研究 [D]．上海社会科学院，2005.
[59] 李成辉．深圳市高端服务业调查 [J]． 特区实践与理论，2011（4）：54-55.
[60] 李翠敏，吕迅．上海办公楼区位研究初探 [J]． 上海师范大学学报（自然科学版），2005，34（1）：97-101.
[61] 李敦瑞．上海产业结构演化的特征及趋势分析——基于现代服务业发展的视角 [J]．生产力研究，2012（2）：177-179.
[62] 李航星，王彦．论我国房地产税收调控 [J]．山东经济，2009，25（2）：90-96.
[63] 李华敏．乡村旅游行为意向形成机制研究 [D]．杭州：浙江大学，2007.
[64] 李华敏． 乡村旅游行为意向形成机制研究——基于计划行为理论的拓展 [D]． 杭州：浙江大学，2007.

[65] 李金勇. 上海生产性服务业发展研究[D]. 上海：复旦大学，2005.
[66] 李京文.《公司地理论》评介[J]. 中国工业经济，2003(7)：96.
[67] 李龙. 关于天津市河西区楼宇经济发展的现状与对策[J]. 天津经济，2012(7)：38-42.
[68] 李平. 创新发展中的深圳"环CBD高端产业带"[J]. 中国城市经济，2009(2)：28-29.
[69] 李肖钢，裴路. 浙江省11市生产性服务业区际差异比较分析[J]. 特区经济，2009(7)：46-47.
[70] 李小建，李庆春. 克鲁格曼的主要经济地理学观点分析[J]. 地理科学进展，1999，18(2)：97-102.
[71] 李小年. 服务经济对法律法规的要求研究[J]. 科学发展，2010(10)：52-61.
[72] 李洋. 广州市生产性服务业内部各行业的发展分析[J]. 市场经济与价格，2011(4)：37-44.
[73] 李云驮. 当代美国金融危机及其对策研究——基于马克思金融危机理论视角[D]. 洛阳：河南科技大学，2011.
[74] 李志刚. 基于网络结构的产业集群创新机制和创新绩效研究[D]. 合肥：中国科学技术大学，2007.
[75] 林梦. 我国生产性服务业的发展研究[J]. 商业经济，2007(7)：91-93.
[76] 林善浪，王健，张锋. 劳动力转移行为对土地流转意愿影响的实证研究[J]. 中国土地科学，2010(2)：19-23.
[77] 刘洪. 经济系统预测的混沌理论原理与方法[M]. 北京：科学出版社，2003.
[78] 刘惠敏. 基于EG模型的北京都市区生产性服务业地理集中研究[J]. 地理与地理信息科学，2007，23(2)：56-60.
[79] 刘静. 创新对企业区位选择影响研究[D]. 长春：吉林大学，2009.
[80] 刘静. 创新对企业区位选择影响研究[M]. 北京：经济科学出版社，2011.
[81] 刘静. 我国企业区位选择与区域布局问题探讨[J]. 当代经济研究，2010(7)：54-57.
[82] 刘静玉. 当代城市化背景下的中原城市群经济整合研究[D]. 开封：河南大学，2006.
[83] 刘磊. 上海城市圈层结构的研究[D]. 上海：上海交通大学，2008.
[84] 刘琳. 大学生使用BBS的心理因素初探：质与量的研究[D]. 上海：华东师范大学，2005.
[85] 刘淑华. 欠发达地区生产性服务业影响因素与发展战略研究[D]. 武汉：武汉理工大学，2011.
[86] 刘曙华，沈玉芳. 生产性服务业的区位驱动力与区域经济发展研究[J]. 人文地理，2007，22(1)：112-116.
[87] 刘曙华. 生产性服务业集聚与区域空间重构[M]. 北京：经济科学出版社，2012.

[88] 刘水生. 釜山港的建设与发展 [J]. 环球港城, 2007 (4): 55-57.

[89] 刘晓博. 都市生产性服务业发展研究 [D]. 成都: 西南财经大学, 2011.

[90] 刘宣, 蒋峻涛, 贺传皎, 等. 金融产业后台服务外移过程中的区位选择——以珠三角地区为例 [J]. 城市规划学刊, 2006 (5): 81-85.

[91] 刘志峰, 桂国杰, 陈淮. 城市对话——国际性大都市建设与住房探究 [M]. 北京: 企业管理出版社, 2007.

[92] 龙奋杰, 吴公梁. 城市人口对房地产投资的影响研究 [J]. 土木工程学报, 2003, 36 (9): 65-70.

[93] 卢道典, 蔡喆. 基于分权视角的城市规划管理体制模式及改革建议 [J]. 城市观察, 2012 (2): 110-118.

[94] 卢锐, 聂锐, 盛昭瀚. 企业孵化器理论及其对我国的启示 [J]. 东南大学学报 (哲学社会科学版), 2006, 8 (5): 23-26.

[95] 吕政, 刘勇, 王钦. 中国生产性服务业发展的战略选择——基于产业互动的研究视角 [J]. 中国工业经济, 2006 (8): 5-12.

[96] 马静武, 邱枫. 宁波商务办公楼分布的发展历程及影响因素 [J]. 农村经济与科技, 2009 (12): 038.

[97] 马静武. 宁波生产者服务业空间结构研究——基于商务办公楼的视角 [D]. 宁波: 宁波大学, 2010.

[98] 马吴斌. 上海中心城区生产性服务业多中心空间结构研究 [D]. 上海: 上海师范大学, 2009.

[99] 麦贤敏. 城市规划决策中的不确定性的认知与应对 [M]. 南京: 东南大学出版社, 2011.

[100] 宁越敏. 上海市区生产服务业及办公楼区位研究 [J]. 城市规划, 2000 (8): 9-12.

[101] 牛珂荣, 孙毅. 新加坡应对金融危机的措施及其启示 [J]. 新金融, 2012 (12): 15-17.

[102] 潘冬青, 马晓蒙. 宁波生产者服务业发展现状及对策探讨 [J]. 中国外资, 2012 (6): 215-216.

[103] 彭宝玉, 张敏, 郭扬. 河南省区域经济, 金融空间结构变化对比分析 [J]. 地域研究与开发, 2012, 31 (5): 157-161.

[104] 秦健. 创新型城区研发产业空间集聚研究 [D]. 上海: 上海师范大学, 2012.

[105] 邱炳文. 福建省龙海市土地利用空间分布影响因子的尺度效应分析 [J]. 自然资源学报, 2007, 22 (1): 70-78.

[106] 邱灵, 申玉铭, 任旺兵. 国内外生产性服务业与制造业互动发展的研究进展 [J]. 世界地理研究, 2007, 16 (3): 71-77.

[107] 邱灵. 北京市生产性服务业空间结构演化机理研究 [J]. 中国软科学, 2013 (5): 74-91.

[108] 曲敬军. 烟台市软件和信息服务业发展战

略研究［D］. 青岛：中国海洋大学，2012.

［109］曲英. 城市居民生活垃圾源头分类行为研究［D］. 大连：大连理工大学，2007.

［110］饶小琦. 广州商务服务业成长研究［D］. 广州：暨南大学，2010.

［111］任丽军，尚金城. 山东省产业结构的生态合理性评价［J］. 地理科学，2005（04）：215-220.

［112］任英华. 现代服务业集聚统计模型及其应用［D］. 长沙：湖南大学，2010.

［113］戎刚. 中国未来具有增长潜力的产业分析［J］. 管理世界，2001（5）：79-89.

［114］申玉铭，邱灵，王茂军，等. 中国生产性服务业产业关联效应分析［J］. 地理学报，2007，62（8）：821-830.

［115］沈家文. 加快建设我国工业企业自主创新体系［J］. 中国行政管理，2008（10）：95-98.

［116］沈玉芳，王能洲，马仁锋，等. 长三角区域物流空间布局及演化特征研究［J］. 经济地理，2011，31（4）：618-623.

［117］慎少辉. 金融危机对香港的影响及应对策略［J］. 商场现代化，2009（25）：75-76.

［118］石忆邵，樊文平，蒲晟. 我国大都市产业用地规模，结构与效益的比较分析［J］. 同济大学学报（社会科学版），2010（2）：25-31.

［119］石忆邵，范胤翡，范华，等. 产业用地的国际国内比较分析［M］. 北京：中国建筑工业出版社，2010.

［120］石忆邵，彭志宏，陈永鉴，等. 国际大都市建设用地规模与结构比较研究［M］. 北京：中国建筑工业出版社，2010.

［121］石忆邵. 国际大都市建设用地规模与结构比较研究［J］. 上海城市规划，2012（2）：140-140.

［122］斯蒂芬·P. 罗宾斯. 管理学［M］. 北京：中国人民大学出版社，1997.

［123］宋静，曹顺良，雷向欣，等. 上海市信息服务业区域竞争力定量分析［J］. 情报杂志，2011，30（9）：117-121.

［124］宋志刚，韩峰，赵玉奇. 生产性服务业的集聚效应与经济增长——基于中国地级城市面板 VAR 分析［J］. 技术与创新管理，2012（1）.

［125］孙莹. 生产性服务业与城市功能互动发展研究［D］. 北京：北京理工大学，2010.

［126］唐国兴，段杰. 生产性服务业和制造业互动发展分析——以深圳市为例［J］. 山西财经大学学报，2009（1）：92-94.

［127］唐珏岚. 国际化大都市与生产性服务业集聚［J］. 世界经济与政治，2004（11）：64-65.

［128］唐绍祥. 区域经济增长的结构性分析与对策探究［J］. 经济地理，2005，24（6）：764-767.

［129］唐宋元. 国内先进港口城市港城关系发展的经验及对广州的启示［J］. 港口经济，2012（1）：42-45.

[130] 唐勇，刘云亚．对广州发展现代服务业的思考[J]．城市规划，2009(B03)：20-25.

[131] 涂子沛．大数据[M]．桂林：广西师范大学出版社，2012.

[132] 屠启宇，金芳，等．金字塔尖的城市——国际大都市发展报告[M]．上海：上海人民出版社，2007.

[133] 屠启宇，苏宁，张剑涛．国际城市发展报告[J]．上海城市规划，2012(3)：036.

[134] 汪永太．商务服务业：社会发展的新动力[J]．安徽商贸职业技术学院学报，2007，6(1)：31-33.

[135] 王保伦，路红艳．生产性服务业与地区产业竞争力的提升[J]．经济问题探索，2007(7)：11-15.

[136] 王承云，张婷婷．长三角地区研发产业的空间结构演化[J]．地理科学进展，2012，31(8).

[137] 王厚双，安江．浅析金融危机后日本的对外贸易[J]．日本学刊，2011(4)：012.

[138] 王缉慈．关于在外向型区域发展本地企业集群的一点思考——墨西哥和我国台湾外向型加工区域的对比分析[J]．世界地理研究，2001，10(3)：15-19.

[139] 王建国，蒋楠．后工业时代中国产业类历史建筑遗产保护性再利用[J]．建筑学报，2006(8)：8-11.

[140] 王丽华，韩增林，俞金国，等．大连市高新技术产业空间战略布局探究[J]．科学学与科学技术管理，2004，25(6)：57-62.

[141] 王龙．广州信息服务业集群竞争力研究[D]．广州：广东商学院，2010.

[142] 王宪明．日本东京湾港口群的发展研究及启示[J]．国家行政学院学报，2008(1)：99-102.

[143] 王向东，刘卫东．中国空间规划体系：现状，问题与重构[J]．经济地理，2012(5)：9-15.

[144] 王晓玉．国外生产性服务业集聚研究述评[J]．当代财经，2006(3)：92-96.

[145] 王兴平．对新时期区域规划新理念的思考[C]．城市规划面对面——2005 城市规划年会论文集(上)，2005.

[146] 王燕．杭州生产性服务业发展及其影响因素分析[D]．杭州：浙江工商大学，2010.

[147] 王永锋．影响浙江生产性服务业集群的因素分析[D]．舟山：浙江海洋学院，2012.

[148] 王玉涛．高端写字楼的组织购买行为模型及实证研究[D]．上海：同济大学，2007.

[149] 王志文．辽宁产业结构竞争力分析及发展对策[J]．沈阳师范大学学报(社会科学版)，2006，30(2)：120-122.

[150] 魏静．基于生产性服务业集聚的高新区区域创新研究[D]．武汉：武汉科技大学，2007.

[151] 吴克华．甘井子区产业发展问题研究[D].

大连：大连理工大学，2002.
[152] 吴林海，范从来. 中国科技园区位布局探析——以西安科技园区为例 [J]. 人文地理，2005，17 (1)：51-54.
[153] 吴蓉. 上海市生产性服务业影响因素研究 [D]. 上海：复旦大学，2010.
[154] 吴晓隽. 上海大都市圈的结构及功能体系研究 [D]. 上海：复旦大学，2006.
[155] 吴一洲，陈前虎，吴次芳. 城市商务经济空间区位格局及其机理研究——以杭州主城区为例 [J]. 城市规划，2009 (7)：33-38.
[156] 吴一洲，陈前虎，吴次芳. 基于 GIS-SCENARIO 的城市写字楼容量空间布局研究——以杭州主城区为例 [J]. 规划师，2010，26 (3)：88-94.
[157] 吴一洲，吴次芳，贝涵璐. 转型期杭州城市写字楼空间分布特征及其机制 [J]. 地理学报，2010，65 (8)：973-982.
[158] 吴一洲，吴次芳，王琳，等. 浙江省新型工业化地域差异及其机理研究 [J]. 地理科学，2009，29 (4)：508-514.
[159] 吴怡音，雒建利. 苏，锡，常高新区区位因子变化分析 [C]. 2004 城市规划年会论文集 (上)，2004.
[160] 吴志鹏，汪全立. 浙江生产性服务业发展问题探讨 [J]. 浙江经济，2007 (10)：26-29.
[161] 向鸿雁. 广东生产性服务业集聚度测量及其影响因素研究 [D]. 广州：华南理工大学，2012.
[162] 向永泉. 新加坡现代服务业发展及对我国的启示 [J]. 财经界，2010 (6)：50-51.
[163] 谢菲. 洛杉矶模式研究——兼与纽约、芝加哥比较 [D]. 厦门：厦门大学，2006.
[164] 谢守红. 世界城市的产业结构特征与主要经济功能 [J]. 北京规划建设，2010 (4)：37-39.
[165] 谢太峰. 金融资源空间整合：北京金融中心建设的模式选择 [J]. 首都经贸大学学报，2008，10 (6)：90-94.
[166] 谢小龙. 上海城市空间结构调整与优化研究 [D]. 苏州：苏州大学，2009.
[167] 熊励. 中国三大区域现代信息服务业差异比较与融合发展 [J]. 上海大学学报 (社会科学版)，2009 (3)：21-28.
[168] 徐巨洲. 从香港模式看我国国际性城市的发展 [J]. 国际城市规划，2009.
[169] 徐颖，吕斌. 基于 GIS 与 ANN 的土地转化模型在城市空间扩展研究中的应用 [J]. 北京大学学报 (自然科学版)，2008，44 (2).
[170] 许晶晶. 上海市信息服务业的现状和发展策略研究 [D]. 上海：上海师范大学，2011.
[171] 许尊，王德. 商业空间消费者行为与规划——以上海新天地为例 [J]. 规划师，2012，28 (1)：23-28.
[172] 薛金鑫. 边缘型开发区转型发展对城市的重构影响——以山东省东营市开发区为例 [C]. 转型与重构——2011 中国城市规划

年会论文集，2011.
[173] 严圣华. “人地双向调控，空间无缝管制” 一种四规合一的县域空间总体规划思路 [C]. 规划创新：2010 中国城市规划年会论文集，2010.
[174] 阎小培，姚一民，陈浩光. 改革开放以来广州办公活动的时空差异分析 [J]. 地理研究，2000，19 (4)：359-368.
[175] 颜盈媚. 港城关系与港口城市转型升级研究——以新加坡为例 [J]. 城市观察，2012 (1)：78-85.
[176] 杨德进. 大都市新产业空间发展及其城市空间结构响应 [D]. 天津：天津大学，2012.
[177] 杨敏. 海西现代产业体系的形成机制及构建策略研究 [J]. 科技和产业，2011，11 (1)：33-36.
[178] 杨锐. 产业转型与就业转型特征变化——先进港口城市转型分析 [J]. 科学发展，2009 (7)：27-38.
[179] 杨瑞芳. 深圳产业结构现状及其发展对策 [J]. 特区经济，2008 (2)：16-21.
[180] 杨廷忠，裴晓明，马彦. 合理行动理论及其扩展理论——计划行为理论在健康行为认识和改变中的应用 [J]. 中国健康教育，2002 (12)：010.
[181] 杨亚琴，王丹. 国际大都市现代服务业集群发展的比较研究——以纽约、伦敦、东京为例的分析 [J]. 世界经济研究，2005 (1)：61-66.
[182] 杨燕. 镇江市产业投资结构优化研究 [D]. 镇江：江苏大学，2008.
[183] 杨一帆. 中国城市在发展转型期推进滨水区建设的价值与意义 [J]. 国际城市规划，2012 (2)：108-113.
[184] 杨应德. 中国城市生产性服务业发展的影响因素研究 [D]. 兰州：西北师范大学，2012.
[185] 杨永雄. 工业化中后期宁波产业发展战略研究 [D]. 宁波：宁波大学，2008.
[186] 易虹，李响. 转型期广州商务服务业空间分布特征分析 [J]. 现代城市研究，2010 (7)：012.
[187] 尹昌应，石忆邵，王贺封. 伦敦服务业用地变化分析及其对上海的启示 [J/OL]. 发展规划研究，2013 (76). http://www.zdpri.cn/newsite/sanji.asp?id=223751.
[188] 于挺. 产业分工对产业创新的促进机制 [D]. 上海：上海社会科学院，2010.
[189] 余厚新. 临港产业区产业选择及发展布局研究 [D]. 天津：天津大学，2010.
[190] 袁家东，胡娜，李少星. 横滨“港口未来21世纪”规划的分析和借鉴 [J]. 国际城市规划，2008 (2)：36-41.
[191] 张成福，李丹婷，李昊城. 政府架构与运行机制研究：经验与启示 [J]. 新华文摘，2010 (12)：11-15.
[192] 张海微. 基于计划行为理论对大学生性行为意向的研究 [D]. 重庆：西南大学，2008：2-4.

[193] 张鸿辉，曾永年，金晓斌. 南京市城市地价空间自相关分析 [J]. 南京大学学报（自然科学版），2009，45（6）：821-830.

[194] 张厚明. 北京市生产性服务业发展与布局研究 [J]. 宏观经济管理，2010（6）：59-61.

[195] 张虎春. 城市产业竞争力研究 [D]. 南京：河海大学，2005.

[196] 张建华. 试论现代服务业人才培养的模式创新 [J]. 中国市场，2009（48）：154-155.

[197] 张洁. 东京城市土地利用结构分析及其对中国大城市的启示 [J]. 经济地理，2005，24（6）：812-815.

[198] 张庆，彭震伟. 国际大都市生产性服务业空间分布与演化的非均衡发展趋势 [J]. 规划师，2013，29（11）：76-83.

[199] 张文君. GIS 的路径分析算法及实现 [J]. 绵阳经济技术高等专科学校学报，2002，19（1）：51-54.

[200] 张晓玲，关欣，吴宇哲，等. 基于系统动力学的县域土地利用变化模型 [J]. 安徽农业科学，2007 35（34）：11154-11156.

[201] 张晓明. 长江三角洲巨型城市区特征分析 [J]. 地理学报，2006，61（10）：1025-1036.

[202] 张亚斌，刘靓君. 基于主成分分析的生产性服务业发展水平评价 [J]. 求索，2009（12）：12-14.

[203] 张勇. 生产性服务业空间集聚的实证研究 [D]. 沈阳：辽宁大学，2012.

[204] 赵成柏. 地区生产服务业发展差异的空间计量分析 [J]. 商业研究，2010（4）：68-73.

[205] 赵露璐. 上海市生产性服务业空间结构研究 [D]. 上海：华东师范大学，2008.

[206] 赵楠. 韩国港口发展历程 [J]. 中国港口，2012（4）：56-59.

[207] 赵鹏军，吕斌. 港口经济及其地域空间作用：对鹿特丹港的案例研究 [J]. 人文地理，2005，20（5）：108-111.

[208] 赵霞. 金融危机背景下探寻新的经济增长点——英国低碳经济实践及经验 [J]. 当代经济，2010（9）：70-71.

[209] 赵祥. 产业集聚效应与企业成长——基于广东省城市面板数据的实证研究 [J]. 南方经济，2009（8）：26-38.

[210] 赵新民. 试论城市餐饮企业区位条件的作用及变化 [J]. 扬州大学烹饪学报，2002，19（3）：48-51.

[211] 郑吉昌. 我国产业结构的调整与服务业的发展 [J]. 现代管理科学，2004（6）：6-9.

[212] 郑俊，林晓英，夏绚绚. 新加坡发展经验对我国现代化建设的借鉴——以江苏省江阴市为例 [C]. 多元与包容——2012 中国城市规划年会论文集（13. 城市规划管理），2012.

[213] 郑蔚. 厦门市金融产业的区位调整与空间

集聚 [J]. 区域金融研究，2012 (6): 50-54.

[214] 郑长娟，谢子远，李肖钢. 浙江生产性服务业的发展水平，趋势和供求状况分析 [J]. 技术经济，2009，28 (2): 74-80.

[215] 钟铭，焦宁泊，王洪伟. 鹿特丹临港经济发展 [J]. 水运管理，2007，29 (9): 26-28.

[216] 钟韵. 广州市生产性服务业规模体系与空间布局研究——总部经济浪潮中的思考 [J]. 热带地理，2009，29 (6): 544-549.

[217] 周炳中，曹晓玲. 上海市与国际港口城市现代化国际化水平的比较研究 [J]. 同济大学学报 (社会科学版)，2005，16 (6): 44-51.

[218] 朱弘. 金融危机引发文化逆流而上 [J]. 世界文化，2009 (6): 4-5.

[219] 朱曼榕. 生产性服务业集聚影响因素研究 [D]. 南京: 南京财经大学，2012.

[220] 朱雁. 写字楼分布与利用特征及其与服务业发展的联动关系 [D]. 杭州: 浙江大学，2013.

[221] 朱一郇. 金融业税收政策分析及应对金融危机的建议 [J]. 经营管理者，2009 (18): 041.

[222] 朱玉泉. 服务业国际转移的产业差异和区位差异研究 [D]. 南京: 东南大学，2006.

[223] 朱志胜. 新加坡产业转型的实践，理论与启示 [J]. 绍兴文理学院学报，2008，28 (1): 66-69.

[224] 庄大昌，叶浩，张慧霞. 广州市经济发展与水环境污染的关系研究 [J]. 经济地理，2013，33 (012): 38-41.

[225] Anselin L. Interactive techniques and exploratory spatial data analysis [M] // Longley P A，Godchild M F，Maguire D J (eds.)，Geographical Information Systems (2ndedn.). NewYork: JohnWiley & Sons，1999: 253-266.

[226] Bathelt，H. and Hecht，A. ，'Key Technology Industries in the Waterloo Region: Canada's Technology Triangle (CTT) [J]. The Canadian Geographer，1990，34 (3): 225-234.

[227] Breanda'n O'hUallacha'in and Timothy F. Leslie. Producer Services in the Urban Core and Suburbs of Phoenix，Arizona [J]. Urban Studies，2007，44 (8): 1581 - 1601.

[228] Hopkins L. D. Urban Development: The Logic of Making Plans. Washington [M]. DC: Island Press，2001.

[229] Jamal Jokar Arsanjani，Marco Helbich，Eric de Noronha Vaz. Spatiotemporal simulation of urban growth patterns using agent-based

modeling: The case of Tehran [J]. Cities, 2013 (32): 33-42.

[230] Peter J. Taylor, David M. Evans, Michael Hoyler, Ben Derudder and Kathy Pain. The UK space economy as practised by advanced producer service firms: identifying two distinctive polycentric city-regional processes in contemporary Britain [J]. International Journal of Urban and Regional Research, 2009, 33 (3): 700-718.

[231] Wei Y. P. , Zhao M. Urban spill over vs. local urban sprawl: Entangling land-use regulations in the urban growth of China' s megacities [J]. Land Use Policy, 2009, 26 (4): 1031-1045.

[232] Yeh, A. G. O. , Wu F. L. The transformation of the urban planning system in China from a centrally-planned to transitional economy [J]. Progress in Planning, 1999, 51 (3): 167-252.

后 记

自2008年杭州市规划局委托的关于城市公共建筑容量和空间分布的课题开始，开始关注城市产业的空间结构，这几年来，城市产业结构经历着迅速的更新和转型，创意园区、城市综合体、高新开发区、物流科技园、电商园等新产业空间类型不断涌现。城市规划中依赖于交通成本和市场距离的产业区位和布局规划的经典理论，在信息化速度和电子商务的崛起的背景下，已经难以适应当前城市空间发展战略决策的需要。相关的产业布局规划理念和分析方法的缺失，导致了许多城市在发展中出现了盲目和仿效决策，对于规划中“量”和“位”的确定表现出主观臆断性。在近3年里，又完成了杭州和宁波关于城市功能体系和中心体系的研究课题，其实政府和学者一样，在面临社会经济快速变化和实践经验无处借鉴的发展背景下，也有着对决策结果的担忧，在这些课题的研究中，对城市产业的空间结构有了更加深刻的认识和反思，这本书可以说是之前在这方面探索研究的阶段性成果。作为一名这个领域的“初学者”，我深知这本书还存在许多需要深化和修正的地方，也希望此书能引起其他同道中人的兴趣，共同探索。

在成书之时，我要感谢浙江大学吴次芳教授和叶艳妹教授，还有浙江工业大学建工学院陈前虎教授和经贸学院虞晓芬教授，在本研究依托的多个项目合作中，不断启发着我的研究方向和灵感。同时，也要感谢杭州市规划局、杭州市城市规划编制中心、宁波市住房与城乡建设委员会、宁波江东区政研室等课题委托单位，正是政府自身的反思才给了我新的研究机会，也使本研究不仅是“纸上谈兵”，更能“实战演练”，真正起到辅助解决当前社会经济发展中重大问题的作用。在此，也要感谢课题组的各位研究成员，没有他们的辛勤付出和扎实的基础工作，也不可能有今天的成果，他们是：浙江大学尕让卓玛、岑晓腾、陈濛、王金金和朱雁，浙江工业大学寿建伟、曹佳俊、金细簪、高鋆等等。感谢一直以来对我研究支持和指导的各位学术界前辈和同事，以及课题和研究中的评审专家和领导们。

另外，我的很多学生都参与了本项目研究基础资料收集和整理的工作，他们主要是浙江工业大学城乡规划专业2009级的学生，我还要特别感谢王金金同学，在著作最后的校编和图片修改中做了大量的工作。中国建筑工业出版社吴宇江编审在本书的出版过程中给予了重要帮助，特此致谢。

吴一洲

2016年1月6日

于浙江工业大学